投資理財 15

財富遞增

易利市商化自發經濟文明

王 飆 著

博客思出版社

目錄

前言

　　從財富角度來看，今天的經濟文明是易利市商化經濟文明，即自主、平等、協商、自願、多元、共藩的易利文明，也是人類普遍財富欲望報酬遞增自發文明。

　　本書揭示的一個基本規律就是，易利市商化經濟文明程度越高的國家，經濟發達指數與和平指數就越高；越是較早進入易利市商化經濟文明的國家，就越早進入發達國家行列，以此排序，線條十分清晰明顯。易利市商化經濟文明昭示人們：市商化和平易利也可以贏得財富，而且總成本最低。

　　本書主要從財富角度，探究易利市商化經濟文明從何而來、何以自發、是何機理、因何能夠實現報酬遞增、大分流幾千年後為什麼會出現全球化大融合等等。由於本書著重研究的是財富遞增和易利市商化，而其發祥地是西歐，是古希臘、古羅馬孕育出的西歐文明，所以對伊斯蘭、佛教、儒學及相關國家僅有少許點墨。感興趣的讀者如將後者與前者進行對比，就會一目了然，為什麼易利市商化經濟文明只能產生在西歐。

　　當然，本書只是一家之言，僅供讀者批判。

　　任何人要取得任何科研成果，都要站在巨人的肩膀上。如果《財富遞增——易利市商化自發經濟文明》一書，能夠對構建易利市商化經濟文明理論體系以及揭示易利市商化經濟文明發展規律有所裨益的話，應該是作者參閱、引述文獻大家這些傑出思想者的功績，本書作者只不過做了一些微不足道的工作。也可以說，是作者與這些傑出思想家虛擬合作，共同完成了這一課題。為此，本書作者對本書所引述的文章、論著的作者表示衷心感謝。

第一章
易利文明自發

　　線粒體的起源在生命史上是一個一次性事件，卻永遠改寫了地球生命發展歷程。大約在20億年前，地球上都是一個個簡單細胞，但它們之間的生存競爭激烈，細胞也會吃下其他細胞，來維持自己的生命。但突然有某一時刻，當一個細胞原本打算像往常一樣吞下另一個細胞時，二者都意外地「發現」，合體比吞噬更容易、更有利。於是，它們相互依賴、合體共同生存。這個被合體的細胞開始為宿主細胞提供能量，並伴隨著宿主細胞一代代繁衍了下去。如今，它已演變成存在於各種生物體內的一個特殊的細胞器，被稱作線粒體。

　　人類文明發展史上也發生了類似線粒體事件，它也改變了，也許永遠改變了人類發展歷程。這就是作為財富報酬遞增自發文明的市商化易利——人類經濟文明實現了質變或飛躍。從此，人類踏上了與外太空融合的文明征程。顯然，人類非常幸運，而幸運需要許多偶發條件，正如現在的宇宙一樣。

　　斯蒂芬・霍金認為，如果大爆炸後1秒膨脹率哪怕只減少10億億分之一，宇宙就會在它達到目前大小之前坍塌[1]。而生命似乎也只存在於三個空間維度和一個時間維度沒有卷縮的時空區域裏。由此，人們會問，易利市商化經濟文明誕生的條件又是什麼，它是如何誕生的？可以確認的是，它需要易利，需要個體、治理、教俗等為之創造條件，需要一些保障實現市商與正和的諸多要素……。它的誕生需要很多很多。認識它，很多學者將要付出其寶貴時間。

　　埃裏克・拜因霍克有一種量度現代經濟複雜性的方法：不同產品的數量，即「庫存單位」。在石器時代，這個數只有幾百。

1　斯蒂芬・霍金著，鄭亦明等譯：《萬有理論》p81海南出版社。

但在今天的紐約，這個數可能是100億。此外，還有發明、設計、生產和出售這些產品的複雜系統，基本上都是過去250年的產物，儘管人類已有250萬年進化史。拜因霍克斷言，經濟是複雜事物中的奇跡。然而，既沒有人設計它，也沒有人管理它。有人不禁要問，這樣一個系統怎麼就能創建起來，為什麼複雜性會隨著時間的推移而增加，為什麼財富和複雜性的明顯增加會如此突然？答案也很簡單：這是因為，人類作為財富基因的載體，在自我演化中創造了一種新文明，這就是易利市商化經濟文明。按照拜因霍克所示，財富創造是一個有適應能力的複雜系統，其運作方式遵循著與生物進化相同的邏輯——變異、選擇和增強。在這一邏輯中，由人類在偉大智慧、能製造工具的靈巧雙手、合作本能、語言和文化組成的好辦法基礎上，成功實施了財富遺傳複製戰略，創造出今天的易利市商化經濟文明。

人類財富欲望報酬遞增的市商化易利，體現財富文明的自發過程。所謂自發，就是沒有任何設計與領導，完全是人類思想和行為密度湧現的邏輯使然。

人類行為會產生系統性非預期後果，這就是自發秩序。弗裏德裏希·奧古斯特·馮·哈耶克通過對個人行動綜合影響研究發現：

第一，人類賴以取得成就的許多制度乃是在心智未加設計和指導的情況下逐漸形成並正在發揮作用的；第二，套用亞當·弗格森的話來說，「民族或國家乃是因偶然緣故而形成的，但是它們的制度則實實在在是人之行動的結果，而非人之設計的結果；第三，自由人經由自生自發的合作而創造的成就，往往要比他們

個人的心智所能充分理解的東西更偉大[2]。

自發秩序是哈耶克思想體系的一個關鍵字。他指出，在人類事務所發現的絕大多數秩序都是個人行動所產生的先前未預見的結果。亞當・弗格森曾對它有一個簡練易懂的概括：人類行為的結果，而非人類設計的結果。哈耶克借助邁克爾・波蘭尼「多元中心秩序觀點」解釋自發秩序：當人類行為的秩序是通過允許人們根據他們自發的意圖進行互動的方式——僅受制於平等一致適用於人人的法律——而實現的時候，便擁有了一種自生自發的秩序系統。綜合來看，對自發秩序一個較為清晰的解釋是：參與遊戲（活動）各方互動（博弈）的結果[3]。如把秩序置換為文明，也可以說，文明也是如此。

財富問題是個哲學命題，也是人類生存與發展的核心問題。世界上有兩件事情不能改變，那就是事實和規律。尊重事實，尊重規律；識別易利經濟事實，發現易利經濟規律，是易利文明研究的基本要求。

今天，對市場經濟研究已非常精緻，但對市場經濟及其一些混淆的概念，的確應該進一步釐清。從華夏語系上看，市場是指交易或交換的場所，傾向於物理概念；市字本身就是指交換的場所。因而市場二字是重複的字義。而本書的市商概念，包含市及場的概念，但市商化易利則是秩序、制度的概念，是一種文明的形態。市場強調的是場所，市商強調的是本質。市商化易利的本質是自主、平等、協商、自願、多元、共蓄的經濟文明。也可以

2　弗裏德裏希・奧古斯特・馮・哈耶克著，鄧正來翻譯：《個人主義與經濟秩序》，p7，復旦大學出版社2012年版。

3　陶偉：《對哈耶克幾個概念的反思》共識網，2010年12月6日。

說，市商易利文明是市場經濟有效運行的保障和條件。

　　作為每個個體的人，都是向死而生；作為由每個個體組成的人類是否是向死而生，尚無定說。是向終而生，還是向神而生，成為難以肯定的結論。但是有一點是肯定的，那就是作為個體的人不可能永生；而作為人類則不是完全沒有可能，這就看人類如何作為。即使人類可以通往永生，也需要進行肉體置換，以適應無限的宇宙環境；同時要不斷積累人類可能永生的能力。可否置換、能否置換；如何積累、向何積累？其決定性因素，是財富（經濟）文明如何發展。

　　一個比較殘酷的事實：地球上的普通物種只能延續大約400萬年，自開天闢地以來，曾經存在以億為計的物種，其中99.9%都滅絕了。更為嚴肅的假設是，2015年，有科學家稱宇宙或已開始大收縮，最終化為烏有。有理論物理學家表示宇宙內的一些區域已開始塌陷，這種塌陷將最終吞噬宇宙其他區域。如果這樣，那麼人類易利經濟文明的發展則正與宇宙的毀滅在賽跑。即使宇宙坍塌的假設不存在，但人類生存的近遠期自然挑戰還有很多，而且還很嚴峻。比如小行星撞擊地球、病毒大疫威脅、環境及其大氣污染等等，枚不勝舉。從文明範疇研究人類世界，可以斷定人類仍然處於幼稚期。當人類能夠自由進行星系及星際旅遊與定居，方可稱之為初步進入了成熟期。今天，距離人類文明成熟期仍然遙遠。而人類個體通往外星系的必由之路，就是要發展好人類的財富文明，建設、發展好易利市商化經濟文明。

　　空間的任何一個點所攜帶的物理資訊就幾乎是宇宙的全部。財富也是如此。作為人類文明的一個點，財富所攜帶的物理資訊和人文資訊，幾乎就是人類文明的全部。實際上，財富是人類文

明的中心。財富是欲望的產物，而欲望是本能的延伸。如何使人類眾多相處個體的欲望實現報酬遞增，是一件十分偉大也很難做到的事業，這個事業的核心是發展好財富文明。令人欣慰的是，人類在其文明發展史上初步做到了這一點，即在財富上形成了一個易利市商化欲望報酬遞增自發經濟文明。這種市商化易利經濟文明讓人利己，同時利他。

所謂易利就是財富利益上的交易。自從18世紀以來，以亞當·斯密發表《國富論》為標誌，人類發現了新的相處規則，通過利人利己的共藩安排，人與人之間慢慢地從敵視轉變為友好。這一新規則的逐漸確立徹底改變了人與人的財富關係。人類經濟文明的發展走上了完全不同的一條新路。這是一種財富利益取向的選擇，它確實威力極大，能夠調動各種力量參與其中，並使各方得益。

市商化文明萌芽於易利。易利行為至少有幾十萬年的歷史，當人類能夠製造石器便擁有了財富概念。但易利市商化經濟文明的基本確立，應該是在第二次世界大戰戰勝了法西斯之後。其突出特徵是掠奪式財富關係被徹底否定。之後，侵略成為人類公敵，因為侵略的實質是掠奪；而且對內部掠奪的任何行為也被易利市商化經濟文明逐步淘汰。同時，霸凌式財富關係也在逐步式微。

美索不達米亞平原的亞述，西元前1850年左右的數據記載了紡織品業和貴賤金屬行業中發生的逐利性商業活動。在一個有著25000個楔形文字的土塊遺跡中，記載了古亞述人商隊的遠程易利情況。城市的主要行政權力——市政廳，掌握在由商人為代表的市議會手中。市政廳是城市的經濟中心，雖然擁有一些易利的壟

斷力量，但其在易利中的主要功能則是建立和維護保證契約、設定包括保證計量系統穩定性和貿易的貴金屬純度在內所有易利行為的法律框架等。亞述商隊的冒險易利行為通常由「合資基金」提供融資，有的多達十幾名投資者[4]。有人以此認定其有具有現代資本主導易利的性質，但實際上其與現代資本主導的易利有本質上的區別，就是少了「市商化」三個字。現代資本主導易利是市商化資本主導的易利。所謂資本，最早見於1630年版的《牛津英語詞典》，其定義為：用於再生產的財富積累。市商化資本主導的易利中的資本，就是一心一意追求未來財富的財富，是那個能夠創造財富的財富。應該看到，即便是易利市商化經濟文明初級形態的市商化資本主導的易利，對文明的貢獻就已意義非凡，比如對暴力的否定。在16世紀之前的1000年裏，即中世紀期間，歐洲命案發生率雖有少許下降，但基本停留在每年每萬人中有5到10人死於暴力糾紛（不含戰爭死亡）；從16世紀初開始，訴諸暴力解決糾紛的傾向性持續減弱，命案率逐步下降，至20世紀初期命案發生率降到每年每百萬人有5到10人死於暴力的水準。如果細看，史學家發現，暴力所致的命案率最早在14世紀的英國、荷蘭等西歐國家開始下降，而在市場發展相對落後的東歐，命案率要等到18世紀才明顯下降。在歐洲之外的其他國家，暴力發生率、命案發生率下降的歷程則啟動得更晚[5]。華夏區域的命案率大約是鴉片戰爭之後才開始穩步下降，逐步重複了西歐國家在之前三個多世紀的經歷，恰恰是那個時候，華夏開始被滲入易利市商化資本主導的經濟文明。

4　拉裏・尼爾等主編，李酣譯：《劍橋資本主義史》第一卷，p34，中國人民大學出版社2022年版。

5　陳志武：《沒有貨幣化的社會不自由》，財識網，2013年5月23日。

　　易利市商化資本主導的經濟文明是人類文明演進的結果。當習得的規則開始把某種能夠使人們在行動中據以預測外部事件的環境模式納入其間的時候，人類理性才凸顯出來。在這個重疊的習得規則結構中，第一層是堅固的規則層級，也就是那種無什麼變化的因遺傳而繼受下來的「本能」驅動之基礎。第二層是人們並不曾刻意選擇但卻廣為傳播和盛行的那些規則。這些規則之所以得到傳播和盛行，是因為某些慣例促成了某些群體的繁榮。第三，也就是這個重疊規則結構中的最高一層，其間所包括的是人們經由刻意採納或刻意修正而用來服務於那些明確且已知的目的——財富欲望報酬遞增的那些規則[6]。行為規則的變化，在很大程度上是通過放寬禁令的方式而使易利文明進化成為可能：這就是個人自主的進化以及那些保護個人而不是命令個人去做特定事情的規則的發展過程。毋庸置疑，容忍與外人進行易利、承認具有明確界限的私利產權（尤其是土地所有權）、實施合同之義務、允許人們與同行中的工匠展開競爭、允許原有的習慣性價格上下波動、以及允許貨幣借貸等做法，最初都是在打破習慣性規則的情況下完成的。

　　這裏的自發的文明，主要指易利文明，以及其演化出來的易利市商化經濟文明。之所以自發，是因為在這些文明系統裏能夠自發組織、維護、修復、複製和更新。因為它們是開放的系統、遠離平衡的系統和內部各要素之間存在非線性的相互作用。

第一節　自發密碼

　　人類財富基礎是大自然。人類文明開端是從新石器時代開

6　哈耶克：《人類價值的三個淵源》，新少數派，2021 年 8 月 26 日。

始，大約發生在1.2萬年前。有觀點認為，新石器時代的這個時間，跟第四期冰期的結束剛好重疊，這是需要注意的。它說明自然因素對人類文明的發生產生何等重大的影響。此時，地球大陸上才開始出現大河現象——開始出現250萬年來沒有出現過的河流。大河現象是農業文明得以發生的自然基礎[7]。

21世紀初，華夏浙江餘姚田螺山遺址出土了大量河姆渡文化時期的水稻遺存，包括能夠判別栽培稻與野生稻的稻穀小穗軸/基盤。鑒定和統計結果發現，稻穀小穗軸/基盤僅有約30%的個體顯示不落粒性，即栽培稻特性，而其他個體表現出落粒性或未成熟的特徵；如果分層位統計，具備不落粒性特徵的小穗軸/基盤比例從早到晚呈逐漸上升趨勢。這再次說明水稻的馴化是一個漫長演變過程。類似發現也見於其他考古遺址。它揭示，農作物的馴化不是人為的突變，而是生物的演變。從生物進化論視角界定，馴化是指某些動植物在人類行為影響下特殊的進化過程。影響和主導這個特殊進化過程的是人類行為的「無意識選擇」。所謂無意識是指古人並未深謀遠慮有意圖地改變動植物的生物特性，僅是基於某些功利性的眼前利益，本能地對動植物實施了一些立見成效的行為。這就是達爾文提出的「無意識選擇」[8]。

一、載體演進密碼

量子力學最重要的原理是測不準原理（或稱不確定性）。物體的運動結果是無法精確預測的，只能得到一個概率。無論獲取

7　落陌花開：《舊石器時代到新石器時代期間人類文明的發展有哪些重大的經歷》，知乎網，2020年8月9日。

8　趙志軍：《農業起源研究的生物進化論視角》，歷史與秩序，2023年4月1日。

再多的資訊，使用再高速的電腦或網路，很多東西永遠也不可能百分之百精確預測。以此推論，人們的需求也無法100%精確預測。與此類似，人類的誕生也是如此的低概率。人由水裡生物來到陸地，又從猿進化到人，要經過多少次概率極低的進化巧合。

　　■ 幸運：人類誕生與生存。除了上帝之外，都會毫無疑問感歎人類誕生的幸運。作為文明載體的人類，不僅其誕生得益於幸運偶發，而且，人類生存也得益於幸運偶發演進。進化到人的人類，生存下來同樣也極其幸運。今天能看到的物種，都是在自然界經歷了無數次大滅絕才走到今天的。這些劫難包括：奧陶紀大滅絕、泥盆紀大滅絕、二疊紀大滅絕、三疊紀大滅絕。一直到白堊紀、侏羅紀，在恐龍滅絕之後，包括人類在內的哺乳動物才有了今天。研究結果顯示，地球大約有870萬種物種；與地球上已經存在的物種相比，存活的概率是0.000001%。但同時，生物的複雜性增強了。

　　生態系統與一般複雜系統的相同點，是它們的變數和單體數量都很龐大，不同的物種既和其他物種也和環境有很強的相互作用，從而形成一個物種和物種、物種和環境的複雜相互作用網路。生態系統的獨特性在於，其是由不同物種和它們所在的環境（也即生物部分和非生物部分）共同組成的開放系統。它一定會和外界有能量或物質的交換。生態系統另一個特點是，環境的作用極其重要。例如，對於同一組菌群，其在不同的營養物質、溫度等環境條件下可能達到完全不同的系統穩態。一個群落在演化過程中會不斷產生突變，經過足夠長的時間，就會形成新的物種。不斷產生多樣性是自然進化的過程。從動力系統角度來看，生物多樣性主要取決於其所在的環境，尤其是某種環境下生態系統中相互作用的強度、豐富程度及韌性。在一個競爭較弱的環

境裏，生物多樣性可能較高；而在一個競爭較為激烈的環境中，生物多樣性則相對較低。這也是為什麼一些入侵物種非常有害，因為它們和當地原有物種的相互作用很強，如形成激烈的捕食或競爭關係，可能導致當地物種滅絕。在現實中的大規模生態系統裏，多樣性與複雜性之間往往相互權衡。換言之，高度多樣化的生態系統，其複雜性一定有所減弱，物種間的相互作用也更弱[9]。人類文明是否完全如此，仍待進一步研究。但感謝大自然的是，人類幸運地生存了下來，而且生存狀況還越來越好，競爭也似乎日趨增強，同時內部也變得越來越複雜。人類科學研究顯示，在9萬至13.5萬年前，非洲東部經歷了嚴重乾旱氣候，氣候變遷導致人類族群變化，使他們分離成較小的分離群落，相對獨立和封閉。到7萬年前由於氣候變化導致早期人類數量銳減至2000人，致使人類瀕危滅絕。之後，人類依靠自己的智慧，其數量有了驚人的增長。這種數量遞增演進的密碼就是財富——人類依靠自己的智慧創造了財富。

■ 財富：文明根基與依靠。生命科學的第一性原理是演化，其物質基礎是財富。任何生物在進化過程中都需要獲得資源，讓自己生存得足夠長，以便繁育後代。對人類文明來說，資源就是財富，而易利經濟是人類成功獲得財富的表現，它使人類的數量和財富得以在過去1萬年中（尤其是在過去250年中）出現驚人增長。20世紀中葉，一個叫約翰·卡爾霍恩的人找了一批老鼠，建立了一個可以容納3840隻老鼠的空間（取名「25號宇宙」），讓這些老鼠們在這裏每天都有吃有喝、肆意繁衍，享受著烏托邦式的生活。然而只堅持了1780天，伴隨著最後一隻雄鼠的死亡，老

9　劉培源，梁金：《專訪四位複雜系統研究者：跨學科研究中的複雜》，信睿週報，2022年，第83期。

鼠們徹底失去了任何繁衍的可能，它們這個「宇宙」湮滅了。人類會如此嗎？當然不會。人與老鼠不同，人有語言，有科學，更主要的是人類有財富，能夠創造財富、利用財富、發展財富。人類與財富的關係，決定了人類必將與浩瀚宇宙相融合，宇宙對人類的吸引力，決定了人類必將摒棄烏托邦（與融入宇宙的文明理想相比，烏托邦的確如同螞蟻群落一樣屬於極低的層次），走一條務實的、人性化的財富文明發展道路。從某種意義上講，人類與財富的關係或者說人類的經濟文明，決定人類與宇宙的關係，決定人類的未來。

二、複製演進密碼

生命起源的基本問題是「自我複製」（或自複製）。人體有億萬個細胞，每個細胞都含有該生命個體的DNA的一套完整拷貝。生命，包括組成生命的細胞，都可以自我複製：從一個變成兩個，兩個變成四個。但非生命物質——大到一塊石頭，小到一個分子——都無法複製自身。為什麼一群不能自我複製的分子放在一起形成了系統，這個系統卻能夠自我複製？這是一種湧現現象，也是生命起源的關鍵[10]。人類財富的創造與發展也遵循生命起源的一般原則與規律。

■ 複製：文明存續與傳承。作為人類文明的重要載體和支撐，財富創造和發展，遵循的也是一種遺傳複製戰略。追溯人類易利行為的原始狀態，流覽人類易利的成長軌跡，可以清晰的發現財富創造與發展的「遺傳複製戰略」。

易利早在腓尼基文明時期就已得到相當程度的發展。腓尼基

10　　同註9。

商人到達某個陌生地，會與當地人舉行一個儀式。那一天，腓尼基人先到達集市場所，擺下他們出售的商品，然後離開；當地人再來到集市，在自己想要的商品邊擺下自己願意付出的商品，然後離開。雙方如此重複兩三次，直到對方的出價與自己心中的估值相匹配，然後各自拿走自己買下的商品。類似腓尼基商人的易利行為造就了人類經濟的一大基因，這也是市商化文明一個偉大的易利基因。

橫向比較，還可以發現地理及文明發展各異的東西方，在易利行為上有許多相似之處。這也可能是與人類易利形成的某些共同性基因所決定。比如，亞述帝國承諾授予推羅城一定的自治權；波斯帝國允許腓尼基人和希臘人有自主經商權。華夏唐朝允許粟特人在長安等城市建立自治社區，自行選舉官員並解決內部矛盾；蒙古帝國允許伊斯蘭商人在泉州、廣州等商貿城市建立同樣的自治社區，甚至允許私人部隊存在；明代、清王朝則允許廣州十三行處理外貿活動。這些是不是相互複製學習尚待深入研究。當然，更強的暴力集團也可以隨時推翻這種承諾。

縱向的實例就更多。可以從古希臘，以及上述已經談到的腓尼基人的易利及相關行為對後世產生的影響，反復看到「遺傳複製戰略」的自然性實施，也更能夠清晰的看到人類如何進行複製演進。西元前8世紀起，古希臘已經開始打制錢幣，而資料顯示，當時一些神廟已經開始充當放貸角色。西元前395年，一位名叫伊索克拉底的希臘人撰寫了一份法庭辯護詞，旨在控告一位名叫帕西歐的雅典銀行家盜用儲戶存款的行為，包括肆意欺騙、偽造和偷竊合約以及賄賂等罪名。最早的職業法律人士是古希臘的辯護演說人，在古希臘法庭上，原告和被告要麼自己發表演說，要麼聘請辯護演說人代替自己發言，贏得陪審團的認可，最終決定審

判結果。據說，最早從事這一職業的人是西元前480年出生的雅典人安提豐。從現代文明中，是否能夠找到這些現象的影子？

易利複製進化主要通過三個過程的互動：第一個是自然技術的進步。在17世紀科學革命之後，自然技術得到了突飛猛進的發展。第二個是易利技術的發展，如貨幣、市場、法治、公司和民抉。第三個是企業的發展，即在易利中生存、滅亡和重現的各個實體。

易利進化和生物學上的進化有所不同：人類的主觀能動性和適應能力，使得易利進化比生物學進化更迅速、更有目的性。但它仍是一種進化。另一個不同之處是「適者」的決定因素。在生物進化中，這一決定因素是生存。在易利學中，決策者以前往往是個「大人物」──酋長、國王或規劃者。改變這種情況的是市商化易利，這已經是近現代的事情了。它讓廣大消費者享有至高無上的地位。拜因霍克認為：市場戰勝了命令和控制，這不是由於市場在均衡狀態下配置資源的效率，而是由於它們在不均衡狀態下創新的有效性[11]。市商化易利有一種非常強大的進化機制：它們是創新機器。

需要補充說明的是，文藝復興實際上是人類文明一次非常重要的「遺傳複製戰略」進化性實施的行為。14–16世紀，西歐各國先後發生過文藝復興運動，其導源於義大利（當然，更重要的是導致了市商化資本主導的易利經濟文明產生）。義大利文藝復興可分為早期和晚期兩個階段。早期文藝復興的發祥地和中心在佛羅倫斯。從15世紀起，羅馬教廷也逐漸被文藝復興感染。中

11　馬丁・沃爾夫：《經濟：人類進化成功的體現》，金羊網–新快報，2007年2月8日。

世紀天主教會的首腦機關所在地，「永恆之都」羅馬，成了後期文藝復興中心的最大中心（其他幾個中心是那不勒斯、米蘭和威尼斯）。這一時期的羅馬教皇，不但沒有置身於當時文化潮流之外，反而成為文藝復興的積極參加者和領導者。從 15 世紀中葉以迄 16 世紀初，在文藝復興進入盛期的同時，羅馬教廷出現了一系列人文者教皇，或稱文藝復興教皇。他們慷慨解囊襄助人文理念實踐者，從佛羅倫斯和其他地方招攬學者和藝人、搜求古代典籍。有的教皇自身就是鴻儒碩士，和人文理念實踐者一樣，提倡安逸與快樂，追求完人的生活而不是聖人的苦行。對異教的古典學問和各種學說，教皇們採取比較寬容的態度。隨著馬丁・路德的宗教改革，特別是 1527 年查理五世進軍羅馬，大肆劫掠梵蒂岡，羅馬文藝復興的「黃金時代」便告結束。從此教皇踏上了一條嚴格而不寬容的道路，致力於教會的整肅和撲滅異端[12]。

　　■ 演進：創新複製與發展。工業革命在英國發生而不是在荷蘭或其他什麼地方，完全有其內在邏輯。英國的市商化易利發展，與其對荷蘭市商化易利的複製與進化有非常大的關聯，同樣實行的是「遺傳複製戰略」。治理政體高層家族聯姻對荷蘭沒落的影響也不可小覷。荷蘭共和國執政威廉二世的兒子威廉三世，在 1677 年與表妹也就是英國國王詹姆斯二世的女兒瑪麗結婚。1688 年英國議會發動了「光榮革命」，威廉三世率 500 艘戰艦萬餘大軍登陸英國，將岳父大人趕到法國，並與妻子瑪麗於 1689 年被加冕為英國共同國王。成為英國國王後，威廉三世還兼任荷蘭執政，他便把荷蘭精銳部隊調到英國，引進了荷蘭的整套商業模式，同時還把荷蘭的許多能工巧匠、科學家、金融家、藝術家等

12　安希孟：《羅馬教廷在義大利文藝復興中的特殊歷史作用》，共識網，2013 年 11 月 2 日。

招到英國，並從荷蘭抽調大量資金到英國，使荷蘭國力空虛，逐步走向衰落[13]。股份制經濟也是一種複製性傳承進化，遵循的也是「遺傳複製創新戰略」。2000多年前的古羅馬共和國就有了股票和股票交易市場。當時，治理政體通過招標形式，把公共服務包給私人公司，這類公司的名字就叫「為公共服務的組織」。這類公司直接把股票賣給投資人，股票持有人可以把股票拿到股票市場上交易，古羅馬的克斯托神廟就是股票交易的場所。古希臘歷史學家波力比阿斯曾寫道：「當時，幾乎所有公民都持有股票」。古羅馬執政官西塞羅也提到過「股票危機」，他認為當時的股票價格過高。西元1250年前後的法國，巴紮克爾麵粉公司發行了96股股票，這些股票均在市場上交易，交易價格參照麵粉公司的盈利能力。現代股市制度建立於荷蘭。1602年3月20日，總部設在阿姆斯特丹的荷蘭東印度公司首次發行股票，共有1143人認購，其中還有德國人、比利時人和盧森堡人等不少外國人。該股票在阿姆斯特丹證券交易所交易，但公司每年只進行一次股東變更登記。後來報紙也每天刊登這檔股票的價格。現在股市上常用的一些操作手段，在420多年前的荷蘭股市裏就被使用[14]。現代保險業也是一種複製和進化，遵循的同樣是「遺傳複製戰略」。在古羅馬，最早可以追溯到西元前1世紀至西元2世紀，就有了早

13　劉植榮：《透視17世紀荷蘭的崛起與衰落》，共識網，2013年5月16日。

14　例如做空，就是在自認為的股票高價位借股票賣掉，等價格下跌後再買回歸還，通過高價賣低價買套利；洗盤，就是合謀做空引發股市恐慌，誘導股民低價拋售股票，等價格跌到極低時再回購；對敲，就是通過多個帳戶自己買賣自己的股票，或幾個人串通相互買賣股票，以此操作股票價格和交易量，製造市場假象。這些操作手段引起股市混亂，荷蘭政府便禁止做空，並開始監管股票市場。劉植榮：《現代股市400年血淚斑斑》，共識網，2016年1月8日。

期版本的股份有限責任公司。與此相關的是,在西元200年左右,羅馬人就推出了人類壽命預期表,標識出30歲的人大概還能活多少年、31歲的能活多少年,等等。當時推出壽命預期表是為了交易人壽保險等金融產品,是為這些保險產品定價而推出的。

美國的文明,可以說是歐洲文明中的英國傳統基因複製到北美荒野,在適應當地環境後結出的創新性果實。這也可以稱的上是一次文明實施的最為偉大的「遺傳複製戰略」。它是一批已經高度成熟的人類,帶著一套高度成熟的思想,有意識地去創建的一種他們意願中的文明。如果不是因為15世紀末美洲大陸的發現,人類大概根本不可能有這樣的機會。有時改造舊的比創建新的要艱難得多。移民們帶去了歐洲的先進文明,但不是單純的複製,而是一種帶有批判性的、富於創新的進化。這點在清教徒創立的馬薩諸塞殖民地最為明顯,他們是有意要建立一個區別於英國的治理政體。錢滿素指出,清教徒們的思想和信仰,才是美國文明的種子。這個關鍵的種子就是「約」的概念。它是基督教的一個重要概念,《聖經》就是由《舊約》和《新約》兩部分構成的。新教是宗教改革的產物,清教是新教中新一輪的改革派。新教否定羅馬教廷的至高無上權威,以《聖經》取而代之。「約」最初講的都是與上帝的約,清教徒移民新大陸後就是依照約的概念來全方位地建立新文明。他們的「約」分為三個部分:一是「恩典之約」,即信仰之約,是信徒與上帝的約,信奉上帝,因信稱義;二是「教會之約」,即信徒彼此自願立約來建立獨立的教會,共同禮拜上帝,過基督徒的生活;三是「政府之約」,就是將約的做法延伸到塵世,通過立約來組建政府,服務世俗生活[15]。此外,美國獨立宣言抄的是荷蘭獨立宣言。在托夫勒描述的

---

15 錢滿素:《美國文明的基因》,新少數派,2022年5月25日。

三次工業革命浪潮中，英格蘭發動了蒸汽和電氣兩次革命浪潮，第三次革命浪潮——資訊化浪潮則由歐洲文明哺育的後裔在美國發動。如果工業化、市商化、城市化真是作為群體性的人類追求的可能的文明化生活方式的話，那麼，任何一個欲達至這一生活方式的國家，都必須從這種文明中汲取知識、技能和智慧。環顧近世，人們甚至可以斷言，越是較早、較密切地接近英吉利文明的國家和地區，其現代化程度就越高；越是抱守殘缺、自感優越、排拒英吉利文明的國家和地區，其近世命運就都比較坎坷[16]。這也是東西方大分流後之所以在近代加速大融合的內在邏輯。

　　當然，人類在有的區域，由於種種原因，並沒有很好的實施「遺傳複製戰略」。比如，金融在華夏出現得很早，貨幣至少可以追溯到商王朝，紙幣出現在宋王朝，早在《周禮》中就談到泉府做一些跨期放貸等，這說明華夏在3000年前就有了初級形式的金融。但是，此後金融沒有太大進步，證券等更先進的金融業態要到19世紀中後期洋務運動時才由西方傳來，形成人類金融「遺傳複製戰略」接續實施。影響華夏金融複製與進化的，是類似知識份子的宗教——儒教。被代代讀書人頂禮膜拜的《論語》，實際上不過是專制極權者統治的工具而已，無任何科學性而言，對包括人類金融在內的「遺傳複製戰略」實施卻起到了有效地梗阻作用。孔子是以「義」而不是基於「利」來規範人際關係並建立秩序。而實質上人們正是以虛假的「義」去謀實際的「利」，助長的只能是欺詐或霸凌的財富關係。這與易利市商化的經濟文明進化是背道而馳的。儒家的「義」是基於名分的等級秩序、基於以血緣為本的禮制倫理說教而已，它始終維護的是「普天之下莫

16　齊延平：《論英國自由憲政文明的進路》，互聯網，2013年3月8日。

非王土」所需要的掠奪性、霸凌性的財富關係，是地地道道的落後經濟文化的代言者。儒家主張以義而不是以利規範人際互助，這一點與基督教非常一致，後者也是排斥通過貨幣化、商業化實現人際互助[17]。但是，基督教經過多次改革，已經被迫放棄了這些阻礙經濟發展的思想。而所謂的儒教則自始至終如此執著地堅持自己的愚昧思想。基督教是基於只信耶穌基督這個神並且遵循其教義，與儒教拜倒在極權專制者腳下的奴才思想不可同日而語。無怪乎，孔廟數量越多、家譜數量越多的地區（儒家文化影響強），1927年時的現代銀行數量就顯著地要少、2010年時的金融交易參與度也更低。另外，在考慮其他因素後，孔廟數量多、儒家文化影響強的地區，在2010年時，人均存款和貸款額顯著要低，說明這些地方的人利用現代金融的程度更低。

三、分工演進密碼

　　在近現代易利領域，自18世紀亞當‧斯密對分工進行開創性論述之後，許多著名學者接續進行了深入研究。如哈耶克等等。按照他們的思路，競爭性市商化（資本主導的）易利的建立，在很大程度上要依靠有效的規模化的企業間進行勞動分工或專業化分工。而分工之有可能出現，也是因為有易利的存在。

　　■ 互動：價格信號與分工。易利分工是價格信號指揮下的分工。供應鏈一方在市商化（資本主導的）易利中發現的價格，會立刻告訴他（她）們應當分別生產什麼以及用什麼工具去生產。其從這種市商化易利信號中得知他（她）有望用高於費用的價格售出產品，為此目標，其在利用資源時不會超過必要的數量。其

17　陳志武：《儒家排斥市場嗎？——中西金融大分流的歷史根源》，勿食我黍，2019年10月16日。

希望獲利的自利動機，促使他（她）們自動分工從事為改善市商化易利參與者中任何成員的機會而應當去做的事情。其或許無此意向，卻極可能有此結果；但是只有當其得到的價格完全是受市商化（資本主導的）易利力量決定，而不是由類似治理政體強制性權力的外力決定分工時，情況才會如此。自主決定的價格才會使供求平衡，分工才能實現最大效能。不僅如此，市商易利中的價格也保證了分散的知識能夠全部得到評價和利用。

市商化（資本主導的）易利導致了參與者群體繁榮興旺，因為在分工中改善了所有人的機會。哈耶克指出，這之所以可能，是因為個人服務的回報取決於誰也無法全部掌握的客觀事實，而不是取決於哪個人關於他（她）應當得到什麼的意見。不過這也意味著，雖然技能和勤奮會改善每個人的機會，但不能保證他（她）獲得一定的收入；這個無人格的過程利用所有分散的知識確定價格信號，從而告訴人們應當如何分工，應該去做什麼，但是它並不考慮各種需要和品德。價格，尤其是服務價格形成秩序和提高生產率的功能，取決於它告訴人們從全部活動模式中的什麼地方能夠找到他們最有效率的位置，也是他們有可能為總產出做出最大貢獻的分工位置[18]。

■ 發展：易利分工與深化。經濟增長的直接動力機制源於分工和專業化所伴生的市商化資本主導的易利擴展與深化，而推動人們不斷進行分工的最終動力，則來自人們對自利的追求以及人類所稟有的喜好易利的性向，而作為一種自發生成和自我擴展秩序的市商化易利體制——或言哈耶克眼中的那種「交易制度或交換秩序」，既是這一「斯密動力機制」發揮的條件，又是其外在

18　哈耶克：《從部落社會到開放社會》，新少數派，2021年11月20日。

表現和現實結果。正是在這種源自對個人利益的追求以及喜好易利性向而演變出來的創新衝動，使得近現代的市商化易利秩序好像是一個美國歷史學家蘭德斯眼中的那種「解放了的普羅米修斯」一樣[19]。市商化資本主導的易利企業經營方式──或精確地用哈耶克的語言說，人類合作的擴展秩序──在人類易利市商化經濟文明覆蓋的許多地方和歷史時期都存在過，而這種市商化易利存在的擴展秩序註定要佔據整個易利經濟文明，從而使其內在蘊涵的斯密動力順暢地發揮出來。

　　至少在16世紀及以前，集中型的手工工廠多在採礦、冶金、造船和印刷等生產部門。在集中型手工工廠裏，資本家購買場房、原料和工具，把工人集中在一起，統一指揮進行分工協作生產。16世紀德國約有1200萬人，竟有礦工10萬～12萬人。1564年，英王伊莉莎白成立皇家礦山公司，從德國引進先進的採礦和冶金設備以及數百名技術工人。手工工廠以手工勞動為主，極少使用機器。然而，由於實行分工協作，有利於改進勞動方法、積累生產經驗、改進和完善生產工具、節約生產資料和勞動時間，大大提高了生產力，並為使用機器生產創造了條件。以人們熟知的亞當‧斯密所舉的制針為例，一個熟練的手工業者每天最多生產20只，而擁有10人的手工工廠能日產4800只，提高生產率20多倍。

　　從文明發展的宏觀角度來看，分工是易利發展的條件，其持續深化也是易利發展的結果。在中世紀西歐出現的歷史性分工，是工商業城市的出現，由此形成了城市工商業與莊園農業二元經

19　韋森：《近代西方世界興起原因的再思考》，中國世界中世紀史研究網，2009年8月15日。

濟的分工,最終城市工商業的市商化資本主導的易利發展,帶動了莊園農業市商化(資本主導的)易利的發展。

西元12到14世紀,西歐城市的數目增長了10倍,每個城市的人口也平均增長了兩到三倍。13世紀後期英國7個人中就有1個城市居民,13世紀晚期英國,2000人以下的小城市占到城市的一半[20]。需要指出的是,這些城市主要是易利生產型城市,與東方的華夏城市幾乎有質的不同。華夏城市可以定義為易利消費型,而且是治理政體主導的霸凌性易利消費型城市。

莊園的土地分為兩種:領主保留的自營地,占比1/3到1/2,農民為領主耕種,收入全部歸領主;農奴耕種的份地,領主不能隨意收回,必須承擔勞役,繳納捐稅。莊園周圍的荒地、林地等共用地,佃戶都可以使用,但是也得收租費。佃戶還得向當地教會繳納1/10的什一稅。佃戶分兩種:自主農和農奴。莊園生產者主要是農奴,除耕種自己的份地外,還需要無償耕種自營地,終生不能離開莊園。自主農只需向領主繳納固定租金,可以留在莊園,也可以離開[21]。13、14世紀,由於商品經濟的發展、十字軍東

20　1265年瓦解的「萊茵同盟」曾有100個城市參加。1376年內烏爾姆、康士坦茨等14個城市組成的「士瓦本同盟」,最興盛時也有80個城市參加。著名的「漢撒(城市)同盟」曾控制北方海上貿易數百年之久。1200年英格蘭大約有350個鄉村市場,此後半個世紀竟又新建數百個。1086年英國城市化水準已經達到10%,1300年為15%或更多,1377年為20%,15世紀城市化水準略有下降,但到1524年又恢復到20%。1200年英國城市為214個,1250年為349個,1300年為480個。1300年英國大約有650個城市,這還不包括威爾士的80個和蘇格蘭的50個。14世紀早期城市人口占15%,與農村從事工商業的人口合計占總人口的1/5。侯建新、龍秀清:《近二十年英國中世紀經濟——社會史研究的新動向》,歷史研究,2011年第5期。

21　小炒:《農業文明與西歐的貌合神離》,網易,2019年5月5日。

侵（教會規定農奴參加十字軍可以獲得自由），英、法和德國的農奴制度幾乎全部消失。獲得自主權的農民，如英國的自主租地農和公薄持有農、法國的永佃農、德國的自主農，主要向封建主繳納貨幣地租，而不是勞役和實物地租。繳納貨幣地租的農民，必須把一部分產品出賣、即當作商品來生產。所以，貨幣地租出現的前提是產品能以接近自己的價值出售，是工商業和貨幣流通的顯著發展，而在仲介貿易盛行時（原則是賤買貴賣和不等價交換）是不可能的。貨幣地租的盛行也使農民和封建主之間的關係變成單純的貨幣關係，農民漸漸變成擁有工具、動產和廣泛支配土地的權力，無須地主同意可以轉讓、轉租和出賣，只是得到土地的人必須繼承交租的義務[22]。城市工商業與莊園經濟的二元分工，形成互動互促，有力推動了經濟向易利市商化經濟文明轉化的速度，從而使人類文明演進不斷深化。

第二節　自發邏輯

易利市商化經濟文明，即人類財富理性易利自發演進的過程，也是欲望報酬遞增形成的要件。人類歷史很可能起始於人所擁有的那種選擇與判斷的能力，即在不同的情勢中知道做什麼或在更多的情況下知道不做什麼事情的高超能力。其中關鍵點，是使人具有了交換、交易即易利的能力，尤其是理性易利的能力。

人類財富關係主要有三種，一是掠奪與侵佔，二是霸凌式交換，三是市商化易利。這三種形式一直處於競爭狀態。最初，掠奪占絕對壟斷地位；之後農業經濟的出現，霸凌式交換奪得了壟

22　三人行：《西歐資本主義的興起》，北京師範大學三人行，2012 年 6 月 30 日。

斷地位；再之後，是市商化易利的演進，今天已牢牢處於財富文明的主體地位。也就是說，經過幾千上萬年的競爭，最終第三種形式勝出。其勝出的根本原因在於人類自發理性易利，在於競爭過程中自發理性易利充分展示出的如下三大邏輯。

一、獲利理性邏輯

市商化易利是文明的重塑，或者說是人類徹底擺脫動物性的開始。因為零增長陷阱及零和遊戲，均與動物的暴力及強權有關。人類原始狀態，由於財富的困乏，造成攫取、搶奪等行為屢見不鮮，這實際上是人尚未脫離獸性，或者說是生物性的重要表像。隨著易利的發展，必然涉及到一些重要辭彙，比如：自私、競爭與優勝劣汰，這些體現易利運作機制和原理的辭彙。當然，這些都是試錯約束中的自然演化而來。之所以在自然演化中不斷發展進化，是因為人類最為顯著的特徵乃在於他（她）擁有語言、思維及上面所說的選擇與判斷的能力、模仿的能力和傳承其所習得的東西的能力，包括模仿和傳承交換、交易即易利的能力。

■ 易利：需要理性邏輯，而非強力一孔邏輯。易利推動人的思想行為進化變革，堅持理性獲利邏輯尤為重要。自然造就人類，人類抗衡自然。市商化易利的發源地歐洲（西歐），擁有一個破碎的地形、破碎的海岸線。而歐洲內陸的地形，也非常難以形成統一國家。歷史上除了南歐的羅馬與一些外來政權之外，歐洲歷來沒有統一傳統。而久久未能進入易利市商化經濟文明的華夏，其所處的亞洲東部，則是一個大陸島，三面環山，一面靠海；而在大陸上，乃是平緩起伏的連續性地形，易於形成統一體。因此，華夏形成了分久必合、合久必分的傳統，總體看，

一統的衝動是內在的。而一統並非易利自然一統，而是拳頭的一統，這將必然導向思想的一孔、利益的一孔。一孔之下，民眾沒有易利的衝動，更沒有財富創造的激情，顯然就不可能有易利市商化經濟文明的自發演進。當然，此地人類創造財富的衝動被落後治理政體壟斷所限，並不排除其他區域的人類易利市商化經濟文明的自發演進。這就是令華夏人遺憾的「東方不亮西方亮」。

　　與斯密在18世紀提出的「看不見的手」的原理，以及哈耶克在20世紀後半期才提出的關於市商化資本主導的易利自發生長和擴展理論相類似的創見，早在兩千多年前的華夏即已出現。漢代的司馬遷就提出了不少與斯密和哈耶克的市商化易利秩序自發運行和擴展的理論相仿的洞見。譬如，在《史記‧貨殖列傳》中，司馬遷就明確提出，「富者，人之情性，所不學而俱欲者也」；「天下熙熙，皆為利來，天下攘攘，皆為利往」；「故物賤之征貴，貴之征賤，各勸其業，了其事，若水之趨下，日夜無休時，不招自來，不求而民出之，豈非道之所符，而自然之驗邪？」這些觀點幾乎表達了與斯密「看不見的手」原理同樣的思想。在談到文景之治時漢景帝用低稅賦政策來刺激易利自發快速發展的史實時，司馬遷明確指出，「用貧求富，農不如工，工不如商」。更為可貴的是，在《史記》中，司馬遷不但闡明瞭易利自發運行和自發成長的基本原理，還明確告訴君主和政府，不要過多地干預易利運行，尤其是不要與民爭利。譬如，在《史記‧貨殖列傳》中，司馬遷認為，由於人們出於本能在易利中自發追求自己的利益，要賺錢發財，「故善者因之，其次利道之，其次教誨之，最下與之爭（利）」。在《史記‧平准書》中，司馬遷還指出：「孝惠、高後時，為天下初定，複馳商賈之律，……量吏祿，度官用，以賦於民，而山川園池市井租稅之入，自天子以至

於封君湯沐邑，皆為私奉養焉，不領於天下之經費。」，「當此之時，網疏而民富」[23]。司馬遷意識到不受治理政體自然人干預的易利是最有利於財富創造的機制安排。

　　在大自然並不眷顧躺平式生存的西歐，破碎地形形成民族與國家的分割，狹小的區域難以給一個國家提供充足的發展資源，於是發展易利的規模形式──貿易就成為一種必然。當歐洲內部的貿易形成瓶頸之後，空間性易利擴張衝動自然產生。歐洲探索新大陸的原初需求，主要是貿易衝動而非征服衝動。華夏則不同，由北至南的連續耕作區和大陸內部的豐富資源，以及對外交通的難度，都使華夏長期以來形成一種內向型或者躺平式哲學。在華夏歷史上，獲得內部一統而不是對外征戰，是王朝的主流思想，防禦性軍事戰略也從來都是正道[24]。因為在華夏，普天之下只為以武力征服眾家的一家服務，華夏之地的人們當然缺乏貿易動力與擴張衝動。這幾乎是人類抗擊自然約束能力極其低下的情況下，地理制約所形成的必然結果。一孔思維之下，億萬人服從一人，千萬家服務於一家，這就是幾千年來華夏人的歷史。古今如此。其最大的悲哀是限制了眾民獲利的理性。無獲利理性，欲望報酬遞增的自發文明斷不可能產生，引進來也很難健康生存，非民眾經受巨大災難，斷不可能修成正果。放眼望去，東方專制迷戀盛行的俄羅斯如此，日本、韓國、朝鮮曾經或皆是如此。

　　■ 獲利：需要理性邏輯，而非人格交換邏輯。人類易利一直在進化、演進之中，並向人們毫不知情的市商化易利目標演化。

23　韋森：《皇權專制政制下中國市場經濟的週期性興衰》，愛思想，2014年7月14日。

24　連清川：《如何擺脫地理決定論》英國《金融時報》，中文網，2012年7月2日。

實際上，這也是由易利的獲利理性邏輯原理所決定的。1210年3月28日，身在倫敦的熱那亞商人拉貝猶斯，代表身在魯卡的維瓦納斯償還了一筆100銀馬克的債務。這樣的協議沒有什麼特別之處，在當時的歐洲，類似的例子數以千計。但是這一協議意味著拉貝猶斯生活在一個經濟增長的非凡時期，特別體現為如下幾個方面：城市化、人口增加、資本投資和貿易模式的不斷變遷。正如斯坦福大學經濟學教授阿夫納·格雷夫在其《大裂變：中世紀貿易制度比較和西方興起》一書中所談到的，該協議反映了理性易利具有的良好功能。這些理性易利的制度基礎是，商人們信任那些替他們處理海外事務的代理人，哪怕雙方沒有簽訂正式的法律檔。歐洲各地的貿易商之間盛行貸款，遠遠超出了私人關係的範圍。當時產權也受到了充分的保護，商人可以帶著自己的財產到海外旅行。這些已經體現出有利於易利文明發展的理性邏輯及制度化。同時，該協議還反映了具有良好功能的治理政體。整個歐洲在那一時期的治理基礎，產生了有利於易利經濟繁榮的政策。拉貝猶斯簽訂這份協議的地方是熱那亞共和國，該國建立於此前一個世紀以前，其奉行的政策已經使自己成為繁榮的商業易利中心。而從市商化易利孕育需要來看，該協議反映的卻是獲利理性邏輯及其制度化，即易利雙方的非人格化交換，正是這種非人格化交換，極大擴展了易利的範圍及規模，是推動市商化易利孕育的邏輯原理之一。

從古到今，易利都要面對風險挑戰、進行跨期合作、實現財富流向優選等問題。人類發明了哪些辦法去應對？不同邏輯有不同的選擇。但無外乎人格交換與非人格交換兩種。人格交換的人格信任，需要長期積累，並只能局限於熟人群體之間。而非人格交換的非人格卻不需要這些限制，因為它依賴的是獲利理性和

制度。陳志武指出，到目前為止，人類大致上找到了三類具體解決風險挑戰的辦法：一種是近代發展起來的金融市場，像保險產品、股票債券、銀行儲蓄、投資基金、養老基金等等，這些是現代人使用的工具，更是西方人熟悉的非人格化易利手段、邏輯與制度。第二大類辦法則是基於宗教或者其他共同信仰的互助體系，這個相互保障體系不是基於血緣關係，而是基於共同的信仰來增加教友間的跨期信任，尤其是通過做禮拜、教會聚會聚餐等活動，降低信眾間的資訊不對稱，減少逆向選擇問題和「搭便車」道德風險，使成員間互保互助。第三種辦法是基於血緣網路的保障體系，比如儒家的宗族，這是以人格化方式防範生老病死風險，以達到安身立命，比如「養子防老」就是以子女作為跨期投資、跨期規避風險的具體工具；換言之，子女就是人格化的保險、投資與養老載體，而族人之間的互助與保障是這個體系更為廣泛的功用所在[25]。顯然，第二種，尤其是最後一種，靠的就是人格，以此來進行易利。

在以非人格易利為特徵的獲利理性邏輯及其制度化推動下，人類易利與財富規模急劇擴展。有人說棉花改變世界，實際上應該說，易利改變了世界，是具有獲利理性邏輯及其制度化改變了世界。17世紀末期，尚不具有獲利理性邏輯及其制度化的印度控制了全世界1/4的紡織品貿易，但是1764年發生了一件事，改變了紡織品市場的格局。這一年具有獲利理性邏輯及其制度化的英國（詹姆士‧哈格裏夫斯）發明了珍妮紡紗機，5年後（理查‧阿克萊特）發明了水力紡紗機，再後來，蒸汽機取代了水力，具有獲利理性邏輯及其制度化的英國率先進入了工業化時代。機器織

25　同註17。

出來的棉布價格更便宜，品質也更有保障。英國棉布迅速銷往全世界，打垮了各國本土紡織業，印度也不例外。1607年棉花首次在佛吉尼亞紮根，很快就成了具有獲利理性邏輯及其制度化作用的美國最賺錢的農作物，甚至可以說是這個新興國家賺到的第一桶金。事實上，具有獲利理性邏輯及其制度化的美國（惠特尼）於1793年發明的機械軋棉機被公認為是紡織業有史以來最重要的發明，這種機器能迅速將棉花纖維和棉籽分開，這是傳統紡織業最費工的一道工序。有了軋棉機後，棉布終於得以全面替代了羊毛和亞麻，成為全世界最廉價、使用最廣的紡織品[26]。獲利理性邏輯及其制度化的作用遠非如此，全球性超遠程易利更令人驚異。1913年，全球海外投資歷年總額之和（以2012年的美元計）大概在一萬億美元，而在2005年至2019年間，幾乎每一年的海外直接投資額（FDI）都會大於一萬億美元（只有2015年和2018年是例外）。

　　所謂獲利理性邏輯，就是指易利發展到一定時期，易利參與者為了獲得預期結果，有自信與勇氣客觀、冷靜地面對現狀，主動認知、尊重和遵循易利規律，以客戶的潛質及競爭對手的盈利能力為基準，著力提升自我，在考慮供需雙方互利與供應鏈雙贏的同時，轉向新的更高層次盈利手段和目標。

二、利己利他邏輯

　　易利推動人的思想行為進化變革，在獲利理性的基礎上，利己利他邏輯不容忽視。經濟學家早已釋明，自利作為一種經濟機制不僅是有用的，而且它在道德上也是絕對必要的。當然，這是一種受到制約的自利，但這些制約本身是由一種積極的理性決定

26　袁越：《白金的故事——棉花改變世界》，共識網。2013年1月29日。

的，與自然的本質概念相一致。

　　■ 競爭：需要利己利他邏輯，而非純粹自利邏輯。經濟學「利己利他」有三個涵義，第一個是「人的自利性」假設，第二個是「極大化原則」，第三個是每一個人的自利行為與群體內其他人的自利行為之間的一致性假設。這第三個涵義導致了「利己利他」的現代看法，即，不管如何競爭，利己是第一追求，以利己為基礎，一方面利己競爭的結果可以利他；另外一個方面是在利己競爭的過程中利他；第三個方面是在利己競爭前考慮利他。人的自利性不言而喻，每個人都要對其自身的生命負責，無自利不生存。個體對最大幸福的追求，或等價地追求最小化「痛苦」，導致形式邏輯上的「極大化原則」。這一原則要求「利己利他競爭選擇」將幸福擴大到「邊際」平衡的程度：個體為使利己「幸福」增進一個邊際量所必須付出的努力，相等於這一努力所帶來的利他結果。

　　著名的斯密經濟學假設指出：人類大多數的經濟選擇由利己思想支配，所有個人利己行為所產生的無預期結果將趨近於一種大眾和諧。如釀酒師和屠夫們的生活，在利己思想的驅動下，他們按大眾所需求的那樣去行動。值得注意的是，斯密並沒有將此假設作為絕對真理。他也承認，對於那些沉醉於奢侈消費的少數人來談，道德目標和自私目標的調和不可能完美一致，凡是對自私目標未加控制的追求，都將不會導致斯密所贊同的預期或未預期的結局[27]。

　　《人類價值的生物學起源》作者 G‧E‧皮尤認為，人類價值

27　張雄：《經濟學的哲學傳統論略》，四川大學哲學研究所，2007 年 5 月 18 日。

只有兩種，即：「首要的」價值與「次要的」價值。「首要的」
價值，就是指那些由遺傳因素決定的因而也是先天的價值；「次
要的」價值，則是指那些「利己利他競爭理性思考的產物」。首
要價值顯然是由基因所決定，次要價值同樣也受基因所決定。首
要價值承載人類基因的歷史，次要價值為人體基因對外部世界演
繹性或邏輯性反應的積累。在財富文明中，對人行為產生影響的
當然有首要價值，但起決定性作用的還是次要價值，即「利己利
他競爭理性思考的產物」。因為利己利他競爭的理性思考是人與
其它生命體等級區分的關鍵性標誌。比如學者們常提到的規則。
當習得的規則開始把某種能夠使人們在行動中據以預測外部事件
的環境模式納入其間的時候，由個體生命基因所決定的人類利己
利他理性競爭才凸顯出來。在這個重疊的習得規則結構中，基礎
層乃是堅固的規則層級，也就是那種沒什麼變化的因遺傳而繼受
下來的「本能」驅動之基礎──而這些「本能」驅動則是由人的
生理結構所決定的。基礎之上層乃是人類在其經歷的前後相繼的
群居結構類型中所習得的各種傳統的全部留存規則，也就是人們
並不曾刻意選擇但卻廣為傳播和盛行的那些規則。這些規則之所
以得到傳播和盛行，實際上是因為某些利己利他理性競爭慣例促
成了某些群體的繁榮，而且還致使它們的規模得到了擴大[28]。

　　■ 秩序：需要利己利他邏輯，而非排他自利邏輯。一個人既
是生命個體，也是人類基因。這也說明，人與人共生共創良性易
利秩序，需要利己利他而非排他自利邏輯。市商化資本主導的易
利是指，可以自主處置其財富的生產者或消費者，在資本的主導
下，以價格為仲介，通過自願訂立合同，進行的物品和服務的易

28　同註6。

利行為及秩序。市商化資本主導的易利秩序是成千上萬個人相互作用的產物，不需要任何中央計畫或周密的協調。按哈耶克的說法，這就是「自發的」（或非計畫的）秩序。這裏的「自發性」，實際上就是斯密所揭示的「看不見的手」；個人出於自利（包括他們家庭的利益，也許甚至還有親朋好友的利益）的考慮而行動並互相作用，然後並非有意地，創造出巨大的財富利益，並符合公共財富利益，達到利他。市商化易利中產生的沒有計畫的分工分權的秩序，是一個廣泛、複雜的競爭合作體系的產物，從而使個人通過訂立合同，提供互惠服務，在財富流向優選中進行「合作」。

　　但是，古典自主學派非常小心，不使這些論點變成教條化極端形式。個人利益（利己）與公共利益（利他）之間並不能自然而然地達成和諧。自生秩序並不能「自動」運轉，看不見的手也絕不是無所不在和全能的。理性易利秩序絕不可能存在於真空中，它有賴於一個規則框架，即法治。這些學者還充分認識到，個人之間的財富利益及其與諸如生產者和工會之類的群體的財富利益，常常是相互衝突的，而且並不總是符合公共財富利益。因此斯密、休謨等特別強調由平等地對待所有個人的行為規則構成的程式性正義的重要性。所謂正義，就是使天平不偏向任何一方。這些規則能保障個人的私人空間，尤其是財產權免受他人的侵犯，也能為易利有效運轉提供所必須的最低限度的安全、穩定、預期和公平環境。簡而言之，正義就是法治：它維繫著市商化易利秩序，是市商化易利得以維持和獲得成功所必不可少的[29]。這為治理政體功能提供了新的選擇，也是易利市商化的選擇。利

29　by Dr. Razeen Sally：《什麼是自由主義》，貓眼看人，2006年2月7日。

己利他邏輯向人們揭示，利己是基礎，利他是副產品。以利己為導向，有效激發易利參與者的經濟行為，在利己欲望報酬（財富）遞增回報主激勵下，在利他回饋的副激勵下，財富不斷地創造與發展，使人類走向新的文明。

三、私利鎖定邏輯

易利推動人的思想行為進化變革，在獲利理性和利己利他的基礎上，私利鎖定產權邏輯作用特殊。無論是市商還是逆商，都承認財富是一種權利，或者說財富是權利、權力的來源。不同的是，市商肯定私人財富權利；逆商否定私人財富權利，主張只有集體，尤其是治理政體擁有財富權利。實際上，逆商的財富權利說也是私人財富權利，只不過這種私人財富權利只是群體首領或治理政體自然人個體的財富權利而已。

■ 制度：需要私利鎖定邏輯，而非單純私有邏輯。私利以私有為前提，但私有並不一定產生有效的私利。它需要各種規制為其提供保障，當然首要的是保護私有產權，以確保私有產權成為私利產權。被稱為「高貴的商人」的伏爾泰為追債屢屢與人對簿公堂。臨死之前，他的年收入是 40,000 塔勒（銀幣），總資產在法國可入富豪榜單。伏爾泰的貢獻主要在於盡其所能破除世人對商人及商業的偏見，並預言貴族沒落和商業世紀興起乃是人類文明進展的必然結果。伏爾泰本人在掘得人生第一桶金後也發現：財富乃是個人獨立自主的重要保障[30]。

茅於軾估計，過去 5000 年在這個世界上生活過的 2500 億人口中，絕大部分都生活得很不幸。他們一輩子最大的問題是如何填

30　楊靖：《「高貴的商人」伏爾泰》，東評君，東方歷史評論，2020年 3 月 13 日。

飽肚子，從出生開始，就在饑餓中掙扎，大部分活不到壯年就死了。所以一直到西元 1820 年，世界人口的平均壽命只有 26 歲。災荒和病疫經常會發生。到 19 世紀為止的人類，始終被馬爾薩斯的人口受糧食限制的規則所制約。人類過去幾千年發展非常緩慢。是什麼原因造成了 19 世紀以前的停滯和 19 世紀以後的快速發展？茅於軾的回答非常簡單，就是人權觀念的出現，並逐漸被確立，慢慢地得到承認，並且越來越鞏固。其中，私利產權非常重要。

為了保護個人財富免遭他人控制，人類逐漸確立了邊界明確的私有產權制度。從《舊約》的摩西十誡，到漢高祖劉邦的「約法三章」，都強調要保護每個人的財產。歐洲啟蒙運動以後，財產權被視為與生俱來的基本權利。並且，人類終於認識到：對私人財富和自主構成最大威脅的，是不受制約的治理政體公權力。為此，人類建立了限制權力、遵守契約的現代治理政體公權文明。但是，對於保護私有財產，仍有一些極其重要的手段長期被人忽視：比如鑄幣權（貨幣發行）。也就是說，私有制不僅包括私人所有的私利產權及所有形態的財富，還包括易利的關鍵性工具，即貨幣。治理政體控制貨幣不僅會人為造成市場價格信號失真，使市商化易利自然秩序受到衝擊與破壞，而且會使財產權保護大打折扣。因為，鑄幣權作為一個非常容易成為公共產品的財富標誌和標識，對私利產權保護來說非常重要。也就是說，單純財富私有鎖定，並不能做到對私人財富利益的保護，財富私有鎖定並不一定會做到在產權上私利。比如這類鑄幣及貨幣發行權，完全可以隨時侵害作為私有產權的財富。無論貨幣（包括數字貨幣）的生產與發行者，是私人還是公共機構，都必須有相應的措施，包括制度、制約和秩序，否則私利產權必將受到侵害。因為與易利運行脫鉤的貨幣發行，就是一種掠奪私人財富的行為。因

而，對治理政體公共權力壟斷貨幣生產與發行尤其要引起足夠的重視和警惕。

在易利市商化經濟文明的初級階段，監督制約公權的行為、思想、理論非常重要。任何侵害私利產權的行為都可能是以大眾利益的名義堂而皇之進行的。實際上，這些行為恰恰是赤裸裸地掠奪行為，是蠻橫地侵犯私利產權的勾當。亞當‧斯密認為，世界各國的君主都是貪婪不公的，他們欺騙臣民，把貨幣最初所含金屬的真實分量次第削減。歷史證明瞭亞當‧斯密的遠見：從華夏的漢武帝到西方的英國國王，從兩千年前的華夏王莽、到兩千年後的華夏民國，直到最近的北極熊俄羅斯及拉美的委內瑞拉等等。只要鑄幣權被壟斷，就絕不可能抑制住超發貨幣的衝動。並且，由於這些貨幣是以治理政體暴力為後盾、強制流通的「法幣」，因此大眾根本沒有選擇的餘地，無論「法幣」貶值得多麼厲害，也只能眼睜睜看著自己的財富被稀釋、被掠奪，直到通貨膨脹引發經濟蕭條、壓垮整個國民。可見，鑄幣並不會創造財富，恰恰相反，它往往掠奪財富，破壞私利產權。所以，私利鎖定必須是全面的、制度化的，而非單純遵循私有鎖定邏輯。

■ 創富：需要創新產權邏輯，而非公權保護邏輯。保護私利產權不能單單依靠治理政體公權。不受限制的公權，往往是破壞私利產權的罪魁禍首。因此，控制公權力對保護財富私有和私利產權非常重要。13世紀前，英國多數土地控制在私人和教會手裏，王室只擁有較少土地。1436年，英王室也只擁有3%土地，而私人擁有約45%土地（多數由貴族和紳士擁有），教會擁有其他20%–25%土地。王室也沒有權力隨意決定在別人土地上收稅。因此《大憲章》明文規定王室須承認並保護私有土地產權。這是對治理政體自然人權力制衡的制度基礎，是現代財富私有和私利

產權基礎。《大憲章》廢棄君主（國家治理政體自然人）任意沒收財產的做法是一個巨大的進步，它使得工商業人士有可能在經濟領域發揮自己的才幹，創造、積累和發展財富。此前，即在1085–1086年間，威廉一世就通過「末日土地調查」來穩定王室的收入。這些調查結果後來彙編成冊，當時人們給它起了個形象的名字叫《末日審判書》。它有這個名稱，是因為其中規定，記錄在案的土地佔有狀況「不得以任何理由加以修改，就如同終審判決一樣。」這個《末日審判書》詳細記錄了英國自古就有的土地佔有者的資訊，以及他們主張享有的不同權利、特權和習慣。在調查期間很多人都申報了自己的財產，從《末日審判書》可以確定每個英格蘭人的財產，它提供了英格蘭人權利的證明檔，同時它還是一份重要的法律文獻。它最突出的作用，是今天所說的「明晰產權」，完成了從土地的事實佔有向法定佔有的轉變，這使土地侵權變得更加困難，減少了紛爭，有益於財產的有序繼承和轉移[31]。類似工作在今天的一些國家，如拉美等，仍沒完成。18世紀以後私有產權和私利產權觀念逐步確立，侵犯別人財產的行為越來越不容易，成本越來越高，因而創造財富的收益能夠得到保護。於是大家的注意力逐漸從彼此算計，調整到創造發明，科學技術得以空前地發展。所以說財富私有和私利產權的確立是科技能夠發展的條件。附帶說一句，文明和野蠻的根本區別就在於武力起多大的作用。所謂的市商化治理政體就是武力不起作用的治理政體，起作用的是法理與法律；而在野蠻治理政體詞典裏，武力有最後的發言權、決定權和剩餘索取權。

　　創富，更需要創新產權邏輯。對財富私有和私利產權的保

31　高廣銀：《為什麼英國人把征服者威廉一世的〈末日審判書〉視作珍寶》，互聯網，2019年12月5日。

護有多種形式，包括易利組織本身也具有這種功能。比如市商化資本主導的易利產生的現代公司制度。這一制度應該是現代易利文明中對財富私有和私利產權的最有效保護，是財富私有和私利產權保護集大成者的制度。現代公司是財富私有和私利產權的集合，受到公司法保護。其有兩大基本特徵：首先，公司是一個法人組織，有統一的規章，獨立進行易利活動（生產或交易），集中行使易利權力和權利；其次，公司是由股東參股合作投資的，而公司的資本所有者和經營者又可以相分離。經營者由公司雇用，雖然不排除股東也受雇為經營者的情況。當然，這種易利組織對財富私有和私利產權保護也並不是盡善盡美，依然存在相當大風險。從對現代公司溯源來看，實際上，英國的中世紀行會就顯現出許多現代合股公司對財富私有和私利產權進行有效保護的特徵。行會可以對經濟權力和權利進行集中與運用。行會頗似現代法人，它是自然人（行會成員）的集合體，其管理機構有如法人代表，其組成有主要負責人「長老」，財產管理人「監事」或「管事」，召集會議、登記造冊的負責人「執事」等。管理機構代表著行會，集中並運用著一部分經濟權力，如擁有永久性的財產權、擁有代表本行會公共權力的公章、維護行業的經營壟斷權、制定行規等。義大利是中世紀工商業最發達、國際貿易最繁榮的區域之一，出現了最初意義上的公司。義大利中世紀的大公司主要是商業或貿易公司。著名的有13、14世紀佛羅倫斯的巴爾迪公司、佩魯茲公司等。15、16世紀之交威尼斯商人皮薩尼三兄弟，資本高達25萬杜卡特以上，投資於各種實業[32]。市商化資本主導的易利雛形源於文藝復興時期的義大利，但荷蘭人對發展和

32　劉景華：《現代公司制度起源於中世紀》，中國社會科學報，2012年12月26日，第397期。

完善市商化資本主導的易利做出了巨大貢獻，他們將銀行、證券交易、信貸、競拍、保險和有限責任公司等金融商業體系融合起來，極大地促進了經濟的發展。

　　對財富私有和私利產權的保護是一項成就輝煌的事業。世界上幾乎所有實現了財富私有和私利產權基礎上的轉型國家和地區，都取得了耀眼的業績。比如華夏臺灣經濟經過轉軌，國民生產總值從1952年的16億美元，增加至1989年的1500億美元，37年間增長了90餘倍；人均國民收入從1952年的136美元，增加至1989年的7518美元，增加了55倍；基尼係數1953年為0.558，以後不斷下降，1961年為0.461，1972年為0.301，此後大部分年份一直低於0.3；清廉更是超過了華夏的任何一個歷史時期[33]。改革開放後的華夏大陸也有類似驕人的業績，無須贅述。這樣的變化不能不說與文明歷程的根本性轉變有關。這個轉變的原因，最合理的解釋之一，就是財富私有保護和私利產權的確立、保護。應該講，這個變化還遠遠沒有完成。世界上固然有先進的發達國家，那裏財富私有和私利產權得到較為充分地尊重；但是也有經濟及治理政體文明落後的國家，那裏的財富私有和私利產權會被治理政體自然人隨意踐踏。

第三節　自發裂變

　　沒有自然人主體、治理政體及宗教的市商化，就沒有易利的市商化。市商化易利的確立是必然的，也是偶然的。因為每一步都需要人類在財富關係選擇上進行自抉正向轉化。這種轉化，取

33　梁木生：《公有，烏托邦，還有階級鬥爭》，梁木生的博客，2015年3月30日。

決於文明的複雜性自發裂變。

　　奧地利經濟學家約瑟夫・熊彼特和哈耶克均同意這樣的觀點：經濟並不以完美的預見和均衡見長，而是要不斷地摸索與演變。科技是決定人類發展的關鍵因素，而科技的發展只能從簡單到複雜，從低級到高級，絕無逆反，這就為人類發展提供了一個有方向性和普遍性的選擇機制。複雜系統科學顯示，即便在基本規則極為簡單且完全確定的系統中，複雜行為和不可預測性也能產生。據說，阿爾伯特・愛因斯坦說過，不要等待奇跡，你的整個生命就是一個奇跡。

　　到西元元年人口為2.3億，但壽命只有24歲；而到了2023年，人口增加到80億，壽命已延長到71歲。如果畫一條隨時間變化的壽命和人口數的曲線，可以明顯地看出近200年來變化的突然性。是市商化易利徹底改變了人類發展的軌跡。如果以人口增加或壽命延長為指標，2023年的指標超過了過去200年的8倍和2.73倍；更超過了過去2000年的34.78倍和2.96倍[34]。這些數字雖然並不足以保證人類的永續生存，但與人口最少相比，已經是個奇跡，而且確實是個奇跡。同時，80億人的知識和智慧及其能力，已遠非人類最少的2000人所能比。這在很大程度上是得益於也有益於人類文明的複雜性自發裂變。

　　複製，主要是關於自我複製，目前已經有相對成熟的理論解釋，比較經典的是「自催化集」理論。雖然任何基本的化學反應都不能實現物質的自我複製，但通過某些方法能夠把許多化學反應耦合在一起，變成一個系統，這個系統就有可能實現自我複

34　茅於軾：《500萬年來的文明進程──讀張岩著《文明起源》有　　感》，新浪博客，2012年5月3日。

製。化學反應系統要實現自我複製需要具備兩個條件：第一個條件是，這個系統裏的每一個方程的反應物都來自系統裏其他方程的生成物，相當於一個頭尾咬合的過程；第二個條件是化學反應的產出比，要求方程中某種物質的產出量比消耗量多。只要一個化學反應網路滿足這兩個條件，就會出現「自催化」，即能實現自我複製。如果產出不比消耗多，就只是單純的催化反應。這裏所謂的自我複製，指的都是作為系統、整體的複製。如果輸入的反應物充足，那麼系統裏的東西的個數就會以指數形式增長。從更高層次看，系統就實現了自我複製。如果一個系統具備兩個特徵——能夠「成核」、能夠「複製」，這個系統就一定能實現從簡單到複雜的演化，人們稱之為梯徑系統。所謂成核，就是系統產生新的組件，比如舊技術被改造成新技術，或現有蛋白質被改造成新蛋白質，改造的過程就是形成新組件的過程。生命就具備這一特徵。另外，一個系統中只要有部分組件能夠複製，這個系統就具有了能夠複製的特徵。生命也具備這一特徵。語言也具備類生命的特徵，發明新詞就是成核，別人用了這個發明的新詞就是複製。生命起源問題不僅僅能夠用複雜系統理論來解釋，更可以從化學、物理學、合成生物學、人工智慧等角度切入[35]。在複雜科學領域，主要用抽象理論而非實驗來研究生命起源，這是複雜科學的優勢。複雜科學更關注框架，而框架中待填充的實體是可變的。

　　顯然，人類易利文明發展與「自催化集」非常符合。以此推論，在三大財富關係中市商化易利最終勝出，主要得益於三個解放，即三個複雜化裂變：

35　劉培源、梁金：《專訪四位複雜系統研究者：跨學科研究中的複雜》，信睿週報，2022 年第 83 期。

一、主體複雜裂變

經過千年甚至萬年演化，人類易利主體和財富收益主體實現了複雜裂變。

■ 收益：主體複雜裂變的個體化。易利裂變的結果是個體從群體易利中解放出來，使易利主體單元最終由群體向個體回歸，從而能夠使每個個體的欲望發揮作用，以個體欲望報酬遞增實現，帶動整個人類欲望報酬遞增實現。這種收益的個體化也是由易利分工內在邏輯所決定的。正如哈耶克所談到的，所有持續性的結構都是選擇性的或優勝劣汰的進化過程的結果，較為複雜的結構乃是通過持續不斷地使其內部狀態與外部環境的變化相適應的方式來維續自身的。在自我生成的秩序當中，最為重要的秩序之一便是範圍日益擴大的勞動與知識分工秩序；這種勞動與知識分工的秩序意味著，那些互相不知道而且也彼此不認識的人之間的活動是可以相互調適的[36]。而勞動與知識分工的最終結果，就是易利財富收益主體的個體化。易利收益主體複雜裂變的個體化是現代易利市商化經濟文明的主要特徵，其相關理論自洛克、盧梭、康得以降，數百年來累積出豐厚成果。而易利收益主體複雜裂變的個體化，在華夏卻走過非常曲折的道路。19世紀末20世紀初，開始傳入相關理論，如嚴複譯介《群己權界論》、後來的「五四運動」及胡適宣導以杜威為代表的易利收益主體複雜裂變的個體化思想。1949年後相關思維在華夏基本絕跡，直到1980年代後，哈耶克、伯林、羅爾斯、德沃金等才被逐步介紹進來。整體上，直到今天，易利收益主體複雜裂變的個體化思維在華夏思想界影響力仍然不具有決定性作用。顯示，華夏整體邁入現代易

36　同註28。

利市商化經濟文明還有很長的路要走。無需悲觀,但需要耐心和付出。

■ 經濟:主體複雜裂變的人性化。一個關於人性化的例子,是家族企業所有者家庭婚姻問題。所謂的家族企業,就是主要是以家族(群聯)為主體的易利單元和財富收益單元,而不是以個體為主體的易利單元和財富收益單元。調查研究顯示,家族企業子女愛情婚姻自主程度與市商化易利程度成正相關關聯。所謂的市商化易利,從易利主體和財富收益單元看,其特徵就是以個體為財富收益主體進行的市商化易利。2008年,香港中文大學範博宏與他的兩位同事做過一項研究,對象是市商化資本主導的易利尚不完善的泰國的最大150家家族企業,看這些家族企業掌門人子女和親戚的結婚對像是誰。有意思的是,當家族企業把子女婚姻對象的消息公佈時,如果是愛情婚姻,那麼股市對該家族企業的股票沒有反應,而如果婚姻對像是官員或者其他家族企業的子女,那麼,股價會上漲不少。在需要得到政府審批才能進入的行業中,那些家族企業子女的婚姻93%是治理政體聯姻、商業聯姻,特別是房地產與建築業的家族企業,其子女有96%是為了商業利益去聯姻,遠高於政府管制比較少行業的關係婚姻頻率。反過來看,就是市商化易利程度高的行業,家族企業子女愛情婚姻的比例也高。之所以(幾乎在所有)傳統易利中「家」是最原始、自然的生產單位,是因為生產需要投資,一投資就涉及到價值的跨期配置,亦即把今天的價值節省下來、投入專案,要等到未來的某個時候才能有回報,這樣一來就涉及到跨期信用問題:怎樣讓人們能放心、願意投資呢?其他人今後違約不認賬或者耍賴怎麼辦?所以,「企業」基於什麼組建、如何組建實際上是一個如何安排跨期價值配置、保障跨期價值配置的問題,而基於婚

約和血緣的家、家族是一個古老又不允許有選擇的共同體，以它為基礎來實現跨期價值配置，當屬自然[37]。

總之，應該看到，易利發展歷程清晰顯示，人類易利的主體和財富收益主體，從群體向個體的轉變是非常明確的，不管經過多麼複雜的裂變，結果都是如此。

二、治理複雜裂變

在財富關係中，市商化易利之所以能夠將掠奪性和霸凌性財富關係邊緣化，重要的一點，是實現了人類治理制權（制約與限制治理政體權力）的複雜裂變。這種裂變的主要成就集中體現在兩個「轉化」上：易利自然人主體從治理體系自然人主體的控制與干擾中解放出來，使人類在經濟與文明的發展中，從能夠只可利用自然人群體中某一個人的智慧或只利用到少數人的智慧，轉化為利用到易利自然人主體無數人的智慧；能夠從服從自然人群體中的一個人或少數人的意志，轉化為服從易利自然人主體無數人的意志。

有文明就有群體，有群體就有群體的治理。人類從部落到國家，共同生活的群體規模有了幾何級量的增長，治理顯然就倍加重要。治理的複雜裂變對財富關係的進化以及財富文明的進步，

---

37 他們收集了從1991年到2006年16年裏的200個婚姻樣本，並把這些婚姻分成三類：第一是政治聯姻，家族企業子女的婚姻對像是政府官員子女；第二類是商業聯姻，對象也是家族企業的子女；第三類是既沒權力因素，也沒商業目的，而是以愛情為基礎的婚姻。總樣本裏，33%的家族企業子女婚姻為政治聯姻，商業聯姻發生的頻率是46.5%，這兩項加在一起，占總樣本的79.5%，將近80%，只有20%的婚姻是由於愛情。陳志武：《市場經濟鑄就通向個人自由之道路》，經濟觀察報，2010年5月3日。

意義十分重大。人們從中還會看到，治理複雜裂變與易利文明的發展如何形成纏鬥，最終相互反覆運算演進，形成今天的治理與經濟文明，尤其是治理複雜裂變。兩個「轉化」有力地證明了，沒有治理複雜裂變就沒有易利市商化經濟文明。

　　■ 治理：體系複雜裂變的制權化。早在西元前4世紀，在雅典以及其他數百個希臘城邦（所謂的城邦是指以某一個城市為核心與周圍農村一起構成的國家），大多數本地成年男性都是參與公共生活的公民，他們在公民理事會和議事會中制定政策，作為人民法庭的陪審員裁判法律案件，被選舉或通過抽籤方式獲選擔任公共事務官員。而且，雅典理事會和議事會做出的每一件日常決策都被要求符合成文憲法的規定。並且，憲法是被嚴肅對待的；若有人試圖提出與憲法相齟齬的措施，就得承受喪失提出立法建議權的風險。在雅典城邦的時代，商業的習俗帶來了文明的思想，梭倫和伯裏克利先後推進了漸進、平靜而不流血的改革。然後一種顛覆了人間權力的觀念出現了：治理公權應該均衡分配，每一個公民都有發言權，有權討論、決定和罷免治理政體負責人。於是，依靠公民同意的執政，戰勝了依靠權力強迫的統治[38]。希臘以公民為中心的共同體被證明是成功的。隨著以公民為中心的共同體相較於其更加等級化的鄰國越來越為人們接受，良善制度被證明具有高度的適應性：民抉制和正式法律被更多希臘城邦採用。越來越多的專業化經營隨之而來。法律也是如此，這些法律著眼於通過令資訊的獲取和爭議的解決實現平等來降低交易費用。結果是，希臘城邦獲得延續的生態系統繁榮興盛起來[39]。

38　瀝泉：《留給自由人的思想遺產：「開眼看世界」的另一種方式》，先知書店店長薦書，2022年11月9日。

39　約西亞・奧博，譯者聽橋：《來自古代希臘的經濟教訓》，美國《外

　　事實上，多國分治的格局，決定了想生存下去的城邦國家
必須實行民主共和制。就像羅馬一樣，多國林立就意味著外敵很
多，如果不團結整個羅馬平民階層，羅馬城邦早就被異邦消滅
了。為了生存，羅馬必須團結全體國民去一致對外，實行給每
一個自主民公民權、舉行民抉選舉、讓平民分享戰爭的成果等
就成了最佳選擇（也是唯一選擇）。不僅羅馬如此，其他每一個
想生存下去的城邦都必須如此，任何一個實行貴族獨裁、排斥平
民利益的國家都會在外敵與內患的聯合打擊之下消失，所以在歐
洲建立大一統帝國的是羅馬共和國。因為羅馬利用民抉制度成功
地把內部矛盾降到了最低限度[40]。當然，這一條不存在了，羅馬
帝國也就滅亡了。共和治理政體在多國林立的情況下具有更強的
凝聚力，羅馬帝國的發展就體現了只有共和制才能有效讓一個城
邦爭取到更多的同盟，獲得相對於周圍專制君主治理政體更強的
實力，所以羅馬在歷史初期的發展就是一個公民權逐漸擴大的歷
史。這強化了古希臘時期留下的民抉治國傳統，最終在西歐培育
出了現代民抉治理政體運作文明。羅馬平民為了獲得自己的權
力，同貴族進行了長期的鬥爭。他們爭取到了保民官，並取得了
高級官吏的擔任資格，迫使政府宣佈了《十二銅表法》，通過了
涉及土地、債務和治理政體三個問題的新法案。通過了波提利阿
法案，規定債務人只能以他的財產而不是他的人身對債權者負
責，廢除了債務奴役制，取得了同貴族通婚的權力；使得部落大
會（特裏布斯大會）通過的平民決議，不必經過元老院的批准即
對全體公民具有法律效力，取得了同貴族在法律上的平等地位。
但是在羅馬共和國治理政體中，元老院處於權力的中心地位，決

交》雜誌網站，2015 年 8 月 4 日。
40　天乙：《歐洲歷史發展的核心》，貓眼看人，2007 年 5 月 16 日。

定著內外大政，實際上成了羅馬共和國最重要的治理政體機關，因此經過貧民與貴族鬥爭後的羅馬，貴族掌握主要權力，平民則擁有法律上平等權利。中世紀的西歐，實際上沒有國家，只有大大小小的領主，土地互相轉來轉去。領主們為了能當「土皇帝」，千方百計嚴防國王權力的增長和濫用，從而使國王成為一個類似華夏春秋戰國時期周朝天子那樣的擺設[41]。

近現代，在治理複雜化裂變中，財富流向一直處於主導地位，其中有三大標誌性事件：一是1581年，在西班牙，因為徵稅和宗教糾紛，由商人和市民代表組成的「三級大會」廢黜了國王的統治。他們認為，國王已經破壞了跟民眾的契約，因此國王就像任何不忠誠的僕人一樣，應該被開除。這是歷史上第一次對「君權神授」作出明確的否定。二是1640年，又是由於徵稅問題，英國國王和議會發生矛盾，引發了革命。這場革命斷斷續續，直到1689年，議會取得勝利。結果誕生了一個《權利法案》，它規定，國王「不經議會允許不得徵稅，也不得維持軍隊。」這是近現代治理複雜裂變極為重要的標誌性事件。三是1776年，原先由英國管治的十三個北美殖民地，因為不滿英國國王過度徵稅，發動武裝起義，打敗英國駐軍，宣告成立美利堅合眾國。由《獨立宣言》和此後頒佈的幾個法案，美國在人類歷史上第一次確立了議會、總統、法院三足鼎立的國家治理體系[42]。

就治理政體異同而言，可以拿英國與德國進行比較。19世紀時二者大為不同。一是國家元首的地位不同：英國的元首國王，只是虛位元首，處於「統而不治」的地位，並不掌握實權。而德

41　小炒：《國王的錢與權，英法兩國形似神不似的專制誕生》，拿破崙小炒，2019年11月11日。

42　岑科：《什麼是真正的市場經濟》2007年6月22日。

意志帝國的元首是皇帝，集行政、立法、司法、軍事等大權於一身，擁有實權。二是議會的地位不同：英國議會的權力高於國王，是國家治理活動的中心，限制王權，監督內閣，首相及其內閣須向議會負責；而德國議會由皇帝主宰，僅有立法權，且任何法案必須經皇帝批准才能生效，對政府沒有監督權，宰相只對皇帝負責而不對議會負責。三是治理政體首腦的產生方式和地位不同：英國治理政體首腦是首相，由下院多數黨領袖擔任，其權力很大，握有行政權，是國家治理政體的最高決策者和領導者；德意志帝國治理政體首腦雖是宰相，但由皇帝任命，對皇帝負責[43]。

經過1688年英國光榮革命，英國率先在治理政體內形成權力約束制衡機制，王權被進一步制約，議會掌握徵稅權和治理政體預算開支控制權。而同期法國國王權力仍然不受限制。按常理，由於法國君權不受制約，治理政體應能收更多稅、發更多國債、融到更多資金。但實際情況是，18世紀後期和19世紀，英國人均交稅比法國要高兩倍左右。另一個案例是，華夏清朝皇帝權力更遠高於英國國王權力，但在乾隆時期和19世紀多數時候，英國人的稅負幾乎是華夏人均交稅的40倍。英國人均稅負160克銀子，而同期華夏人均交4克銀子[44]。這樣看，好像有制權的治理政體人均體製成本遠高於專制治理政體，但有制（衡）權的治理政體的體制收益則遠遠大於專制治理政體體制收益。英國早於其他專制國家（開創性）進入工業革命，成為日不落帝國達200多年就是很好的說明。

　　■ 制權：主體複雜裂變的全球化。制權的複雜性裂變帶來的

43　盧麒元：《德意志帝國滅亡的原因》，共識網，2012年1月13日。

44　趙靈敏：《百年前貿易戰最終導致戰爭，今天我們如何避免》，FT中文網，2018年7月11日。

益處顯而易見。大革命前的1575年到1601年間，英國國王在國內借款461000鎊，只有85000英鎊支付利率，其他都是免費的強制性貸款，這種金融獨裁短期好處巨大，綜合利率甚至低於歐洲國家，但長期結果是，商人資金外逃，引發了1640年代倫敦商人巨大的抗議聲浪。而1688年之後，英國公債利率下降，期間英國公債規模急速上升，到1720年公債規模是1688年的50倍，但同期名義利率卻從10%下降到4%。新制度經濟學派認為，這是議會制度結出的善之果。確立了議會對稅收的主權、對治理政體收支進行審計的權力及箝制國王特權；1689年的權利宣言宣告了對財產權保護。因而，金融市場信用風險大降，帶動了市場利率大降。

在中世紀晚期歐洲大陸紡織業、市集的發展過程中，君主特權與城市貴族特權之間的互相制約引人關注。城市特權階層對於行業、稅收的控制被試圖擴張的君主粉碎，而君主們一統天下、壟斷利權的迷夢被城市精英與各地蓬勃興起的貿易中心敲醒。因此，在市場發展過程中平衡壟斷權力至關重要，而對平衡壟斷的力量與勢均力敵的反對派，與法律、議會、稅收權、公共財政密不可分。尋租減少、交易成本下降，歐洲的原始狀態的紡織業、技術革新等也就隨之而興[45]。

今天，就全球化來說，治理政體權力正趨於被制約、被限制、被平衡的進一步複雜裂變狀態。治理政體如何或是否應該進行易利干預也成為新的課題。按照俞可平的觀點，全球化對人類造成的最深刻衝擊之一，是開始從根本上動搖基於主權之上的民族國家認同和民族國家體系。全球化對主權國家體系的這種衝擊，主要體現在：以聯合國、國際貨幣基金組織、世界貿易組織

---

[45] 佚名：《中世紀晚期歐洲市場如何崛起》，共識網，2012年6月13日。

等超國家組織對各國國內治理政體運作的影響日益增大；跨國公司也在施加無形壓力要求族裔國家治理政體運作不斷規範化、透明化；國家治理政體在權力體系中的核心地位由於分層化和中空化而受到一定程度動搖；國家的傳統治理政體職能受到了嚴重削弱；國際因素已經成為制約國內治理政體運作的基本變數；大量的全球問題使得國家治理政體權力邊界變得模糊不清；全球化正在重塑國家自主性[46]。就全世界來看，今天各地的治理政體制權複雜性裂變仍處於兩大權力轉型之中。首先，企業權力相對於政府不斷擴大；其次，普通民眾影響力也不斷增大。在易利市商化經濟文明中，企業領袖的作用處於突出地位，因為工商業領導群體聚集了國民中的一流人才，而且其從業要求比治理政體要求還要高。凡是一流人才聚集於治理政體的國家，肯定不是已進入到易利市商化經濟文明的國家。在傑夫裏‧E‧加登看來，首席執行官們在世界舞臺上正在扮演著前所未有的重要角色，他們的影響力早已滲透出商界，而進入治理、全球化、環保、貧困等諸多領域。跨國公司幾乎比傳統民族國家治理政體更能改變普通人的生活。這些在全球飛來飛去的領導者，正在象柏拉圖的《理想國》中的監護者、托馬斯‧傑斐遜聲稱的開明貴族在歷史上的地位一樣，成為這個時代的新統治階層[47]。

三、心智複雜裂變

這裏的心智複雜裂變因為主要是指心智擺脫宗教的束縛，所以主要涉及近現代。以擺脫宗教羈絆的心智複雜裂變，古之有

---

46 俞可平：《論帝國的興衰》，友朋說，2022 年 3 月 31 日。

47 許知遠：《首席執行官——新商業政治家》，互聯網，2013 年 3 月 1 日。

之，但真正實現裂變、脫離宗教的思想控制，還是在近現代才取得成功。

15至17世紀，是市商化資本主導的易利文明孕育與快速成長期、西方新的自我意識和人類自主觀念熹微初露時期。這種新的意識和觀念表現是：對世界十分好奇、對自己的判斷充滿信心，懷疑正統觀念、公開蔑視權威，為自己的信仰和行為負責，仰慕古典時代而尤其寄託於更美好的未來，為人類而感到驕傲，意識到自己與自然截然不同、確信自己認識和駕馭自然的才智和能力，並且基本上不那麼需要依靠一個無所不能的上帝。理查‧塔納斯指出：這種現代思想的出現，其根源在於反抗中世紀的基督教教會和古代的權威[48]。只有一套能夠讓物質財富、知識財富等持續創造出來的心智複雜裂變秩序，才是人類易利市商化經濟文明應始終捍衛與追求的。正是這種心智複雜裂變秩序，才創造了企業家、科學家、以及眾多推動人類文明前行的思想家等。

■ 起始：近現代心智複雜裂變的宗教元素。放眼人類易利文明進化過程，體現易利市商化經濟文明的財富關係之所以能夠在三大財富關係中勝出，關鍵的一點，是實現了人類心智的複雜裂變。要實現人類欲望報酬遞增，使財富實現幾何型增長，人類必須從自己塑造的神控中解放出來，讓人類心智衝破牢籠，獲得複雜性、爆發性裂變。就西歐而言，中世紀心智的複雜性、爆發性裂變、演進、進化，與「十字軍」東征有決定性關聯。這次東侵戰爭是在「十字架反對彎月」（基督徒反對伊斯蘭教徒）的旗幟下進行的。戰爭從1096年到1270年，近兩個世紀。當時封建主

48　理查‧塔納斯：《思想的激情：現代世界觀形成的基礎》，勿食我黍，2020年11月12日。

遺產實行長子繼承制，這必然造成許多無所事事的騎士，他們進攻寺院、劫掠商旅，不惜一切手段（主要是掠奪）恢復其高貴的生活。因此，西歐大小封建主企圖擴大領地、增加收入、廣置財富。這些是推動他們向東方侵略、掠奪、擴張的根本原因。教會是這場侵略戰爭的組織者和發動者。教會在中世紀初期曾一度衰落，經過長時期復甦，11世紀又進入高漲時期。在分裂割據的西歐，教會幾乎成為唯一有組織的治理力量。1054年教會大分裂後，教皇的基本意圖就是要統治東方教會，因此不惜訴諸武力，鼓勵對拜占廷的軍事進攻。十字軍東征對歐洲文明，尤其西歐的治理、經濟、文化發展起了重要的促進作用。治理方面，由於東侵，使得原西歐分裂的主要因素——大封建主和好戰的騎士大批到了東方，許多人戰死，從而有利於西歐各國的治理政體統一。同時，也刺激了西歐城市的發展，從而導致議會君主制產生和中央集權出現[49]。更重要的是，由於十字軍的失敗，教會的影響、教皇的權威迅速下降，人們對基督教的信仰產生了動搖，這對後來宗教改革起到了十分積極的作用。美國的建立與宗教改革息息相關，可以說是宗教改革最偉大的成果。1620年9月，一批遭受到英國國教會迫害的清教徒從英國的普利茅斯乘坐「五月花號」船

49　十字軍的侵略活動總共八次。第一次為1096－1099年，由教皇烏爾班二世在法國南部克勒芒城親自發表演說，煽動東侵。首先回應教皇號召的是貧苦農民，他們不等騎士隊伍便提前向東方進發，一路上到處搶劫。最具代表性的是第四次十字軍東侵（1202－1204年），最初確定進攻埃及，並請求威尼斯給予海上幫助。但威尼斯要價甚高，十字軍無法湊足錢數，於是在威尼斯慫恿下於1202年11月進攻信奉天主教的紫達爾城（該城是威尼斯的商業對手）。但拜占廷發生的事情使得十字軍的這一計畫發生轉折，從而轉攻拜占庭的君士坦丁堡。1204年4月13日城陷，城市被搶劫一空，戰利品堆積如山，許多藝術珍品被運往西方。佚名：《世界古代史：西歐封建制度的產生和發展》，跨考網校，2010年9月13日。

向美洲新大陸進發。當這些歐洲來的移民登上北美海岸之前，他們在狹窄的船艙裏共同簽署了一份公約，即著名的《五月花號公約》。在這份公約中，簽約者們以上帝的名義立約[50]。《五月花公約》以及後來所有的公約、合約、盟約的重要性就在這裏。凡是涉及到多人的行為和組織都是通過立約產生，立字為據，來達到其合法性合理性。這種辦事的方式在英屬北美殖民地無處不在，貫穿始終，到1787年制憲會議召開時，早已成為全體民眾約定俗成的傳統。清教徒從掌權開始直至消失，居然沒有腐敗，這就是真信仰的證明。他們創建了「約」的傳統，也創建了守約的傳統，直至今日，美國人對立約還是很認真的。美國文明的兩大特點——自治和法治，都是從這個「約」的概念裏衍生出的[51]。自他們之後，越來越多的歐洲清教徒紛至遝來，據統計，在1629–1642年期間，就有25000名清教徒來到北美殖民地。

　　■ 解放：近現代心智複雜裂變的啟蒙因素。從人的解放來看，西歐的啟蒙運動對其民眾心智的複雜性、爆發性裂變來說，功不可沒。何為啟蒙？1784年，康得在一篇以「啟蒙」為題的文章中做了如下回答：啟蒙是指「人類從自己加於自己的不成熟狀態中解脫出來」，從因「懶惰和怯懦」而服從於宗教或治理政體權威的「條規戒律」狀態中解脫出來。他宣稱，啟蒙運動的口號就是：「勇於運用自己的理智！」通常來說，啟蒙運動指的是18世紀的後60年，不過它可以上溯自17世紀的科學革命和理性時代，也可以下延至19世紀上半葉古典自主理念的鼎盛時期。中古前期的西歐，人們只知道宗教和神學，因此宗教信條成為人們思

50　趙林：《加爾文教的「兩個國度」思想對西方憲政民主的深遠影響》，友朋說，2020年2月18日。

51　錢滿素：《美國文明的基因》，新少數派，2022年5月25日。

想的出發點和基礎，宗教神學成為最主要的學問，獲得了至尊無上的地位，而文學、藝術、治理、法律、哲學和自然科學等一切學科，都要為神學服務，成為神學的附屬品和「婢女」。教會千方百計地阻止與宗教無關的世俗文化的發展，把保存下來的古代科學文化視為「異端」而橫加摧殘。6世紀時的羅馬教皇格雷戈利一世（590–604年）公開宣揚：「不學無術是信仰虔誠之母」，下令燒掉羅馬城巴拉丁山上藏書豐富的圖書館。教會把自然科學以及一切其他思想、文化，都視為「異端」而橫加扼殺，因而導致西歐中世紀文化的衰落[52]。從宗教控制中解放出來並非易事，有時要付出生命代價。本來宗教對信徒思想控制就極其嚴酷，稍有偏離教義的苗頭就會受到各種懲罰，包括作為異端處死。

　　莫爾寫過《烏托邦》，他作為天主教思想家與英國大法官曾是歐洲中世紀異端審判制度的大理論家。他於1526至1533年間連續出版了7本書攻擊當時的宗教改革與新教運動，並論證鎮壓異端的必要。這一切與《烏托邦》中的「修道院共產主義」是一脈相承的。莫爾認為路德的「異端」理論是荒謬與邪惡的，而教會應當與國王合作將它撲滅，這是上帝對撒旦的審判。作為這種審判的範例，「在美好的天主教王國西班牙」「歷來都把異教徒活活燒死」，這是「合法和必要的」。但據英國學者R・錢伯斯考證，在莫爾任大法官的12年內他沒有判過一例異端死刑。西班牙的宗教大法官托馬斯・托爾克維馬達，被認為是「中世紀最殘暴的教會屠夫」。在1483至1498年間他共判決燒死了10220名「異端」，另有6860名在逃或已死者則被缺席判處火刑（焚燒模擬像），被判穿聖賓尼陀服、抄家與終身囚禁的則有近10萬之眾・

52　佚名：《5至15世紀的西歐文化》，三人行教育，2012年6月30日。

而當時的西班牙人口總共也僅500多萬，這場伴有廣場瘋狂、公判大會與戴高帽遊街等群眾性歇斯底里的所謂「信仰行動」，被公認是中世紀和平時期最可怕的宗教暴行，並被後世極端專制恐怖組織所效仿。它懲罰的也未必是信仰上的「異端」，而是觸犯了權貴們的一切不幸者和權勢傾軋中的失利者。托爾克維馬達的媚權附勢幾乎不擇手段：他本人是猶太人，因天主教勢大而改宗後，卻出於「補償式效忠」而帶頭排猶屠猶。他以猶太人富可敵國為辭遊說宮廷，打動了借「信仰」而斂財的權貴們。1492年托爾克維馬達主持把17萬猶太人（包括已皈依天主教者）全部掃地出門，製造了中世紀著名的排猶災難[53]。

談及演進、複製、裂變，顯然，自發的文明並不是沿著筆直的光束勇往直前的。反復有時是常態。從西元前11世紀腓尼基人崛起，到西元5世紀西羅馬帝國的滅亡，有1,500的歷史。其間，正增長在星星點點的商貿城邦出現，羅馬時代發展到舉世無雙的高峰，卻又在羅馬帝國的衰落中瓦解崩潰[54]。之後，人類的進化又得益於易利的不斷複製演進。但是，人類文明終究是要向前發展的，是按照易利文明的邏輯性向前發展的，沒有任何勢力能夠阻止自發的易利市商化經濟文明的到來。因為人類最終是要與宇宙融為一體。其背後的力量是財富，宇宙是人的財富，人也是宇宙的財富。這是易利市商化經濟文明的內在邏輯使然。

相信人類，為了達到自身發展不斷擴展的偉大目標，人類自身已經做了非凡的選擇。比如，人類和地球上所有其他生物都有生殖隔離。顯然，隔離是一種保護，也是非常重要的人類進化發

53　秦暉：《自由是主義之母》貓眼看人，2014年1月15日。
54　張笑宇：《商貿秩序與暴力秩序》友朋說，2022年10月28日。

展的條件。再比如，對生命個體而言，大腦是極度「耗能」的器官，而人體能夠供應的營養卻是有限的。因此，大腦的生長可能會犧牲身體其他部位的發育速度。尼安德特兒童在7歲之時，腦容量為1330ml，僅為成年個體的87.5%。相比之下，現代人類的兒童在5歲時就可以發育至成年人的90%，在七歲時則發育至95%。顯然，這意味著尼安德特人的大腦發育速度並不快。[55]。不僅如此，人類還是地球上唯一的理性存在者，也許是整個宇宙中絕無僅有的理性存在者。

　　人類的確很幸運，幸運的是人類能夠自己做出正確的選擇。相信你我，相信未來，相信市商化欲望報酬遞增的自發文明。

---

[55] 尼安德特人很可能採用了這樣的策略，研究人員推測：他們用大腦更長的發育週期，和軀體更慢的發育速度，換來了更大的腦容量。惠家明：《為了更大的腦容量，尼人付出了什麼成本》，知識份子，2017年9月28日。

第二章

經濟財富特質

　　由物質和反物質、暗物質、暗能量等組成的經濟財富，決定人類命運。假如上帝不存在的話，或外星人尚未招惹人類的情況下，人類的發展只能靠自己。浩瀚宇宙，在現有人類文明認知下，已經被認定存在138億年以上。以人類現在的智慧，尚未找到外星人。著名宇宙學家、《時間簡史》的作者霍金則告誡人類，不要招惹外星人。因為如果外星人早於人類智慧20億年存在，那麼人類與外星人至少也有20億年的智慧差距，就如同蟲子與人類的差距。問題是，在外星人招惹人類之前，如何縮小這種差距。

　　宇宙中含有兩類物質：一種可以與光相互作用，即人們在日常生活中接觸的普通物質；另一種不能與光作用，被稱作暗物質。普通物質和光在大爆炸後30萬年時分離。光和物質分離後，一些正常物質被遺留在大密度暗物質核心周圍的球殼中，構成了美輪美奐的奇妙世界[1]。人類應該感謝宇宙。作為宇宙中的組成部分，或者說是特殊的組成部分，人類以及與人類密不可分的財富，深受宇宙屬性和規律的影響；甚至人類以及與人類密不可分的財富，也許是宇宙屬性及規律的特殊貢獻者。因此，人類與財富就像宇宙一樣，也是那麼奇妙，讓人讚歎不已。而財富又有一種特殊功能，那就是可以使人類與宇宙的物質無限的接近，並充分利用各類物質，包括暗物質、暗能量。這也就是我們所說的財富力量。這種力量首先是物質，更體現文明，深受人類人文環境影響。人類十分幸運的是，已逐步探索、確定了有利於財富創造發展的人文機理、環境，也是通常所說的財富文明，在今天來講就是易利市商化經濟文明。

1　任泓堯：《110億年的宇宙圖景》，楊老師的趣味物理演示課堂，2022年4月16日。

　　財富是承擔易利使命的物質，其第一特徵依然是物質。財富是人類最活躍、最具影響力的力量形態。財富同人類一樣，與環境有解不開的淵源。探究財富文明進程，認知財富文明規律，對財富的創造與發展很有意義；對人類的發展意義也十分重大。至少，財富決定了人類的生存概率、生存品質，包括幸福指數。比如，在美國，這個全世界最富裕的國家之一，每1000個兒童中有993個能夠活到5歲以上。在利比理亞，世界上最窮的國家之一，1000個兒童中大約只有765個能活到5歲。按照泰勒・考恩的觀點，財富給我們帶來了抽水馬桶、抗生素、高等教育、選擇我們理想職業的能力、開心的假期，當然，還有保護我們家人免受災難的能力。財富也帶來了婦女的權利，至少在大部分國家如此，而越富裕的經濟會產生越富裕和越具有人情味的生活[2]。

　　2020年7月，由眾多科學家參與的斯隆數字巡天計畫公佈了有史以來最大的宇宙地圖。在測定了超過400萬個星系和類星體的位置和紅移後，才繪製出110億年的宇宙地圖。通過繪製盡可能詳盡的宇宙地圖，人類可以記錄下這些結構的演變過程，並推導出控制其演化的基本定律。而這些基本定律的研究都離不開一個詞——廣義上的物質（包括反物質、暗物質、暗能量等）。無論這一宇宙地圖範圍內有多少種物質形態，其本質都是物質。當然物質都可以成為人類財富的一部分，關鍵是人類文明要發展到一定程度，才能把這些物質轉化為財富。由此，文明很重要。這種文明包含如何認知財富、利用財富、創造財富與發展財富。

2　泰勒・考恩：《7個最重要的經濟學理念》，新少數派，2019年11月19日。

第一節　財富力量

　　財富對人類、對文明、對幸福來講，其重要性不言而喻。財富的力量也是人類最為重要的力量。關於財富，在華夏的語境裏，有許多生動的描述。諸如「人為財死，鳥為食亡」，「有錢能使鬼推磨」等，好像是離開了財富就生無可戀，擁有了財富就擁有了魔力。雖然是負面性辭彙，但都表達了財富的極端重要性及不可思議的力量。實際上，只是由於財富與人建立了某種特殊聯繫，所以才產生了令人感歎的魔力。這種力又通過人類轉化為難為預判的力量。這一力量正向性是人與財富相互作用而產生的，其作用力正向性與人的財關係進化程度成正比，與人文環境對這種關係的負向作用成反比。理解、關注財富的力量，就可以正確地看待財富，當然有利於財富文明的進化與發展，也有助於對財富力量的引導與正向更有效率地使用。目前看，財富的力量至少體現在如下三個方面。

一、財富推動熵減

　　財富之所以對個人重要，對國家重要，對人類同樣重要，主要在於財富是人類的負熵。

　　■ 改變人類命運的熵減。1944 年，薛定諤在思考為什麼生命可以延續時，第一次通過物理和化學的方式來闡述生命，提出了最關鍵的那句話：生命以負熵維持。而負熵就是做功。對人類來說，做功就是兩件事情，要麼學習，要麼運動。後來，普利高津發展了薛定諤的體系，並進一步指出：生命是耗散體系。基於此，管理學上喜歡用的一句話是：非平衡是有序之源，系統只有在遠離平衡的條件下，才有可能向著有秩序、有組織、多功能的

方向演化。生命自己對自己做功，把自己維護得非常好[3]。研究財富文明史就可以看到，財富不僅可以改變個人命運、國家命運，也在改變著人類的命運。而人類命運主要體現在人與宇宙的關係：宇宙允許人類生存多久，人類能夠生存多久。值得慶倖的是，人類通過財富積累，正不斷加深對這種關係的認知。

宇宙是一種自發秩序。決定自發秩序（或構成）的，是各種規律，包括自發秩序的動力等規律，諸如：天體形成運行演化的三大前提——物質及其基本元素，宇宙微波背景輻射 3K 溫度，宇宙射線。標準模型預言有 61 個基本粒子，都已經得到了實驗數據的支持與驗證[4]，2013 年，最後的一個基本粒子——希格斯玻色子即被證實存在。到了 2022 年 10 月，希格斯玻色子的品質分佈測量結果為：3.2 兆電子伏特。正是財富，決定和促進了人類科學技術的發展，也不斷加深了對宇宙這些規律的認知。目前人類的智慧和知識已完成了「原始積累」，但還只處於爆發初期，或叫幼稚時期，畢竟人類現代文明史也只有幾百年的時間。儘管如此，仍有人預測，人類的智慧和知識在未來將發生指數式增長。

■ 擴展人類熵減的財富。法國學者馬塞爾・莫斯指出：技術產生了人類的平等和神的焦慮，技術將人類從危機中解救出來；人類由此成為自己的主人，主宰自己的命運。對人類熵減作用最大的無疑是科學與技術。但科學與技術離不開財富，而且其本身就是財富，是人類熵減不可或缺的財富。由於財富需要知識，知識創造財富，因而，以財富為需求，知識已使人類對宇宙的認知

3　尹燁：《人類進步的本質，就是下一代不聽上一代的話》，製造界，2022 年 1 月 25 日。

4　張田勘：《「上帝粒子」對人類意味著什麼》，2012 年 7 月 6 日，新京報。

在不斷深化，而不是走向神化。沒有財富的需要，就沒有人類的知識。人類對宇宙的嚮往與認知，恰恰是財富力量的具體體現。而在今天，知識早已成為財富的組成部分，可以利用，可以交易，可以作為資本性財富進行投資賺錢。一飛沖天曾經是早期人類的夢想，現在，人類不僅有了飛機、飛船，而且還有空間站，可以飛上月球；人造飛行器正在向太陽系外飛奔。隨著科學技術的發展，實現人類飛出銀河系已不僅僅是幻想，至少人類對宇宙速度已經有了深刻的認知。地球位於直徑1000光年宇宙泡中，目前科學家認為，只要速度超不過光速，每個智慧物種將困在自己的星系。狹義相對論就認為，宇宙萬物的速度極限是光速，任何物體或者資訊的速度都不能超過光速。但給人以新的希望是，科學發現，對於兩個處於糾纏狀態下的量子來說，卻可以突破光速限制，甚至遠超光速。即便是糾纏中的量子分別被放在相距極其遙遠的兩個地方，它們也能瞬間感應到彼此，就好像「心靈感應」一樣。哪怕是相距1光年，10000光年，甚至更遠，都是如此。而且，以目前人類的科技水準和研究結果，已經認知到，使用空間扭曲技術可以創造超光速的星際航行。這些都是令人振奮的熵減力量。科學研究還發現，蟲洞可讓人們跟過去、未來傳訊息。劍橋大學的一項研究指出，一些蟲洞保持打開狀態的時間長度，足以讓人們在時空的兩端往返傳遞送訊息。經過僅幾百年的近代發展，人類已經確認，我們離宇宙真相越來越近，而不是越來越遠。儘管絕對距離依然遙遠。

2010年，歐洲科學家成功製造出多個反氫原子，並使其存在了0.17秒，這是物理學界的突破性發現，也是人類首次捕獲到反物質。理論上講，500克反物質的破壞力可以超過世界上最大

的氫彈[5]。通過加深對反物質的研究，人類可能對宇宙起源有新的認知。2021年，英國牛津大學的科學家分析了大型強子對撞機（LHC）第二輪運行產生的數據，首次捕捉到絫介子從物質「變身」到反物質的過程。每個粒子都有一個反粒子的對應物，具有相同的品質、壽命和原子自旋，但帶有相反的電荷。一些粒子，如光子（光粒子）是它們自己的反粒子，而其他粒子可以同時作為物質和反物質存在。絫介子正是由正反誇克組成的粒子。誇克是組成物質的最小粒子。這一發現可以幫助人類瞭解宇宙是如何在其爆炸後不久從完全湮滅中被拯救出來的，也為破解人們對宇宙滅亡的擔憂提供了一種新的思維。這些越來越使人驚異的科學發現，使人類利用宇宙越來越多的物質及反物質創造發展財富成為可能，也使人類熵減成為新的現實。目前人類擁有的均是物質形態的財富，在一定的將來，人類完全可以擁有反物質形態的財富，以及暗物質、暗能量的財富。財富的力量也會無極限地擴大增強。現在人們已經設想，將來可以用時間作為易利的貨幣單位。

二、財富重塑人類

考古發現，人類大腦的激增（其體積是按哺乳動物來計算的三倍之多），與家戶灶台和剩餐的遺跡是同時出現的，而灶台和剩餐都是原始財富的象徵。財富的創造、發展與積累，使人在改

5　反物質至今都是物理學領域的一大謎團。人類周圍環境中的物質是正物質，它由原子組成，原子由帶正電的質子和帶負電的電子以及中性的中子組成。與此相反，由帶負電的質子和帶正電的電子組成的物質就是反物質。反物質只要和正物質相遇就會湮滅，因此雖然現行理論認為宇宙從大爆炸中誕生時產生了等量的正物質和反物質，但人們很難在宇宙中找到反物質。新華網綜述：《人類首次捕獲到反物質500克能量可超過氫彈》，共識網，2010年11月19日。

造客觀世界的同時，進入了更接近神的領域，那就是重塑人類自己。即使深入地認識世界、認知人類自身，沒有財富的支撐也是不可想像的；如果想要改造世界、重塑自我，則更不可能。所有的科技發展都是建立在巨大財富投入基礎上的，而科技轉化為改造世界、重塑自身的實踐，更需要有可觀的財富運用。這一切，的確應該感謝上帝或上蒼，但更應該感謝人類自己。能夠創造、積累與發展財富，是人類非常了不起的文明成就。

■ 財富重塑人的生命形態。人類作為一種碳基生命，絕不應該是宇宙的唯一智慧生命形式，儘管有科學家至今仍然堅持認為人類具有唯一性。但也有研究認為，碳基生命不僅不是唯一的，而且不是最厲害的智慧生命，比如矽基生命很可能比碳基生命更有智慧。有科學家認為，矽基生命一直存在宇宙中，是比人類生命力更強的智慧生命體。人類雖然是高等生命，但是同樣存在與其他碳基生命一樣的致命缺憾，比如說：低溫、高溫、病菌都能讓人類遭到危險，甚至造成致命傷害。單論低溫來說，就有可能產生使細胞被凍死的嚴重後果。這是由碳元素結構不穩定所導致的。而矽基結構穩定，所以矽比碳更頑強，壽命還能超過百萬年，當然它的誕生也不會輕而易舉。1891年，波茨坦大學的天體物理學家儒略申納就在其發表的一篇文章中提到了矽基生命存在的可能性，這也是人類歷史上首次對矽基生命提出猜想。可見，如果人類要實現星際移民，重塑人類生命形態很可能就是一種理性選擇。而且在物理層面重塑自身上，人類已經在積極努力，並取得成果。1894年，物理學家、諾貝爾獎得主阿爾伯特·邁克爾遜宣佈，科學即將終結，不久之後，人類便會解開所有未知之謎。顯然，這位科學家過於樂觀和武斷，此後相對論和量子力學革命就在物理學界引發了一場大地震。雖然大部分的基本原理都

已牢固確立，但那些與人類生活最密切相關的智慧學、思維學、市商學等等，恰恰不完全受一些基本原理的管轄。人類與神之間的距離實際上相差的還很遠很遠。當然，人類也具有無限接近神或神的力量。其中，財富就是一種不可或缺的重要力量。比如，為「『攻克』大腦」，歐美國家已投入數百億美元，研發新工具、新技術，而如果希望在未來幾十年裏徹底破解大腦的秘密，更大規模的財富投入顯然是必須的。2011 年，美國波士頓大學和日本國際電氣通信基礎技術研究所計算神經學實驗室的科研人員相信，今後要學習一門新技術，或許只需要站在電腦螢幕前，就能把技能上載到人類身上。也就是說，無論是練武術，還是學開飛機，或者是掌握一種新的語言，都將是毫不費力的事。科研人員一直在研究，怎樣讓功能磁共振成像發送改變人類大腦活動模式的信號，通過視覺皮層把知識「傳授」給一個人。2022 年 6 月 15 日，全世界第一個半機械人去世了，終年 64 歲──2017 年，彼得博士被命運宣判，醫院告知他得了肌萎縮側索硬化症，俗稱「漸凍症」──成因尚不明確，無法被治癒。2018 年，實施的一個解決方案，就是通過手術使其成為一個半機械人，從而開創了物理重塑人類新的歷史。

　　儘管人類破譯大腦奧秘仍然還有許多未知數，但科學家已經拍到人睡著時清洗大腦全過程，繪製出了一張大腦基因圖譜，明確瞭解到大腦的「定時系統」與大腦中數十億個神經元如何相互協作有關……諸如此類，至少表明，有堅實的財富做後盾，人類的大腦完全可以研究大腦、破解大腦之謎[6]。有一種極為樂觀的觀點認為，隨著人工智慧、機器人技術的發展，人類在 500 年內

6　王一方：《人類大腦何以研究人的大腦》，讀書雜誌，2016 年 5 月 9 日。

很可能完全拋棄自己的肉體，和機器人、人工智慧結合在一起，成為一種超人類，或者成為我們目前稱之為神的一種存在[7]。由此看來，對於人類能否重塑人類問題的提問，答案應該是肯定的。2008年，日本科學家已成功地合成出了世界首個幾乎是百分之百的人造DNA分子。這一新技術不僅將有助於改進基因治療方法，甚至還能驅動未來的納米級電腦或者其他高科技裝備。日本富山大學醫學教授井上將彥成功地將四種全新的人造構件融進一個DNA分子的糖基框架之中，從而形成了一種異常穩定的雙螺旋結構的人造DNA分子，酷似天然的DNA。與普通DNA相比，人造DNA分子結構呈右螺旋，而且極易形成三重螺旋結構。DNA通過4個城基配對來複製基因代碼，從而主導細胞的功能和發展。科學家和哲學家均認為，用人造DNA創造生物將是一個具有分水嶺意義的大事件，它模糊了天然生物和人造產品之間的區別，使人們必須重新考慮是什麼使一個東西被稱為生命[8]。

　　■ 財富創造新的智慧生命。2010年，美國科學家J.Craig Venter和他的科研團隊在《科學》雜誌報導了世界上首個「人造生命」——含有化學人工全合成的與天然序列幾乎相同的染色體的原核生物支原體。2018年，華夏大陸學者首次完成了將真核釀酒酵母天然的16條染色體人工創造為有功能的單條巨大染色體。該

7　徐德文：《智慧演化已取代生命進化，500年後人類肉體或徹底消失》，徐德文科學頻道，2019年10月19日。

8　早在50年前，科學家已經開始嘗試在試管中合成DNA，他們把各種普通的化學成分組合在一起，製造出了這種最獨特的生命分子。美國研究人員準備跨越一個巨大障礙：完全用人造DNA創造生物。科學家們已經合成出世界上首個完全人造的染色體——長串完全在實驗室中合成的DNA，其中包括微生物生存和繁殖所需的所有指令。佚名：《日本合成世界首個人造DNA可驅動未來電腦》，新浪網，2008年7月8日。

項工作表明，天然複雜的生命體系也可以通過「人造」變簡約，自然生命的界限可以被人為打破，甚至可以人工創造全新的自然界不存在的生命。事實上，今天的人類不僅能夠重塑自己、創造生命，而且已經創造出新的智慧「生命」——作為一個新的智慧物種正在崛起。截至到目前，人類一直是地球上最最有智慧的一種物種。接下來會有一個新的物種產生，它是對整個人類在智能上、在地球上領導地位的挑戰。這個「新物種」就是人工智慧。人工智慧是由於大數據的產生，尤其是互聯網的產生，有了大量數據可提供給機器學習，還有演算法的推進。人工智慧一直以驚人的速度發展。尤其是材料的突破，實現了質的飛越。雖然人工智慧現在正是處在一個比較簡單的仿生階段，還是用一個神經元簡單地在模仿一個大腦，但人工智慧下一步一個大的發展，如同飛鳥與飛機一樣。大自然的世界是一個客觀的世界，人類之所以今天有科技的發展，因為發現了許多客觀科學定律。相信人工智慧完全依靠自身能夠發現新的客觀科學規律的時代一定會到來[9]。就地球而言，有人對人工智慧會超越人類表示擔心，甚至憂慮。從發展的觀念來看，人工智慧在智慧上一定會超越人類，但超越的也可能只是智慧。

　　2014年，於爾根・施米德胡貝教授創立了研究通用人工智慧的NNAISENSE公司。相對於弱人工智慧（僅能解決某一方面專業問題的人工智慧）而言，通用人工智慧通常指能夠解決不同領域

9　在過去人類幾十萬年的發展過程當中，每一個劃時代的人類文明歷史，都是以一種材料來命名的，比如說舊石器時代、新石器時代、青銅器時代、鐵器時代、矽片時代。但是，過去所有的材料都是在實驗偶然的條件下才發現的，而當代，卻是在理論上首先預言了這種材料形成的可能性基礎上，之後在實驗室實現的。張首晟：《人工智慧的三大發展支柱》，創客總部，2017年7月18日。

中各類問題的人工智慧，並可以像人類那樣學習、決策和反思。
人們有理由相信，通過元學習、人工好奇心與創造力、優化搜索
程式和大型的強化學習神經網路的新變體，這樣一個通用人工智
慧將會影響到每一個企業，最終超越人類。一旦動物級的人工智
慧可實現，距離實現人類AI的進程將進一步縮短：發展智力需要
數十億年的時間。但相對的，只要數百萬年便發展出人類。技術
演進比生物進化快得多，也就是說，一旦有動物級的AI，幾年或
幾十年後，可能會有人類級別的AI，屆時所有的文明都會改變，
一切都會改變[10]。人類必須適應或儘快適應新的文明到來。至少目
前人類能夠做的，就是認識財富關係，調整財富關係，完善財富
關係。這是正途。

　　當然，人工智慧在智慧化方面可以超越人類，但也很難超越
擁有群己智慧的人類，這種群己智慧就包括人類所創建的易利市
商化經濟文明。而且，人工智慧本身就是人類創造、擁有和使用
的財富之一。僅此，財富就會助力人類在競爭中始終處於主動性
地位。截止目前，人類對財富的認知依然膚淺，就像對宇宙的認
知一樣。已知的宇宙直徑達930億光年，理論上講，在已知的宇宙
直徑範圍內都可能成為人類的財富，都可被人類所應用。既然人
類已有能力認知現在的宇宙，就可能把現有的宇宙轉化成為人類
的財富。而能否轉化這些財富，依然要靠人類不斷創造的財富的
力量。當然，宇宙不可能只有人類這一種智慧生命形態，還可能
有其他的智慧生命形態，如目前人類已設想的，而且很可能其智
慧遠遠超過人類的智慧生命形態。這就需要人類大膽競爭，靠創
造新的財富、利用新的財富去製造新的智慧生命，實現與其他智

10　石澤：《人工智慧將重構幾乎所有行業》，FT中文網，2017年7月4
　　日。

慧生命的良性競爭。

　　■ 財富提供新的生命保障。在重塑人類自身的同時，在維護和保護人類現有機體，創造和提供科學飲食來源上，正不斷實現新突破。比如，通過細胞培養方法，在工廠車間裏就可以製造出各種動物的「真肉」製品。而細胞培養三文魚可以被視為醫學領域組織工程學在農業領域的技術轉移應用，且技術要求相比醫學人工器官領域要低。事實上，不僅是三文魚，理論上來說任何由細胞組成的動物肉都可以通過細胞培養的方式變為人們的盤中餐。2013年，從事組織工程血管生成領域研究的荷蘭生物學家波斯特博士製造出了全球首個細胞培養牛肉漢堡，並以逾30萬美元的價格拍賣，該專案的幕後支持者包括谷歌聯合創始人布林。專案的初衷是解決饑荒和氣候變化問題。細胞培養肉的最大特徵是幾乎全過程完全工廠化封閉生產：無須農場、無須飼養、無須屠宰，只需根據市場需求來生產相應的部位即可。這種方式已經脫離了傳統意義上農業作為第一產業的特徵，是徹底的「工業」產業。[11]。再比如，在醫學領域，組織工程學在體外組織培養方面發展迅猛。埃克塞特大學的科學家們發現了有關被稱為古菌的單細胞生物體所使用的微小推進器的新資訊。跟細菌一樣，古菌被發現存在於廣泛的棲息地——包括人體內部。一些古菌通過旋轉一個被稱為archaellum的螺旋形細絲將自己推進到不可思議的速度。在未來，甚至有可能根據古菌使用的微小推進器開發出用於藥物輸送的微型機器人設備[12]。諸如此類保障人類生存的高科技正以令

11　Ada Qin：《細胞肉，即將開啟的肉食革命》，FT中文網，2022年6月4日。

12　科學解碼：《生物學家在古菌中發現地球上最小的推進器》，2022年2月13日，互聯網。

人瞠目的速度發展。

三、財富開啟時間

中世紀全盛時期最重大的技術成就是時鐘的發明。為了製造更加精密的計時器，時鐘製造工廠成了集中各種知識的研究學府。這些知識包括機械工藝、摩擦、精密金屬製品，及各種金屬和其他材料在不同溫度和不同負荷下所產生的變化。時鐘培養了時間觀念，對於組織人們進行協作至關重要[13]。時間是人類的時間，而且只有人類文明發展到財富創造能力極大提高的階段，時間才對人類有意義，也就是對財富有意義。無人類，時間對宇宙而言，毫無意義。時間就是金錢，時間與財富緊密相連，是財富開啟了時間。

■　易利就是時間經濟。時間概念的進化與易利文明發展同步。早在2萬年前冰河世紀，人們就已經通過月亮的圓缺來計算天數。相信，那時的人類肯定已經有了尚不太清晰的財富概念。《時間簡史》告訴我們，西元前800年，巴比倫人就已經可以準確地預知月蝕的日期。農業文明的到來，為人類提供了一種可以預期的穩定生活；人類開始定居，春耕、夏耘、秋收、冬藏，時間因此變成規律。天文技術的出現標誌著人類的時間觀念已經初步成熟，各種計時工具和曆法隨之誕生。從西元7世紀開始，所有的修道院每24小時敲7次鐘，這種固定循環的時間規範使基督世界有了一個共同跳動的脈搏。從13世紀開始，歐洲各地教堂的鐘樓和市政廳的大型塔鐘已經以整齊劃一的小時鳴響，預示著時間意識即將來臨，也預示新的財富文明形態即將誕生。農業文明，

13　羅森堡‧小伯澤爾著，周興寶等譯：《西方致富之路》，p.63，生活讀書，新知三聯書店，1989年版。

時間還沒有被量化，到了工業文明，「時間就是金錢」的概念被提出，以鐘錶計時去規定勞動時間的衡量方式逐漸被體制化，也就是財富化。在市商化資本主導的易利經濟崛起之中，1667年，第一座帶有鐘擺的時鐘由荷蘭物理學家惠更斯成功製造。對鐘擺的發現象徵著一個新時代的來臨，科學出現了，人類成為自然的客體，而且一場改變人類生活形態的工業革命即將到來。在伽利略之後半個世紀，人類計時的平均誤差從每天15分鐘一下子下降到不可思議的10秒。至此，人類從「小時時代」一下子跨入「分鐘時代」，乃至「秒時代」，這是隨著市商化資本主導的易利經濟的深化，人們不得不隨著時代加快易利步伐。作為時鐘的原創者，歐洲依靠機械時間建立起一種新的文明形態；當這種文明成為世界主流時，一個現代世界就這樣誕生了。這個抽象的數字世界構成科學的基礎。從這種意義上來說，鐘錶催生了科學革命，也催生了財富創造革命。這個微不足道的技術精度構成財富創造效率革命的基石，啟蒙運動和工業革命因此而萌芽、結果。從這一點來說，機械鐘標誌著中世紀的結束，新的時代來臨。路易士‧芒福德在《技術與文明》中揭示了鐘錶的哲學意義和隱喻象徵：鐘錶是一種動力機械，其產品是分和秒。鐘錶把時間從人類活動中分離出來，從而成為可以精確計量的獨立存在[14]。

　■ 把握時間就是把握財富。沒有鐘錶，市商化資本主導的易利的興起，及其所帶來的財富創造與發展則絕無可能。時間標準

14　直到13世紀，能測量時間的儀器也只有日晷和漏壺。大約1270年前後，機械鐘最早出現在義大利北部和南德一帶；1336年，第一座公共時鐘被安裝於米蘭一教堂內。機械鐘幾乎可以作為人類技術的最佳範例，它包括一系列複雜的齒輪、傳動裝置和杠杆，通過落下的砝碼和擺錘（或者彈簧）提供動力。杜君立：《時間簡史》，2013年5月10日，共識網。

化是工業進步的基礎。工業化建立在精確的時間基礎上，並把它標準化為時間線。作為機器之母，機械時鐘並不是為了達到一個單獨目的而製造的實用工具；它打破了各種知識、智慧和技術之間的無形障礙，結合了機械和物理，成為科學和計量工具的先驅。1972 年，美國的漢密爾頓公司製造出第一個數字手錶，由發條和齒輪主導的機械時間結束了，人類進入數位化時代。1969 年，日本精工手錶公司製造出世界上第一塊石英電子手錶，每天誤差不到 0.2 秒。以銫電子鐘代表的數字時間徹底結束了不精確時代，時間的真理誕生了，30 萬年或許才會誤差一秒。時間誕生的過程也是理性誕生的過程。理性被認為是人類一種高尚與完美的品德和智慧，而機器就是人類的理性偶像，一個理性的人應當像一臺機器一樣嚴謹和冷靜。英國的裘蒂‧瓦克曼教授認為，生活加速並非由技術本身造成，而是人對速度的要求，使技術介入了時間的控制，即技術是人為縮短時間而採取的手段。鐘錶時間對人類既是一種壓迫，也是一種解放，新的經驗、技能和勞動效率都是鐘錶時間出現後才發生的。除鐘錶外，火車、電報、無線電等技術的發明與應用，改變了人類的時間感，速度從而成為現代性的基礎。機器速度的加快與物質生活進步密切相關，機器大規模地應用到生產，使人超越了自然的節奏，快速獲得物美價廉的商品，這種對人類福祉的滿足與提升，讓速度成為現代生活中一種進步的驅動力。電報被應用之前，商品貿易表現為空間性，靠地域的價格差獲得收益。隨著電報的普及，價格的地域差減弱，空間交易開始轉向時間交易，產生了期貨。數位化的發展帶來了海量的網路資訊，人只瀏覽一小部分就會消耗大量的時間。互聯網的應用讓這種交易在極短的時間內，產生大量的價值交換，此種流動方式加速了生活節奏，讓人產生時間逼迫感。貨幣讓一切

進入流動中，改變了傳統上的穩定關係，現代的生活節奏取決於個人的財富，對流動性財富的佔有、對時間的控制反映了權力和權利關係[15]。

第二節　財富物性

財富的本質就是物質，作為物質的財富具有當然的物性。因而，認知財富必須認知物質，認知宇宙。以此，可以以不同的視野、思維去看待財富、理解財富、把握財富，也更有利於創造財富、發展財富。財富並不神秘，都是物質。當然，這裏的所指的物質，其內涵是十分豐富的，包括反物質、暗物質、暗能量等等。構成財富的物質當然沒有高低貴賤之分，就像人類一樣，每個人的構成基本一致，都是物質元素。所以，現代文明中，人絕無高低貴賤之分。每個人，即使他是最高治理政體從業者、或是最高經濟從業者、最高科技從業者，其生命體都是物質元素組成，與普通人一樣，既不高貴也不神秘。他們都是為財富而來，靠財富生存與發展，作為治理政體從業者更是屬於服務行業範疇，是靠納稅人以稅收所招聘，除了服務納稅人外，其沒有任何與其他從業者不同之處。而且，其從業不必需要多麼高深的技能，應該屬於一般的服務業之列。只有在落後的文明形態下，才把治理政體從業者捧到無以復加的程度，在現代文明形態下只能被嘲笑而已。

宏觀上講，宇宙的一切都是財富的來源，都是人類可以利用或轉化為財富的物質。而宇宙的一切都是由原子構成，而原子

15　楊立學：《技術如何「竊取」了閒暇》，政治經濟學新時空，2019年9月2日。

由原子核與電子組成，原子核則由質子與中子組成，質子本身又由更基本的粒子組成，那就是物理學家蓋爾曼所說的誇克。你和我，都是由這些物質組成，財富也是，沒有例外。

一、宇宙萬物同源

宇宙浩瀚，太陽只是銀河系一兩千億顆恒星中的一個。像銀河系同類的恒星系——銀銀河外星系還有千千萬萬。所以，只有仰望天空，才知道人類的路還會多麼漫長，才知道人類現階段依然是多麼渺小、幼稚。但是，也只有人類，才癡迷於地球之外的天空。

■ 閱示宇宙由來，人們看到物質並不神秘。宇宙是人類的由來，也是財富的未來。不然，很難理解財富與創造財富的人類。當人們閒暇時間深入思考宇宙的由來，才知道，把財富神秘化、把人類神秘化、把物質神秘化，是多麼荒唐愚昧；才可以理解除各種物質之外，人類在前現代文明創造出的所謂「精」與「神」，甚至頂禮膜拜的各類「神」是多麼荒唐可笑。任何所謂的「精」與「神」、各類「神」，離開了物質，都無處藏身。當代較為流行的一種學說，是宇宙大爆炸學說，是根據天文觀測研究後得到的一種設想。宇宙所有的物質都高度密集在一點，有著極高的溫度，因而發生了巨大的爆炸。大爆炸以後開始向外大膨脹，就形成了今天的宇宙。此間先後誕生了星系團、星系、我們的銀河系、恒星、太陽系、行星、衛星等。現在我們看見的和看不見的一切天體和宇宙物質，形成了當今的宇宙形態，人類就是在這一宇宙演變中誕生的。大爆炸引發了速度令人不可思議的膨脹，在無窮短的瞬間膨脹幾萬萬萬倍。無論財富的爆發還是人類文明的爆發，與宇宙大爆炸都有一些相似之處。當財富積累到

一定程度後，就會有難以想像的爆發，如工業文明給人類帶來的巨大的財富，使人類有了追求幸福和更大渴望的物質（財富）基礎。同樣，當人類文明積累到一定程度以後，就有了農業文明、工業文明的爆發，就有了市商化資本主導的易利文明的爆發。

■ 閱示物質形成，人們看到人類並不神秘。破解了物質的由來的神秘性，也就破解了財富的神秘性，以及人類的神秘性。這無疑將有利於人類認知財富，更好地創造與發展財富。今天，與宇宙大爆炸已越來越不具有神秘性一樣，物質的神秘性也早已大打折扣。目前人類認知到，宇宙間物質的形成與溫度有關，溫度又與大爆炸有關。1970年諾貝爾物理學獎的獲得者瑞典人漢內斯·阿爾文的「等離子體宇宙論」認為，對宇宙演化起到主導作用的不是引力而是電磁力。在阿爾文看來，人們大大低估了電磁力在宇宙演化中的影響，而正是它塑造了星系和整個宇宙[16]。目前，人類認識的宇宙僅僅不大於宇宙的5%，也就是說，95%的部分則完全沒有被認知，或許有的部分永遠不可能被認知。正因為這一點，也造就了神秘色彩的市場，各種匪夷所思的教派應運而

16　大爆炸後10的負43次方秒，宇宙從量子背景出現。大爆炸後的負43次35方秒，同一場分解為強力、電弱力和引力。大爆炸後的負5次方秒，10萬億度，質子和中子形成。大爆炸後0.01秒，1000億度，以光子、電子、中微子為主，質子中子僅占10億分之一，熱平衡態，體系急劇膨脹，溫度和密度不斷下降。大爆炸後0.1秒後，300億度，中子質子比從1.0下降到0.61大爆炸後1秒後，100億度，中微子向外逃逸，正負電子湮沒反應出現，核力尚不足束縛中子和質子。大爆炸後13.8秒後，30億度，氘、氦類穩定原子核（化學元素）形成。當溫度降到10億度左右時，中子開始失去自由存在的條件，它要麼發生衰變，要麼與質子結合成重氫、氦等元素；化學元素就是從這一時期開始形成的。也許宇宙研究是上帝的工作，所以，大爆炸理論形成後受到越來越多學者的質疑。全志鋼編譯：《宇宙大爆炸，或許從未發生過》，《新發現》雜誌，2006年6月。

生。

　　宇宙在嬰兒期擁有的唯一元素是氫，這是一種最簡單的元素。隨著宇宙逐漸冷卻，每個單一質子都會得到一個帶負電荷的電子並成為氫原子，宇宙中大約92%的原子是氫。至今，科學家們總共已經發現了118種元素，其中有92種是在地球上天然存在的。地球上雖然有92種天然存在的元素，但一般只有質子數在84及以下的元素才具有穩定的核素。據科學家們統計，地球上的生命主要有28種元素構成，而人體中主要含有11種元素，它們是氧、碳、氫、氮、鈣、磷、鉀、硫、鈉、氯和鎂，這11種元素占人體總品質的99%。除了這些常量元素，還有一些必要的微量元素，它們之間通過化學反應形成了種類繁多且複雜的化合物。這些化合物（主要是有機化合物）通過極奇複雜的方式進行組織，於是便形成了生命，人體就是由這些化合物構成的[17]。

　　無疑，人類是宇宙的一份子。從可見的物質上看，人類個體如同宇宙中的一個個星體。而且，根據目前有關星系演化的理論，即所謂「層級模型理論」，現有的星系都是逐漸由小型星雲和小型星系聚集形成的。在這點上，人類由家庭、民族到國家的發展等，與這一理論也有一定的相通性。人們一直好奇，物體的品質從何而來？在牛頓故去後的400年，英國愛丁堡大學物理學家彼得·希格斯猜想：有一種粒子賦予其他粒子品質。他於1964年提出，在宇宙大爆炸中，希格斯粒子使物質得到品質，萬有引力則將品質變成重量，使恒星和行星都得以誕生，最終孕育生命。財富的形成與物質的形成如出一轍，只不過財富形成的表現形式

17　佚名：《從物理角度談人類的起源：構成人體的元素是怎麼來的？》，科學探索菌，2008年6月15日。

更具有局限性。因為，目前只有一部分物質才能表現為財富。

　　■ 闡示人類自身，人們看到財富並不神秘。只有不斷加深對人類自身的認知，才能更好地理解財富，理解人類為什麼會成為財富的宿主。人類受宇宙規律所支配。包括受熱力學三大定律、化學定律等支配。甚至人類個體情緒，也體現出宇宙自然規律的作用。1929 年，德國精神科醫師漢斯‧伯格從觀察電鰻發電現象推衍出人有相同的現象，發現了人腦中存在著電磁波，繼而發表了「人類腦電圖」。現在人們已經知道，伴隨著腦的多區域協作活動，大腦中會出現許多複雜的電位能的傳遞和腦電波。根據儀器測試的顯示，腦電波的頻率基本可分為三種，分別稱為 α 波、β 波和 θ 波。θ 波是一種屬於潛意識狀態下的腦電波，它反映了邊緣系統的腦神經元活動的狀態。θ 波與記憶、情緒、態度、信念、行為、個性等有關，是靈感、欲望及創造力的一種表現。如果 θ 波過高，則容易產生固執偏頗、失去理性的心理現象。α 波是一種屬於意識及潛意識狀態下的腦電波。它反映了大腦皮質神經元在清醒但休息時的狀態，是內在感官世界的一種表現，出現這種電波時，腦會湧現想像力，感覺豁然開朗，身心放鬆。如果 α 波過高，那就容易產生倦怠、消極、鬆散的現象。在睡眠狀態下，α 波會消失。β 波是一種在清醒意識狀態下的腦電波，反映了大腦皮質細胞的活動狀態，比如各種與邏輯思考，計算推理和解決問題有關的智力活動，通常也是在感覺神經傳入腦皮質及腦皮質神經元運作時出現的。如果 β 波過高，就容易出現壓力感、緊張和憂慮等現象[18]。今天，雖然對人體自身的認知還很不夠，但人的自身奧秘正逐步被人所解開。

18　沈新曦：《宇宙中的 G 和 G 數列》，學說連線，2007 年 12 月 25 日。

一人一宇宙，人的身體像宇宙一樣深不可測。人是宏觀的，也是微觀的，甚至是超微觀的。人就是宏觀世界裏的一個個體，所以我們的本質一定是由微觀世界決定，再由超微觀世界決定。我們每個人不僅是一堆原子，而且是一堆粒子構成的。人體是由細胞所組成的，每一段骨骼、每一寸肌膚、每一個臟器都是由細胞組成，那麼人體內到底有多少細胞呢？大約是100萬億個（理查·道金斯認為有1000萬億個），也有人認為大約由60萬億個細胞組成。同一個人的每個細胞，無論是血液、肌肉或是唾液中的細胞，其中的任何一個細胞的基因，都是相同的（除了生殖細胞的精子和卵子）。每個人有多少原子？大約有 6×10^{27} 個原子，形成大約60種不同的元素。原子通過共價鍵形成分子，分子聚在一起形成分子聚集體，然後形成小的細胞器、細胞、組織、器官，最後形成一個整體。我們只不過是由一個細胞走過來的，就是受精卵，所有受精卵在35億年以前，都來自於同一個細胞，同一團物質，一個處於複雜的量子糾纏的體系。人每呼吸一次會攝入 10^{22} 次方的氧原子進入自己的身體，進入共價結構。這一口呼吸至少有 10^4 次方以上的氧原子，曾處在世界上一個很遙遠角落裏的。而兩個人在一個房間裏的時候，一天可以有63克的氧氣在彼此的肺當中交換[19]。人體不同部位的細胞分裂週期是不同的，有的部位的細胞大約一個月更新一次，而有的部位的細胞幾天就會更新一次。為了保持身體的正常運行，每年人的身體細胞都會煥然一新。也就是說人每年都會經歷100萬億次的細胞分裂。一般家庭中存在的所謂髒東西，80% ～ 90%都是皮屑，其他的才是灰塵。從物理學上來講，基本粒子不會消亡、原子和分子也不會消亡，但人體

19　施一公：《宙中還有95%的我們不知道的物質》，2022年7月27日，互聯網。

會消亡。生命個體的消亡從微觀層面上來說只是一種解體，曾經
組成我們身體的基本粒子會以其他的形式成為其他物質的組成部
分，從這個角度來講，人類永遠都在[20]。當然，人類作為生命體，
是宇宙中最為複雜的物質形態之一。而宇宙是自然的組合，嚴格
上講，是非生命體，儘管也有星系的誕生。而星系的誕生與人類
個體生命的誕生完全不同，人類個體的誕生是更為複雜的生命特
徵。至今人類對生命的誕生仍然在科學探索之中。人類個體之
間、個體與群體之間、群體與群體之間的關係，能量、物質、知
識等交換、交易，比星系之間、星體之間更為複雜。

　　從認知人類自身，能夠切實感受到財富很重要，但財富並不
神秘。人類之所以能夠創造與發展財富，完全是人體內這些物質
元素運動與相互作用的結果。人類創造與發展了財富，財富的創
造與發展又對人體內各物質元素的發展、作用起到互動的作用，
可謂互相促進、互為發展。因此，離開了財富的創造與發展，人
類機體自身的發展也將成為問題，尤其是人體內部物質元素運動
與相互作用的機理也必將受到深遠的影響，甚至突然消亡。而財
富卻並不神秘，因為它是人類創造的，又依附於人類個體。所
以，認識人類自身，就能夠把把握財富的性質及運作規律。而人
們創造財富的能力，往往也在於是否能夠發現何種物質能夠成為
財富。這種能力上的差距，也決定了為什麼有的人貧窮，而有的
人富有。

二、地球生命同根

　　地球萬物都由物質組成，無論是有生命的還是無生命的，

20　孫晨：《一人一宇宙，我們的身體內有百萬億個細胞和幾斤細菌》，
　　科學信仰，2019 年 1 月 24 日。

無論是植物生命、還是動物生命，皆是如此，與財富一樣。只不過由不同的物質元素組成，形成自我不同的小宇宙而已，並建立起由萬物組成的地球生態。尤其是地球動物生命體，幾乎完全同根，只是組成的方式、秩序不同。即使是這些組成方式和秩序差異也微乎其微。如果把人理解成為細胞的組合，那麼人與所有的動物等生命體完全一樣；如果把人理解成為原子、電子、中子、質子的組合，那麼人與世界萬物完全一致。理解了地球生命的同質性，就可以進一步理解財富。在人類發展過程的原始狀態（或野蠻狀態）中，有時一個人類生命體就是另外一個人類生命體的財富；幾乎所有的動植物生命，都可以成為人類生命體的財富。

　　■ 透析生物進化，人們看到生命並無不同。地球生態系統是一個不斷創造的過程，是一個從無到有，從低級到高級的創生過程。這個創造、創生的空間就在電離層、磁層（輻射帶）等離子體的複合過程之中。該過程也存在著複雜的化學過程，因此也可以稱之為「化學合成」。但這個「化學合成」過程並不是僅僅合成一些簡單的生命，然後再慢慢「進化」；複雜的、高級的生命甚至人類也是在這樣的「等離子體特異化學反應」過程中被創造出來的。電離層、輻射帶是一個神奇的「生命加工廠」，在這個神奇的生命工廠中，有著驚人的複雜性生命，瞬間便被創造出來了。在這個生態系統中，動物生命的基因相似度很高。人和斑馬魚的基因相似度為87%，與老鼠的基因相似度為90%，與黑猩猩的基因相似度近99%，人與人之間的基因相似度高達99.99%以上。但是，生物之間哪怕是基因相似度1%的差別，也會造成兩者的巨大差異。所以，至少應該承認人類個體之間物理上的差異，哪怕是僅僅小於0.01%的差異，也許是人類財富宿主能力差異的物理性原因，但是絕不是人格上的差異。

人類的起源與宇宙起源當然也有極大的差別。比如人類的起源就不可能只有一個爆炸及一個原點，至少是千千萬萬個原點爆炸而成。人類的起源有兩種說法，一個是進化論說，一個是創世紀說。進化論說創始人達爾文很自信地說過，我們來自哪裡，是怎麼來到這裏的？這個問題，物種起源學說將給出答案。實際上，許多人對達爾文的進化論說不敢苟同。進化論說創立一百多年來，創世論說就一直與之抗爭。但進化論已被越來越多的科研成果所證實，當然對進化論的研究仍然有非常大的未竟領域。人類起源的進化論說，也確實給了我們非常遼闊的時空滄桑感。大約46億年前，地球形成。30億年前，地球原始海洋與閃電發生化學反應，然後產生了生命最基本的物質氨基酸和蛋白質，這些生命物質經過長時間的演變產生了單細胞生物，單細胞生物又進化成為多細胞生物，多細胞生物再次進化成為複雜生物，經過長達20億年的進化，藍藻（藍細菌）出現。6億年左右，武紀生物大爆發，許多類型的海洋動物突然大量出現；三葉蟲繁盛。在5.4億年前迎來地球生命第一次大爆發。此後，地球經歷了數次生命大滅絕和大復甦。生命體也進行了不同的演化和分化。但本質上依然一致。從生物學角度，有些生命體非常接近。比如人類主要血紅素與黑猩猩一模一樣。

《槍炮、病菌與鋼鐵》一書的作者賈雷德・戴蒙德指出：

大約600萬年前，人類祖先才與另外兩種黑猩猩的祖先分立開來。人類直系祖先在400萬年前已經是直立人了，到250萬年前，體型和腦容量都增大了。約170萬年前，直立人與現代人體型已接近，但腦容量不到現代人的一半。150萬年，非洲直立人（不是現代人）向外擴散，世界各地多次發現100萬年—400萬年前的現代人類化石和文明遺跡。大約50萬年前智人出現，頭骨與現代人已

經相當近似。[21]

　　還有一種說法，20萬年前，現代人的始祖——一位非洲女性出現。這些數據並非完全準確，應該僅供參考，爭議很多，因為這些方面的研究還在不斷深化過程中。但是，總體時間表大體如此。這些數據已充分展示了，人類現代文明只是地球生命的一瞬，是整個人類已有生命的非常短暫的階段。如果人類進一步發展，文明程度的進化肯定超過現在人類的想像。而人類文明進化的腳步是難以停止的，除非非常意外的情況出現。19世紀中葉，英國生物學家達爾文發表《物種起源》一書。達爾文指出，人類是進化產物，通過變異、遺傳和自然選擇從古猿進化而來。有許多證據對進化論越來越有利，返祖現象被認為是進化論的證據之一。現代遺傳學對返祖現象的解釋主要有兩種，一是決定某個形狀的多個基因原本已經分開，通過雜交或其他原因又重組在一起；二是決定這種性狀的基因在進化過程中已經被阻遏蛋白所遮罩，但由於某種原因導致阻遏蛋白脫落，被遮罩的基因恢復了活性，於是又表現出了祖先的性狀[22]。

　　在進化論之前2000年，西方以創世紀說占絕對統治地位。但是隨著人類對自身認識的深化，創世紀說只能列為人類美麗的傳說。而人猿同祖論出臺後，給了創世紀論者新的憤怒。但是有

21　賈雷德·戴蒙德著，王道還、廖月娟譯：《槍炮、病菌與鋼鐵》，p.4–6，中信出版集團，2022年版。

22　大約6億年前，在地質學上稱做寒武紀的開始，絕大多數無脊椎動物在2000多萬年時間內出現了。這種幾乎是「同時」地、「突然」地在2000多萬年時間內出現在寒武紀地層中門類眾多的無脊椎動物化石，而在寒武紀之前更為古老的地層中長期以來卻找不到動物化石的現象，被古生物學家稱作「寒武紀生命大爆發」，簡稱「寒武爆發」。bayun：《經典的進化時間表》，貓眼看人，2007年3月9日。

理由認為生物可以由不同基因主導其進化歷程，人猿非源頭同祖現象也是存在的。有觀點認為，對人猿同祖的非議，也打開了人類新的視野，正像人類學關注者所認識到的那樣：即使沒有上帝的存在，從人類出現這個結果向原因上推，也可看到，這個世界像是為了人的來臨，作了長時期的準備。宇宙為人而設計，大自然的法則和恒星以及銀河系的最初狀態實際上都是為了能夠產生有意識的生命而預做的安排，整個宇宙，都在力圖製造生命。地球上所有生物種類的演化，都有著一個特殊的內部機制在導引，並始終都在遵循著一個確定不移的發展過程和規律，即由簡單到複雜、由低級到高級、由起源到死亡的這樣一個必然要發生的過程。同時，在生命體系中所具有的那些能夠引導發展方向和演化趨勢的生物學屬性：合目的性、方向性、進化過程的機制和進化過程的根源、原因和規律性。

■ 透析人體組成，人們看到彼此並無差異。人類生命個體擁有眾多基因，每個基因都有各自的功能，比如負責膚色、身高、單雙眼皮等等，也許負責膚色的基因中就是幾個城基對的差別，才有了全世界各種膚色的人類。對於不同的物種，基因差別會更大些。有觀點認為，現在的各個人類種系並不是由一個人種（亦即不是由同一個根系）演化分化而來的——他們也分別有著獨立的根系、不同的基因類型和各自的演化路線[23]。這一理論與存在多重宇宙假設的理論有相似之處，除我們處在之中的宇宙外，還可能存在許許多多的宇宙。但目前沒有得到科學的進一步認證。已經證明的是，人類個體與個體之間則完全同脈。而決定人類群體必然基於個體之上的一個重要理論依據，就是人類完全同脈，

23　於大海：《人類的根在哪裡？》，貓眼看人，2007 年 9 月 16 日。

儘管人類眾多個體不是一個個個體的完全複製。這主要體現在三個方面。一是從分子學來考察。原子是分子的組成部分。每個人都是由原子一脈組成。原子的壽命不可思議，是10的35次方。而且有趣的是，我們身上多達10億個原子可能就是歷史上某個重要歷史人物身上生活過的；當我們死去，這些原子又會成為別人身體中的組成部分。同時，我們身上的原子肯定已經穿越了幾個恆星。當然，這些方面人類與生命體及非生命體也是完全同質的。二是從生物學來考察。人類個體的自然體都是由細胞組成的，這一點與其他生命體完全同性。人類每個個體有數十萬億個細胞，而每個細胞又具有完全同質性。20世紀下半葉，科學家通過對細胞內部仔細觀察發現，整個細胞就象一個自動化極高的工廠那樣按照DNA所發出的指令按部就班的工作著，有很多蛋白質分子象卡車一樣把一些物質從細胞的這一頭運到那一頭[24]。同時，人類個體基因組由31.647億個城基對組成，共有3萬至3.5萬個基因，比線蟲僅多1萬個，比果蠅多2萬個。這一點每個人類個體完全相同[25]。三是從語言與思維學來考察。人類是何年何月何日，又是如何發明語言、文字的，尚待進一步考證，今天看來這已無關緊要，但是人類具有語言、文字能力卻十分重要，而每個人類個體能夠使用語言文字更為重要，儘管語言不同文字不同，但都是為了表達一定的意思或意義而創造出來的不同語言與文字。尤其是，人類均完全可以通過語言文字進行思想活動。這些是人類所獨有的特殊功能，目前在已經發現的生命體中是獨一無二的。人

24　江南樵夫：《危機中的理論——物種起源》，貓眼看人，2007年12月20日。

25　川安光：《人類永遠不能全部讀懂基因系統這部天書》，貓眼看人，2012年12月24日。

類在語言文字以及建立在其上的思維完全同脈，是區別其他低端動物的根本所在。令人興奮的是，只要是健康正常的人類個體，都可以通過語言文字進行交流，都可以進行思考，都可以有思想活動。儘管人類群體的語言不同、文字不同，但是所表達的意思又是相通的，都可以進行翻譯，通過翻譯進行交流，而且可以相互學習彼此的語言文字。可以說，在語言文字、思想思考方面，人類個體具有完完全全的同質性。

由此，人類文明顯示，儘管人類個體之間存在差距，但彼此之間的差距並不是本質上的差距，決不能等同於人類生命體與其他生命體的差距。因為人類個體都有擁有、利用、創造與發展財富的能力和權利，差別只是數量級的，不是本質上的。因此，一個人類個體無權凌駕於其他人類個體之上。這一原則，也是人類能否持續有效擁有、利用、創造與發展財富的最為重要的原則。即平等原則或法則。目前看，在地球生命群體中，人類基本處於頂端生命形態，並且決定著其他生命體的命運。人與其他生命體的差距已經接近甚至超越人類所想像的神與人本身的差距。之所以有這樣巨大差距，重要的一個原因，是人類能夠創造、發展、擁有和利用財富。

三、財富百態同質

經濟學意義上的財富定義，以英國經濟學家戴維.W.皮爾斯主編的《現代經濟詞典》中對財富下的定義較為權威，按照其定義可以認為：任何有易利價值的東西都可被看作是財富。古希臘思想家色諾芬把「財富」與「經濟」概念等同起來。100多年後另一位古希臘思想家亞理士多德則認為「經濟」是家庭或國家財富經營活動，而「財富」就是「貨值」。亞理士多德對財富的理解已

經同古典經濟學的商品概念接近。馬歇爾認為，一切財富是由人們要得到的東西構成的，那就是能直接或間接滿足人類需求的東西。

■ 觀察財富形態，人們看到的確層次分明。人類認知的物質分為三個層面：一是宏觀的物質，就是我們可以感知到的，直覺可以看到的東西，比如人是一個物質，房子也是一個物質。二是微觀的，包括眼睛看不到的東西也叫微觀，可以借助儀器感知到、測量到，從直覺上認為它存在，比如說原子、分子、蛋白。三是超微觀的物質。對這一類，人們只能理論推測，用實驗驗證，但是從來不知道它是什麼，包括量子，包括光子。儘管知道粒子可以有自旋和能級、能量，但是真的很難通過直覺理解，這就是超微觀世界。相應的財富也包括三個層面，宏觀的，包括自然資源賜予的財富、改造自然資源形成的財富。微觀的，包括數字標識的財富、虛擬貨幣財富等仍然可視的財富。「超微觀」（形而上）的財富，包括知識產權、個人技能、責任心等不可視的財富，但是這些隱形的不可視財富可以隨時轉化為各種可視的財富形態。

■ 觀察各類財富，人們看到本質並非有別。財富多種多樣，如果願意，可以列出萬種財富，或不止此數。它包括實物與實物資產、金融資產，以及可以產生收入的個人技能。當這些東西可以在市商化易利中換取商品、服務或貨幣時，被認為是財富。財富還可以分成兩種主要類型：有形財富，指資本或非人力財富；無形財富，即人力資本。財富以可以易利為特徵，所以財富的易利媒介成為財富的顯著表像，也是最為靈活的一類財富：從原始的以物易物開始，慢慢演變，經歷了貝幣；古幣、銅幣等；銅制元寶、錢幣；金銀珠寶；紙幣「交子」、紙幣；虛擬數字貨幣

等。人類原始階段後期，隨著人們生存條件的改善，物質的種
類逐漸豐富，產生了以物易物的易利，財富就誕生了。財富誕
生於物質文明，又更進一步地促進了物質文明的成長和發展。今
天物質財富包括房產傢俱、山石水土、林木礦產、田園作物、珍
寶古玩、企業產業等，甚至包括股票、債券、基金、保單等等。
但在國家出現的初始狀態，作為國家的財富主要是人口、士兵和
奴隸，是人。顯然，如上所述，無論財富在宏觀、微觀、超微觀
表現出何種形態，但都離不開物質這個本質定義。這種物質性財
富非常重要，並且越來越重要。當然，一些道德論者對此並不認
同。如約翰·梅納德·凱恩斯的傳記作者羅伯特·斯吉德爾斯基
就認為，西方過度沉迷於追逐財富，已成為一種病態。在幾乎所
有宗教和道德哲學裏，財富是達到目的——愉快和體面地生活
——的一種手段而已。一位擁有爵位的英國經濟學家——萊亞德
勳爵長期宣導以下觀點：公共政策應著重於增加人們的幸福，而
非創造財富[26]。但是，沒有財富，人類要麼發展停滯，要麼將不存
在。因而，人類必須正視財富、研究財富，繼續堅持不懈地創造
財富。

第三節　財富環境

　　環境很重要，比如地球所處的環境，只要距離太陽再遠5%，
或再近1%，就不適合人類居住。環境對財富是不是發揮決定性作
用，並沒有形成定論。但地理環境是文明之基，人文環境是財富
之基，確是有案可稽的。比如，農業文明是財富易利大規模出現

26　吉迪恩·拉赫曼：《反思「物質的社會」》，英國《金融時報》，
　　2010年06月03日。

的時代，而農業的起源是人類迫於外部壓力（環境變化或人口增長）被動做出的生存方式改變，栽培植物和家養動物的馴化是人類面對生態平衡破壞做出的應對舉措。實際上，人類的誕生也與環境有關，是地球運行在太陽系的位置，太陽系運行在銀河系的位置，銀河系運行在宇宙中的位置，也就是宇宙環境所決定。這些環境決定地球狀態，如冰河時代。整個人類文明史，都發生在不大尋常的好天氣時期。西元前15000年以來，隨著全球驟然變暖，氣候變遷帶來農業、城鎮和文明的興起。新馴化的動植物開始出現，人們的生活方式從狩獵和採集轉向農業，人類的歷史進程徹底轉變了方向。

一、地理環境作用

地理環境決定論，即以自然過程的作用來解釋文明包括經濟發展的進程。查理‧路易‧孟德斯鳩在《論法的精神》一書中，將亞裏士多德的論證擴展到不同氣候的特殊性對各民族生理、心理、氣質、宗教信仰、治理制度的決定性作用，認為「氣候王國才是一切王國的第一位」，熱帶地方通常為專制所籠罩，溫帶形成強盛與自主之民族。1881年英國歷史學家巴克爾在《英國文明的歷史》一書中認為個人和民族的特徵服從於自然法則。第一個系統地把決定論引入地理學的是德國地理學家拉采爾，他在《人類地理學》一書中用達爾文生物學觀念研究人類，認為地理環境從多方面控制人類，對人類生理機能、心理狀態、群體組織和經濟發達狀況均有影響，並決定著人類遷移和分佈。因而地理環境野蠻地、盲目地支配著人類命運。美國地理學家亨丁頓於1903～1906年間在印度北部、華夏塔里木盆地等地考察後發表《亞洲的脈動》一書，認為13世紀蒙古人大規模向外擴張是由於居住地氣

候變幹和牧場條件日益變壞所致。1915年他又出版了《文明與氣候》，創立了人類文化只能在具有刺激性氣候的地區才能發展的假說。1920年他在《人文地理學原理》一書中指出，自然條件是經濟與文化地理分佈的決定性因素。這些論述小有瑕疵，因為只是在人類初期，地理環境才起到決定性影響，隨著易利文明的發展，自然環境影響則越來越小。人類財富文明的發展，正是在不斷戰勝地理及環境影響的反覆運算升級中發展起來的。但初期則是發祥之期，因此，初期地理及環境的影響對人類財富文明的起步至關重要。有人反對地理環境決定論，但人類離不開對地理環境的適應、利用與反抗，更離不開地理環境的恩賜。因為地理環境是人類生存的空間和物理條件。人類文明的發展恰恰是征服一個個自然空間和物理條件限制的過程。

■ 原始財富之源顯示，環境發揮特殊作用。從維度上看：華夏、義大利、希臘、以色列、印度都位於橫跨整個歐亞大陸的大概在北緯20–35度的一條線上。12000年前，上個冰川時代結束，氣溫上升，全球變暖已經給任何地方都帶來影響。在歐亞大陸北緯20–35度一帶和美洲大陸的南緯15度和北緯20度之間，大顆粒的荒草如小麥、水稻、墨西哥類蜀黍（玉米的前身）和相對溫和的大型哺乳動物如野山羊、野豬和美洲駝在溫暖地帶生長繁殖。動植物的馴化—農業種植—首先在幸運緯度帶開始，經過很長時間後才傳播到其他地方[27]。

確認自然條件（包括地理環境）是人類文明產生與發展的決定性因素的思潮，萌芽於古希臘時代。地理環境決定論在18、

27　伊恩・莫裏斯：《緯度而非態度：用地理解釋歷史》，2010年10月25日，共識網。

19世紀仍是流行的自然思潮的一部分；由地理環境決定，埃及文明、希臘文明都領先於同時期的華夏；有觀點認為，華夏的很多關鍵技術，可能包括青銅器冶煉，大概率由外部（西方）傳來。

　　從不同區域看：古埃及所在的地中海水系交通特別發達，這就決定了進行易利比華夏容易得多。肥沃的土地是尼羅河文明產生的一個先決因素。峽谷底部覆蓋著一層肥沃而厚實的沖積地層，一年可三熟。在一年的大半部時間裏，盛行風從北、西北吹來，與尼羅河流向剛巧相悖，使逆水行舟成為一件不算困難的事情，從而促進了運輸業的發展，以及古埃及人之間的易利及交往。在原始條件下，尼羅河流域自身所擁有的天然屏障使其受到較好的保護，不易受到外族的侵犯。古希臘則是個鬆散的城邦國家。這裏特殊的地理環境幾乎是全球唯一：地中海是世界上唯一的各種文明交會最多的地帶；愛琴海又是地中海的「海中之海」。這個「海中之海」有兩大優勢——克裡特島擋住了地中海的海水，使得沖入愛琴海的海水相對平緩，便於航行。愛琴海面上佈滿了星羅棋佈的島嶼，各島距離很近，航行絕不會遠離陸地40英里以上。在古航海技術不很發達的時代，世界上幾乎沒有哪個地方能像古希臘這樣便於移民且便於商業易利的發展[28]。這種對商業易利十分有利的地理條件使得希臘在氏族制度轉化的過程中，為了商業易利的發展，契約法同平等思想一同發展，在希臘形成了治理政體運作上的公民民執制或者貴族共執制。同時，由商業易利等特性形成了大大小小的獨立城邦，權利控制在各城邦公民特別是富有的工商業者手中。因此即使城邦之間聯繫很密切，希臘區域也沒有出現統一的中央級治理政體。山脈縱橫、島

28　佚名：《地理環境對古埃及歷史有什麼影響》，百度網，2022年8月11日。

嶼眾多這種相對隔絕的自然地理條件，助長了希臘人強烈的獨立自主理念。在城邦之間有控制和反控制的長期存在，絕少直接吞併和毀滅他邦的行為，尊重各邦作為獨立治理政體的存在似乎是邦際關係中不成文的法則。因為超越這條法則往往要費很大的氣力，要通過一定的程式。甚至在馬其頓征服希臘後，各邦仍頑強保持著內部自治。華夏中原地區（華北平原、長江中下游平原、黃土高原）則是一個巨大的氣候良好的平原（黃土高原也是一個地勢平坦的高原），其面積將近200萬平方公里，而且氣候非常適宜種植業的發展。與華夏地理環境相對比，歐洲中部與西部只有一塊平原：波德平原，其面積為30萬平方公里。且由於歐洲的地理緯度較高，氣候偏冷，不適宜種植業，而適合畜牧業（畜牧業產出的食物少於種植業，所能承載的人口數量也遠少於種植業）。華夏中原地區的巨大面積與豐富物產註定了生活在這個地區的種族將達到一個巨大的人口數量。在秦朝時期人口就達到3000萬左右，經過漢朝前50年的休養生息達到了創紀錄的6000萬，這個規模一直保持到唐朝，宋朝人口規模達到1億以上，明朝時期人口達到2億，清朝人口達到4億[29]。適宜生存的環境，使人們致力於適應環境而不是改造環境，而改造環境必須改造自身，包括治理政體。因而，從這個角度看，華夏3000年文明沒有形成複雜裂變是有充分地理環境條件的。

　　河流是地理環境的有機組成部分，河流以自己的力量間接改變了人類文明的內部結構和外部互動模式。億萬年前，大氣中生成的雨水降落地球表面，形成河流。人從樹上下到地上，就與河湖發生關係。但直到人類可以系統利用技術，河流才孕育出文

29　天乙：《地理極權假說》，貓眼看人，2007年8月5日。

明，形成古代的王國。魏特夫在他的《東方專制主義》中把農業
分為兩種，分別是西歐、北美、日本的雨水灌溉農業和從北非經
中亞到華夏的治水灌溉農業，前者不需要組織大量人力修建治水
工程，沒有形成專制的基礎，後者為了克服供水不足而需要建設
治水工程，進而形成嚴密控制國民的專制治理政體[30]。這種水利建
設本質上還是對環境的適應，而不是另闢蹊徑，如華夏就沒有像
古希臘那樣發展商業易利文明。

　　再比如北美洲新英格蘭的氣候和土壤，與土地的充裕和勞動
力的不足相結合，使任何類似封建的東西不可能存在。清教徒不
是因為它們反對奴役勞動或奴隸制。這是因為他們發現，在那個
冬季漫長、田多沙石、作物多樣化的地方，大規模使用奴隸勞役
在經濟上是不可能的[31]。從這一角度來看，美國也非常幸運。

　　■ 各地財富差異顯示，源於地理環境不同。從不同一區域
看：生活在不同地理環境中的人們遇到不同的生存條件，他們只
能根據自然所給予的這些條件獲取生活資料。沒有鐵礦而又與外
界隔絕的地方不可能進入鐵器時代；沒有適合馴養的動物就無法
發展畜牧業。在氣候過於寒冷或過於乾旱而又不能灌溉的地方，
也就不能發展農業。北歐國家森林資源豐富，林業就發達。草原
廣闊的澳大利亞就有發達的畜牧業。而農業條件優越的美國，則
有發達的農業。至於國土狹小，資源貧乏的日本，則只能以加工
業為主，農業、林業、採礦業受到限制。因此，人類的創富，以
及人類整個歷史不能不打上地理環境的印記。這就是人類歷史的

30　包茂紅：《河流是部文明史融匯自然與人文的歷史敘事》，2022年
　　10月19日，韋伯研究。

31　查爾斯・A・比爾德、瑪麗・R・比爾德著，許亞芬翻譯：《美國文
　　明的興起》，p.70，商務印書館，2009年版。

差異性的一大因由。越是在技術落後、交通不便的古代，地理環境造成的差異就越大。就是在現代生產力條件下，各國的創富也與各國的自然條件仍有密切關係。

從同一區域看：英格蘭緯度更高，光照和熱量不足，島國的地理位置使得陰雨天氣多，所以農作物產量低，但這種氣候很適合多汁牧草的生長，有利於畜牧業的發展；法國的農業條件就好很多，雨水均勻，南部、中部光照強、熱量充足，非常適合小麥等農作物的生長。地理條件，造就了英法兩國在中世紀完全不同的經濟基礎：法國是自給自足的農業大國；英國的農業薄弱，發展畜牧業，通過羊毛貿易進口糧食，因此國家發展較為依賴商業易利（類似於古希臘的斯巴達與雅典）。法國封建貴族（土地貴族）的勢力強大；英格蘭的封建貴族的財富相對較小，商人卻有很大的發展空間。這是一個有趣的現象，凡是適應農業文明的原始人類，後來都長期受困於治理政體運作的極權專制。8世紀起，西歐的氣候上升了1度，而且相對乾燥，乾燥的氣候對偏濕的北歐極為重要。耕種方式上，從二圃制向三圃制轉變。生產率提高了1/3。耕種工具上，以重犁取代輕犁，發明馬軛，用馬而不是牛耕田，工作效率提高三至四倍。作物品種上，以前主要是小麥、大麥、黑麥、燕麥四類，到了10世紀，引進豌豆、扁豆和蠶豆等新作物。這場全方位的農業革命，農民收成增長3倍多，家裏也有了餘糧。這就自然引起了人口增長，1000年到1200年，英格蘭從200萬增加至400萬，法蘭西從600萬增加至1100萬，日爾曼從400萬增加至900萬[32]。恰恰在這個時期，以英國為代表的中央

32　二圃制就是把所有耕地分成兩部分，輪流耕作，每年有一半的耕地處於休耕狀態。三圃制則是把耕地分成三部分，每年有一部分休耕，兩部分耕作，其中一部分是春季播種的作物，另一部分是秋季

君權治理政體開始出現雛形。在人類文明初期，就是這樣看天吃飯、靠天吃飯。因此農業對人類文明影響至深；而地理環境對農業發展影響更大。雖然農業革命的出現需要看老天的臉色，但也要以工商業的發展為其助力。而人類真正擺脫地理環境的制約，促進農業真正革命，則要工商業的質變式、跨越式發展。而工商業要實現質變式發展，則要靠人類文明的革命性進步，這種進步就是易利市商化經濟文明萌芽，包括其雛形——市商化資本主導易利時代的到來。

二、複合環境影響

對財富的影響除一般地理環境外，還要考慮其他環境因素的影響，尤其是由人的行為造成的環境品質劣變的影響，包括氣候、土壤等不利於人類生存與發展的影響。比如日經中文網發出警告：氣候異常正在動搖世界各地的經濟。2022年上半年世界因乾旱導致的損失金額達到1.8萬億日元。但下面所說的複合環境，尚不包括由人的行為造成的環境品質劣變的影響，只是指除狹隘地理環境之外的自然環境。

■ 比較各類環境作用，複合環境影響更大。複合型自然環境由多種要素組成，包括氣候、土壤、動物植物資源、水資源、礦藏資源以及地理位置等等。這些要素的等級差別及其組合，使地球上的地理環境千差萬別，任何兩個地方都不可能完全相同。有的地方適合人類居住，有的地方不適合人類居住。隨著人類文明的發展，人類對自然的控制不斷增強，人類居住的範圍也越來越大。

播種的作物。小炒：《國王的錢與權，英法兩國形似神不似的專制誕生》，拿破崙小炒，2019 年 11 月 11 日。

　　華夏皇權專制時期為什麼冶鐵技術先進而鐵產量卻不高？這與華夏區域煤、鐵資源的具體分佈狀況有關。這些具體狀況包括煤礦與鐵礦的相對距離，煤礦、鐵礦二者與主要經濟區的距離、以及煤鐵礦之間，煤鐵礦與經濟區之間的運輸條件等等。上述情況只能放到當時所能達到的技術條件下進行考察。華夏宋代已知道用焦炭煉鐵，明代也有用焦炭煉鐵的證明，可是到了清代中葉，重要的鐵產地廣東佛山仍用木炭煉鐵。在英國採用焦炭煉鐵以前，不得不從瑞典等國進口鐵。但一旦發明焦炭煉鐵技術，英國的冶鐵業立即出現了飛躍性的發展。木炭很快退出冶鐵業，鐵產量也大幅度增長。這種情況恰與華夏形成鮮明對照。英國高品位低雜質的鐵礦和適於煉焦的煤礦聚在一處，且埋藏淺、易開採、運輸方便，儲量對當時的工業水準來講又很豐富。這是當時英國鋼鐵工業飛躍發展的基本前提。有人說，對火藥，華夏民族只知道用來放鞭炮。其實，從生產火藥到生產打子彈的槍需要相應的工業基礎，需要一系列加工鋼材的設備。對於生產槍彈來說，這是比火藥更複雜更難以獲得的條件。例如機器的採用是先有工作機後有動力機。如果因為鐵材料太昂貴，只有木制的而無鐵制的工作機，就不會提出對動力機的需要，動力機也就製造不出來。另一方面，製造動力機不僅需要更多的鋼材，更需要鋼鐵的大量使用而形成鋼鐵加工技術。這都要受鋼鐵產量和生產成本的制約。此外，華夏早就發明使用水力紡車等工具，但卻沒有得到推廣和進一步發展，到了清代已經被全部放棄。這其中隱藏著複合地理環境影響所導致的必然性[33]。當然還有人文環境影響。

　　■ 比較初始文明發展，複合環境更為關鍵。西歐是一個半島，雖然緯度高，但受惠於大西洋暖流的影響，氣候宜人，而且

33　潘尚月：《地理環境和各國歷史的差異》，互聯網，2013年6月13日。

平原廣闊，河流眾多。其最大問題在於，由於緯度高，光照相對
不足，氣候潮濕，農作物生長週期長，導致農業基礎先天薄弱。
長期以來，西歐畝產量只有同期華夏的1/3。居住條件和農業條件
的先天矛盾，使得通過貿易來交換物資，成為西歐的生存之本。
而西歐三面環海，一面對接大陸，既有發展貿易的便利條件，也
與鄰近的燦爛文明（拜占庭、中東）保持著一定距離和聯繫，維
持著文明成長與同化、文化交融與孤立的微妙平衡。這些內因和
外因，一起構成了西歐商業文明形成的獨特條件[34]。希臘半島是一
個多山地區，土壤不甚肥沃，只有不多的平原地區可以種植穀物
（大麥、小麥、豆類）。夏季雨少，也不利於農業的發展。葡萄
和橄欖的培植具有重要意義，這些園藝作物種植在沿山坡的梯田
中。希臘半島糧食產量不足，但有較好的航海條件，可以從黑海
沿岸、埃及和西西里島輸入穀物。但希臘半島山中盛產大理石和
高質量的陶土，有利於建築、造型藝術和制陶業的發展，因此希
臘的建築藝術在世界古代史上佔據重要位置。山中還蘊藏著古人
可利用的銅、鐵、金、銀礦，對冶金業和商業易利十分有利。此
外，希臘半島三面環水，港灣眾多，特別是在通向西亞的航路上
遍佈島嶼，在愛琴海上航行，人們的視線一般不離海島和陸地。
這些有利於古人的航海條件促進了希臘以手工製品和原料為主的
對外貿易，因此航海業與海軍在古希臘有特殊的意義[35]。經濟地理
學已成為專門的學科，研究的就是經濟活動（如生產、就業）在
地理層面的分佈。對財富來講則是另一意義上的概念，主要是對

34　小炒說：《地理大發現真的有那麼重大意義嗎》，百度網，2019年
　　12月30日。

35　物寶天華：《分析希臘地理環境及其對古希臘史的影響》，2010年
　　12月29日，三人行網。

經濟活動的影響。比如，在地理上集中的經濟活動與在地理上分散的經濟活動區別在於是否需要靠近客戶。斯蒂芬妮·裏卡德指出，儘管農業往往在地理上是分散的，但通常表現出較高的相對集中度。製造業則更傾向於在地理上集中。而國家之間的距離是貿易引力模型的一個關鍵特徵，在其他條件相同的情況下，距離越遠的國家之間的貿易就越少。而公司的地理特徵可能會影響其政策偏好和治理影響力，當然也會影響其盈利能力[36]。

當人類擺脫自然經濟狀態，對財富起決定性作用的就不是所謂的自然環境了。人類新文明發展正在不斷擺脫地理環境等自然條件的影響，比如美國企業家馬斯克正啟動其移民火星的宏偉夢想。而能否儘快擺脫地球地理環境等自然條件的影響，卻取決於人類人文環境的不斷進化與優化，尤其易利市商化經濟文明的建立與完善。

三、人文環境終決

財富由人創造為人所擁有，因此，人文環境是財富的終決要素。人類智力是個人易利的基礎。哈耶克就認為，心智與環境不可分割。生物學家認為，在基因結構中有很多空隙，這為環境適應留下了空間。語言學家認為，符號環境可能影響個體大腦配置資源的方式。人文環境越複雜，市商化制度、秩序就越豐滿、越清晰，就越能夠減少在某段時間內易利決策及易利預期的不確定性，同時也就越能夠降低易利行為的風險。

人們總是為工業革命對人類財富及幸福貢獻深深感歎，但工業革命的出現並非偶然，它是市商化資本主導的易利的第一個

36　Stephanie J. Rickard：《經濟地理學在政治中意味著什麼》，國政學人，2022 年 5 月 9 日。

新生兒。而市商化資本主導的易利，又是人類文明長期進化形成的人文環境所產生的偉大成果。這一人文環境至少有四大元素構成：一是人們必須重視勞動和勤勉等平凡的事務並對之發生興趣。二是必須有一種越來越世俗思想滋長的因素條件，產生於新大陸和開拓殖民地時代的文藝復興和商業革命，發揮了那個因素的作用。三是必須不再盲目信奉自古傳下來的教會神父寫的書籍，自然科學由於強調實驗和觀察，造成了思想領域的革命。四是需要有「自然恒定」的學說，來使人類事務擺脫憤怒的、遇事橫加干涉的上帝陰影的影響[37]。人文環境是人類文明進化過程中為財富創造發展設定出的諸多條件要素，包括秩序、觀念、習俗、道德等等。人文環境受地理環境及複合自然環境的影響是客觀事實，因為人和環境都是物質，人類的形成與進化離不開客觀環境；但人類進化尤其是文明的進化卻可以使人文環境持續改善，從而助推財富創造發展擺脫地理環境等客觀自然環境的影響，得到接近與神的理想狀態，進行更好更快地創造發展。

　　■ 對比環境內在作用，人文因素日益增加。關於自然環境決定人文環境，從而決定財富的積累，已有很多專著進行過有說服力論述。比如，按照卡爾・奧古斯特・魏特夫在《東方專制主義》一書中闡述的觀點，東西方是兩個完全不同的治理政體文化形態。東方治理政體文化的形成和發展與治水密不可分，大規模水利工程建設和管理必須建立一個遍及全國的治理政體組織。因此，控制這一治理政體組織的人總是巧妙的構建最高統治權力，君主專制便由此形成。古代華夏即是實證。17世紀初，北美的開拓者們之所以沒有採用封建式的開拓方式，決定性因素，是自然

37　查爾斯・A・比爾德、瑪麗・R・比爾德著，許亞芬翻譯：《美國文明的興起》，p.468，商務印書館，2009年版。

環境。但是，人文環境一旦達到到一定的複雜程度，就取代了地理自然環境的主導地位，從而對財富的創造與發展起到決定性影響。人文環境對財富創造發展的影響從人類原始文明時期就已開始顯現，之後一直沒有改變，但已從普遍的熵增影響，發展成為個別先進文明國家與地區的熵減影響，給人類以無盡的信心。原始文明的人類人口分佈與定居的確受自然環境影響很大，但人文環境的影響也不可忽視，包括疾病、流行病、人口迅速增長、衝突和暴力等因素。從美索不達米亞衝擊平原到地中海東岸的黎凡特地區，在最早的農業王國於西元前3500年興起之前，人口定居出現過多次反復。從西元前10800年到西元前9000年，先民遺棄了此前的定居點。在西元前10000年後的五千年，也先後發生過許多次人口定居與分散生活的交替。其中，人文環境的改變是主要原因。從大約西元前1800年至西元前700年，也就是超過1000年的時間裏，美索不達米亞定居點所覆蓋的面積，與此前相比連1/4都不到；而市鎮定居的發生頻次，較之於此前的1000年只剩下大約1/16。雖然它不可能只是由於純粹地方性偶發事件，但與統治者的暴虐、與地區衝突等人文環境的惡化肯定存在關聯。大約在西元前1100年，克裏特以及邁錫尼的集權王國之所以崩潰，財富動力枯竭，其中最為重要的原因，是官僚不斷施壓、追求產量的增加、農民陷入絕境而大量逃亡。在羅馬帝國晚期，因為戰爭、侵略和疾病的頻發，成為市鎮（創造財富的主要集中地）衰退的顯著原因[38]。

　　■ 對比財富創造發展，人文因素日趨重要。對歐洲易利文明而言，到了中世紀，人文環境因素影響不僅關鍵，而且越來越重

38　詹姆斯.C.斯科特，田震翻譯：《作繭自縛——人類早期國家的深層歷史》，p.220，中國政法大學出版社，2022年版。

要。農村創造財富的能人越來越不能容忍封建人文環境的影響，紛紛逃離原居住地奔向城市，因為城市更加自主，更加有利於財富的創造發展。當代，人文環境對財富的決定性影響則更加明顯，而且人類越發展，這種決定性影響就越突出。一個基本的事實是，沒有美國的人文環境為馬斯克、喬布斯提供制度土壤，就不可能產生他們這樣的冒險家和夢想家，也不可能使他們成為世界級富豪。而今天已經開啟了人類宇宙文明的時代。埃隆·馬斯克的獵鷹重型運載火箭的發射成功，是人類航太史上的重大突破。早在2012年，馬斯克已經發射了飛船並順利折返，打破了航太領域過去由治理政體壟斷的局面，開啟了太空運載和發射的私人時代。航太是高投入、高技術、高風險的事業，在馬斯克之前，這都是治理政體壟斷的領域。馬斯克的冒險和夢想之所以能一步步變成現實，從人文環境因素說，就是因為美國有保障實現其夢想和冒險的制度環境。而且美國法律並不禁止私人公司進入航太領域。在SpaceX公司成立後，美國宇航局給了公司研製和發射火箭的許可證，2011年宇航局還與公司簽署了一份價值16億美元的合同，公司為美國宇航員提供12次運輸補給任務。根據NASA的計畫，當美國所有太空梭玶玶2011年退役以後，將依賴像Space X公司這樣的私營公司把物資補給送入國際空間站[39]。

　　對人類整體而言，宇宙是永恆的；對於人類個體而言，每個個體的死亡，也是其宇宙的死亡。因此，以個體生存最優化、生存價值最大化，並以此促進人類整體生存最優化、生存價值最大化，是人類永久的特質。而人文環境高質量發展的使命，就是在財富關係中尋找和確定保障以個體生存最優化、生存價值最大

39　鄧聿文：《馬斯克的飛天夢與所有制問題》，FT中文網，2018年2月12日。

化，並以此促進人類整體生存最優化、生存價值最大化。

這是人類正途，也是必由之路。

第三章

宿主寄生法則

　　宿主只是供給方、棲息地，必須滿足寄生者的需求才能生存與發展。受查爾斯・達爾文的生物進化觀的影響，生物學發展一個重要辭彙：宿主。但其意義遠超出生物學的範疇，可以推演到整個人類文明，甚至更廣。放眼世界研究財富，人們發現，原來萬物關係（包括財富關係）及其組成都可概況為宿主與客體（寄宿）這一簡單構成。漸漸地，人們發現，這些關係都與人有關，並不受人的意志所左右，背後都有各自的規律使然。那些與人類生活最密切相關的生物科學、物理科學、思維科學等等，恰恰不受任何人類意志的管轄，體現無盡的複雜性、邏輯性與規律性。認知生命，尤其是越深究人類自身，就越能發現更多意料之外的複雜性、邏輯性與規律性。作為宿主又是多麼奇妙，包括宿主與客體的關係體系。在這些體系中，宿主與客體以非線性方式展開互動。它們全都呈現出自組織性：系統成分通過自行組織，在沒有任何核心或外部「控制者」的情況下，表現出一個連貫整體的運作方式。

　　認知生命個體、財富與人類的發展，就不能不考察世界上存在的三大宿主：基因宿主、財富宿主和人類生命個體宿主。人類是生命個體的宿主，生命個體又是基因、財富的宿主。人類，諸如各種群體，包括家庭、部落、族裔、組織、城市、國家等等，都是一個個生命個體的宿主。因為他們都由一個個生命個體所組成。有了對三大宿主的認知，就有了可以很好地理解人類財富文明新的視角或視野。為什麼有的人生命力很強，為什麼有的人更富裕，為什麼人類能夠延續至今；這一切與財富到底有多少關聯等等問題，會一目了然。

　　在生命的進化史上，微生物與生物的共生關係既奇特又非常重要。其中，寄生者對宿主的生存和繁殖產生深遠影響。從二

者關係看，雖然是共生，但寄生者卻起到主導作用，或者說是決定性作用。從宿主的視野，可以看到，一人一宇宙，生命個體本應是一切文明的目的。但把生命個體作為文明的目的，則是文明發展到一定階段的觀念基石。一旦這一觀念得到確立就意味著達到了市商化文明爆發的臨界點，也就是易利市商化經濟文明的起點。

第一節　生命法則

基因宿主是基因的寄生體，基因寓於宿主結構物質體內。生命個體的自私主要源於基因的自私。人類是地球上存在的150萬種動物中唯一的高級智慧生物。生命個體，實際就是宿主，主要是基因和病毒的宿主。基因從內在角度視生命個體為其宿主；病毒從外在角度視生命體為其宿主。病毒寄生是多變的，基因寄生是少變的或不變的。所以，從內在角度看，生命個體是基因的唯一宿主。基因對生命個體起決定性作用，因為宿主的主要使命就是努力提高基因傳遞成功率。

1953年，詹姆斯·沃森和克拉克通過種種方式解密了生命的終極結構，DNA雙螺旋。DNA上決定生物性狀的小單位，就是基因。一個DNA分子上有許多個基因，基因是染色體上具有控制生物性狀的DNA片段。人和人之間的基因差別非常之低。但很明顯，每個人又都不一樣。在特殊情況，人類生命體可以借用、消化細菌，使其成為有益於生命體新功能的基因。2023年，美國一項研究發現，一個對人類視力至關重要的基因，可能是脊椎動物的祖先於5億多年前從細菌那裏「借用」的。這個基因名為IRBP，它編碼的蛋白質稱為「光感受器間類視黃醇結合蛋白」，

負責在視網膜色素上皮細胞和光感受器之間運輸類視黃醇，對脊椎動物的視覺過程起著關鍵作用。這一發現意味著，像脊椎動物眼睛這樣的複雜構造，不僅能通過改造現有基因來進化，也可借助外源基因[1]。同時，也從一個側面說明，人類的進化功能及潛力之強大。當然，前提是有可借用的細菌。

一、基因決定生命

離開了基因，生命體將不復存在。因為生命個體就是個宿主，是基因生存、複製、傳遞的場所、場景或附著體而已。基因對生命個體存在起決定性作用。當然，宿主也很重要，其本身就是複雜的存在。

■ 載體：基因生存決定生命存在。每個生命個體都會從父母那各自繼承一個基因組，一個基因組內包括23條染色體，他們是由兩條長鏈上的約30億個化學單元（核苷酸）組成（父母雙方的2個基因組，則有60億個）。通常所說的「基因」事實上指的只是這個鏈條上的微小片段。遺傳學在研究人類歷史第一次應用是從線粒體DNA開始的，同樣的，線粒體DNA也只是基因組的一小部分，約占總數的20萬分之一，大約1.6萬個字元（Y染色體有近6000萬個），而且，它由母系遺傳，從母親傳給女兒，再由女兒傳給外孫女，如果母親只有兒子，就沒法遺傳了[2]。生物科學已經測定，人類基因組由31.647億個城基對組成，共有3萬至3.5萬個基因。人類基因組可以被認為是一本巨大的百科全書，就是一個用億萬個字母書寫成的、沒有任何標點符號的碩長文章。基因

1　王豔紅：《新研究發現一個人類視力基因來自遠古細菌》，新華社，2023年4月13日。

2　Bill.Yang：《人類起源的故事》，知乎網，2021年6月6日。

則是這篇長文中的具有特殊功能意義的一個獨立片段，其規模從1000個字母到10萬個字母。這些字母的排列順序相當於一套加密的指令：告訴細胞如何製造諸如荷爾蒙之類的關鍵物質，或如何完成一些重要的工作，如自我複製等[3]。基因對生命具有決定性意義。比如，人類之所以能夠存續至今，基因是根本動力。借助基因，可以瞭解人類，尤其是文明人的起始時間。因為基因記錄著層級性從父母那裏繼承的所有遺傳密碼。

從進化的角度看，（人類）有氧代謝能力的增強是在100萬年前而非幾十萬年前開始的，大量的證據指向了一個事實：宿主細胞是一種類似於細菌的簡單細胞，名為古核細胞。在機緣巧合之下，一個細菌進入到它的體內，變成了線粒體。也就是說有兩個非常簡單的細胞，一個進入了另一個的體內。真核細胞（即我們自己的複雜細胞）的所有特徵和多樣性都是在這種相互作用的背景下產生的。這意味著，線粒體一直是生命所有這些複雜性進化的原因，而且是一切的核心。它是促成所有生命複雜性進化並仍然具有核心影響的關鍵因素，不論是細胞的自我複製、分裂，還是死亡，線粒體都在其中扮演著必不可少的角色。神經元的存活是因為幹細胞可以通過細小的連接細絲向神經元傳送線粒體[4]。基因的傳續、生存，顯然需要能量。經過演化，線粒體變成了生命個體細胞的能量工廠，細胞生存所需的全部能量都來自線粒體。進化生物化學家尼克‧萊恩指出，死亡是指細胞程式性死亡的特定過程，它受基因控制，會消耗能量，而且是刻意為之。受損的

3　川安光：《人類永遠不能全部讀懂基因系統這部天書》，貓眼看人，2012 年 12 月 24 日。

4　造就 Talk：《對性的欲求是以死亡為代價，這是從何時開始的》，嗶哩嗶哩網，2019 年 7 月 11 日。

細胞會自殺，並由幹細胞生成的新細胞取代。而在個體層面上，性行為通過重組基因實際在做同樣的事。

應該引起重視的是，線粒體這個能量工廠要持續生產，就需要生命個體通過飲食補充能量，當然也需要衣、住、行的保障，同時也需要馬斯洛提出的五個需求層次的供給。而滿足這些需求與供給的，當然只有財富能夠勝任。

■ 硬核：基因自私決定生命存續。生命個體是自私的還是無私的，這是人類易利文明，也是人類文明的核心問題。印證這個核心問題的「終結硬核」邏輯和依據就是基因，即，不自私不基因，無自私無人類。理查・道金斯指出：

「我們及其他一切動物都是各自的基因所創造的機器。……成功基因的一個突出特性就是其無情的自私性。這種基因的自私性通常會導致個體行為的自私性。然而，我們也會看到，基因為了更有效地達到其自私的目的，在某些特殊情況下，也會滋長一種有限的利他性」。而且，「自然選擇將基因視作相互相容——幾乎等同於合作——的團體，自然選擇偏愛那些共同存在的基因」[5]。

基因的自私性，其動力源自複製性。複製性就是生命的延續，文明的延續。對非易利市商化經濟文明的道德規範來講，一個「殘酷」的事實是：所有未出生的胎兒都在試圖殺害自己的母親，而孕婦的大腦雖想保護他們，身體卻在做殊死搏鬥，在基因領域，這場對抗被稱為母胎戰爭：一旦懷孕，母親很容易感到一種幸福感和滿足感，但這其實是因為胎兒在無時無刻向母親反向

5　理查・道金斯著，盧允中等譯：《自私的基因「30周年版簡介」》，中信出版集團，2018年版。

輸送激素，目的並不是願意當母親的孩子，而是為了讓母體心甘
情願給自己輸送營養和能量。但這種輸送過程並不是無限制的，
子宮會監視胎兒獲得的是否太多，如果太多就會開始排斥胎兒。
而胎兒的反制手段也相當強烈，那就是胎兒會想方設法把自己的
血管紮得非常深，一旦母體對自己產生了排斥，想通過各種手段
讓自己離開，也就是俗稱的流產，那麼母體會受到嚴重的傷害，
甚至大出血危及母體自身。「交戰」雙方都在為獲取自己的利益
服務。更有意思的是，胎盤催乳激素分泌的指使者卻是來自父親
的基因。父親提供的「類胰島素生長因數2」（IGF2）這種基因
為顯性（來自母親的為隱性），還有一種可以摧毀IGF2的基因，
來自母親的為顯性，來自父親的為隱性[6]。當然，母親與胎兒之
間也是合作關係：母親希望胎兒足月出生，把自己的基因傳遞給
後代；胎兒依靠母親的肺進行呼吸、依靠母親的心臟傳輸血液，
自然也希望母親平安健康——妊娠期間是需要母子密切合作的。
由此可見，基因與生命個體是一種特殊的寄宿與宿主的關係。生
命個體完全是為基因而存在的。基因佔有絕對的主導地位，不僅
決定每個生命個體的生命，而且決定人類的生存與發展。這一特
性，也有利於認知易利中的利己利他行為。

6　1993年，哈佛大學生物學家大衛・黑格找出了驚人的證據，說明
　胎兒和胎盤兩者以一種寄生的關係，時刻謀求從母親身上謀求自身
　最大利益。對於母體來說，胎兒是寄生體，是入侵者；對於胎兒來
　說，母體是自己無限生長的一大阻礙，必須想方設法抵抗。母親只
　將一半基因傳給胎兒，胎兒的基因也只有一半來自母親。從基因的
　角度而言，如果母子雙方必須有一個犧牲性命來保全另一個，那誰
　都不願意犧牲自己。儘管受精卵攜帶了母體一半的基因（DNA）
　遺傳物質，但是對於母體來說，胎兒從精子到完整的受精卵，都是
　一種入侵者，母體的免疫系統會被觸發，從而產生孕吐等不適症狀。
　Aretlas：《出生前的戰爭》，互聯網，2016年7月27日。

二、基因決定行為

宿主如何行為，完全決定於基因。前者要完全服從後者生存、複製與傳遞的需要。

■ 密碼：基因需要決定生命行為。螞蟻與人類有許多相似之處。螞蟻的群體性形成的時間大約在一億四千萬年前的白堊紀，遠遠早於人類。螞蟻未必非得自己生產後代，基因與自己相近的親族產卵，它就會幫忙照顧，如同自己繁育後代一樣。動物對相同基因的同類更為友善，將基因相近者的基因傳播看作自己的基因傳播，就會表現出利他行為。為了基因的延續，或更好地成為基因需要的宿主，在一些螞蟻群體中「農業」同樣發揮了重要作用，相較於人類主要種植稻穀來說，螞蟻主要栽培真菌。還有一些螞蟻「飼養牲畜」，例如蚜蟲、介殼蟲、角蟬等。螞蟻在平時吃它們的分泌物，有時也會通過直接吃它們來補充所需蛋白質。螞蟻有時還會為它們搭建處所，運輸它們或者幫它們抵制天敵。螞蟻群體的分工並不單單建立在形態學的區別上，身體結構的區別只是一方面，年齡和生理成熟度等因素也占很大比重。和人類以物質生產為分工目的不同，螞蟻的分工建立在繁殖角色基礎上。螞蟻群體中並不是絕對的服從關係，像人類一樣存在一些不穩定因素。螞蟻群體也存在奴隸蟻對主人的反抗，工蟻並不是絕對不能生育，有時「奴隸」會將主人的幼卵殺死，生下自己的卵[7]。當然，這些都是為了滿足自私基因的自身需求而已。美洲有一種帝王蝴蝶，壽命短、體型小、體重輕，它們每年都要南來北往，長途飛行。帝王蝴蝶一年經過4個生命週期。讓人百思不得

7　四旬芳齡一枝花：《從進化角度看人類與螞蟻「社會」──以及對達爾文進化論適用範圍的探討》，知乎網，2018年12月24日。

其解的是，隔著4代的新一代帝王蝴蝶，從沒到過北方，也從沒到過南方，卻知道沿著一條千古不變的遷徙路線飛翔，遷徙數千公里而不迷失方向。其根本原因是基因，它們靠的是代代相傳的基因生命遺傳密碼。這種基因生命密碼，決定它們短短的一生要有大半時間在遷徙中度過[8]。丹麥科學家對猩猩家族的基因進行了測序，並與人類的基因順序進行對比後，得出結論：人類的基因突變率遠低於其他類人猿。依據每年基因突變發生的數量，人類的基因突變率要比其他類人猿低1/3。據專家推測與青春期的「延長」可能有關系，也許是生存環境和生活方式導致的。也就是說，隨著人類對智力需求的增加，在青春期需要學習以提高智力的要求也將增高，青春期當然要隨之延長，今天在全世界各個國家，教育的普及程度已越來越高。

　　■ 智慧：基因魔力決定偉大發明。人的行為最主要的特點，是智慧行為。這種智慧行為也是由基因所決定的。《人類簡史》的作者尤瓦爾·赫拉利指出，人類之所以成為智慧生物，源自認知的改變。他把這一切的改變稱為認知革命。是什麼讓智人擁有了認知和虛構事物的能力的呢？是鏡像神經元，也就是人們常說的「智慧基因」。比如，在認知革命之前，人們見到獅子，會說這是獅子；認知革命之後，人們見到獅子，不只是會說這是獅子，而且還會把它虛構成一種圖騰。討論虛構事務正是智人語言最獨特的功能。虛構，讓人類能夠擁有想像力，最重要的是可以一起想像，共同編制出故事，也就是創造、創新。正因如此，智人才成為地球統治者。鏡像神經元是在恒河猴的大腦中發現的，也就說是鏡像神經元並不是人類獨有。那麼為什麼只有人類

8　羅慰年：《帝王蝴蝶的生命密碼》，羅慰年的博客，2013年2月23日。

才成為了智慧生物呢？美國神經學家拉馬錢德拉就曾發表論文指出：雖然在個別的靈長類動物的大腦中也發現了鏡像神經元，但是人類的鏡像機制則更為複雜。人類的鏡像機制，在進化的過程中，也經歷幾大從簡單到複雜的演變。人類鏡像機制從簡至繁的過程，可以理解成從最開始的「直接刺激的外部模仿」到最後的「抽象刺激內部模擬」的過程[9]。人與其他物種最大不同，是人類順應自然的人腦進化，形成最偉大的發明——語言。人類這個物種用300萬年的進化才形成自己的語言優勢。研究發現，FOXP2基因是人類擁有語言能力至關重要的基因。有了語言後約100萬年發生了農業革命，之後僅僅經過一萬年就有了工業革命，大約在6000年前又發明瞭文字，從而發展了教育[10]。因此，從這一側面，也可以解釋，為什麼人類易利文明能夠進化到市商化資本主導的易利。其中，語言功不可沒。顯然，基因是根本。

三、基因決定選擇

基因決定生物性狀和選擇，一切生物的進化都要受基因傳遞法則支配。

■ 選擇：基因複製決定生命偏好。假如基因複製是以婚姻為最佳路徑，那麼，婚姻就必須予以高度重視。在生物學的層面，婚姻選擇及其結果就是在同性或異性間以生殖為目的、以性為內容、以生物學為場域的博弈中形成的，這場博弈可能伴隨人類發展的始終，男女、性、生殖等諸要素的變化通常會引起婚姻制度

9 未知：《人類智慧從何而來？科學家的新發現：揭示人類文明誕生的真相》，小紅蝦實驗室，2022年7月24日。
10 庫叔說：《人腦進化中形成的最偉大發明，最終成就了人類》，瞭望智庫，2022年6月17日。

的變革與調整。婚姻的形態有多種選擇，主要有一夫一妻制、一夫多妻制和一妻多夫制。從基因傳播的角度看，在人類進化中，一妻多夫制是最不可取的，實行這一制度無異於「基因自殺」[11]。其他基因決定選擇的實例比比皆是。「西藏人為什麼能爬山？」這個問題。答案是基因，這個基因叫EPAS1。如果基因的表達是陽性，上了高原以後剛開始可能會顫一下，但很快就不用另外吸氧了。而大概90%的藏裔這個基因顯陽性，漢裔則只有10%是陽性。如果EPAS1陽性的藏裔來到沿海，反而會暈氧、醉氧。再比如達爾文雀。達爾文觀察到馬達加斯加各種各樣的鳥的嘴都不一樣，是因為島上的果實不一樣，因此鳥喙就必須根據果實的不同而變成不同的形態。這當然是基因的決定，是生命體演化的結果。人類也如同一群達爾文雀[12]。目前，人類仍然在進化選擇之中。美國一些研究人員，對人類基因組所存在的700個區域進行了研究，發現過去1萬年間人類一直在通過自然選擇進行重組，不管重組基因量的大小，都從未停止過。美芝加哥大學教授喬納森認為，雖然人類適應了周圍環境的變化，但近5000年裏，仍出現了不少新的基因。比如促碳水化合物及脂肪酸消化的基因，這些基因幫助人類適應一切充滿「新鮮感」的食物[13]。

11　人類學家對有記錄的853種文化進行考察後發現，只有16%的文化明確規定實行一夫一妻制，即只允許男人在同一時間內擁有一名妻子；近84%的文化允許一個男人同時擁有多名妻子，即實行一夫多妻制，而實行一妻多夫制的文化僅占總數的0.5%。李擁軍：《自私的基因與兩性博弈：人類為什麼會選擇一夫一妻制》，韋伯研究，2022年6月23日。

12　尹燁：《人類進步的本質，就是下一代不聽上一代的話》，製造界，2022年1月25日。

13　小小葉：《基因突變率降低，人類不進化了？研究表明：新生兒還在持續變異》，小小葉說趣聞，2019年6月12日。

■ 取捨：基因傳遞決定價值判斷。在人類文明發展中，所有選擇都取決於價值判斷。比如前面所說，人類歷史很可能起始於其所擁有的那種在不同的情勢中知道做什麼事情——或在更多的情況下知道不做什麼事情——的高超能力。這就是選擇。在很多場合，物種傳遞基因的本能或欲望超過了個體自身保存的本能或欲望，生物無論做什麼樣的選擇，都是為了增加自身基因的存活率或基因複製的成功率。因而，人的欲望是不可抗拒的，也是無法抗拒的。有了欲望，人類文明才發展到今天；有了欲望決定的文明進化，人類文明才有明天。因為有欲望就有選擇，而且是具體思想和行為的選擇。推演到整個人類，就是文明演進的選擇。通過無數人類個體的反覆運算選擇，才有了易利市商化資本主導的經濟文明出現，才有了易利市商化經濟文明從萌芽到聚合爆炸的產生。

第二節　財富法則

　　財富宿主的特點，是財富有些會寓於宿主個體之外，但又必須歸於宿主名下，為宿主所有。獲利為本，個人為先。任何高等生命，如果要生存繁衍都必須佔有支配一定的資源。對人類而言，有易利價值的資源就是財富。而財富動力則是個人如何獲取、擁有與使用。

　　易利經濟是複雜事物中的奇跡，既沒有人設計它，也沒有人管理它，這樣一個系統卻能夠創建起來，而且複雜性會隨著時間的推移而增加，尤其是財富和複雜性的明顯增加會如此突然。為此，不少人對這些問題產生疑問。對這些問題的答案無須過多闡述，我們只要明白，易利經濟是「一個有適應能力的複雜系

統」，其運作方式遵循著與生物進化相同的邏輯。因為人類是財富的宿主，也是易利經濟及所有文明的載體。而且從某種意義上講，也可以把易利看作文明的基因，文明也可看作是易利的宿主。易利經濟是人類成功獲得財富（資源）的表現。它使人類個體的數量和財富得以在過去1萬年中（尤其是在過去250年中）出現驚人增長。正如拜因霍克所所表達的意思，易利經濟歸根結底就是一種遺傳複製戰略。如果從財富的角度來看，這一切，還要歸功於另一個重要推手，即財富找到了人類這個唯一的宿主。人類個體與寄生體財富的相互吸引和極端互動，共生共長，推動了人類與財富的共同發展。

人類要感謝財富寄生體，財富寄生體也要感謝人類宿主。

一、財富擁有進化

雖然人類擁有財富的歷史非常久遠，但所有權概念起源於羅馬法。而且財富所有是沿著模糊的集體、團體或氏族所有，向清晰的家庭及個人所有演進的。

■ 擁有：財富複製需求決定財富宿主形態。所有權意味著絕對性、排它性、永續性的財富權利。世界公認最早的文字——距今5500年的蘇美爾楔形文字的重要功能是用來記帳，這可能預示著財產權已初步確立。距今約4400年前，蘇美爾的拉格什城邦進行了一系列旨在保護小生產者利益的改革和立法活動。古代最主要的財富是地產，它是治理政體權力的直接來源。古希臘最初的時候，耕地即屬私有，而且只有公民才有權擁有土地。土地所有權成了公民權利基礎，無論在斯巴達還是在雅典，土地財產在很大程度上決定著個人的地位。古以色列是最早實行土地私有制的

國家。聖經說：任何人如果擅自改變土地疆界，必受神譴[14]。

石器是原始文明最為重要的財富。石器時代指的是人類文明使用打制的石器作為勞動工具的時代，這個概念由英國考古學家盧伯克於1865年提出。在這個時期內，古人們還發展出了相應的骨制、木制、陶制的工具。這些都是當時的人們所擁有的重要財富。而石器是7000年前必備的工具，在當時人們不論是打獵，還是烹飪、縫紉都離不開石器。說明此類財富的擁有已相當普遍。非洲的一些石器時代古人採石遺址表明，當時經驗豐富的石器師傅，只要選出了材質優質的燧石，往往半個小時，就可以用石錘敲擊出簡單的石刀、石斧，而石針卻往往需要幾天甚至幾個月的功夫，並且還伴隨著大量的廢品。可見，財富的需求已經產生了分工。新石器時代是石器文化發展的高峰期，也是原始文明的繁榮時期，新石器時代的人類發明瞭農業、畜牧業。大麥、小麥、山羊、綿羊以及豬、牛的祖先都是在這一時期被馴化而來。這些都是人類的標誌性財富。農業和畜牧業的發生標誌著人類在「生活資料」，即食物、衣服、住房以及為此所需要的工具生產方面有了較多的保障。陶器的廣泛使用和磨光的石器成為了流行，是工具製造和生產力發展的新標誌。此時，財富已與人們生活密不可分。

隨著財富的積累和豐富，人類由群體創造並享受財富，逐步向血緣、婚姻單元演變，以致向個體分別享受財富拓展。

人類歷史上，婚姻家庭經歷了三種形式的發展，分別是群婚、對偶婚和專偶婚。在偶婚制階段，生產力水準快速發展，家

14　佚名：《文明之根——私有財產權神聖不可侵犯》，貓眼看人，2007年10月15日。

庭財富也在不斷地增加，誕生了更多新的財富創造方式，而這些財富一旦轉歸家庭私有就給了以對偶婚和母權制氏族為基礎的部落群體強有力打擊。專偶婚制的出現意味著男性家長取得了統治權，並且子女擁有確定的財富繼承權。漢斯－赫爾曼‧霍普估計，大約5萬年前，「現代人類」的數量可能不足5,000人，局限於非洲東北部。他們生活在由小群體（10–30人）組成的群體中。這些小群體偶爾相遇，形成了一個大約150人、也許多達500人的共同基因庫（遺傳學家發現，為了避免劣生效應，這一人口規模是必要的）。按照霍普的觀點，人類在狩獵——採集形態基本上過著寄生生活。也就是說，在自然賦予的財貨供應以外不增加任何東西，不生產（除了若干工具），只消費。易利也只能在最低水準。可定義為財富的財貨也相當有限。當然，也影響到人口的擴大再生產和維繫。而農業文明的出現，卻形成了日益增長的人口壓力與挑戰。為此，各人類群體一方面通過節約土地，另一方面是通過後代生育的「私有化」，總之是通過家庭制度和私產制度，來加快財富的創造和發展。霍普直言，可以有把握地假定，私有財產存在於部落家庭的框架之內。私有財產存在於個人衣物、工具、器具和裝飾品中。是小家庭帶來了財富制度創新。這是一項決定性的創新。此前，一個部落成員組成一個單一的、統一的大家庭，部落內部勞動分工基本上是大家庭內部勞動分工。隨著小家庭的形成，一個統一的大家庭解體為各個獨立的小家庭，隨之而來的還有「各人的」——也就是私有土地所有權的形成，以前無主的變成了屬於不同的小家庭所有。以前普遍存在的「共同擁有」可能仍然在每個小家庭中繼續存在，但共同擁有從大家庭成員之間的關係中消失了。不同的小家庭的收入各不相同，這取決於投入的勞動力和財產的數量和品質，除了小家庭自

家成員之外，大家庭中沒人對小家庭成員的收入有要求權[15]。直到18世紀晚期，全世界大多數國家和地區依然把婚姻（小家庭而非家族）看作太過重要的經濟制度。歷史學家斯蒂芬妮・孔茨提供的解釋是，在人類歷史的大部分時間裏，婚姻並不基於夫妻之間的相親相愛，而是一種專門用來獲取財富和權利的制度。華夏式夫妻關係，財富功能應該更大一些，夫妻或家庭更多的是一個財富生產單位：除自我照料之外，易利經濟活動和家庭財富生產佔據了大部分時間。

■ 進駐：財富傳遞效率決定宿主個體取向。人類財富向生命個體宿主的進駐，是所有近現代國家經濟體轉型發展的要素之一。因為在易利市商化資本主導的經濟文明中，這種財富宿主擁有方式，對作為基因的財富複製與傳遞更有效率。反過來說，因為財富複製傳遞的效率本性，必然要求財富向生命個體宿主進駐。日本易利市商化資本主導的經濟轉型過程，就是財富向生命個體宿主進駐的過程。明治維新在借助治理政體力量建立現代企業後，很快就進行了財富向生命個體宿主進駐的「私有化」過程，使整個國家經濟充滿了活力。華夏大陸改革開放的過程，也是財富向生命個體宿主進駐的過程。而納粹德國在納粹執政之初之所以能夠在經濟發展上有良好表像，原因很多，比如對富裕階層猶太人的無情剝奪以積累發展資金，將未來可使用資金拿到當下集中使用（形成巨大的成本負擔，以致必然發動戰爭轉嫁發展成本，最後走入死胡同），但還有一個非常重要、不容忽視的原因，就是推進了財富向生命個體宿主進駐的「私有化」過程。自20世紀30年代中期，納粹陸續在多個行業實施私有化：鐵路；鋼

15　漢斯−赫爾曼・霍普，翻譯禪心雲起：《論私有財產權與家庭的起源》，新少數派，2021年3月31日。

鐵和採掘業；銀行業；造船工業和航運。在1934/1935和1937/1938財政年度之間，私有化是德國財政部的重要收入來源。期間，私有化收益至少占財政總收入的1.37%。很難否認1934–1937年私有化收益對德國的財政相關性，特別是因為這裏提供的估計是最低的[16]。當然，納粹政府的私有化旨在促進支持納粹政權的商業部門的利益，以及納粹黨高層的利益；而且，納粹執行嚴格的市場監管，限制了經濟自主，使得私有化不具有太大的實際意義；尤其是納粹是要將私營企業置於治理政體管控之下，反而極大地拓展了治理政體對經濟的干預。但它足以說明，從本質上講，所有國家的經濟發展沒有特色也沒有特殊，都必須確保財富向生命個體宿主的進駐。

二、財富流向優選

財富寄宿對人類生命個體宿主來講，具有天然驅動力。直至今天，人的生存自由就是財富自由。而對財富寄宿的內驅動力決

---

16 首先是鐵路行業，20世紀30年代德國帝國鐵路公司是世界上最大的國有企業，運營德國境內大部分的鐵路服務，然而納粹政府兩年內出售約3.2億帝國馬克，雖然國家仍是最大股東且保留控制權。第二是鋼鐵和採掘業，納粹黨上臺後對國有控股的聯合鋼鐵公司實施股權重組，最終不再保有所有權；同樣的，卡斯泰倫戈公司取得上西裡西亞煤炭和鋼鐵工業的全部股權，實現完全的私有化。第三是銀行業，1934年，德國銀行行長兼經濟部長哈爾馬爾·沙赫特的銀行調查委員會表示：大約70%的德國公司銀行由德國治理政體控制。但在隨後的三年間，分別以5700萬帝國馬克、5000萬帝國馬克、1.41億帝國馬克以出讓所有權的形式，實現德國商業銀行、德意志銀行、德累斯頓銀行的再私有化。第四是造船業，德國造船工程公司通過可轉換債券的形式實現私有化。最後是航運業，1936/1937兩年間分別以820萬和500萬帝國馬克出讓漢堡－南美和漢莎·丹普夫所有權。GERMÀ BEL：《逆流：20世紀30年代德國納粹政府的私有化決策》，政治經濟學新時空，2021年9月22日。

定財富流向優選。內驅力及能力、努力的強弱以及機遇，決定了宿主財富上的差異。

■ 佔有：財富產權界定決定宿主自然優選。從財富角度的一個側面講，財富佔有就是財富對宿主的自然優選。恰恰這種優選成為財富宿主是否具有內驅動力的制度和秩序標準。而保護和激發宿主具有內驅動力的基礎性保障則是財富產權的制度性和秩序性界定。可以說，這種優選的過程和實質是易利，其核心、關鍵條件是對產權的界定，即「私有私利產權」的確立。這種確立意義非凡：根據科斯定律，沒有清楚的權利界定，市商易利不會出現。如果沒有市商易利出現，市價就不能用作決定競爭勝負的準則。用上任何其他的競爭準則必會導致某種程度的租值消散。亞當·斯密有一個重要論點，就是人類的自私帶來人類財富。經濟學家張五常認為，亞當·斯密並不是假設人類自私，不是說人類天生自私，而是說他們不可以不自私。假如他不自私，就會遭到淘汰。人類的自私是適者生存的效果，由自然淘汰所決定。自然淘汰是人類幾千年來歷史上最重要的思維，與基因傳遞本性非常吻合。《國富論》發表200年後，道金斯出版了其重要專著《自私的基因》，提出人類不是為了適者生存而自私的，人類自私是因為基因裏面鑄有自私。這也與自然淘汰理論相吻合。從財富寄宿與人類個體宿主的關係看，財富的私有，也是由財富的延續與發展對宿主的優選所決定的。財富像病毒與基因一樣，願意選擇最能有利於它生存、延續與繁殖的個人作為宿主。財富基因的這種天性，決定了財富的佔有、使用不可能處於平均狀態。事實的確如此。世界銀行把經濟分為低收入、下中等收入、上中等收入和高收入經濟體，其中，低收入經濟體人口從1960年的4.5%上升到2020年的8.6%；下中等收入經濟體人口占比從1960年的32.6%

上升到2020年的42.9%；上中等收入經濟體人口占比從1960年的37.5%下降到2020年的32.5%；高收入經濟體人口占比，則從1960年的25.1%下降到2020年的15.7%。以發達國家代表的OECD國家來看，其人口占全球比例不斷降低，從1960年的26.7%到2020年的17.7%[17]。發達國家人口的下降，是多種因素造成的，包括人的健康指數、幸福指數、長壽指數都在提高，相應的其人均財富占比就會相應提高，加上其財富創造效率大大高於不發達國家。不發達國家相對落後，養老都要依託子女，人口的擴張理所當然，相比發達國家財富占比肯定下降。當然，要使這些數據尤其是基尼係數處於合理區間，需要做的有很多，包括教育的普及與公平，以及機會、機遇的公平。

財富的集中古之有之，直到今天被稱為「新鍍金時代」的美國，依然如此。財富事實上集中於少數人手中——比20世紀20年代以後的任何時候都要更明顯。對這種財富的集中，其原因古今並不相同，所發揮的作用迥異，無需贅述。古時人們靠治理政體操控而致富，今天仍然有人認為財富可成為超級富豪用於操縱治理政體的新工具：可以收買教育改革方案、慈善機構、智庫、立法話語權、治理政體影響力，以及對其觀念的無休止宣傳。競選捐助是很好的出發點。有道德家還認為，財富在各種領域導致的不公正。嚴重的財富不平等與市場化氾濫相結合的危害之一，就是讓頂層0.1%群體的恣意妄為改變了整個秩序或制度安排和其他所有人的選項。財富的巨大不平等使秩序或制度的優先目標由少數人的意趣左右，不平等嚴重的世界讓過多的資源配置被富人群

17　徐瑾：《人口經濟學：是時候正視人口週期了》，FT中文網，2022年1月26日。

體主宰[18]。這些，都不過是站在非易利市商化經濟文明立場上的杞人憂天之談而已。

　　儘管人們抱怨財富的集中與不平等，但不能改變財富對宿主的選擇。現代西方發達國家所創造的財富，之所以越來越多集中到一小群精英手中，從根本上來說，這是財富優選與力量的必然反應，也是財富對宿主的激勵。財富優選的正向集中始終存在合理性。因為財富與思想、理念、智慧、能力、機會等諸多因素有關，在這些因素中每個人的擁有是不均衡的，也是不均等的。否認這種集中才是不平等。當然，財富流向優選必須公平、公開、公正和程式化、制度化，將每個易利主體置於統一的規則和平臺。這也是易利市商化經濟文明產生與發展的法理所在。

　　個人追求財富之增加，是易利經濟發展的必要條件。一類是在創造價值、增加總體財富的過程中，使個人財富得到增加；一類是在沒有創造新價值、沒有新增加總體財富的過程中，某些個人財富仍然得到增加。後一種情況發生時，就是人們對已有的所有（物理）財富進行了再分配。而只要是分配，無論是初次分配還是再分配，都有道德風險存在，它與財富流向優選幾乎是格格不入。所以，國民都致力於通過創造財富而使自己致富的秩序或制度——能成為富足的秩序或制度。而通過對現有財富實行再分配而使自己致富的秩序或制度，在最好狀態下只能是止步不前的秩序或制度，很可能是日益貧窮的秩序或制度。考慮再分配的直接和間接成本，再分配的過程，不再是零和博弈，而是秩序或制度下的總財富不斷減少的博弈。因而，再分配成為個人致富主要

18　社會學吧：《哥倫比亞大學教授：財富不平等對政治的嚴重影響》，社會學新書，2022年2月7日。

手段的秩序或制度，只能是日益貧窮的秩序或制度。個人是否會努力通過創造財富而致富？決定這一問題最重要的秩序或制度因素，是治理政體，是治理體制和治理政策。不允許個人通過易利追求財富的秩序或制度，不會有發達的經濟；缺乏有效立法和執法機器的治理政體，不能導向易利發達、財富創造的文明[19]。這也是所有非易利市商化經濟文明的共同特徵。

　　給私有產權第一次全面辯護的是亞裏士多德。他在西元前4世紀對私有制做出相關闡述，以回應他老師柏拉圖所主張的公有制觀念。也就是說，早在古希臘，亞裏士多德就發現，在自然界中，只有螞蟻和蜜蜂等少數動物和人類一樣，也有分工，能合作完成工作，並組成群體。但是，它們沒有私有財產，沒有私人財富，更沒有產權保障、保護。也就是說它們不是財富的宿主，因而至今它們的運作形態沒有變化，成為生物界公有制、公共合作的化石，沒有抵禦大自然風險的足夠能力，也不會發展出質變性能力。人則不同，這也說明人之所以偉大的終極原因。關於私有制這個主題，亞裏士多德認為財富可以幫助人們過上有德性的生活。在他的開創性作品《政治學》中，居於四個核心領域——效率、團結、正義和美德，展示了私有產權的優越性，抨擊了財產公有制。比如在效率問題上，他認為，私有制比公有制更有效率。因為後者助長了疏忽大意的可能性；由於人們共同擁有某些東西，每個人都更輕信其他人在負責局面，而不想由自己把責任承擔起來。人們最關心的是自己的東西；他們不太關心公有的東西。他斷言，對於那些需要獨自擔起責任的事物，人們才有富有成效地利用它的動力，因為他們將直接從自身努力中受益。反

19　王一江：《財富之算術》，四川大學哲學研究所，2006年12月22日。

之，公有財產不會產生類似的激勵，因為人們努力的成果，不僅僅是他們自己的[20]。

■ 優選：宿主財富創造決定財富生存繁殖。什麼樣的生命個體宿主最能有利於財富生存、延續與繁殖？就是那些有能力的人。能力是什麼？勵志大師拿破崙‧希爾給出的答案十分簡單：思想，思想就會致富。著名女哲學家愛茵‧蘭德認為：財富是一個人的思考能力的產物。其含義是，財富是思考與觀念的產物。不是體力或物質，而是腦力才是人類的財富積累與生存狀況不斷改變的真正源泉。如果與人的思考與觀念不相關，財富是不會自然增長的；財富的增值靠的不是力氣，而是思想力；財富的大小多寡也不是靠力氣來測度衡量的，而是靠人的智力；財富不是靠體力來發現的，而是靠人的大腦。

在漢語古字中，財是由兩個字合成的，貝＋才。貝，作為海貝的貝殼，在古代的貿易結算中充當一般等價物。所謂才，是指每個人特有的先天的稟賦與後天的能力。貝是共性的，才是個性的。如果不是貝決定才，而是才決定貝的話，那麼，財在本質上，也是個性的。就是說，人與人之間在才上的差異，決定了人與人之間在財上的差異。[21]不論在東方還是在西方，財與才密切相關，準確地說，財來自於才。財的意涵告訴我們，財富來源於一個人對自己的獨特才幹的發揮與運用。在市商化易利的環境下，展示人的才華的過程常常同時就是獲得財富的過程。市商化易利也為每個人把才轉化為財提供了空前有利的外在條件。

20　禪心雲起：《亞裏士多德：財產私有優於財產公有的4大理由》，私產人文，2022年8月2日。

21　劉軍寧：《財富的秘密配方》，共識網，2013年1月7日。

　　美國歷史就是一部市商化資本主導的易利經濟條件下，千千萬萬人的個人充分發揮個人才幹的奮鬥史，它凝聚了人類偉大的智慧與創造力；也是在個人為本理念驅動下勤勞的男男女女們，自主地把他們的才幹發揮到極致，能夠獨立地開發與運用美國巨大的自然資源。歷史上著名的「加利福尼亞淘金潮」是經典的寫照。在那個年代，有成千上萬的人告別他們的家人，背井離鄉的前往追尋他們的財富之路。在美國，還有15–17世紀開拓了新大陸的西歐探險家。與其絕大多數同胞不同，這些探險家樂意離開家園，在草創中的殖民地為自己創造新的生活。他們面臨著無數艱難困苦，和疾病、寒冷和饑荒作伴。儘管如此，能夠自我規劃前程的許諾，推動著他們以才幹和勇氣闖出一條財富新路[22]。

　　史蒂夫·喬布斯是出色的發明家和傑出的企業家，喬布斯不僅自己是個人為本理念持有者，還將個人為本注入蘋果公司的品牌中。他對於那些特立獨行者特別有特別吸引力。蘋果公司1997–2002年的「不同凡想」廣告活動，出色地捕捉到了他的這一做法。該活動的電視廣告文案說明瞭一切——

　　「致敬那些瘋狂者、不合群者、叛逆者、麻煩製造者、格格不入者、看待問題方式不同者乾杯。他們討厭墨守成規，也鄙視安於現狀。你可以引用他們所說的話，你可以反對他們表達的觀點，你可以讚譽或詆毀他們。但唯有一件事你無法做到：你不能忽略他們。因為他們改變現狀。他們推動了人類進步。或許有人視他們為瘋子，但在我們眼中看到的卻是天才。因為正是那些瘋狂到認為自己能改變世界的人，改變著世界。」

22　雲起和春天：《個人主義：一種深刻的美國哲學》，奧地利學派經濟學評論，2022年7月20日。

　　財富進駐宿主，有財富的選擇，也有宿主吸納財富的內驅動力。這一內驅動力另外一個表述就是欲望，每個生命個體基因延續所需要的對財富佔有的欲望。「欲望」最突出的表現之一，是對財富的貪婪。而這一向被基督教認定為人類「七宗罪」之一，奧古斯丁將它同權力欲和性欲並列，稱為導致人類墮落的三大誘因。雖然對財富的佔有欲是財富宿主生存與發展的內在動力和各類行為的主要驅動力，也是財富發展並帶動人類發展的心智動力之源，但是直至近現代，仍然有許多人對此甚為擔憂，並視為洪水猛獸。在18世紀市商化資本主導的易利蓬勃發展的英國，也有諸如大衛・休謨這樣著名學者表達出的擔憂，在其《人性論》第三卷中，在論及「攫取財物和資產……的貪婪」時，他認為這是一種極具潛在破壞性和獨特力量的欲望，制約它的唯一辦法就是讓它自己制衡自己。但總的看，17、18世紀的西方，是對財富欲望思想推銷的時代。表現在觀念上的一項重大轉變，是把一種原來被視為人性中惡的因素，變為值得稱頌的美德：通過對包含在「欲望」這個古老概念中的某些成分重新給予倫理學解釋，使人們從其負面價值的負擔中解脫出來。以往被認定為「人性之惡」的財富欲望，只要為它注入「智慧的律令」，便可以變為有益於人類福祉的力量，使貪婪在易利市商化經濟文明中變得有益無害。對欲望最勇敢的捍衛者是18世紀法國啟蒙思想家克洛德・阿德利安・愛爾維修。他的立場在《論精神》一書的章節標題中就有充分的表達，如：「論欲望的力量」、「論有欲望之人的智力優於重情感之人」和「人無欲望就會變愚」[23]。當然，作為動力和內驅力的欲望，需要高速公路，也需要護欄。而隨著易利市商化

23　阿爾伯特・赫希曼文，馮克利譯：《欲望的轉化》，黃燦然小站，2022年3月31日。

經濟文明的演進，財富「公路與護欄」的作用越來越好。

　　總而言之，人類必須通過各種手段清除對收入不平等的病態心理，必須理性地看待收入差距及由此帶來的財富差距。財富差距是財富基因所決定，它永遠會附屬於其可信賴的宿主，也就是會寄宿於那些有能力有智力有機會成為財富宿主的生命個體、群體或國家。正是這種財富與宿主這種寄宿選擇的雙向關係，成為欲望報酬遞增的內在驅動力，也是人類文明發展的不竭動力。這就是我們所說的易利市商化經濟文明。今天所有國民富裕而文明的國家，無一不是易利市商化經濟文明的國家。建設、完善和發展好易利市商化經濟文明，才是人類得以延續，以及生命個體幸福、富足的唯一正確選擇。

三、財富產權排他

　　按照《繁榮的背後（解讀現代世界的經濟大增長）》一書的作者威廉・伯恩斯坦的觀點，現代繁榮的實現需要四個基本要素：財產權、科學理性、隨時可得的資本和高效的交通與通信技術。其中財產權是根本。財產權就是通過產權對宿主佔有、使用財富進行鎖定性保護。通過產權鎖定，使任何其他生命個體無權和不能對已經進入特定宿主的財富有任何非分之想。在易利市商化經濟文明中，產權排他的極其重大的意義，就是排除了掠奪與霸凌易利的可能。

　　■ 私有：絕對產權排他決定宿主地位神聖。「絕對財產權」即私有產權神聖不可侵犯，是整個18世紀及其後西方民法的最核心內容，它構成了西方國家個人為本權利觀的價值基礎。羅馬人最先確立了私有財產的權利，把私人權利看成是國家權利的最高準則，治理政體必須尊重個人的權利。古羅馬思想家西塞羅在

《論義務》中指出，建立立憲國家和自治政府的主要目的，就在於保護個人的財產權。在羅馬法中，私有財產物有明確的定義，與非私有財產物對稱，是指構成個人財產的物。古羅馬對土地財產的保護非常嚴格，一個人對自己的土地所有權效力可以達到天上天心、地下地心。以羅馬法為基礎的西方法律一直建立在保護私有財產物基礎上，以此界定債權與債務的關係，界定繼承權，界定偷盜罪，等等。古典產權觀把人的一切權利最終歸結到財產權。在契約論中，財產權居於至高無上的地位；而自主、平等的契約易利關係是財產權得以實現的核心因素[24]。20世紀中葉，哈耶克意識到，公民權和財產權是同源的，就像同一件衣服上的兩塊布一樣，不能單獨存在。在1600年，個人權利和財產權已有力地結合起來，在英國得到蓬勃發展。之前，在古代世界，個人權利雖受到獨立司法體系的保護，但是它是一個脆弱的概念，雖然曾經在古希臘和羅馬共和國短暫地出現過，但是經過羅馬帝國及其瓦解以後的幾個黑暗世紀，它就徹底地消失了[25]。之後，歷史上很有名的一些權利宣言都是將財產與自由並列的，如《世界人權宣言》第17條——人人得有單獨的財產所有權以及同他人合有的所有權，任何人的財產不得任意剝奪。

產權是一種權利。什麼是權利？按照1946年美國學者安·蘭德的定義：權利是對獨立行為的認可。擁有權利意味著行動不需任何人的許可。如果在採取任何行動之前，你必須獲得秩序或制度的許可，無論你能否獲得這樣的許可，那麼你都不是自主的[26]。

24　同註14。

25　威廉·伯恩斯坦：《確立財產權：追尋現代世界自由與繁榮的起源》，勿食我黍，2021年7月9日。

26　安·蘭德：《沒有個人權利，不可能有公共利益》，韋伯研究，2022

著名的科斯定理揭示，如果產權是清晰的，交易費用為零（或者很低），那麼當事人之間通過談判的方式總是可以達成秩序或制度最優的財富流向選擇，這與初始產權的分配無關。簡單地說，就是私有可以實現財富流向優化。易利經濟學意義上的財產還要加上一條，關鍵是必須能夠交易。不能交易的產權，不能稱之為清晰的產權。因為如果產權不能交易，就無法在價格引導下實現財富流向的優化選擇[27]。關於財富佔有的問題，即財產權的問題，是西方在進入17世紀後才被列入法律與治理政體運作思想中重大理論問題，進行越來越深入地研究，一直到今天。約翰‧洛克把私有產權置於神聖地位，從而奠定了易利自主的基石。按照洛克在17世紀後葉所著《政府論》一書中表達的觀點，以私有產權為核心的「自然權利」，是上帝賦予個人的權利，不可剝奪，也不可背棄。治理政體是按照人們的共識組織起來的機構，它必須保護個體的自由權利；作為交換，人們同意接受治理政體的服務性治理，以保護自身的權利。這也可以理解為秩序或制度契約理論。經過長期發展，到今天易利自主已經發展成為一個譜系廣泛的易利市商化經濟文明理論體系，而捍衛私權是各種易利自主的核心價值觀和共同底線[28]。

　■ 產權：天賦權利決定宿主財富擁有排他。財產權是人的天賦權利，享受財產權是人能夠生存的一個重要特徵。失去了這個特徵，人就有可能被貶低為動物，人也不可能成為財富的宿主，財富離開了人類生命個體宿主，就會枯竭。在休謨、斯密、弗格森等啟蒙思想家看來，對財產權的認可標誌著人類文明的開端。

　年5月28。

27　聶輝華：《產權不清科斯不靈》，共識網，2015年11月20日。

28　項小凱：《自由主義的起源》，共識網，2012年6月3日。

斯密發現動物無法用手勢或語言在「你的」與「我的」之間劃出一道界限。弗格森則明確地把野蠻人定義為沒有財產權觀念的人。休謨將穩定財富佔有的法則、根據同意轉移所有物的法則、履行許諾的法則，作為三條基本自然法則。他認為，如果易利自主的人們想要共同生存，相互幫助，不妨礙彼此的發展，那麼唯一的方式是承認人與人之間看不見的邊界。這就是財產權利的起源。柏克指出：除了暴君之外，誰會想到竟不經起訴，不容申辯，就剝奪成千上萬人的財產呢？財產帶來權利，財產是法律、治理、道德與藝術的基礎，也是秩序或制度的基石。約翰・亞當斯認為，人們一旦相信，財產權並不與上帝的法律一樣神聖，法律與治理政體就不再有效地為財產權提供保障，暴政也由此開始。在易利自主的秩序或制度中，人們之所以可以利用自身的知識和潛能來自主地追求他們的財富目標，而不必同他人發生衝突，條件是用結實的道德、法律和習俗的「籬笆」在各自的財產之間標出一道明確的界限[29]。古典易利自主的財產權絕對、財產權神聖的觀念，是近代以來對財產權的法律保護的思想基礎。洛克的財產觀最具代表性。在洛克看來，財產是個人的勞動加之於自然物而產生的。13世紀晚期，私人所有權的定義——取得的權利和轉讓的權利——作為重要條款，被寫進英國的法律（當時歐洲大陸上土地私有權的發展滯後於英國）。在19世紀中後期的歐洲，真正為易利自主提供保障並主導著財產權保障的，是私法而非憲法。所有權被認為是全面的、永恆的、抽象的、獨立於他人意志的。

從市商化易利經濟學意義來講，一種產權是否有效率，主

29　劉軍寧：《財產權是文明與野蠻的分水嶺》，明清書話，2019年8月15日。

要看它是否能對生命個體宿主佔有、使用財富進行鎖定性保護；也就是說能對生命個體宿主佔有、使用財富進行鎖定性保護就是有效產權；其他產權形式相對於此產權形式，在效率和效益上都是要打折扣的。所謂產權，按照阿爾欽的定義，它應該是易利文明所實施的選擇一種經濟品——財富的使用的權利。值得注意的是，從市商化易利經濟學角度來分析產權，它不僅僅是指一般財富的物理實體歸屬，同時還包括由人們對所有形態財富的使用所引起的相互認可的行為關係。產權是用來界定人們在經濟活動中如何受益、受損，以及他們之間如何進行補償的規則的適用依據。因而，產權的主要功能就是幫助一個人形成他與其他人進行易利時的預期。

此外，一種產權結構是否有效率，還要看它是否能為在它支配下的人們提供將外部性較大地內在化的激勵。在共有產權下，由於共同體內的每一成員都有權平均分享共同體所具有的權利，如果對他使用共有權利的監察和談判成本不為零，他在最大化地追求個人價值時，由此所產生的成本就有可能有部分讓共同體內的其他成員來承擔。且一個共有權利的所有者也無法排斥其他人來分享他努力的果實，所有成員要達成一個最優行動的談判成本也可能非常之高，因而，共有產權導致了很大的外部性。在治理政體所有的產權，由於權利是由治理政體所選擇的代理人來行使，作為權利的使用者，由於他對資源（財富）的使用與轉讓，以及最後成果的分配都不具有充分的權能，就使他對經濟績效和其他成員的監督的激勵減低，而治理政體要對這些代理者進行充分監察的費用又極其高昂，再加上行使治理政體權力的實體往往為了追求其治理政體利益而偏離利潤最大化動機，因而它在選擇其代理人時也具有從治理政體利益而非經濟利益考慮的傾向，

因而治理政體所有產權的外部性也是極大的。相比之下，在私有產權下，私產所有者在作出一項行動決策時，他就會考慮未來的收益和成本傾向，並選擇他認為能使他的私有權利的現期價值最大化的方式，來作出使用資源（財富）的安排；而且他們為獲取收益所產生的成本也只能由他個人來承擔，因此，共有產權和治理政體所有產權的許多外部性就在私有產權下就被內在化了，從而產生了更有效地利用財富的激勵。傳統經濟理論所讚美的絕對排他的個人產權，只有在與其他的私產擁有者在進行權利的組合與交換後，才能更好地發揮產權對人們的激勵功能。張五常認為，只要在產權明確界定為私有的情況下，分成合約同固定租約及所有者自種一樣，都能實現財富流向的最優選擇[30]。產權學派的研究，正如配傑威齊和菲呂博滕所概括的，主要著力於產權、激勵與經濟行為的關係的研究，尤其探討了不同的產權結構對收益——報酬制度及財富流向優選的影響，權利在易利中的作用也給予了突出的關注。按照科斯的觀點，如果市商化易利是有費用的，在產權已有明確界定的情況下，相互作用的各方也會通過合約找尋到費用較低的制度安排，制度安排的選擇以他所能帶來的生產價值的增加大於它的運作所帶來的費用而定。

產權不僅僅是經濟效率的前提，而且還是易利博弈的結果。「效率」是純粹經濟學問題，而「易利博弈」還包含複雜的治理政體干預過程。

保護財富產權的一個障礙，往往是人們在財富觀念上的混亂。尤其是把個人財富的集合作為群體共有財富來看待，從而在

30　梁木生：《告訴你產權的價值及其如何決定制度體系的建構與變遷》，梁木生的博客，2015年3月20日。

法理上嚴重削弱或侵害作為個人所擁有的產權。群體（社會）是一個公共存在。群體的概念雖然是由個人組成，但不完全等同於個人，包括各類組織、社團等群體。這些組織、社團利益（財富）的存在，就大大遮罩了作為個人的利益包括財富。把群體財富與個人財富集合劃等號，既不符合邏輯，也不符合實際，更不符合大眾的利益。群體財富既不屬於個人所共有，個人財富也不是群體所共同支配。每個人的財富都是他自己創造的，與群體與別人根本無關。群體（社會）財富不是產權的概念，而個人財富則是完全產權概念。

在影響人的行為決定、財富流向與易利經濟績效的諸制度變數中，產權的功能極其重要。易利經濟理論認為，財富只有在市商化易利中才有實際價值。也就是說，財富只有在用於賺錢的時候，才能轉化為資產或稱得上是資產。這種易利，也是財富宿主的重新選擇。在這種財富宿主重新選擇中，實現財富流向的優化選擇，使財富得到更好地複製與發展，如同基因一樣。蘇格拉底在與克法洛斯談話中問到，你的財產主要是你自己積累下來的，還是你祖先遺留下來的呢？克法洛斯回答：自己積累的。蘇格拉底，你想知道我賺了多少錢嗎？在賺錢的能力上，我是處於我祖父和我父親之間的。我祖父──我和他同名──把他所得的遺產翻了兩三倍。我現在所有的，大部分是他繼承的。但是我父親卻把財產弄得比現在還少。如果我能夠把我繼承的遺產略為增值然後傳給子孫，我就會心滿意足了。在華夏有富不過三代之說，實際上作為財富的宿主，很難千年以血脈傳承財富。但是，財富最終會投入到能夠繼續生存、傳承與發展的新的宿主之手中，當然，這就需要變革，包括制度與秩序變革，包括治理政體的自然人選擇完全由國民決定的制度化和秩序化。而且，財富的傳承也

是人類個體在人類統一體內的傳承，從而形成人類延續，由人類個體作為人類基因的宿主，確保人類同質連環宿主的生生不息。從這一角度看，易利市商化經濟文明也是人類發展的必然選擇。

第三節　人類法則

　　人類是神創造的概念，也是人創造的概念，如同人創造了神一樣。這種創造的意義卻非同凡響，它是人劃分自身與其他生命體的最重要的區別意識。人類既是虛擬的，虛擬在生命個體的大腦思維之中；人類又是現實的，分散在每個生命個體身上。因而人類是生命個體的宿主，生命個體為人類宿主所擁有，但這種擁有只是概念上的擁有，而不是實質上的擁有。在生命個體與人類的關係上，也不能脫離前面已經論述過的寄生者與宿主的關係法則。因而，捍衛每個生命個體的生存權、發展權、幸福權，就是捍衛人類。

　　如同基因組成細胞、細胞組成生物一樣，人類每個生命個體也寄宿於各類群體中。這些群體包括家庭、氏族、族裔、城市、組織、國家等，其使命就是捍衛每個生命個體的各種權利。同樣，在生命個體與人類群體宿主的關係上，也不能脫離前面所論述的寄生者與宿主的關係法則。生命個體就是人類的複製因數，人類唯一需要的，只有生命個體這個不朽的人類生命複製因數。因而，離開了這個使命，或不能履行這一使命，群體就必須解體，也會必然解體。這是宿主與寄宿關係所決定的，也是由人類生存和發展決定的。任何不能有效地保護生命個體的群體，就是不利於人類的生存群體，就必然要滅亡。這可以被視作一種定律。

一、人類個體為本

作為人類個體生命，相互融合，成為時段性的生命個體寄宿於人類大概念之中；代代連環，生生不息，構成人類的永恆。人類個體生命體的特點，是所有生命個體同質，沒有選擇的自動寄宿於人類大概念之中，通過兩性或人工科學合成。單個生命個體的生命是有限的，但概念性的人類理論上是可以無限延續的，所以，生命個體具有基因的概念性質。所有生物大都如此，但人類的延續，是寄宿於人類大概念中的人類單個生命個體有意識而為的。

■ 本源：文明發展決定個人為本至上。人類歷史上，以保障人類的延續，作為生命個體的彼此融合大體經歷了兩個階段，一個是群體至上階段。這是因為這個時期人類創造和保護財富的能力極其低下，沒有群體的抱團取暖，每個生命個體就難以生存，這是農業文明初期及以前的狀況。這個時期，掠奪型財富關係依然具有一定的合理性，掠奪和反掠奪都要靠群體力量。因而，群體至上也是掠奪型財富關係的產物及其工具；是生產力低下，人類對自然環境完全無能為力，處於被動性適應大自然的階段。另外一個，就是個人為本的階段。這是經過易利文明的充分發展，尤其是進入易利市商化資本主導的經濟文明新階段，包括今天的易利市商化經濟文明，每個生命個體的主體、主要作用極其重要。這個時期，每個生命個體對各類群體型宿主的選擇權對於宿主與寄宿關係的形成具有決定性作用；堅持群體至上的各類人類群體宿主，就不可能再具有擔當生命個體宿主的角色，其萎縮、解體就成為必然，前蘇聯的解體和前納粹德國的消亡就是很有說服力的例證。在現代家庭中也是如此，滿足不了夫妻任何一方生

命個體的寄宿，家庭的破裂就成為必然。而且，個人為本並不妨礙群體的生存與發展；而群體至上，則往往會忽略個人的生存與發展需求。結果可想而知。任何個體需求的被忽略，都將影響群體需求滿足的品質。因為人類個體生命是這些宿主的寄宿者，只有個體生命的被滿足，才能保障人類、群體、國家宿主的存在與發展。是個體至上還是群體至上，體現不同的價值觀、世界觀、人生觀。也體現出對人類文明發展階段的認知，無視人類易利市商化資本主導的經濟文明、易利市商化經濟文明的發展及其強大，無論是家庭、鄉村、團體、組織、民族、城市，還是國家，都再無資格擔當生命個體宿主，其採取任何強力和非強力的舉措都是徒勞，最多是困獸猶鬥。

對個人為本概念及其正當性的最佳闡釋，當屬美國當代思想家安‧蘭德。她認為，個人為本是基於這樣一種原則，即個人為本是人們正常生存的客觀要求[31]。安‧蘭德猛烈抨擊了所謂的群體至上道德，按照她的觀點，群體至上的道德觀把自私等同於罪惡，在人們想像中喚起的是一個惡棍的形象，旨在讓人能接受兩種非人的信條：任何關心自己的利益的行為都是罪惡，不管這些利益是什麼；自私的行為事實上只對他自己有利。按照她的觀點：群體至上思維不允許人自重自立，不允許人靠自己的努力，而必須靠犧牲自己來支撐其生活。這意味著利他主張只允許人成為獻祭的動物，或從獻祭中獲利的投機者，也就是成為受害者和寄生蟲。要反抗如此具有毀滅性的罪惡，就不得不反抗其基本前提；要救贖人類和道德，就不得不重新建立「自私」的概念[32]。隨

---

31 大鍋揭起：《個人主義——美國精神的結構性理念》，貓眼看人，2011年5月12日。

32 劉亞偉：《自私是人類進步的源泉》，先知書店，2021年7月18日。

著市商化易利的發展，人們對個人為本的認知有了越來越有利的理論支持。實際上，人類真正有資格擺脫毀滅的威脅，則是易利市商化經濟文明發展到現代，主要表像為每個生命個體成為人類延續的關鍵，即生命個體同質地成為人類概念的寄宿者。這也是個人為本出現並成為文明發展主導力量的必然所在。套用張五常的「自私的一般化是需求定律」觀點，可以認為個人為本的一般化是需求定律。需求定律是易利經濟學的靈魂，它告訴人們，任何物品的價格下降，一個人對這物品的需求量會增加。這裏說的價格是侷限，其轉變導致需求量的轉變，是個人爭取利益極大化的結果。所以，需求定律也是一個個人為本定律。那所謂在侷限下爭取利益極大化，可以界定為「個人為本」的核心要義。因為需求定律威力可以替代「個人爭取利益極大化」[33]。

　■ 永恆：個人為本決定人類宿主生存。人類既然是生命個體創造的一個概念，其作為宿主就具有虛擬性，當然起決定性作用的就是一個個生命個體。以此為延伸，生命個體也決定家庭、鄉村、團體、組織、族裔、城市乃至國家這些「宿主」是否有資格成為其宿主。也就是說，家庭、鄉村、團體、組織、族裔、城市乃至國家這些宿主的資格完全由每個生命個體所決定。因為，沒有生命個體，就沒有人類，更沒有團體、組織、民族和國家等等。由此，人類的發展必然要以個體為本。相對於這些宿主，人類個體生命處於具有決定性意義的主導權地位。不能滿足生命個體有效生存延續的這些宿主，隨時會被生命個體用腳來投票。而且隨著易利文明的發展，尤其是易利市商化資本主導的經濟文明的發展，直至易利市商化經濟文明的不斷完善，每個生命個體對

33　張五常：《自私三解與市場應對》，鳳凰網財經，2018 年 1 月 22 日。

這些具體宿主的決定權越來越大，用腳投票的能力越來越強，其中一個原因是每個生命個體創造和擁有財富的能力在不斷增加。極權專制國家中的財富創造和擁有的精英人士，之所以能夠離開自己的母國，其根本邏輯就在這裏。理解了這一邏輯，就理解了個體為本、個體目的。但是這個認知的確立卻經過了人類自形成之後的漫長歷程，到了近現代才在西方發達易利市商化經濟體立足，至今也仍然面臨爭議。

按照安·蘭德觀點，個人為本者認為：第一，每個人都擁有不可剝奪的權利，這些權利屬於每個作為個體的人，而不屬於作為群體或集體的眾人；這些權利是無條件的，是每個人私有的，屬於個人，而不具有公眾性、群體性和國家性，不屬於團體、組織和國家；這些權利是易利文明需求所賦予的，在易利市商化經濟文明中可視為是與生俱來的，而不是團體、組織和國家賦予的；個人擁有的這些權利不是來自群體，也不是以群體的利益為目的，它們是群體無法逾越的障礙；這些權利可以保護個人，使他不受任何他人的侵害；只有建立在這些權利的基礎上，人們才可能擁有和享受一個自主、正義、尊嚴、幸福的秩序或制度文明。任何他人或集體都不得剝奪其權利，所以，每個人都有生存的權利，並且是為了自己而生存，而不是為了群體利益而生存。第二，團體、組織和國家的權力是有限的，是生命個體所授予或交換的。因為它受到不可剝奪的個人權利的限制，團體、組織和國家只能制定保護或不會侵犯這些權利的規則、規定或法律。第三，在制度層面上，就是要保障不可剝奪的個人權利。這些權力包括：生命權、自主權和追求幸福的權利。生命權是指任何人不會因為他人或群體的利益而被剝奪生命。自主權是指個人享有個人行動、個人選擇、個人創制並擁有個人財富的權利等。因為失

去了擁有個人財富的權利，獨立行動就無法得到保障。追求幸福的權利是指在尊重他人相同權利的前提下，個人有權為了自己而生活，可以選擇能給自己帶來幸福的生活方式並予以實現。任何人都不必為了他人或群體的幸福而犧牲自己的幸福，群體不能決定個人的生存目的，也不能左右他追求幸福的方式[34]。

　　人類作為生命個體生命延續的概念，個體生命相對人類，就是一種基因形式。人類作為人類個體生命的宿主，既不存在生命個體之外，也不存在生命個體之內，而是以概念的形式存在於人類個體生命的大腦思維裏，對生命個體產生無形的作用和歸屬感。但每個生命個體的寄宿對象，則是人類屬下的家庭、村莊、城市、組織、團體、國家等人類大概念的載體。作為人類屬類下的家庭、村莊、城市、組織、團體、國家的本質既是概念性的，也是生命個體為了更好地寄宿於人類而創造出來的。因而，它們對生命個體有一定的約束性，但沒有絕對的約束性。只要滿足不了生命個體這個基因性寄宿者高質量延續的需求，每個生命個體都可以自己的能力和方法、手段等脫離原來寄宿的這些群體性宿主，而尋求新的群體性宿主，因為這些新群體性宿主都屬於人類這個大概念，因而個體並沒有脫離人類宿主大的概念，依然能夠使自己作為人類的基因生存和延續。

　　從人類宿主的角度看，即從上述生命個體與家庭、鄉村、團體、組織、城市乃至國家的寄宿與宿主的關係的論述看，更是如此。以生命個體為本，就必須充分認知生命個體、尊重生命個體、滿足生命個體。

34　安·蘭德：《對自由和權利的絕對性的思考》，羅慰年的博客，2015年2月3日。

二、人類個體目的

無論是從基因宿主的角度，還是從財富宿主的角度，人類個體生命不是任何他人或群體的工具，而是自身的目的。

■ 獨立：文明決定欲望報酬個人目的。人本身就是目的，人不是實現他人目的的工具，既不會為了他人而犧牲自己，也不會為了自己而犧牲他人。研究顯示，生命個體的本質就是一堆化合物，但意識是人腦的特殊功能，其中，最為重要的是自我意識。人類意識可分為五個層次，每一層都對應著與之相關的細胞、組織或者器官，層次由低到高分別是無意識、潛意識、下意識、上意識、思想意識（也就是精密邏輯）。在思想意識層就包含自我意識。無意識，指人類的感知系統都奠定在細胞膜的跨膜電位和神經系統的生物電傳導上，這是顯意識調動不出來的。潛意識，就是專門調節身體結構內部的運轉，是無法拿顯意識去支配它的，它是由植物神經系統管理。上意識也就是顯意識，也稱為動機意識，在這個層面開始歸納、總結、然後進行某種決策分析，這也就是所謂的智慧，通過直觀經驗去理解建構自己的認識世界的一種意識流，是通過人類已經被規定好的認知系統去認識萬物，是在具體現象層面上所進行的直接歸納和總結。思想意識，也就是開始簡化眼睛所直觀看到的世界然後轉換為符號或者思維工具，並把它拿去推導另一個新的世界運行方式。這已經不屬於自動化過程，而屬於一個深度調動智慧的過程[35]。經過億萬年的演化，作為自我意識主要載體的大腦，已經成為一個極其複雜的生物器官。單腦細胞就有120億～140億個。據說，普通人只開發利

35　佚名：《想不想知道你的意識和思維從哪裡來》，寶寶媽的育兒營養科普，2019年8月5日。

用了3–7%，愛因斯坦只用了10%。而且每個腦細胞還有若干神經突觸連接，組成縱橫交錯百萬億單元組成的龐大精細網路系統，意識就是誕生和保存在這樣極其精密複雜的系統裏。人的意識有先天遺傳得來和後天積累提升。先天基因遺傳的主要是自我意識，人類從18個月左右開始生成，這個起著基礎性決定性作用，沒有自主意識，一切都無從談起[36]。需要指出的是，這些意識都產生欲望；也可以說，欲望是這些意識的集合。假如大腦開發利用增加到20%，不僅人的智慧會有質的突飛猛進，而且會增加今天難以想像的欲望。這一切說明，不能離開人本身就是目的這個人類核心的價值觀。

但在文明初期，生命個體的欲望往往被忽視和限制，凌駕其上的是群體至上秩序或制度。也就是說，生命個體被作為工具，為群體至上秩序或制度服務。只有到了易利市商化經濟文明，生命個體本身才會被視作目的。顯然，這是人類文明的進步，也是無數生命個體的爭取——甚至以生命為代價的爭取。因而，在易利文明整個發展階段，都可以看到以生命個體為目的的秩序或制度閃耀的燦爛之光。羅馬的興起得益於以國民權利為本、凌駕於當時群體至上野蠻行徑之上的法律；英國的興起得益於建立在大憲章之上的治理政體，同樣，這樣的體制也是凌駕於群體至上野蠻行徑之上的；美國的興起達到了史無前例的高度，這完全歸功於憲法賦予每個國民的與群體至上抗衡的自主和獨立。安·蘭德指出，當人們正為文明興衰的根源苦思冥想的時候，歷史的每一頁都在告訴我們，人類的進步只有一個源泉：獨立行動的個人。群體至上是野蠻人的原則。野蠻人的生存是公有的，受到其部落

---

36 佚名：《生命個體本身是由一堆粒子組成，怎麼會產生思想》，宇宙奧秘，2022年2月5日。

法規的約束。文明是把個人從其他人那裏解放出來的過程[37]。

　　■ 規律：個人目的決定群體發展差異。以生命個體為目的，就是要正視和尊重「人的一切行為都是從赤裸裸的欲望開始的」這個事實、這個規律。既然霍布斯將欲望確定為人類行為的最根本動機，他就必然會探討欲望的特性——欲望就是不滿足。人類欲望的目的不是在一頃間享受一次就完了的，其具有永續性。因此，所有的人的自願行為和傾向便不但是要求得到滿意的生活，而是要保證這種生活，所不同者只有方式有別而已。那麼，人們為什麼要無限制地追求財富呢？因為財富是一種力量，有了這種力量，人們可以建立一種相對優勢的地位，而獲得這種優勢地位的最基本目的，則是為了「自我保全」——自我保全是最基本的人類心理動機，因為一切更高的欲望都要從「人的生存」這一最基本的前提中推演出來。只有在自我保全的基礎之上，才產生了追求歡樂的欲望；而自我保全的手段，則是要用財富將自己武裝起來，如此才產生了對榮譽、地位、尊嚴的追求，因為他們都從屬於財富[38]。按照美國學者曼瑟・奧爾森的觀點，只有當個人和廠商擁有一套廣泛而牢固的個人權利之時，源於易利的大量重要的收益才會形成，許多重要類型的生產活動才會發生。至少是在市商化資本主導的易利中，那些不是如此基本一致可以自我保護的生產類型，只能在財產所有權和合同執行十分可靠的條件下才會出現。擁有確立得最好的個人權利的發達民抉秩序或制度，同時也是擁有最為複雜、最為廣泛的易利（如期貨市場、保險市場和資本市場上的交易）以實現貿易收益的秩序或制度。它們一般

37　安・蘭德：《人類的進步只有一個源泉》，先知書店店長薦書，2021年4月21日。

38　江東晛：《個人與國家之間的關係》，互聯網，2010年12月17日。

也是擁有最高水準的人均收入的秩序或制度[39]。易利市商化經濟
文明國家，奉行的是以人類個體目的為邏輯基礎的秩序或制度。
所謂個體目的，是指這樣一種看法，即個人是感知的基本單位，
從而是判斷成本和收益的基本單位；公共的成本和收益是以個人
的成本和收益為基礎的；進而大眾福利的最大化是以個人福利的
最大化為前提的。所謂個人福利的最大化是指這樣一種情境，即
一個人在與之直接打交道的其他個人的同意下，最大限度地滿足
自己的需求[40]。當然，即使在西方國家也並不是所有人都認同個
體目的的觀念。比如，按照德國 18 世紀康得的觀點就是如此：
人的自由意志按照符合普遍自由法則的行為準則選擇的行為就是
權利；現實中的權利不是個人行為現象，而是群體的精神、意志
現象；權利形成的前提是群體共同佔有；只有在國家形成之後，
根據公共意志的認可，人們才享有真正的權利。甚至其還強調，
權利不是個人行為事實，它不是行為現象，它只能是一種精神現
象、意志現象。權利與個人的意志、願望無關，它不是個人的精
神、意志現象。一個人無論具有如何強烈的佔有某物的意願、意
志，他也並不因此就獲得對該物的佔有權。權利只能是群體的精
神、意志現象。權利形成的前提——群體共同佔有。從實踐的意
義上，把被視為權利的自主溯源到公共意志。即，公共意志的存
在是自主作為權利成立的決定性要素。比如，對所有權，康氏認
為，其前提條件是必須存在公共意志。一個人即使在實際上佔有
一塊土地，並且其有著強烈的佔有該土地的意志，即使其行為符
合普遍自由的法則，但這並不能使該行為成為權利。康氏這種觀

39　曼瑟・奧爾森：《個人權利如何成為國家繁榮的動因》，勿食我黍，
　　2019 年 11 月 7 日。

40　盛洪：《個人主義與社會達爾文主義》，中評網，2008 年 1 月 31 日。

點認為，所有權實質上蘊含著雙重的所有（佔有），既是群體意志的佔有，又是個人意志的佔有。並且，首先必須存在共同群體佔有。因為必須先有群體共同佔有，才有群體意志將某物賦予某個人的可能。在所有權問題上，該觀點的核心，認為所有權不是人對物的權利，而是人對人的權利[41]。相對於英國，德國建立統一國家較晚，易利經濟較落後，工業化及市商化資本主導的易利等靠國家意志推進。所以產生康得這樣的學者及觀點不足為奇。在市商化演變過程中，越是落後的國家越迷戀群體的意志及治理政體的權利。康得這種非個人為本的權利觀，對其同時代的本國影響不大，但對後來的學者，尤其是對易利經濟落後國家推進工業化過程中，影響及其深遠。威權體制、極權治理政體都可以從康得、黑格爾等找到理論根據及理想慰籍。

三、人類主體密度

有一個引人思考的現象：在一個20人組成的遊群裏，如果每兩個人形成一種對應易利關係，則有190種；而在一個2000人的遊群裏，就會有1999000種組合。每一個組合在易利中都會迸發出智慧的火花，爆發出意想不到的驚喜。

從西元前四、五千年的新石器革命引發的（以現代概念）財富產生，到西元前兩、三千年（從西元前3000年開始）之間，世界人口增長了12到15倍。接近西元前500年時，世界上的居民達到了1.4億人。當時人口的增速相當於每1500年到2000年人口數量翻一番（20世紀後半期人口數量每40年翻一番）。然而，西元前第一千紀的後半段，人口增長速度明顯加快，這在地中海地區

41　張恒山：《由個人意志自由到公共意志自由——康得的權利學說》，愛思想，2013年10月5日。

所對應的是，古希臘羅馬財富文明達到巔峰。西元元年左右，地球上大概有2.5億人。西元前5000年左右，新石器革命——農業、畜牧業、紡織業、陶瓷業、冶金業，在這場革命中誕生了——原始的發源地中東地區，四周被希臘、埃及、印度河流域和中亞包圍，其人口大致占世界總人口的1/3。西元前400年，希臘大概有300萬人口，也就是至少占當時歐洲人口的15%[42]。在1.17萬年（更新世與全新世的交接點）以前，人類尚處於小規模群聚的採集狩獵社會，人口群聚規模大約在150人左右；4000年後，大約7500年前發生了定居農業革命，群聚規模擴大到1000—10000人規模。今天群聚人數達到幾千萬的規模，百萬人口以上的城市已比比皆是。

　　人類主體密度的幾何增長，為人類智慧的幾何增長奠定了基礎。生態學家尼格爾・弗蘭克斯指出，單獨來看，一隻爬行中的行軍蟻非常簡單，若把100只行軍蟻放在一處平面上，它們會兜兜轉轉，永不消停，直至累死。若是把50萬只行軍蟻放在一起，整體蟻群就成了難以預測的「超級生物體」，展現出高深、乃至駭人的「群體智力」。人類腦部神經元、免疫系統細胞、創造力和城市中的群體運動、經濟中的群體行為人等等，都遵循類似的邏輯，又與蟻群有質的不同。由此來看，作為生命個體宿主的家庭、鄉村、團體、組織、城市乃至國家，不僅自身對生命個體及整體發展十分重要，而且自身的文明與進步也非常重要。

　　■ 湧現：主體密度決定易利分工融合。亞當・斯密曾在《國富論》裏面談到，市場的規模帶來了分工；市場規模小，靠分工

42　馬丁內斯・格羅斯：《帝國的誕生：定居人口、多族混居與軍事征服》，勿食我黍，2021年4月11日。

是活不下去的。因此，市場規模決定了分工深度。但塗爾幹對於分工這個問題給出了另外一個角度的解釋。按照塗爾幹的觀點可以引申提出一個概念，叫「人類主體密度」，就是指人群的數量、人群的交往頻度等等。人類主體密度大的話，人和人之間高度同質化競爭，就會導致內卷，內卷到一定程度誰都活不下去。在這種情況下，為了躲避內卷，有人會開始進行差異化競爭，尋找不同的生態位。差異化競爭的結果是分工出現。從霸凌、欺詐的易利到自主、平等、協商、自願、多元、共藩的市商化易利，實質上就是易利行為從無序的試錯、博弈，到共藩、有序的發展過程，也是文明不斷複雜化發展進步的過程。其中，家庭、鄉村、團體、組織、城市乃至國家的進化非常重要，這些宿主對生命個體主體密度的易利行為將產生十分重要的影響，宿主作用發揮的程度及正向還是反向影響，對是否避免還是加劇生命個體同質化競爭及內卷，甚至具有決定性意義。比如企業就是員工的宿主，其管理、經營及財富流向優化如何，對主體密度的影響就十分重大。

分工程度越高意味著相互的依賴性就越強。高度依賴之下，互相易利時，如何才能提高易利效率呢？這就需要確認各自的權利邊界。一旦誰的權利受到侵犯，此時法律就要予以保護。人類主體密度大就需要分工，也就進入到有機團結，有機團結的文明是高度分工的，分工程度越高意味著相互的依賴性就越強。人和人之間都是很差異化的，這就意味著雖然相互依賴，但並不一定就相互認同[43]。在利益既相互依賴、又互相衝突的狀態，有機團結意味著共藩，而只有相互依賴與共藩才能實現正和。隨著易利

43　Strausses：《塗爾幹，驚為天人》，新民說，2022 年 7 月 16 日。

市商化資本主導的經濟的發展，尤其是易利市商化經濟文明的完善，各種資訊的透明，易利相關法律及契約擴展性執行，基於道德風險化解的深化，內卷型競爭及程度必將遊走在合理區間，將日趨被相互依賴與價值共藩所規範。

　　湧現是生命科學名詞，就是指把一個很簡單的單元經過簡單的放大和排列，最後突然出現智能了。比如，一兩個電腦的電晶體幾乎沒什麼用，但是如果把成百上千億個電晶體集成之後，就成了CPU，就有了運算智能。人類基因（為蛋白質編碼的DNA序列）約有2.1萬個，遠少於所有人的預期，僅僅與小鼠、蠕蟲和芥菜的基因數差不多。這些編碼蛋白質的基因僅占人類DNA的2%上下，至於那98%的非基因DNA——過去曾被輕蔑地稱為「垃圾DNA」，它們的作用又是什麼？基因學家發現，細胞中的遺傳元素就像蟻群中的螞蟻，它們的相互作用是非線性的，並以此形成錯綜複雜的資訊處理網路。塑造生物體的正是這樣一個網路，而非一個個基因。而令人吃驚的是：所謂的「垃圾」DNA則是形成這些網路的關鍵[44]。因此「烏合之眾」的眾絕非那麼簡單，也就不應該被忽視和操弄。基因對人類的影響是多方面的，比如基因對人類性向的影響是肯定的，但是研究也發現，基因對性向影響可能複雜到幾乎沒有辦法從單一基因直接推論一個人的性向。也就是說，對人類某個方面的影響，也是眾多基因力量合成的結果。以此類推，生命個體對人類財富的影響也不可能是某個人類生命個體單體的影響，儘管其財富集中到可怕的程度也是如此。人類個體生命對作為宿主的人類來說，需要融合，包括主體間性相互博弈的融合。但是何種融合方式有利於欲望報酬遞增的價值共

44　梅勒妮‧米切爾：《複雜性科學：將如何顛覆我們對世界的認知》，先知書店，2022年7月22日。

藩，則是人類個體生命所組成的群體經過主體間性博弈自然發展
的結果。

■ 邏輯：個體強弱決定群體宿主強弱。童大煥發現，在自然
界，大凡有力量的動物都是獨來獨往，像鷹、老虎和豹子；那些
弱小的動物往往才成群結隊，比如蒼蠅、蚊子。人類幾乎一模一
樣。在人類歷史上，大凡強大的時代和國家（地區），一定是生
命個體非常強大的時代和國家。生命個體強大的保證是易利自主
受到法治保障，公共權力嚴格受到法治約束；那些試圖通過公
有、集權等手段抱團取暖獲得個體生命安全感的時代和國家，
一定是個體弱小時代，國家也必定弱小。個體性越受到尊重，
個體所組成的群體就越可以成功繁衍，直到今天，個體性最受
尊重的人類群體，已經基本蔓延到整個地球，正準備向地球之外
繁衍[45]。毫無疑問，人類宿主的強大，與生命個體的強大是正相
關關係。而且，人類與人類生命個體的宿主及寄宿的關係都是相
當特殊的。隨著人類文明的發展，人類生命個體已越來越強大。
生命個體的強大主要體現在，生命個體可以借助仲介即工具，包
括電腦、汽車、武器等。這種仲介的強大與否，以及生命個體對
仲介掌握利用的如何，與人類群體整個創造的秩序或制度不無關
係。人類世界和動物世界的一個重大區別，就是可以通過有效的
秩序或制度安排讓每一個貌似弱小的生命個體掌握利用仲介變得
強大。因而，作為生命個體宿主的家庭、鄉村、團體、組織、民
族、城市、國家，其文明化、市商化就越發重要。從體力上，人
類其實很弱小，但因為人類的智力，可以有效地安排好的秩序或
制度，創造易利市商化經濟文明，使生命個體通過掌握利用仲介

45　童大煥：《個體強大，社會和人類才強》，互聯網，2014 年 10 月 30
　　日。

強大起來，也使人類成為世界上最強大的生命群體。而人類生命個體所掌握利用的諸多仲介中非常重要的就是財富。秩序或制度本身就是人類智慧的創造，包括個體的智慧創造。而創造性的源泉卻只能來自於個人，以及個人之間的智慧性聯合、合作。哈耶克之所以反對「群體至上」，其中因為，就他的經驗而言，從未有過什麼「群體智慧」，在奉行群體至上的地方，只有普遍的平庸。對人類頭腦而言，這是沒有辦法的事情，重要的思想和理念總是在單個頭腦裏形成，儘管個體生命之間要相互學習、借鑒、啟發。人是從猿猴的一個分支進化而成的，最終從動物變成了人。從動物變成人，關鍵的一步是兩個生命個體之間及生命個體的群體宿主之間從敵視變為合作，從而有可能建成人類的最初文明。對人類而言，其優勢是智力上的。智力優勢的發揮當然要靠群體的規模。因而，作為群體宿主，作為生命個體宿主的家庭、鄉村、團體、組織、城市乃至國家，確實是十分重要的。今天人類優勢已得到較充分的發揮，我們能夠享受最先進的科技成果，完全是大分工大合作的結果。人類文明是如何組織、爭鬥、合作、變化的？按照茅於軾的觀點，在遠古時代人科生物剛出現時，個體之間的關係還是類似於猿人世界的關係。大猩猩是一個雄性帶領幾十個雌性。到了黑猩猩時代變為多個雄性和多個雌性。這是一個極大的進步，因為群體的規模擴大，生存的優勢更強。但是各個生命個體，以及各個生命個體的群體宿主之間大多是互相敵視的。這和獅子老虎一樣，經常發生爭奪領土的鬥爭。自從18世紀以來人類發現了新的相處規則，通過利人利己的雙贏安排，人與人之間、群體宿主與群體宿主之間慢慢地從敵視轉變為友好。這一新的規則徹底改變了人與人的關係，以及群體宿主

與群體宿主的關係[46]。從此,人類的發展走上了完全不同以往的一條新路。這就是市商易利經濟文明,是市商化易利及其秩序與制度安排。其中還要涉及跨越主體博弈的問題。在實現了這一重要跨越之後,生命個體實現融合,彙集成生生不息的人類流,並越來越走向更加強大。

在易利市商化經濟文明中,人類主體的分工與合作都是利益相關方的分工與合作,主要是圍繞財富展開的。克勞斯·施瓦布在1971年出版的《機械工程行業的現代企業管理》一書中,首次提出「利益相關者」理念。針對他認為的國家資本主導的易利制度和股東資本主導的易利制度的不足,施瓦布提出,需要一個全新的、更好的全球制度:市商化利益相關者資本主導的易利制度,使個體和私營企業在經濟中佔據最大份額。而且,在這一制度下,易利經濟領域和其他領域所有利益相關者的利益都會被考慮在內,所有與易利經濟體存在利害關係的人都可以影響決策,沒有任何一個利益相關者能夠登上或保持絕對主導之位,以形成制衡制約機制[47]。顯然,其本質還是人類分工與合作的問題,這些都是圍繞利益(包括財富)展開的。這一點,肯定與人類主體密度成正相關關係,同時也有各類基因及基因宿主的深刻影響。目前看,這種關聯及影響,對欲望報酬遞增的文明發展已經產生積極作用,而且發揮的正向作用越來越大。人類市商易利文明的前景已越來越被人們透明化、正面化認知。

46　茅於軾:《500萬年來的文明進程》,新浪博客,2012年5月3日。

47　克勞斯·施瓦布、彼得·萬哈姆:《利益相關者概念及其當代模式》,勿食我黍,2021年7月7日。

第四章

易利失衡陷阱

　　萬餘年人類財富文化史，99%以上時間處於零和遊戲困擾之中；7000多年的人類財富文明史，95%以上的時間都陷在「零增長陷阱」難以自拔。對人類歷史的斷代、劃分有若干種類。但無論怎麼劃分，從經濟文明史角度看：人類財富關係（個聯或群聯）只有三種方式──掠奪（非易利）式、霸凌（非自主易利）式與市商化（自主易利）式。掠奪並不創造財富，而是相反。這是與人類基因傳續、文明發展絕對不相容的。故不贅述。真正的文明是從易利開始的。持續修正失衡間性，人類以此踏上不可逆轉的宇宙財富視野征程。在7萬年前，智人種發生了一件驚天動地的事情，這就是認知革命，也可以稱之為原始易利革命。這次革命完全顛覆了智人的思考方式，智人族群不再通過原始的方法（共同狩獵，分享食物等）進行組合，而是通過溝通、交流與原始易利實現群聯飛躍，一下子讓智人族群規模大大增大。之後，易利質與量的不同，決定了人類不同文明的分野。

　　追溯東西方分流，如果從易利的角度去探究，自古希臘起就已開始了。對易利的態度，也是東西方分流的邏輯起點。西方世界從沒有把易利視作敵人，千方百計予以打壓。古希臘十分重視易利，易利也是古希臘生存的主要方式。古羅馬，商人一直追隨著軍隊，軍隊打到哪裡就把易利拓展到哪裡。中世紀的西歐商人既是易利者，也是強悍地掠奪者和反掠奪者。按照湯普遜所說，保護商人和獎勵貿易，成了薩利安諸王，尤其是亨利四世的主要目的。亨利三世和亨利四世的《公安條例》及1093年的《巴伐利亞和約》保證給商人們特殊保護。亨利四世軍隊的最大部分是從商人方面來的。在英國的城鄉市場上看到法國商人和商品，威廉敏銳地意識到貿易的價值；這種貿易曾使他的諾曼祖先出名，並使「外使團」成為海盜商人。英國的征服在全部諾曼第，也在全

部海峽各省刺激了商業[1]。

　　10世紀時，雖然西歐各地能夠見到商人，但他們經營的商品絕大多數是奢侈品。所謂奢侈品貿易就是成本較低、利潤較高的貿易。到了14世紀時，商業已經從日常生活的週邊發展到日常生活的中心。之後，商人的治理政體權力及經濟力量穩步增長，他們已經成為倫敦的市長、德意志帝國自由城市的參議員、荷蘭的州長。這在同時代的華夏是不可想像的。顯然，這意味著治理政體更加重視、更加支持商人的利益以及後來的對外易利的冒險事業。因為，西歐君主新權力的獲得，在極大程度上取決於同新興的商人階層的非正式聯盟。自治城市的商人自由民向君主提供財政援助和管理才幹，成為君主的內侍、監工、賬目管理人和皇家造幣廠的經理等。作為回報，君主為商人的利益提供更多更有效的服務[2]。

　　易利的重要性不言而喻。沒有易利就沒有現代文明，沒有易利就不可能發展財富，沒有易利就會變得日益貧窮。7世紀中葉以後，隨著穆斯林在地中海推進，馬賽的商業逐漸衰落。敘利亞被穆斯林征服後即停止了派船舶和運商品去馬賽。半個世紀後，馬賽港一片孤寂。養育它的海對它關上了大門，海通過它所哺育的內地的經濟活力最終消失。到了9世紀，以前是高盧最富庶的地區的普羅旺斯變得最為貧窮[3]。12世紀起，商業的復甦，促使了工業

1　湯普遜著，耿淡如譯：《中世紀經濟社會史》（上），p.385–386，
　　商務印書館，1997年版。
2　斯塔夫裏阿諾斯著，吳象嬰等譯《全球通史—1500年以前的世界》，
　　p.464，465，467，上海社會科學院出版社，1999年版。
3　斯塔夫裏阿諾斯著，吳象嬰等譯《全球通史—1500年以前的世界》，
　　p.464，465，467，上海社會科學院出版社，1999年版。

的出現，每個城市構成一個市場，其吸引力的大小與其重要性成正比，幾乎所有古羅馬的城鎮、自治市重新出現了新的生機。

易利是人類文明發展的經濟基因。自農業文明始至今，易利從未中斷。所謂易利，就是通過交易、交換獲利，是一種人與人建立財富關係的一種方式。這是人類獨有的行為，通過易利，不斷形成財富創造新的機制、體制，促進人類經濟文明的持續發展與進步。實際上，在人類之間的財富關係中，真正具有創造財富必然性傾向或可能性的只有易利，而具有創造財富現實必然性的，則是由易利發展進化而來的易利市商化經濟文明。在農業文明占主導地位以後，也就是專制治理政體開始建立和成熟後，易利行為的突出特徵，是在易利中存在霸凌現象。當然這期間在人類易利中，並不是所有的易利都存在霸凌行為，但這種霸凌行為卻在易利中占主流地位，會對經濟的發展起到極其嚴重的阻礙作用。華夏自秦以降，直至滿清覆亡，皆是如此。歷史之漫長，危害之嚴重（週期律的主要原因之一），「獨樹一幟」。所謂霸凌就是恃強凌弱，易利雙方的地位不平等，如何易利、易利多少，價格確定，都由強者說了算，而不是由供需、市場、雙方自願協商所決定。這樣的易利不能說不產生價值，但即使產生價值，也是不可持續的，因為易利不可能長期失衡。易利失衡遏制了易利弱者一方的易利意願，也就是不能夠實現弱者一方的欲望報酬遞增。真正的易利產生的價值，應該是易利雙方共贏，即易利對雙方都有價值，這就是易利市商化經濟文明。

人類易利至少已經走過三個歷史階段，一是原始易利，在財富關係行為中占比極小，範圍極窄，童叟無欺。二是初級易利，在財富關係行為中占比擴大，範圍擴展，霸凌強易、欺詐難防是易利常見風險，主要靠人格化保障易利信用。但中世紀後期，市

商易利一些特點開始呈現。三是現代易利，包括市商化資本主導的易利、市商化易利。原始易利在財富關係中比重極輕，失衡也是偶然，並不可能被關注。初級易利在財富關係中的重要性已開始顯現，失衡對易利的影響越發嚴重。而失衡的背後是主體間性得不到很好地規範、修正。市商化現代易利的出現，既顯示了遏制易利失衡、規範與修正主體間性的力量，也是遏制失衡、規範與修正主體間性的結果。人類易利在遏制失衡中，不斷地規範與修正主體間性，在遏制、規範與修正的反覆運算中實現突變，最終使易利市商化經濟文明破繭而出。16世紀後，經濟中市商化資本占主導地位的易利財富關係已經呈現範圍全球化，信用非人格化，易利自主、平等、自願、協商化等易利市商化經濟文明特點。二戰後，市商化資本主導的易利文明取得決定性勝利，開始向建立和完善易利市商化經濟文明大踏步邁進。

第一節　易利文明

易利本身就是一種文明，從萌芽時期的無足輕重，到今天對人類發展進步具有決定性作用，在人類文明史上，可以說獨領風騷。

理查·道金斯指出，有些昆蟲早就發現，在固定的地方耕種糧食作物比狩獵或搜集糧食有效地多，而人類在很久之後才發現這個真理。比如南美洲的陽傘蟻，有的種群成員竟然超過200萬個。這種螞蟻有意識地在其挖掘的甬道裏播種一種特殊的菌類，並把樹葉嚼碎作為特殊的混合肥料。但是所有的這些昆蟲都沒有發展出類似人類的文明。其根本原因是因為它們沒有人類的一種偉大發明，這個發明叫以財富為基礎的易利。

　　雖然在極缺或短缺狀態下，易利行為是非主流經濟行為，但對人類發展進步產生的巨大影響，也就是為人類帶來的福祉，怎麼書寫都不過分。易利催生文明，比如文字。賈雷德·戴蒙德指出：在西元前3000年前的幾百年裏，記賬技術、格式和符號的發展迅速催生出第一個文字系統。最早的蘇美爾文字基本只是朝廷和廟宇官員的帳冊。從烏魯克城發掘出的最早的「蘇美爾檔案」，90%的泥板內容都是神職人員記載的採買貨物、工人配給或農產品分配等事項[4]。當然，其他內容的泥板也許已經被毀，也許還沒有發現。

一、易利貫通古今

　　早在古巴比倫，商人就成為一股強大的力量。商人們帶著毛驢商隊緩慢地穿梭在城鎮之間，安穩地做著生意。當然，由於宗教的影響，真正的商業中起主導作用的是神廟。神廟佔有很大的資產，它們很自然地成為商業活動的中心。它們象銀行一樣貸出銀錢，同時也經銷商品。當時，借貸已很普遍，利率很高；年利率可為20%，以分期付款的方式償還，每月付還一次。西元前1200年代的阿拉米商人也很有活力，他們把生意做得越來越大。像他們同宗同族的現代猶太人一樣，是那個時代的商業領袖。而古希臘雅典的手工業則是古代龐大商業世界的一部分。為了擴大規模，有錢的手工業作坊主紛紛大量購買奴隸。儘管雅典的手工業用工使用的都是奴隸，但雅典在手工業方面取得的成就，絕不亞於它後來在藝術、文學、哲學及軍事所取得的成就。於是，一個富裕的工商業階層興起了，他們要求在治理政體中佔有席位，

4　賈雷德·戴蒙德著，王道還、廖月娟譯：《槍炮、病菌與鋼鐵》，
　　p.235，中信出版集團，2022年版。

很快就成為一支頗具影響力的治理力量，貴族階層再也不能無視他們的存在了。甚至梭倫（出身貴族，靠海上商業冒險發了財）也說，金錢成就了人[5]。實際上，易利行為遠比古巴比倫商業和古希臘雅典的商業要古老，可謂貫通古今。

■ 悠久：與財富同樣古老。易利本源可上溯到遠古。當人類在磨製的石器上鑽孔，裝上木柄，製成石斧、石鋤和帶尖石的槍矛，還發明瞭魚鉤、漁網，用人工取火和製造陶器，告別了「架木如鳥巢寢處」的生活，尤其農業和畜牧業出現之後，易利就隨之產生了。在不同的原始氏族之間，個別地、偶然地、最為原始的「物物（財富）易利」出現了。隨著手工業的發展，紡織、陶器製造、榨油、釀酒成為專門的行業，甚至一些地區的居民開始掌握了金屬冶煉技術，人類也由幾個氏族公社組成一個部落，出現了分工，形成了專門從事農業生產、手工生產和畜牧業生產的部落。於是，為了獲取自身沒有的物品，在部落之間的邊界上，開始了經常性、習慣性的物物（財富）易利。比如農業與畜牧業生產部落之間的易利，用蔬果換獸皮。在第五王朝烏那斯王的葬祭廟和第五王悌伊墓的牆上，描繪了市場上的農業和手工業產品的易利場景。從那裏可以見到人們用穀物、蔬菜、水果和魚等農副產品易利手杖、魚鉤、檀香等手工業品。這些都反映了這一時期易利的發展概況[6]。按照斯科特的觀點，甚至早在新石器時代之前，貴重的商品就已經開始了遠距離易利。

當新石器時代早期的商人載上一小船不列顛的石斧，越過海峽為自己換取琥珀，甚至很可能還換取果酒時，他們的目的不再

5　J・H・佈雷斯特德著，李靜新譯：《文明的征程》，p.120，121，128，239，陝西師範大學出版社，2007年版。

6　佚名：《探秘原始社會的物物交換》，搜狐網，2017年11月6日。

是為了熟人的需要服務，而是想得到最大的利益。正是因為他們只對那些能夠為他們的產品提供最好價格的人感興趣，他們才來到了一些完全陌生的人中間，他們通過給那些人石斧，使自己的生活標準同他們的鄰居相比大為改善，而那些獲得石斧的人無疑也能從利用他們中獲益[7]。對現代部落考察發現，部落對外的易利必須由部落重要人物負責。而這些重要人物則是部落按照某種認可方式強加於少數幾個人身上的角色。而且，部落不鼓勵一個人積蓄剩餘和私自囤積良種（財富）。一個人的好運氣或高超的種植技術，並沒有增加其收入，而是使整個部落的財富增加，以資部落易利。一個叫阿拉佩什人的部落雖然沒有財產支配的規則，但注重培養孩子們對自己家族財產的安全感，而不是佔有欲。在阿拉佩什人眼裏，世界就意味著需要墾殖的土地，不是為自己，無需為此自傲、自誇；不是為了囤積居奇，也不指望從中獲利。而一個叫德昌布利人的部落則有所不同。儘管該部落是父系部落，但在部落有地位的卻是女人。因為男人吃的糧食要靠女人捕魚來換取。捕魚成為女人的專利，但其最重要的產品是防蚊袋，兩個防蚊袋就可換得一個獨木舟。塞比克中游土著需要購買這種防蚊袋，買主在防蚊袋未織成前就來訂貨了[8]。可見，個體易利的發展與個體私有產權確立一樣，是一個逐步演進的過程，而不同部落各有不同。

原始部落在初步分工和剩餘產品出現的基礎上互換產品（財富），是人類追求生活品質提高的最基本的理性行為。進入國家文明之後，易利行為不僅規模擴大，而且易利行為已相當普遍。

7　哈耶克：《從部落社會到開放社會》，新少數派，2021年11月20日。
8　瑪格麗特・米德著，宋賤譯《三個原始部落的性別與氣質》，p.26，128，242，浙江人民出版社，1988年版。

比如，古巴比倫時期存在著一個相當成熟的房產買賣市場。在古代兩河流域，私有制一直比較發達，在古蘇美爾的舒如派克時期（西元前2700–2600），兩河流域便開始了房屋買賣活動。一些世俗自主民，可能為漢穆拉比法典中所說的阿維魯。他們有一定的經濟實力，由於某種情況，他們需要買賣房子。古巴比倫時期，一般世俗婦女的地位非常低下，她們沒有權力單獨進行房產等不動產的買賣活動，她們必須和家庭中的男性成員一起出賣自己的房產。然而，女祭司則可以獨立自主的進行不動產的買賣活動。這些女祭司大都來自王公貴族家庭，手中掌握著大量的財富，她們具有獨立自主進行不動產交易的權力。女祭司們在積極進行土地買賣活動的同時，也積極進行著房屋買賣活動，通過購買大量房屋以聚積財富[9]。

　　瀕臨海邊的希臘城邦，土地貧瘠不利於農業發展，主要以商業為主，這基本沿襲了腓尼基人的文明發展模式。腓尼基人很早就開始重視商業和各項科學技術的發展，尤其在造船技術方面，其水準相當高，而當時的古希臘人還造不出像樣的船。腓尼基人是古代著名的海上商人，每天從地中海東端忙碌地駕著載滿商品的船隻向西航行，進行海上貿易。根據希羅多德的記載，呂底亞是第一個鑄造並使用金幣和銀幣的民族。呂底亞距愛琴海僅200英里，位處東西方的交通要塞，商業貿易繁榮。繁榮的貿易和商業活動自然會衍生出對交易媒介的需求，貨幣就這樣應運而生了。隨著貨幣的流通，呂底亞的貿易變得更加繁榮起來。[10]古地中海

9　李海峰：《古巴比倫時期房產買賣活動論析》，前線網，2012年11月13日。

10　西元前6世紀中葉，克洛索斯當上國王後，呂底亞進入全盛時期，先後征服了小亞細亞地區的所有城邦，呂底亞貨幣隨之傳入古希臘趙

引人注目的是腓尼基的易利活動，腓尼基人建立了許多城市，以及市場結構，來為其居民提供消費支援，時間長度遠遠高於市商化資本主導的易利。歐洲的地形是破碎而相對貧瘠的，農業在歐洲的地位始終很低，這使得歐洲沒有形成一個像華夏一樣的「重農」收益（在土地上勞動收益太小），再加上歐洲南面的地中海是陸間海，大多數時候風平浪靜，以致於南歐與西歐地區從古至今海上交通便利，這導致了一個商業活動占主導地位的易利長期存在。由於從事商業活動的人數較多，歐洲的商業活動在很早的過去就具有了普遍性，而且進行商業活動在民眾的生產生活之中占了相當大的比重[11]。

　　儘管受地理環境影響，不同區域易利的起始、規模有所不同，但是由易利本質所驅動，人類不同人群早晚都會走向易利，邁向易利市商化經濟文明財富欲望報酬遞增自發秩序的大道，不管是被動的還是主動的，是原發的還是後發的。

　　諾思曾指出西歐易利發展的有利條件，一是自然產品差異大，不同地區存在明顯的「比較利益」，例如尼德蘭（現今的荷蘭、比利時），面積只有七萬多平方公里，但其自然條件複雜多樣，引起產品差異較大，刺激了易利的需求。二是天然運輸條件好，有許多便於通航的河流，運輸費用低廉，這就使得各地的「比較利益」能夠實現。與西歐的自然條件幾乎完全相反，華夏產品差異小，陸路運費高，不便於商品市場發展。例如華夏文明本部的黃河流域，面積比荷蘭、比利時總和大10倍以上，但是這裏的等溫線和等降水量線稀疏而且平行，大致都呈東西方向。

　　趙林：《東方文明因素對希臘城邦的影響》，友朋說，2021年3月11日。

11　天乙：《歐洲歷史發展的核心》，貓眼看人，2007年5月16日。

從現今陝甘交界處向東一直走1500公里到山東半島東端，各地的土壤，氣溫和降水差不多相同，導致自然產品基本相同（古代都是夏麥秋粟）。再者，雖然南北方向上土壤、氣溫和降水有些差異，但沒有南北方向的河流，產品易利只能通過陸路運輸。在古代條件下，陸路運費大概等於水路運費的30倍，一般商品根本承受不了這樣高額的運輸費用。還有，從成本收益的比較看，華夏農民將自己的產品運到有差異的地區易利所需要的產品，比自己直接生產所需產品還要花費更高的代價，於是人們的「合理選擇」就是調整產品結構來滿足需求。

■ 頑強：與治理政體相剋相生。華夏一直以治理政體為主導，治理政體是霸凌易利的始作俑者，對易利具有決定性影響。儘管如此，此地易利仍然與強大的治理政體相剋相生。因為易利是人類無法抵抗的，易利對華夏生存與發展來說同樣重要，不可缺失。逐利、生利是易利的本質與目的，是人類欲望的最重要內涵。「天下熙熙，皆為利來；天下攘攘，皆為利往。」這是易利的典型特徵，最早出自先秦的《六韜引諺》中。後在西漢著名史學家、文學家司馬遷《史記》的第一百二十九章「貨殖列傳」出現並流傳。因而，在華夏「單一」的農業文明中，易利依然頑強地存在與發展。遠在4000多年前，世界上就至少出現了兩個早期商業活躍的地區，一個是愛琴海周邊包括小亞細亞地區，再就是華夏廣大中原地區。與此同時，農業、畜牧業、手工業也已發展到可以進行行業分工的水準，分工又促進了生產的發展和產品多樣化，這就使通過易利而不是通過掠奪滿足消費欲望不僅成為可能，而且成為可供優先選擇的文明生活方式[12]。剩餘產品的易

12　考古證明，華夏區域在大約8000年前已有多種農作物和原始農具；7000年前就已出現相當精美的陶器、粗瓷器和玉器；5000年前已有

利一開始就是一種利己利他的行為，用現代易利經濟學術語講，
是一種「互惠」的易利行為。距今六七千年，華夏區域的河南、
甘肅、陝西屬於早期仰韶文化的村落遺址中都有產於沿海的海貝
發現（裝飾用），這就是自外地易利而來的物證。當時的易利尚
帶有偶然性。5000年前，華夏區域畜牧業與種植業分工，手工
業（製陶、青銅）也相繼與農業分離，易利相應擴大。《淮南
子‧齊俗》記載：「堯之治天下也，水處者漁，山處者木，谷處
者牧，陸處者農，地宜其事，事宜其械，械宜其用，用宜其人，
澤臬織罔，陵阪耕田，得以所有易其所無，以所工易其所拙。」
就是說，華夏部落氏族之間的易利很早就產生了。《易‧系辭下
傳》所說的：「庖犧氏沒，神農氏作，列廛於國，日中為市，致
天下之民，聚天下之貨，交易而退，各得其所」。這表明易利已
比較經常，並且有了比較固定的時間和場所。隨著定期集市的出
現，易利範圍與規模迅速擴大，到春秋戰國時期，已達到非常興
盛的程度。戰國時期，其大部分土地歸私人所有，勞動力已實行
高度分工，並且有了相當自主程度和運行完好的生產要素和產品
易利空間及秩序。古書中還有「因井為市」的傳說，交易常在井
旁進行，以便於汲水供人畜飲用或將貨物洗淨。所以後世常把
「市井」連稱。富商大賈舟車並用，輾轉異域，進行遠程販賣性
商業活動。諸侯各國為著自己的利益，在兵戎相見之餘，還得對
列國間商旅貿易往來網開一面，實行開放與扶植的優惠政策。鄭

葛、麻等編織品；至少在4700多年前就已有絲織物，到商代絲織
物已分別有綺、縑、紈、羅、綢等許多品種，並已有漆器和品種繁
多的工藝製品，已有釀酒、製革等業和集中作業的作坊；至少4000
年前就已使用紅銅器具，接著又有了更精美耐用的青銅器具。李一
蠡：《中國傳統商業為何未孕育出市場經濟》，炎黃春秋雜誌，2001
年，第4期。

國還與商人立下互惠互利的盟誓，楚國給個別商人以部分免稅特權（這與中世紀西歐商業城市的做法頗為相似）。比西周時期遠為發達的水陸交通把列國各大經濟都會連為一體，形成一個龐大的銷售市場。1957年在安徽壽縣花園發現的兩組鄂君啟節，就是楚懷王發給貴族鄂君啟經商的優待通行證。進行遠程販運，儘管千里迢迢，多有艱險，但商業利潤也很高。時稱「周人之俗，治產業，力工商，逐什二以為務」。猗頓原為魯之窮士，「耕則常饑，桑則常寒，……乃適西河，大畜牛羊於猗氏之南，十年之間其息不可計，貲擬王公，馳名天下。」以後他又投資經營池鹽之產銷，成為一個兼營大手工業的大商人[13]。古代華夏不僅有易利交換，而且還有廣告。姜太公在被文王起用之前，曾在朝歌做買賣，敲打屠刀以示自己是殺豬羊賣肉的，以招徠生意，姜太公可謂叫賣廣告的祖師爺[14]。因此，僅從以上與西歐的兩點不同及自身的三大特點，就否定華夏存在的易利，斷定華夏只能封閉在自

13　佚名：《春秋戰國時期商人資本的發展及其歷史作用》，學說連線，2003年7月20日。

14　《韓非子·外儲說》記載：「宋人有沽酒者，升概甚平，遇客甚謹，為酒甚美，懸幟甚高。」「懸幟」即幌子，又稱為「酒望子」。這些幌子是舊時商店的重要標識，是古代商人用來固定店鋪形象和招徠顧客的，是古代原始廣告中的一種，稱旗幟廣告。隨著商業的繁榮，旗幟廣告還逐漸演化出「懸物廣告」來，據《史記·平淮書》載「古未有市，若朝聚井汲，便將貨物於井邊，貨賣曰市井。」宋吳自牧《夢梁錄》載：當時的杭州酒店有掛草葫蘆、銀馬勺、銀大碗的，這些都是盛酒、舀酒的器皿。還有些藥店掛個盛藥的「懸壺」，作為宣傳廣告，當然最早出現的還是口頭廣告，不僅最為古人常用，也為今人百用不煩，放耳菜市場或一些小店，仍是叫賣聲不絕於耳。《楚辭·天問》記載：「師望在肆，……鼓刀揚聲。」，《楚辭·離騷》記載：「呂望之鼓刀兮，遭周文而得舉」。呂望和師望都是指姜太公。佚名：《古人的廣告行銷術》，財識網，2012年8月30日。

給自足的自然經濟之中，行走於易利之外，顯然與事實不完全吻合。

拜占庭帝國的治理政體同樣非常強大，可與華夏相比肩。同樣由於易利本性所決定，易利與強大的治理政體同樣相剋相生。徐家玲指出，拜占庭帝國（東羅馬）在數個世紀內一直是地中海區域最穩健強勁的經濟體，在7世紀阿拉伯人大入侵之前，東羅馬帝國也是世界上最富裕強大的經濟體。帝國的經濟繁榮，一部分來自於貿易。君士坦丁堡是世界上最富的城市，它擁有100萬人，是中世紀亞歐世界最大最繁華的城市之一。君士坦丁堡可交易的貨品琳琅滿目，油、葡萄酒、鹽魚、肉（牛羊豬雞鴨），其他食品，木材、蠟、陶瓷、亞麻布，林林總總繁雜無比。奢侈品例如絲綢，香水，香料也一應俱全，至於深受貴族喜愛的奴隸也被證實在市場上販售。在中世紀初期，當在蠻族統治下的西部歐洲還沒有從5世紀以來的生產衰落中完全恢復之時，拜占庭憑著它優越的地理位置，已握有從事亞、歐、非各國國際貿易的壟斷權。至少到11世紀以前，僅僅拜占庭首都君士坦丁堡一個城市的貿易和海關稅收，每年就可以為帝國國庫帶來720萬貝占特金幣。為了促進貿易，也就是商品易利，拜占庭建立了完善的商業經營系統，包括它的貨幣體系、匯兌體系、水陸交通體系和關稅、市場管理體系，及商旅服務系統，是它能夠在中世紀地中海貿易活動中立於不敗之地的重要保障。從中世紀之初起，帝國採用了一種金本位的國際貨幣制度（拜占庭金幣），它價值穩定，在世界市場上享有很好的聲譽；拜占庭的信用制度和貨幣匯兌制度的使用，在中世紀商業活動中居於領先地位。歷代拜占庭治理政體都致力於制定有效的商業政策、積極地開闢國外市場、裝備和維持各處的港口、組織碼頭工人的勞動與行會。它制定了較為完善的海運管

理制度，據稱在6–8世紀通行帝國海域《海洋法》嚴格規定了海上商業的保險制度和船貨抵押貸款制度、貨主和承運人在海船不幸遇難時分攤損失的比例和在贏利時的利潤分配比例，成為在中世紀基督教國家中通行的第一部航海法規。由於流動財富的豐富，拜占庭商業能夠獲得12％的中息貸款充作資金。做到這一點，這在基督教會嚴格反對獲利行為的情況下，實屬不易。拜占庭還嚴格規定了外國商人在拜占庭商業城市中的僑居制度，有些商人，如義大利的威尼斯人、熱那亞人，在首都君士坦丁堡都有固定的僑居地，在這裏，他們有自己的商務代辦、客館、貨棧，享有種種特權，建立了名副其實的「國中之國」、城中之城[15]。

二、易利推進文明

以易利行為為軸心的易利，對人類產生了深遠影響。尤其是對人類心智發展來說，意義極其深遠。而心智發展則是人類文明進步的關鍵要素。

■ 心智：價值理性的母體。易利能使人們更抽象地對目的展開思考，進行易利的過程也包含了更為複雜的心理過程。一般經濟交往表現出了對主體的超然性，其通過貨幣這一媒介變得客觀化，進而最客觀的規範、最嚴密的數學邏輯、脫離個人情感的疏離性與冷漠性逐漸浸入人的內心，最終發展成為其內在的組成部分。人的轉變自然會促動價值觀念和行為規範的根本性調整，也推動了人類朝更加理性的方向發展[16]。而且，易利也會密切人們之

15　徐家玲：《拜占庭在中世紀地中海商業復興中的地位》，求是學刊，2012年11月21日。

16　萬月龍：《論交換─關於齊美爾、布勞及莫頓的交換思想分析》，四為讀書會，2022年3月26日。

間關係，貨幣易利這一行為也促進了信任關係的普及。雖然這種普及的信任關係只有在逐漸演化成易利市商化經濟文明的「信用至上」理念時，即讓人們確信，在進行經濟易利過程中，為了貨幣媒介付出的價值將會完完整整地收回來，信任才會成為完全可能或必然；但至少在不斷的易利中，會使人們認識到，大多數的合作比大多數的敵對更有益。

對人類而言，其優勢是智力上的。到今天人類優勢發揮到極致，我們能夠享受最先進的科技成果，完全是人類由易利所決定的分工與合作結果。人類原始組織分工合作群聯的最初形態，就是兩個原先敵視的群落，通過談判與易利聯合起來[17]。易利對人類文明的進步無疑是非常重要的，是不可或缺的。尼古拉斯·巴爾本指出，一切商品的價值來自商品的用途，商品的用途在於滿足人們的需要，包括身體需要和心理需要，滿足這兩種需要的一切東西都是有用的，有價值的。布阿吉爾貝爾認為凡是能滿足人們物質生活和心神生活的需要而具有使用價值的東西就是財富。因而，這些價值的實現都離不開易利。商品只有在易利領域中才具有實現價值的可能性。達德利·諾思指出，財富是靠自己的勤勞和精明生產出超過供應自己需要的東西，然後出賣剩餘產品。貿易也是多餘物品的易利。齊美爾認為，價值源於主體和作為被需要的客體之間的分離[18]。有人對此的解釋是，價值是一個第三範疇的概念，既不源於主體，也不源於客體，而是源於客體與主體之間的距離並超越距離。當然，這種觀點還完全不是易利市商化經濟文明的觀點，與易利也不是完全吻合。

17　茅於軾：《500萬年來的文明進程》，新浪博客，2012年5月3日。
18　毋肇婷：《貿易論》，四為讀書會，2022年1月10日。

　　■ 易利：極權專制的天敵。治理政體需要強力，以履行守夜人之責；易利需要和氣，和氣方能生財。從人類文明發展的角度看，治理政體當然是為易利服務的。但擁有強力的治理政體，一旦沒有制約，就會濫用權利，形成極權專制，就會助長霸凌與掠奪，對易利形成威脅。因此，需要說明的是，易利不是治理政體的天敵，而是極權專制治理政體的天敵。易利不需要強力，強力最能破壞易利文明的發展。反過來說，易利文明要有質的飛躍，就必須突破治理政體強力的限制，也就必然成為極權專制的天敵。因而，凡是極權專制的治理政體所轄區域，就不可能使易利文明發展成為市商化的資本主導的易利文明。而市商化資本主導的易利文明是易利文明的歷史性質的飛躍。華夏文化是一個非常生動的例子。1976年，美國經濟學家肯尼士・博爾丁提出了「李約瑟難題」的概念，主要意思為：儘管華夏古代對人類科技發展做出了很多重要貢獻，但為什麼科學和工業革命沒有在近代的華夏發生？生產技術進步積累導致工業革命，市場長足發育導致市場經濟的歷史邏輯在華夏未能實現，被趙凌雲稱為華夏「古代市場發育的悖論」。實際上，「難題」也好、「悖論」也好，都與華夏易利及易利失衡有關。「難題」和「悖論」一樣，只是現象和結果，而不是原因。狹義的市場論或叫物理的市場論，以及技術供需論都應該讓位與易利形態論，也就是易利的失衡。按照拙作《政府力的轉移——中國經濟文明的特殊邏輯》（2005年，經濟科學出版社）中已經論述的觀點，在極權治理政體專制下，易利不可能自發地進化為市商化資本主導的易利文明。因為不僅其易利本身有霸凌問題，而且其運行始終處於治理政體外力干預或親自參與的狀態下。由此，在治理政體的自然人壟斷與控制下，永遠孕育不出來市商化資本主導的易利文明。

　　易利市商化經濟文明有兩個特點是以往易利所缺失的：一是要自主、平等、協商、自願的進行交易；易利主體不受任何外力的干預，無論是對方的干預，還是第三方的干預，都是絕對不允許的；二是要有持續不斷的擴張自己事業的動力，即財富欲望報酬遞增。而華夏易利在治理政體自然人的主導下，易利主體——歷代商人有錢後第一件事就是買地，第二件事就是捐官，然後就退出江湖，洗手不幹，見好就收，以防範已有財富「全軍覆沒」的風險。華夏長久以來，就沒有永恆地擴張自己商業的動力，這一點直至今天也沒有全流域根本性改變[19]。只要治理政體凌駕於經濟（易利）之上，就不可能有真正的持久的自主易利行為。必然有強者，主要是治理政體自然人及其與之建立利害關係的生命個體，借助治理政體權力對易利行為進行干涉，也就是所謂的霸凌易利行為——便會自然而然地隨之產生，並與易利隨影隨行。

　　雖然華夏的易利一直存在並持續發展，但華夏的易利則是叢林法則的易利，強者通吃，依靠家庭、家族，依靠治理政體自然人進行易利，完全沒有易利個人主體發揮更大聰明才智創造、發展財富的空間。因而，華夏的易利只能在低水準上徘徊，絕不可能發展成為市商化資本主導的易利。華夏長期實行重農抑商政策，但大多數時期，官與商是緊密相連的，甚至商富與仕途的通道一直是暢通的。如春秋戰國時期越國的范蠡、秦國的呂不韋、漢代的桑弘羊等等。20世紀初華夏工業中有較高的勞動力——資本比率，華夏人開設的企業數量遠遠超過外國人所有的企業，其數量之比超過10比1；20世紀頭40年，華夏的現代工業部門可與

19　趙曉：《從市場倫理角度理解西方文明》，南方週末，2004年4月22日。

同一時期的日本媲美[20]。但這不是傳統治理政體的功勞或恩賜，而這完全得益於對市商化資本主導的易利模式的引進和消化，是市商化資本主導的易利文明價值觀在起決定性作用，這也是華夏歷史上第一次擁抱現代易利文明。如果沒有這次擁抱，華夏易利不可能有突破性發展。包括20世紀80年代後，華夏大陸的易利經濟發展也是如此，是市商化資本主導的易利文明的引進，才有了易利的突破性發展；而不是反之，像西歐一樣是易利的突破性發展，導致了市商化資本主導的易利文明出現。反過來說，如果沒有外部治理政體強力的干預和參與，易利一定會發展出市商化資本主導的易利文明（易利市商化經濟文明）。

易利是人類農業文明時期非常重要的經濟形態，但如果沒有易利在西歐特殊治理政體狀態下獲得突破性發展，就沒有人類的易利市商化經濟文明出現。正是因為有了易利，才使人類與掠奪財富關係形態漸行漸遠。正是在易利行為中，人們才發現，原來通過易利，人類也能享有自己原來所未擁有的財富；而且通過易利，人們發現能夠創造新的財富，於是人們越來越願意複製這種易利行為，從而使人類不斷擁有新的財富。沒有易利，人類會因為掠奪財富關係形態而陷入貧窮週期律而不能自拔；如果沒有易利行為突破霸凌財富易利形態的束縛，人類會永遠陷入農業文明的所謂「帝國週期律」而難以自救，就永遠不會有今天的物質文明，不會有今天大多數人類享有的幸福生活。那樣，財富永遠是渺小的，其完全沒有力量把人類帶入星際文明。但是歸根結底有一條，如果沒有西歐因自身歷史文化及自然環境的獨特「優勢」使其在市商化資本主導的易利文明孕育中做出的特殊貢獻，就永

20　趙凌雲：《從市場發育與演變的悖論看中國傳統經濟衰落的原因》，中國經濟史研究，2003年，第1期。

遠不會有今天的易利市商化經濟文明。

第二節 易利失衡

在原始易利與市商化資本主導的易利之間，一個突出的現像是，極易產生由於強者壟斷性霸凌所造成的易利失衡。與易利道德風險不同，這種壟斷性霸凌無視公平、規則，在易利中一味奉行叢林法則，從而對經濟發展產生極大的破壞作用。從易利發展史可以將易利失衡概況為三類：市場霸凌易利失衡，治理政體霸凌易利失衡和國家間霸凌易利失衡。

易利的霸凌性失衡，尤其是治理政體自然人霸凌易利失衡，形成華夏「週期律」的根本誘因。而沒有強有力專制治理政體的西歐（當然還有特殊的自然及人文環境條件），卻幸運地逃過了長期霸凌易利的陷阱，發展出了引領人類文明新發展的市商化資本主導的易利，並開啟了易利市商化經濟文明的新階段。

一、市場易利失衡

市場易利失衡主要體現在易利行為中的壟斷與霸凌，壟斷必然霸凌，霸凌又是壟斷的極端體現。

■ 壟斷：易利失衡的根源。按照張五常的觀點，壟斷有三罪：一是壟斷生產的售價高於邊際成本。價格是整體邊際利益，如果這邊際利益高於邊際成本，增產對整體有利。但壟斷者為了私利，不增產，於是出現了無效率的情況。二是壟斷妨礙競爭。除了價格高於邊際成本外，缺乏競爭對易利秩序或制度有不良之處。三是壟斷導致財富流向優化難以形成，可以促成整體財富利用效率失衡，有財富創造能力的宿主可能很貧，難以成為創造性

財富的宿主;而沒有財富創造能力的宿主可以集中財富,卻使財富成為沉默性財富。而貧富懸殊並不是壟斷的原罪,只是壟斷的外表性結果[21]。治理政體易利間性則更容易造成易利失衡,對經濟發展的破壞性更大,因為治理政體的易利經濟壟斷是剛性的,很難予以破除,一般要等到舊的治理政體垮臺,這種剛性壟斷才可能消除,但又可能被新的治理政體易利經濟壟斷所取代,由此出現華夏治理政體治理的週期律。

俄羅斯東正教大司祭吉洪–謝夫庫諾夫稱,拜占庭帝國是最偉大、最長壽的帝國。該帝國存在了1123年,經歷12個朝代、93位皇帝,超越所有帝國。在吉洪–謝夫庫諾夫看來,導致拜占庭滅亡的,並非外敵侵略、自然災害(地震),而是內部問題。首先是拜占庭國家喪失了對金融的控制,大批資金流向發展中的歐洲(資金外逃)。另一個問題是腐敗和寡頭(外逃資金的主要所有者)。儘管反寡頭、反腐敗鬥爭持續很久,但見效甚微。國家對寡頭失控,直到1453年土耳其人兵臨城下時,寡頭們都不願拿一分錢(與華夏明代末年無異)。國民不想再活下去,甚至不想繁衍後代。很少有家庭生孩子,新生兒常常因為缺乏父母呵護而死去;墮胎成為普遍現象,自殺成為居民死亡的主要原因之一。家庭危機也出現了,帝國的出生率越來越低,14世紀末、15世紀初的150個拜占庭知識份子中,只有25人建立了家庭……[22]。所有這些原因都與兩個字有關,那就是(易利)「失衡」,是霸凌式易利失衡;而不是大司祭吉洪–謝夫庫諾夫所認為的,是意識形態崩

---

21 張五常:《壟斷三罪及反壟斷誤入歧途》,四川大學哲學研究所網,
   2007年11月27日。

22 無恥則剛:《拜占庭帝國滅亡:無人回應的「教訓」》,新浪博客,
   2009年1月29日。

潰、或失守：帝國主動放棄了對「人民」的意識形態教育，迎合文藝復興時期提出的「國家意識形態是對個人的暴力」的蠱惑性思潮，從而導致悲觀情緒蔓延。雖然有外貿、有工商業、有農產品的易利，但這種易利是不平等的，是強者通吃，從而使財富通過霸凌式易利向強者集中分配，形成不了創造財富的財富，最終使國家治理體系崩潰。華夏自漢代至清代莫不如此，反反覆覆，周而復始。

　　■ 霸凌：易利壟斷的內核。華夏春秋戰國時期的富商大賈，其利潤來源的一個重要方面就是靠霸凌，已呈現易利失衡狀態。霸凌的特點是倚強凌弱，也可以倚強欺弱。欺詐也是要有實力的，霸凌更是如此。羅馬元老院成員或特權貴族，由於法律禁止其參與貿易，他們就使用了間接的手段來規避這項法令，就是用奴隸或自由人來代其做生意。在華夏，子貢「常相魯衛」，范蠡離開越國後曾為齊相，白圭也做過魏相，他們都以亦官亦商的身份搞囤積居奇的買賣，自然能享有減免稅收等多種特權，比平民商人更容易賺錢。一些與官爵無緣的大商人則通過賄賂達官貴人，以便從官府（治理政體）那裏撈到好處。如絳之富商「能行諸侯之賄」。這種官商合一或相互勾結的做法，無疑是一種隱蔽的掠奪手段。至於易利過程中的欺詐成交，更是霸凌恃強凌弱本性的反映。《韓非子·說林下》載：「宋之富賈有監止子者，與人爭買百金之璞玉，因佯失而毀之，負其百金，而理其毀瑕，得千鎰焉。」[23] 在「以孝治天下」的溫情面紗下，漢朝對於「通財共居」的現象採取默認甚至是鼓勵的態度。由此，通族合宗的宗法血緣聚落集團「聚」大量出現，改變著本由小農主導的基層

23　佚名：《春秋戰國時期商人資本的發展及其歷史作用》，學說連線，2003 年 7 月 20 日。

結構。地主、官僚和商人三位一體的結合日益緊密，而原來在鄉裡有影響的諸強宗大家中的一部份也有機會成為治理政體中的一員，進而憑藉這種優勢，很容易以其家族為中心形成盤踞鄉裡的豪族勢力。武帝算緡以前，豪強階層主要活躍在流通領域，生產性投資也局限於開礦、冶鐵、煮鹽、鑄錢等部門，兼併土地易利失衡的問題尚不突出。但武帝對工虞商賈不加分別的毀滅性打擊政策，造成豪強資金大量回流農村，使得豪強勢力在基層之間坐大。豪民擁有雄厚的財力，因在鄉裡氣指頤使、偷稅抗稅、辜榷奸利、大放私債，間接地左右著漢代的基層政權。鄉裡宗族豪強勢力的強勢發展，隨之而來的是更加肆無忌憚的兼併。隨著鄉裡兼併之害的繼續發展，鄉裡小農經濟日趨脆弱，王朝在鄉裡的統治基礎開始發生動搖，各種矛盾日益激化並最終導致了西漢王朝的滅亡[24]。西晉朝的士族愛錢，史上有名。司徒王衍還假託於夫人名下，自己口不言錢，但卻從來不阻止妻子弄錢。晉室東渡之後，過江的士族們，依然愛財。儘管有戰亂，南北對峙，買賣還是要做的。如果高官愛財，多半跟貪贓枉法有關，也跟他們的權力有關。只要跟權力搭上邊，就不可能是公平自主的易利，霸凌易利是難以避免的市場現象[25]。霸凌易利嚴重侵蝕經濟，市場繁榮不可能長久，隨著財富的霸凌式集中，國民隨後積貧積弱，王朝也必然滅亡。西晉僅維持52年，東晉也勉強過了百年。當代華夏大陸，「血拆」曾是霸凌式易利最集中最慘酷的體現。血拆，就是未經房屋主人產權人同意強行拆除房屋的行為。合法財產權的絕對性基本原理告訴人們，住宅對於每個人都有特殊的價值，住

---

24 蘭臺：《豪強乘儒家化轉型控制基層架空鄉賢致西漢滅亡》，個人圖書館，2016年10月14日。

25 張鳴：《愛財的士族及其變種》，共識網，2014年7月1日。

宅權被視為易利權的重要堡壘。在暴力拆遷中，強拆者對住宅的
侵犯與入侵者無異。華夏數千年均未建立起一套尊重個體尊嚴與
生命、自主的倫理體系，以致強者以勢壓人、強賣強買的霸凌式
易利成為經濟生活的特色[26]。

　　中世紀的西歐，人們之所以對高利貸深惡痛絕，根本原因是
在於高利貸霸凌易利的本性。R・H・托尼指出，在當時，「任何
討價還價，只要其中的一方比另一方明顯地得到更多好處，並充
分運用了他的權勢，就被認定為高利貸」[27]。16世紀法國資本原
始積累的主要特點與華夏傳統霸凌易利頗為相似，也是典型的市
場易利失衡。手法往往是以購買國家公債、向治理政體貸款、充
當包稅人、捐買官職等手段大肆搜刮，蓄積了財富。富有的資產
階層還可以通過購買破落貴族的爵位以及與之相連的產業，置身
於貴族之列，被稱為「穿袍貴族」，因而變成了治理政體的一部
分，在經濟上和治理上與王權治理政體發生了密切聯繫。正是這
種密切的聯繫，使易利更加失衡。手工工廠工人和幫工，在資本
原始積累過程中的處境是十分痛苦的。當時工人的勞動具有很大
的強制性，不僅勞動時間長，而且勞動條件差，工人對規章稍有
違反就要受到工廠主的懲處。「價格革命」使工人的實際工資下
降，處境更加惡化。政府頒佈法令強制工人接受低額工資，凡失
業的流浪者和拒絕受雇的人，都要受到監禁和服苦役的懲罰[28]。法
國的市場易利失衡與其專制治理政體運作傳統有密切的關係，而
且所有的具有強大治理政體力量的專制國家皆是如此，都難以克

26　蕭瀚：《暴政下的私力救濟》，共識網，2010年12月28日。

27　R・H・托尼著，趙月琴、夏鎮平譯：《宗教與資本主義的興起》，
　　p.92，上海譯文出版社，2013版。

28　佚名：《法國的封建專制制度》，北方教育網，2007年2月9日。

服由專制治理政體帶來的市場易利失衡，也不可能自發過渡或產生市商化資本主導的易利。華夏如此，法國也是如此。

二、政體易利失衡

歷史學家估計，在非市商化易利的全球各文明中，治理政體上層人士僅占總人口的1%到2%，但他們不論在哪裡，都佔有整個民族一半到三分之二的財富收入。這是治理政體易利失衡的結果，也是重要表象。市場易利失衡的根源是治理失衡，是治理政體自然人對治理的壟斷。壟斷的治理政體必然要將壟斷之手伸向易利領域，從而製造和加劇易利失衡。

■ 東方：治理政體霸凌式與民「易利」。治理政體易利失衡體現的是治理政體自然人集合對治理政體佔有和運作的壟斷性霸凌。因為治理政體與國民的關係是一種典型的易利關係，政體提供公共服務，國民以稅收的形式購買這種服務。而在所有的集權或極權專制政體治理形態下，這種易利關係都是霸凌式易利關係，財富通過治理政體橫徵暴斂的霸凌行為，由國民手中轉移到治理政體手裏。納稅方完全沒有選擇的權力，也沒有談判的籌碼。對治理政體佔有及運作的自然人集合的選擇，納稅人沒有任何發言權。這種易利，治理政體不可能提供納稅人所需要的服務。而這種治理政體易利關係決定了經濟的易利關係。治理政體易利霸凌必然導致經濟易利霸凌。華夏兩千年專制治理政體如此，西方原來的專制治理政體也是如此。相對開放的羅馬，其邊疆員警對邊界上的貿易也實施了嚴格的監督。任何人天暗以後不得穿越邊界；有些商品是被禁止出口的。邊境上要設立市場，必須經過官方的批准。在羅馬帝國境內，完全的自由貿易是沒有的，存在許多關稅勢力圈。湯普遜指出，到了亞曆山大賽弗拉斯

時代，一切手藝和行業被強制合併起來，放在治理政體的控制下。後來，戴克裏先制定了一項法律，要求每個城市對各行業所有的職業進行登記。此後，治理政體管理了金銀的供應，規定了工資、價格和工作鐘點。羅馬還制定了使一切手工業者變為世襲的法律[29]。顯然，這種狀況當然會不可避免地產生霸凌易利，從而形成易利失衡。強者侵佔弱者的財富已是尋常現象，由此強者不斷地增加他們的權力，私產缺少安全保障，易利失衡日趨嚴重，最終成為羅馬崩潰的原因之一。

頑固是王朝極權專制週期律的寫照。自秦漢以來，華夏易利的發展週期性失衡，致使國家經濟式微，導致王朝更迭，形成所謂的「專制（帝國）週期律」。在華夏的歷朝歷代，易利的成長始終未能突破極權專制的桎梏，易利力量雖然一度在資源配置中發揮重要作用，但最終未能達到壓倒極權專制勢力的臨界點，便從總體上衰落下去。易利及其力量的發育始終被限制在為治理政體財政與官僚福利提供補充的範圍之內。相對於治理政體財政，官僚福利費用數額也相當龐大。比如，歷朝歷代都有一種很相似的事情發生，往往皇帝想徵1%的稅，但實際上攤到百姓頭上卻是10%的稅率，因為下面各級官僚也把自己的貪欲強加進去了。華夏古代農業文明的細胞是一家一戶的小農。小農的生產結構是耕織結合。「耕稼紡織，比層皆然」。「耕」是主體，「織」則是為了「助耕」和「養農」。因此，一部分「織」的產品和「耕」的產品必須供應市場，以換取交納賦稅、購買農具、食鹽等生產資料和生活資料所需的貨幣。隨著人口增加，人地比提高，耕種規模劃小，更需要以織助耕及易利體系相應地發育和擴大。明清

29　湯普遜著，耿淡如譯：《中世紀經濟社會史》（上），p.33，商務印書館，1997年版。

以來，由於人口壓力，出現了「過密型商品化」，這種高度的易利與糊口農業奇特地並存著。原因還應歸於易利是財政與官僚福利體系的補充。同時，華夏的易利一直被極權專制治理政體及官僚人為地抑制和扭曲。雖然歷代採取了不少有利於易利發育和運作的王朝干預措施。但這些措施僅限於易利及力量對治理政體財政與官僚福利體系不構成威脅的時候。尤其是華夏具有強大的中央極權體制，存在著可以有效地阻止這種或那種易利發展的強力或暴力。

實際上，華夏歷代王朝始終保持對易利高度警惕，採取了一系列措施，抑制和扭曲易利發展。主要有：第一，明令禁止易利活動。例如，西元前360年，商鞅嚴令禁止包括經商在內的8項非農活動。第二，實行治理政體對易利的壟斷。早在商代，手工業多為王室外「公營」。春秋戰國時期，實行「工商食官」制度，由官家設置工廠、作坊，生產手工業品。漢武帝時，實行「禁榷」制度，對鹽鐵兩項獲利最豐的商業收歸官營。此後，官工制度和禁榷制度範圍日趨擴大，制度逐漸完備。第三，直接干預易利。歷代王朝對易利進行嚴格管理，市井、市肆等市場場所都處在官府控制之下。即使在開放的唐代，凡設市都要由治理政體機構批准，非州縣不得設市；大小市場都設專官控制，而且還直接干預市場交易價格。明清時期，工商業都被組織在行會之中，在地方治理政體機構控制下活動。在華夏，作為易利力量人格化身的「專業化商人」、市民階層未能充分成長。希克斯所說的「專業化的商人」產生很早，但其成長是緩慢的。「抑商」甚至「禁商」政策的實施不僅直接制約「專業化商人」，而且形成制度化「鄙商」、「仇商」的大眾文化心態，間接地但深層次地制約「專業化商人」群體的擴大。而且，始終存在著類似於莫臥

兒帝國「稅收官對商人和企業家進行的系統的、全面的掠奪」。
由於「得不到官方的鼓勵，商人和其他企業家就不能興旺起來，
即使那些發了財的商人也寧可把錢用於購置土地和投資，而不情
願投資發展原始工業」[30]。在漢武帝時期，就對民營工商業連下
重手。首先將鹽、鐵、酒等重要行業強行收歸官營，由官府對重
要物資的運輸和貿易進行壟斷，對民營工商業徵收重稅。責令民
營商人自報財產，陳報不實者，罰充軍一年。鼓勵告發民營工商
業者，被告發者，沒收財物一半歸告密者。於是告發一發不可收
拾，《漢書》上說，「中家以上大抵皆遇告」，結果是「商賈中
家以上大抵破」，中等以上的工商業家庭全都破產了。漢武帝僅
僅是通過告發和沒收財產一項，就「得民財以億計」。貪官汙吏
趁機魚肉其間。朝廷下令逮捕的工商業者就有六七萬人，上層官
吏自己私自增加逮捕數量，達到十多萬人，搞得「官亂民貧，盜
賊並起，亡命者眾」，受傷害的民營工商業者比對匈奴戰爭中被
打敗的匈奴人還多。「文景之治」培育出來的繁榮的民營工商
業，就此被毀滅[31]。同時，漢武帝時期的禁榷抑商、鹽鐵專營政
策，對漢代的私營冶煉業的打擊也很大。禁榷制度實行後，官府
對冶鐵業獨家經營，無需與他人競爭，價格也控制在官府手中，
結果「鐵器苦惡，賈（價）貴，或強令民買賣之」（《史記‧平
准書》）。加之，「吏或不良，禁令不行，故民煩苦之」（《鹽
鐵論‧復古》）就是號稱易利相當繁榮的「唐宋」，治理政體易
利失衡也非常嚴重。唐朝治理政體對市場控制得很厲害，很多東

30　趙凌雲：《從市場發育與演變的悖論看中國傳統經濟衰落的原因》，
　　中國經濟史研究，2003 年，第 1 期。

31　楊鵬：《漢武帝是如何摧毀民營經濟的》，學說連線，2004 年 12 月
　　22 日。

西不讓普通人買賣，商品基本都是由官營企業生產的；北宋的時候，連筷子、衣服扣子等都由官方企業生產，碗也是官窯產的，控制很嚴；但到了南宋時期，當時的政府比較虛弱腐敗，只得放鬆控制或無力控制，這倒給民間易利經濟活動創造了的機會[32]。

治理政體高度壟斷的拜占庭，其某些商業政策同樣並不認真考慮本國商人的利益，治理政體堅持對一些商品的經營實行壟斷權，特別是穀物和絲的貿易，制定了對許多商品進出口方面的禁令。在各個重要海港和内陸重要貿易城市，都設有關卡，徵收商品的進出口稅和入市稅。這類關卡很多，加之各地稅吏無恥盤剝，成為自由貿易活動的巨大障礙[33]。帝國嚴格控制内外貿易，壟斷鑄幣。古典時代以來，帝國境内最重要的兩種大宗和關鍵商品便是穀物和絲綢。9世紀帝國開始人口增長，對穀物的需求日益增加，君士坦丁堡再次成為帝國内部最大的糧食交易市場，而中央政府對這個市場的運行並非以自由放任態度讓其自行調節，皇帝經常會向糧食市場投入大量的資金干預糧食市場。絲綢的生產和銷售被帝國壟斷，以出售成品給授權的買家。在君士坦丁堡外購買生絲是允許的，但是商人們因為不可以和地區行省的商人搶生意而不能去鄉村直接收購。後期帝國的官僚系統中的官員按規應將對可控制區域的經濟加以管制和監督，但這些權柄全被用以中飽私囊，使得帝國的經濟進一步惡化[34]。拜占庭主要還是以農業為主，在帝國整體經濟中，工商業僅占5%，農業卻占到95%。自7

32　尹保雲：《走出「封建」社會，迎接現代文明》，北京大學教學促進通訊，第十六期，2011年6月。

33　徐家玲：《拜占庭在中世紀地中海商業復興中的地位》，求是學刊，2012年11月21日。

34　蕭遠山《拜占庭的經濟農業》，知乎，2019年11月27日。

世紀軍區制推廣以後，拜占廷的農兵階層逐步形成，以大地產為後盾的軍事貴族勢力興起。當佔有大地產的軍事貴族興起之後，小農經濟瓦解的過程即大大加速。10世紀以後，小農日益喪失獨立性，迅速淪為大地主的農奴。到11世紀，拜占廷國有小農幾乎完全消失。小農經濟趨於衰敗，從而瓦解了軍區制存在的經濟基礎。以此簡直與華夏西晉有異曲同工之妙。至12世紀，軍區制被完全取消。軍區制衰敗之後，拜占廷軍隊一厥不振，以本國兵源為主體的農兵日益減少，代之而起的是羅斯人和諾曼人雇傭兵。為這些雇傭兵提供的軍餉成為晚期拜占廷國家巨大的財政負擔。至西元13世紀初，拜占廷幾乎衰落到兵不能戰或無兵可用的地步，因而在數千十字軍騎士的攻擊下，城防堅固的君士坦丁堡便輕易落入敵手[35]。可以說，拜占庭的專制導致了易利的失衡，而易利的失衡又直接導致帝國的滅亡。易利失衡之害，可見一斑。這

35　至西元10世紀，在小亞細亞和巴爾幹半島北部地區即出現了一大批「權貴者」，他們主要是由軍隊高級軍官，如軍區將軍和中央高級官員構成，其官職和爵位均為世襲。這個以大地產為後盾的軍事貴族階層的興起必然在經濟上侵害小農經濟利益，構成對小農階層的巨大威脅。拜占廷的直接勞動者基本上是農民，他們又因納稅的不同方式被稱為國有小農和私有農民。國有農民在國有土地上耕作，受國家的直接控制，成為國家稅收的主要來源。其中相當大部分在西元7世紀以後即轉化為軍區制下的農兵。他們本應直接繳納給國庫的租稅也隨之轉化為軍役義務。而私有農民則在大地主土地上耕作，因此，大地主控制著私有農民的經濟，並以各種手段將農民本應上繳國家的租稅截流下來，只將其中很少一部分上繳朝廷。他們常常獲取某種特權，逃避國家稅收，從而將私有農民的勞動成果全部侵吞。同時，他們還掌握著軍區內農兵的命運。在大地主千方百計擴大田產、增加私有農民數量、進而減少國家稅收的同時，中央朝廷為維持原有的稅收量，就必然加重對國有農民的剝削，導致小農經濟因負擔過重而難以維持，直至破產。陳志強：《拜占廷軍區制和農兵》，歷史研究，2012年11月19日。

種悲劇不僅在拜占庭上演，在所有極權專制國家皆是如此。

　　■ 西方：霸凌的王權壟斷控制「國家」。法蘭西卡佩王朝腓力四世把香檳集市當作搖錢樹，對集市的橫徵暴斂近乎殺雞取卵。他增加商品稅收，徵收營業稅，增加稅務稽查員、公證人和監察人員，結果商業被行政官僚的羅網所束縛，被沉重的稅收所壓垮。他的後代企圖以立法形式使香檳集市復活，也屬徒勞[36]。法國路易十四專制是出了名的，自稱「朕即法律、朕即國家」；路易十五的荒淫揮霍，「我死後哪管他洪水滔天」已成名言。路易十六1774年即位，國家財政狀況已陷入惡性循環。1787–1789年，農業連續歉收，隨之而來的是嚴重的糧食短缺；工業危機導致大批企業倒閉，工人大量失業；城鄉下層居民大都處於饑寒交迫之中。嚴重的財政危機往往是嚴重的治理政體危機的反映，需要進行全面的治理政體變革，對此，路易十六毫無認識，實行的仍然是舊的財政管理體制——這也是近似乎掠奪的霸凌式治理政體易利形態。由財政危機帶來的治理政體危機的一個突出表像，是這個國家再也組織不起什麼力量來約束治理政體，也組織不起什麼力量來繼續支持一個無力保證改善民生的極權治理政體。是時，法國的財政收入已經達到2000萬，可路易十六仍然覺得不夠花，要求國民繼續掏錢。這是典型的治理政體易利霸凌，與掠奪無異。於是，在短短的一代人時間裏，財政收入飆升到超過1億。法國國王自查理七世（西元1422–1461在位）時就「做到了不需要各等級同意便可任意征派軍役稅」，從那一天起便種下了全部弊病與禍害的根苗。如托克維爾所說：任意徵稅乃是一切流弊的根源。為了增加稅收，路易十六竟然關閉三級會議大廳，動用

36　詹姆斯・w・湯普遜著，徐家玲等譯：《中世紀晚期歐洲經濟社會史》，p.55，商務印書館，1998年版。

武力以圖強制實現其財政目標，從而引起國民暴動。治理政體易利的國民一方對治理政體易利的對方的壟斷、掠奪和霸凌易利行為，已忍無可忍，到了非以武力拼命去解除治理政體易利關係的地步。這才是治理政體易利失衡的必然結果，也是悲劇的開始。一樁本應該互利的治理政體易利，因為治理政體壟斷者的掠奪、霸凌行為，到了如此不可收拾的地步。如果在易利市商化經濟文明時期，肯定認為是相當奇葩。有一件小事很能說明問題，1783年7月，法國曾經提出過給商人經營批發業務充分自主的問題。由於巴黎員警總督薩亭的反對，巴黎沒有實行這項措施。員警總督給出的理由是：如果實行，首都就會被置於大批資本家的貪欲之下，他們將囤積居奇，使巴黎的供應脫離員警當局的監督[37]。顯然，這樣的治理政體易利失衡，想不發生血腥暴力革命都難。1789年7月12日下午開始，成群結隊的起義者開始焚燒遭人痛恨的稅卡。這些稅卡的勒索被小店主、酒商和小消費者恨之入骨，早已成為經常引起騷亂和企圖走私的場所。在四天的騷亂中，54個稅卡有40個被摧毀，檔、登記簿和收據均化為灰燼，稅務官四處逃散。1793年1月21日中午，年僅39歲的路易十六被送上了設在大革命廣場的斷頭臺[38]。後人有評說，路易十六推行的財政、賦稅政策與他的前任已經有了很大的不同，是節制的，甚至可以說是溫和的。但是，無論治理政體易利掠奪與霸凌的程度如何，它都是易利失衡，性質沒變。尤其是在傳統易利必須要向市商化資本主導的易利轉型的關鍵時刻，解除與原掠奪、壟斷、霸凌者

37　費爾南·布羅代爾著，顧良譯：《15至18世紀的物質文明、經濟和資本主義》，第二卷，p.240，生活·讀書·新知三聯書店，1993年版。

38　李煒光：《悲歌一曲從天落——法國大革命的財政原因》，共識網，2010年5月6日。

的治理政體易利關係，就成為必然，而不論是採取和平的方式，還是採取革命的方式。是時，法國的治理政體壟斷者，還以治理政體的力量參與市場易利，直接導致了市場易利的失衡，兩大失衡疊加，治理政體易利雙方已經進入你死我活的狀態，流血革命豈能避免。雙重失衡使王朝與國民的矛盾日趨加深。雖然大革命前的20年裏出現經濟迅速發展，超過任何一個歷史時期。可是，法國治理政體也變得過分活躍，連連發起從未有過的各種事業，成為工業品的最大消費者和國內各項工程的最大承包人，造成與治理政體有金錢關系、對治理政體借款頗感興趣、靠治理政體薪金為生、在治理政體主導的市場進行投機的人數以驚人的速度增長，國家財產和私人財產從未如此緊密地混合在一起。一方面是民眾發財欲望每日每時都在膨脹，另一方面是治理政體不斷地刺激這種狂熱，可是又不斷地從中作梗，可以想像國民對治理政體怨恨會多麼強烈。而且，經過數十年啟蒙思想薰陶的18世紀的法國，畢竟已經不是一個多世紀以前那個君主專制思想占主導地位的法國了，國民已經難以繼續在治理政體霸凌式易利中煎熬，法國大革命爆發成為大勢所趨，不可逆轉。也就是說，在市商化資本主導的易利文明成為發展大勢之時，人們對治理政體易利失衡的容忍度已經大大降低，甚至到了無法容忍的程度。人們不能容忍一部分階層（教會、司法界和軍界等）「獨佔所有的恩賜、所有的年金、所有的帶薪職稱」。人們不能容忍「壟斷強行選擇最昂貴因而最低能的公僕，因為壟斷的明顯作用在於制止那些在自由競爭中本來能夠顯示才能的人有所發展」。人們不能容忍「年輕的特權者一過童年便有了地位和薪俸」。人們不能容忍龐大的貴族階層遍佈法國，通過其成員到處伸手，佔據了公共事務各部

門的所有要津[39]，如此等等。沙皇俄國一直是國家治理政體唱主
角，一切取決於國家治理政體的需要。其城市與西歐不同，空氣
並不使人感到自由。農民首先屬於沙皇，然後才屬於領主。國有
農奴的數目最終竟達到農村人口的一半。國家治理政體控制了主
要的易利活動，壟斷食鹽、石城等貿易；燒酒、啤酒由國家治理
政體專賣，開設的酒店一律歸沙皇所有，任何人不得插手[40]。同
樣，俄羅斯也如同法國爆發了血腥的革命，末代沙皇全家被槍
殺。也就是說，任何不想流血而進入包括治理政體易利在內的市
商化，就必須解決治理政體易利失衡的問題。這是鐵律。

　　治理政體易利失衡在原實行治理政體所有、管控的東歐國
家，也成為共性問題。比如波蘭：治理政體易利失衡使統一工人
党已經失去了真正的群眾基礎。全國看起來有很多黨員，但其實
那時候不入黨不行，蘇聯和波蘭有很多經濟合作專案，參與專案
的必須是黨員。另外，要在國營企業上班，不入黨就得不到提
拔。治理政體轉換後，波蘭新的執政者在20世紀90年代初，實行
了一系列被稱做「休克療法」的改革，放開價格、外貿自主化、
國有企業私有化等。初始，波蘭還是出現了經濟衰退，國內生產
總值下降了18.6%，到了1991年下半年便開始回升，1992年開始
轉為正增長，成為除東德地區以外東歐最早復甦的地方[41]。

39　西耶斯著，馮棠譯：《論特權第三等級是什麼》，p.13，14，15，
　　28，商務印書館，1990年版。

40　費爾南‧布羅代爾著，顧良譯：《15至18世紀的物質文明、經濟
　　和資本主義》，第三卷，p.511–512，生活‧讀書‧新知三聯書店，
　　1993年版。

41　在整個1980年代，經濟缺乏活力，消費品市場嚴重短缺。政府不得
　　不開始對食品實行配給，按月發放食品票，從糖開始，後來逐步擴
　　展到肉類、煙酒等。在農村，食品其實並不缺乏，於是出現過農戶
　　提著肉上門，賣給城裏人的情景。在波蘭南部的小鎮，黑市甚至出

令人驚詫的是，只要是治理政體插手易利，均可導致易利失衡，原始的議會治理政體也是如此。如威尼斯共和國，當然其治理政體運作也頗為特殊，市政議會是真正的主宰。威尼斯只有少數幾家銀行，而且都在治理政體的嚴格控制之下。治理政體的商船隊就比私人船隻享受更有利的市場進入條件。威尼斯的手工製造業是國家所有和經營，比如至少雇傭3000名工人的兵工廠就是龐大的國家手工場，聖馬克教堂的大鐘每天召喚工人上工，他們處在治理政體的嚴格控制之下。而治理政體所有與經營，包括對工人的嚴格控制，不可能為工業帶來持久的活力。後來人們看到，在工業革命來臨之際，17世紀威尼斯工業開始衰落，這也決定了威尼斯的全面衰落。當然，威尼斯的工業不是其主要財富[42]。但在工業在經濟中的地位日益重要的時代，其所屬工業的衰落並不是一件好事。

現了以物易物的場景。由於物價不穩定，再加之國營商場裏即便有錢也買不到東西，人們就用自己富餘的食品換取缺少的食品。還有很多波蘭人越過邊境，想方設法將西歐的商品進口進來。後來，人們逐漸意識到「我們的制度錯了！」實際上是治理政體易利失衡出現了，而治理政體易利失衡的責任方正是治理政體的壟斷者，是他們錯了。也就是說，治理政體易利關係需要徹底的改變，當然主要是治理政體易利的供應方、服務方已經異化，不可能提供國民需要的公共服務，而成為一種壟斷、掠奪與霸凌，必須從治理政體中退出，從治理政體易利中退出，由國民選擇新的治理政體易利對象。於是人們發現在1989年，波蘭團結工會與執政聯盟簽訂圓桌會議協議，舉行「半自主」的大選，原本協議規定保證執政黨聯盟擁有國會大部分議席，然而選舉結果出來，執政黨竟沒有得到一張選票。許多人為此跑到大街上慶祝，許多人不敢相信，執政黨會下臺。石毅：《波蘭一個家庭的20年轉軌》，東方早報，2011年12月20日。

42 費爾南‧布羅代爾著，顧良譯：《15至18世紀的物質文明、經濟和資本主義》，第三卷，p.139，生活‧讀書‧新知三聯書店，1993年版。

相反，人們在易利市商化經濟文明領跑者美國，看到的卻是另外一番景象：美國治理政體一般不會集中資源去創造國內「冠軍」；其政策卻是要為小公司和新公司提供平等的競爭平臺。易利市商化經濟文明之所以先進，非易利市商化經濟文明之所以落後，從中可見一斑。

三、強力易利失衡

在易利中，易利雙方在財富、權利、智力等各方面的擁有上總會存在差異，因而，只要缺失規則、規範，沒有自主、平等、協商、自願的硬性約束，也就是易利沒有發展到市商化資本主導的易利文明新階段，強弱易利就必然出現失衡。

■ 凌弱：國與國的強權邏輯。國家與國家之間也存在霸凌式易利。強權國家對落後國家就是如此，從而造成國家間的易利失衡。這是世界動盪的一個重要原因。1840年鴉片戰爭後，當時世界上最強大的三個市商化資本主導的易利國家：英、法、美三國與實行非市商化資本主導的易利華夏清朝簽訂的《南京條約》與《望廈條約》、《黃埔條約》，有人認為，這構成了近代華夏不平等條約體系中最重要的奠基石。當然，為了易利，三國在華夏不僅取得了正常的通商權與片面最惠國待遇，協定關稅的權利，在華傳教、租地建房的權利；還取得了領事裁判權，部分領土的佔有權等非正常權利。此後，列強強迫當時的清朝政府又簽訂了一系列不平等條約，甚至取得了鴉片貿易合法權等權利，這無疑就是典型的霸凌易利了。

國際貿易的迅速發展和資本、勞動力的大規模的國際性流動，各國各地區之間利益的相互交織成為全球化時代的重要特徵。沒有鴉片戰爭以來強加給華夏的一系列不平等條約，華夏或

遲或早也會融入全球化的歷史進程之中，但實事求是地說，清王朝的基本國策同全球化是背道而馳的。當時，只許西方商人在廣州一地開展對華貿易，即一口通商制度。只允許外商在夏秋兩季與清朝指定的廣州的十三家商行做買賣；其間，他們不能隨便出遊，不能坐轎，不得帶外國婦女，不得買華夏書，不得學華夏文。生意做完了，必須到澳門去住。顯然，在野蠻落後的清王朝主導下，華夏融入全球市場的速度與國際貿易（全球化）期望與要求是格格不入的。所以，此類國家間霸凌式易利也可能是一種選項。儘管清朝官方與民間對這種國家間霸凌式易利，從心裏和行為上進行了頑固抵制，但所有的抵制都是徒勞的。1840年的第一次鴉片戰爭（西方人稱之為「通商戰爭」）沒有轟開清朝的大門，《南京條約》關於五口通商的規定拖了10餘年基本上仍然只是在紙面上。於是，第二次鴉片戰爭隨後爆發。華夏融入經濟全球化的歷史進程伴隨的是西方列強侵華戰爭的炮火。而就清朝經濟與世界經濟接軌來看，五口通商實際上邁出了重要的第一步。單純就經濟貿易的開放而言，五口通商顯然有利於華夏沿海開放地區的現代化。此外，不平等條約對增強國人的談判意識和條約意識發揮了作用，尤其是使契約意識開始滲透到華夏的思維體系，也產生了極其深遠的影響。華夏古代外交史上並不缺乏談判和簽署條約的先例，但清廷對談判和條約在現代外交中重要性、嚴肅性的認識遠遠不足，並由此付出了慘重的代價；或者說是輕視談判和條約在現代外交中的重要性和嚴肅性所付出的天價學費，之後才意識到談判馬虎不得，條約簽署草率不得，執行條約亂來不得[43]。

43　袁南生：《不平等條約的另一面》，共識網，2011年7月12日。

■ 恃強：政與民的霸凌邏輯。總體看，作為一種無規則或規則性不強的易利，各類易利失衡是難以避免的。無規則的（主要體現在霸凌）易利必然失衡，對經濟文明的破壞性則十分明顯，比如拜占庭帝國。但只要有規則並被嚴格遵守，易利的正向作用就非常突出，比如古希臘。到西元前4世紀柏拉圖和亞裏士多德的時代，希臘地區差不多有一千個左右的獨立城邦。講希臘語的總人口從西元前1000年的大約33萬人增加到西元前四世紀的800萬到1000萬人。同一時期，在整個希臘世界，人均消費量已大致增加了一倍，而在雅典，人均消費量可能增加了兩倍。雅典是希臘城邦中最先進的一個。相較於表現優異的現代國家，城邦的平均增長率低下，但若與其他前現代文明相比，這一增長率則是強有力的。到西元前4世紀，接近1/3的希臘人生活在至少擁有5000人的市鎮當中；在歐洲，這樣的市鎮規模直到17世紀才再度普遍存在。而且，平均住房面積大大增加。在荷馬時代，希臘人通常居住在狹小並且修建簡陋的棚屋當中。到亞裏士多德的時代，他們生活在雙層房屋中，這些房屋在面積上與美國的城郊住宅有得一比。隨著易利經濟越來越貨幣化，城邦發行標準重量和純度的銀幣。依據考古學家所知錢幣的數量判斷，西元前6世紀到西元前4世紀之間，貨幣供應突然增加。與之伴隨的，是希臘世界內部以及希臘人與其鄰國之間的商品（包括奴隸在內）、製成品和奢侈品貿易的欣欣向榮[44]。

44　在民抉的雅典，其易利經濟的獨有特點引人注目，其中之一是收入不平等水準相對較低。法律也有效遏制了四處伸手的執政官或強勢的個人對公民的財產、尊嚴和人身的盤剝，某種程度上也一併保護了非公民對抗這種盤剝。城邦在保護其居民的財產和人身免於盤剝的同時，也賦予居民進行自主投資的理智。也就是說，市場易利失衡與治理政體易利失衡相對較低，因此他們在經濟上能夠發展出新

　　作為反面例子的拜占庭帝國則較為複雜，儘管拜占庭帝國的商業比較發達，易利的有利條件很多，但易利失衡問題卻相對嚴重。長期以來，拜占庭帝國的城市經濟受到嚴格的管制，工商業者分別隸屬於某一個行業組織，一般的工商業者的自主經營程度已經遠遠不如羅馬帝國盛期，但他們的稅負依舊沉重。如果他們違背了同行業的規章或欠稅不繳，對他們的處罰是嚴厲的，包括監禁，受鞭打，斷肢，沒收財產等。工商業者的經營受管制，活動不自主，處罰又嚴，一些工商業者為躲避稅收，只好棄業出逃。這種管制直到拜占庭帝國晚期才有所放鬆，但工商業者的實力這時已經弱了很多，因為海外貿易被義大利人壟斷，沒有他們的地位，而國內貿易又因拜占庭領土的縮小和人口的減少，市場不大，從而他們只能勉強維持生存[45]。城市工商業者和小農本來可以成為拜占庭帝國支持力量，可到了拜占庭帝國晚期，再也沒有

　　的專門化經營（比如雅典的橄欖和陶器生產而非穀物生產），這令他們的市場易利具有相對優勢。在雅典生活著很多外國「客籍勞工」，雅典人也雇傭了大量奴隸。但即便將奴隸和外國人考慮在內，雅典人收入分配上的不平等仍比大多數前現代專制極權國家少許多。雅典人發給非熟練工人的工資較高，比得上早期現代歐洲最先進的經濟體和17世紀黃金時代的荷蘭付給工人的工資。雅典的不平等榨取率低於任何可搜集到數據的其他前現代易利體。不平等榨取率是一種測量方法，基於對給定財富不平等水準的可能最大值進行估算，由前世界銀行首席經濟學家布蘭科·米拉諾維奇率領的一個研究小組設計。儘管沒有可以測量其他古代希臘城邦不平等榨取率的數據，但從對屍骨的科學研究以及房屋面積的比較研究中搜集到的營養方面的證據，與歷史上較低的不平等水準是相一致的。米拉諾維奇與其他經濟學家指出，相對較低的不平等水準與強勁而可持續的易利經濟增長之間存在強相關。約西亞·奧博，譯者聽橋：《來自古代希臘的經濟教訓》，美國《外交》雜誌網站，2015年8月4日發佈。

45　屬以寧：《論拜占庭帝國的滅亡》，中國世界中世紀史研究網，2011年1月31日。

力量支持這個國家了。晚期拜占庭帝國易利失衡嚴重，其原因正
是這一自毀生存基礎的悲劇持續上演，直至亡國。

　　儘管非市商化的易利存在各種各樣的失衡，人類經濟歷史長
河的絕大多數時期內又都是非易利市商化經濟文明的易利，這種
失衡顯然是易利文明發展的絆腳石，但它無法阻止人類易利發展
出易利市商化經濟文明。因為限制易利必然導致短缺，儘管合法
的易利被定義為不合法，但是大膽、無所顧忌的交易者還是會違
法地做出對雙方均有利的交易。易利管制政策幾乎總是會產生黑
市交易。索維爾指出，在黑市上，為了補償法律風險，價格不僅
高於法律所允許的價格，還會高於自由市場上的價格。儘管小規
模的黑市交易可以秘密地進行，但大範圍的黑市交易通常需要向
治理政體行賄才能進行。比如在俄羅斯，一項禁止價格管制食品
跨地區運輸的法令之所以被稱為「150盧布法令」，是因為需要
花150盧布賄賂員警，好讓禁運貨物通過檢查站。前蘇聯早期經營
食品黑市會被判處死刑，即使這樣仍然存在黑市。雖然這些非法
交易「沒有包含進官方統計」，但前蘇聯的經濟學家估計有83%
的人曾使用這些被禁止的經濟管道。這些非法市場覆蓋的交易範
圍相當廣泛，涵蓋了「幾乎一半的房屋維修」、40%的汽車維修
和比合法市場更大的錄影帶銷售：「在黑市交易中有約10,000個
品種的錄影帶，而在國家正規市場上提供的錄影帶還不足1,000
種」[46]。隨著人類文明不斷進步，對易利的規範，尤其是採取一
系列智慧型措施消除霸凌易利行為，使其更利於財富的創造與積
累，一種真正的人類欲望報酬遞增經濟秩序文明——易利市商化
經濟文明，必將自發創生、完善與發展。概率差異只決定是誰成

46　索維爾文、吳建新譯：《價格管制與黑市交易》，保守主義評論，
　　2021年5月25日。

為易利市商化經濟文明爆發的奇點問題。當然，有的區域則不那麼幸運，也許永遠也成為不了奇點。由於易利失衡的強弱決定，奇點非常幸運又必然性地落在了英國──這也是人類的幸運。

經濟學定律告訴人們：有多少易利，就有多少財富。易利越多，財富越多。當你再也找不出任何易利機會時，財富達到最大化。這就是帕累托極限。當然，這條定律成立的條件則是，不能出現易利失衡。這是市商化易利的使命，也是其責任。

第五章

市商易利法理

　　從經濟的角度看，文明就是易利主體獨立自主不斷擴張的過程。獨立自主具有不可抗拒力，它是從一個人的獨立自主向所有自然人獨立自主展開的。市商化資本主導的易利文明重要原則，就是個人運用私產（包括無形資產）來發財致富不受任何限制。由於奉行了這一原則，近幾百年來，經濟通過市場途徑不斷地為整個人類積累財富、帶來福祉。然而，一直到1800年，在全世界的總人口中，仍然有大約3/4生活在某種奴役狀態。在原始群落中，就存在著某種形式的奴役現象。在早期的國家情景中，所謂剝奪人身自主，就意味著將他們綁縛在出產穀物的核心區，防止他們未來躲避勞苦或奴役而逃走。對於早期國家來說，奴隸制同定居生活、馴化穀物相伴相生，就是通過對非自主人的管理，實現生產力的最大化，也就意味著治理政體佔有剩餘、佔有財富的最大化[1]。所謂易利市商化，最為重要的，是要使人——生命個體市商化，即市商化人人。希臘文明對易利市商化經濟文明的突出貢獻，即可首推其尊崇人自身為宇宙間最為重要的生靈，且拒絕祭司與暴君的支配。希臘文明增強了人的自主探索意志，推崇知識而非教義[2]。市商化人人，是人人市商最為重要的法則，是易利市商化經濟文明的基石，也是人類文明極為重要的發展成果。財富關係體現的是人類一個生命個體與另外一個生命個體在易利中展現出來的思想與行為狀態。所謂市商化人人，最主要的就是使每個人都成為真正（獨立自主）的人，而且每個人必須成為真正人。能否成為真正的人，則體現出不同的財富關係狀態。

1　詹姆斯・C・斯科特，田震翻譯：《作繭自縛——人類早期國家的深層歷史》，p.174–177，中國政法大學出版社，2022年版。

2　羅伯特・E・勒納等著，王覺非等譯：《西方文明史（一）》，p.101，中國青年出版社，2003年1月。

　　在掠奪零和財富關係中，被掠奪者不可能被視為真正的人，只不過是掠奪者眼中的財富，是可以與動物一樣被掠奪的財富，儘管被掠奪者與掠奪者在外形、內部構造上，在語言能力和思維能力、行為能力上並無二至，但掠奪者並不把被掠奪者看作為人，或完全可以將其從真正的人變為非人，而且掠奪者與被掠奪者的角色是完全可以互換的。在霸凌易利中，被霸凌者在霸凌者眼中也不是具有真正完整意義上的人，霸凌者自恃高人一等，可以甚至完全不把被霸凌者看作與其平起平坐的真正的人；被霸凌者也由於外部強力的作用下，自視低人一等而忍氣吞聲，只有在忍無可忍時才揭竿而起，一旦自己成為強者，也蛻變為霸凌者，形成惡性循環。被掠奪被霸凌的人由於不被作為真正的人，其價值得不到承認，更無法保值增值。因而，長期以來人類在整個財富關係的運作都只能處於近乎無的極低效率極低效益狀態，也就實現不了財富欲望報酬遞增；不把人當真正的人的掠奪與霸凌財富關係只能是零和遊戲。而易利作為人類財富創造與發展最重要的經濟行為，隨著有些易利行為的不斷重複與可重複，尤其是在財富基因流向天然優化的作用下，必然使易利不僅要有效率、有效益，而且要做得持續不斷地更有效率、更有效益。這就要求易利的參與者與這種必然趨勢相一致、相適應，即，必須使易利主體的生命個體從掠奪和霸凌零和的財富關係中解放出來，使其——易利雙方都要成為真正的人。而且，正是易利雙方成為真正的人，才使得易利能夠在自主行為體之間平等協商自願地進行，從而使雙方需求得到滿足，實現欲望報酬遞增。因為市商化（包括資本主導的）易利文明的一個最基本的條件和法則，就是要使財富關係中的每一個生命個體都處於自主、平等、自願的狀態，也就是市商化人人。反過來說，只有使每個生命個體都能夠處於

自主、平等、自願的狀態，才能建立起或真正稱得上是市商化（資本主導的）易利文明。這也就是市商易利法理。

從人類易利文明發展史可以看到，市商化人人，是易利文明發展的必然趨勢和必然要求。因為人們發現，在易利行為中，總有一次易利參與者都是自主的個體，又能夠在平等、協商、自願的情況下進行易利。而這樣的易利行為又使雙方都有收益，從而使雙方都願意重複或複製這樣的易利。如此，真正的人之間的自主、平等、協商、自願的易利，將會自發地持續重複、複製和擴展。這也正是市商化資本主導的易利文明的孕育與發展的過程。由此，市商化人人，即真正的人自主、自為、自勵參與的平等、自願、協商、共藩的易利，成為財富欲望報酬遞增自發文明的根基，也是市商易利最為重要的法理所在。

當然，市商化人人，包括自主、自為、自勵是個過程，是個漫長甚至艱難的過程。不僅個體的人如此，企業也是如此。西歐企業發展的起點是擺脫治理政體和宗教的控制。在很長時期內，西歐工商組織都要經過治理政體特許才能創立，而且要按照治理政體規定的價格經營。到了19世紀中葉，西歐治理政體才逐步給了企業自主權，即企業可以自主經營和自主定價。而企業爭取這種自主權的鬥爭是曲折和艱難的，至少延續了500年的時間，企業才有權自主買賣商品，並有權增加經營活動，或從一種經營活動轉向另外一種更有利的經營活動。正是這種人人（包括企業）自主、自為、自勵，人類財富才不斷地創造與迅速增長，人類文明才不斷地進步與發展，財富才由此顯示其力量。這就是市商化人人、易利市商化經濟文明的魔力、魅力所在。

第一節　自主法理

　　羅馬帝國的崩潰有很多原因，其中商業的凋零是重要原因之一。橫徵暴斂與嚴格管控，使帝國失去了極具進取心的成功商人等中產階層。帝國頒佈法令，禁止人們放棄職業。昔日的各行各業自發組織起來的社團、行會等慢慢發展成為強制性組織，要想從事某種職業，必須加入相應的團體；而一旦加入了某一團體，他就永遠留在了這個行業，包括其子子孫孫。曾經擁有自主的羅馬公民再也沒有了獨立自主的生活，皇帝的意志就是法律，皇帝的命令被執行到方方面面，甚至各種職業的報酬和商品的價格也由治理政體規定，皇帝手下的各級官員監督著國民生活的每一個方面。每個國民都成了龐大治理政體所操作的機器的一個個齒輪，只能為帝國服務，並被治理政體奪走勞動成果。加上宗教的控制，國民的思想和肉體的控制權分別給了教堂和治理政體，古老的思想自主傳統也徹底消失了[3]。與之相對照，率先進入工業革命的英國，其鮮明特點則是長期以來一直強調：與團體和國家相比，個人享有更大的權利甚至是特權。英格蘭也是市商化資本主導的易利文明孕育與分娩之地。

　　自主是市商化易利的本質特徵之一。如果沒有自主，任何易利將都不是市商化易利。自主易利就是不受制於其他人命令的限制，易利參與者能夠完全控制自己的財富，並決定財富如何使用。易利市商化人人最為重要的一點，就是對個人自主易利權力和權利的承認、尊重與保護；就是堅決反對任何強制性特權，反對對任何並非以平等適用於一切人的規則為基礎的權利提供任何

3　J．H．佈雷斯特德著，李靜新譯：《文明的征程》，p.472、481，陝西師範大學出版社，2007年版。

保護；就是強調任何組織或個人沒有任何權力限制有能力的人或有運氣的人去達致他們有可能達致的任何成就；就是任何人或任何群體都無權決定另外一個人在易利中所應具有的平等地位[4]。按照托尼在《宗教與資本主義的興起》所展示的觀點，所謂的「財產權理論」信條，就是：個體是他自己的絕對主人，在由國家認可的實在法規定的限度內，他可以著眼於他的金錢利益去利用它，沒有任何義務為了他鄰人的福利而耽誤他自己的贏利，也沒有義務向一個上級的權威說明他的行動[5]。與每個基因一樣，每個人，即每個自然人都是自為利益的基本單位。如果每個人不能夠自主，那麼必將摧毀每個自然人的自我利益，在財富關係上將永遠停留在掠奪及霸凌陷阱而不能自拔，這也使人類文明不可能繼續發展，甚至其存在也將成為不可能。把個人當作無條件的易利中心的思想，從1600年到1800年在西歐逐步發展起來。這種思想的本質就是：對別人的人身、財富和選擇的相互尊重，在事實上使得合作成為可能。自亞當·斯密以來的整個西方主流易利經濟學發展史，都可以被看作是易利個人自主理論的延伸和拓展。在人類文明中所發現的絕大部分秩序，都是個人活動不可預見的結果。易利市商化經濟文明也是如此。沒有對生命個體的思想和行為的解放，就不可能有市商化資本主導的易利文明的孕育與發展，也不會有易利市商化經濟文明。這個所謂的解放，核心點就四個字：個人自主。哈耶克的巨著《自由憲章》雄辯地證明，易利市商化經濟文明是漫長歷史中自發形成的秩序，個人自主是人

4　弗裏德裏希·奧古斯特·馮·哈耶克著，鄧正來翻譯：《個人主義與經濟秩序》，p.28，復旦大學出版社，2012年版。

5　R·H·托尼著，趙月琴、夏鎮平譯：《宗教與資本主義的興起》，p.88，上海譯文出版社，2013版。

類繁榮、進步的唯一途徑；任何試圖侵犯個人自主、改造人性和人類的烏托邦幻想，都是狂妄的、致命的[6]。

艾德蒙・柏克有一條著名的「柏克定律」：通過暴力建立的現代政權，唯有接續上本國、本族裔之自主傳統，回到良序的軌道上來，方能繁殖養育，長久延續。核心也是四個字「個人自主」。大衛・休謨與正統的輝格史觀不同，他認為英國人的自主並不是來自什麼英國的「古老憲法」，而是來自商業和貿易的發展。亞當・斯密說，休謨是唯一的注意到了這一點的作家。柏克認為，大革命精神導師盧梭的天賦人權是一種愚蠢的抽象權利，世上只存在具體的人賦人權。是的，市商化人人，必然要求賦予每個人與他人新的自主、平等、協商、自願的權利，在易利文明的推動下，自形成欲望報酬遞增自發秩序，建立起新的財富文明。

自主的前提條件是財產權和人人平等，沒有這兩條就沒有市商化人人。只有財產權才能夠保障自主易利；只有人人平等才能保證自主易利。率先進入工業文明的英國，是唯一一個並非僅僅改變了等級制，而是將其徹底摧毀的國家。按照托克維爾所論述過的，在英格蘭，貴族和中產階層一齊遵守同樣的生意經，加入同樣的職業，尤為重要的是，他們相互通婚。從17世紀開始（也就是400年前），血統高貴論式微、貴族晉級開放，財富成為權力之源，法律面前人人平等，公職對全民開放，新聞自由，言論公開[7]。

6　新少數派《他們畢生致力於用思想喚醒沉迷在烏托邦幻夢中的人們》，訂閱號，2019年9月1日。

7　艾倫・麥克法蘭著，管可穠譯：《英國個人主義的起源》，p.266，267，商務印書館，2020年版。

一、自主權利內涵

自主的本義：自我駕馭。自主的反面：他人駕馭。愈能保障個人自主的秩序便愈能產生豐富、進步的文明；同時保障個人自主的秩序也更有助人類的合作。個人自主不但不會帶來秩序的混亂，反而能夠導致最適合易利市商化經濟文明演化需要的人類秩序，同時也是易利市商化經濟文明進展最有效的原則。

有思想家將「消極自主」和「積極自主」的區分稱為20世紀治理哲學的經典命題。根據以賽亞・伯林的定義，「消極自主」就是「免於……的自主」，是在雖變動不居但永遠清晰可辨的那個疆界內不受干涉。而「積極自主」則是個體成為他自己主人的願望，希望被理性、有意識的目的推動，而非被外在的、影響我的原因推動。簡單來說消極自主就是，我不想要什麼、就可以不要什麼，英文是「使……擺脫」。而積極自主就是，我想做什麼、就可以去做，英文是「自由的」。換句話說，一個是擺脫障礙的自主，一個是實現目標的自主。無論是消極的自主（專指自主），還是積極的自主（自抉），都是自主，是自己對自己的（思想和）行為的自主，沒有高下之分，都非常重要。如果仔細再研究一下，就可以看到，所謂的積極自主，實質上是自抉，是一種要作何行為的選擇；而消極的自主是自主的本意，就是對不行為權力的擁有，是對他人意志的反抗的權力，而不是對如何行為、做何行為的抉擇。自主不僅限於易利參與者個體，對企業來說也一樣。正如約翰・麥克米蘭在《市場演進的故事》一書中所說，忽視熱帶病的研究以及設定高昂的藥價，是制藥公司對自己所處體制的正常反應，它們根據市場的激勵採取相應的行動。公司有義務為股東的利益負責，它們應該投資到預期回報更高的地

方[8]。

　　■ 作為易利市商化經濟文明根基的自主。個人自主的主要信條雖然十分簡單，卻是革命性的。根據這一哲學，所有人都享有作為生命個體的自主平等權利，無論他們的群體身份如何，只要他們不侵犯他人的平等權利，他們就應該隨心所欲地使用自己的人身和財富。概況起來，個人自主包括「兩權、三維、四基本」。「兩權」：個人主權與個人隱私權。德國學者文德爾班認為，以智者為標誌，希臘哲學和科學「走上了人學的道路，或者說走上了主體性的道路」。但只有到了易利市商化經濟文明，包括市商化資本主導的易利文明，個人的自主權才得到了真正的確立。個人主權體現了文藝復興以來以及啟蒙時代的個人理念。現代個人主權一方面表現為個人自主、自為、自勵的「個人主權」；另一方面表現為對「個人隱私權」的尊重，對保護私人領域的宣導。「三維」：在易利市商化經濟文明中，個人自主是市商化財富文明賦予每個人的崇高人格和不可剝奪的權利。作為每個生命個體的人通常具有三維權利──「權利意識，權利能力，權利資格」，以此決定每個人都具有自主、自抉的權利。現代易利市商化經濟文明，以它特有的運行機制──市商化財富文明塑造著具有三維結構的權利，人人市商化易利權利由此形成。「四基本」：根據美國法理學家霍菲爾德1910年代發表的兩篇論文的觀點，可將法律體系內人們通常所說的自主權利解析為四個基本類別：之一，行為權，是自主行事的自主或許可，不依賴於他人的義務、反而依賴於他人沒有權利要求自己不這樣行事（他人的無權利）。之二，索賠權，是依賴於他人義務（責任）的權利，

8　約翰・麥克米蘭著，餘江譯：《市場演進的故事》，p.35，中信出版社，2006年版。

自己有權向他人提出履行義務的要求。與之相反的概念則是自己的無求或無權（無權利）。之三，合約修訂權，是修改合約權利（包括自己的權利和他人的權利）的能力，依賴於被修改的權利的主體（可以是自己）有接受修改的責任。之四，豁免權，是針對他人權利的豁免[9]。

在財富文明中，自主還是一項十分重要的選擇權利，尤其是選擇不服從於強制外力，而進行平等、協商、自願易利的權利；或經過平等、協商，自願不進行易利的權利，也就是行為自主。按照哈耶克的觀點，自主乃是一種文明的產物：它把人從小群體的羈絆中解放了出來，實際上是從群體易利主體間性解放出來。這種小群體所具有的即時性反復無常的要求，根本就無法使個人獲得自主，而且即使是小群體的頭領也不得不對之臣服聽從。經漸變而來的文明之規訓使自主成為可能，它同時也是自主之規訓。自主一方面通過非人格的抽象規則來保護個人並使他們免受其他人的專斷暴力的侵犯，另一方面則能夠使每個人都去努力為自己營造一個任何其他人都不得干涉的確受保護的領域，其間，每個人都可以運用自己的知識去實現自己的目的[10]。

需要再次強調的是，個人自主，還是指個人享有個人行動、個人選擇之外，個人創造並擁有個人財富的權利。失去了擁有個人財富的權利，獨立行動就無法得到保障，甚至思想自主、言語自主等都無從談起。

正像安東尼‧德‧雅賽所指出的，在易利中，個人能夠選

9　Stewie：《權利與自由的邏輯體系，兼論財產權屬於自由》，未名空間，2010年9月4日。

10　哈耶克：《人類價值的三個淵源》，新少數派，2021年8月26日。

擇，並且只有個人才能選擇。而且選擇的意義在於選取所偏愛的
選擇方案。這條原則將被稱為「無支配原則」，其意思是如果選
擇的結果是獲得一個「被支配的」選擇方案，選擇就沒有意義。
所謂「被支配的」選擇方案，就是一個在一系列相互排斥的選擇
方案中比任何其他選擇方案都差的選擇方案。這並不是說人們絕
不選擇被支配的方案，而只是說選擇被支配的方案就是浪費選擇
能力。這條原則中所說的「偏愛」，是學者們傾向於使用的廣義
的「偏愛」。對於學者們來說，偏愛就是一個人寧願要一個東西
或做一件事而不要另一個東西或做另一件事的若干原因的總和。
選擇的能力是人們獲得他們更想要的東西的最佳手段。使一個人
選取一個他本來可以不選取的被支配的選擇方案是對這個人的傷
害。他（她）所遭受的傷害是雙重的：既損害了他的利益，又
侵犯了他的自主選擇權。無緣無故地壓制人的任何能力都是錯誤
的。基督教徒會說，其錯誤就在於違背了上帝對人的設計[11]。

　　■ 作為易利市商化經濟文明要約的自治。沒有自治，人人自
主的易利並不能促進雙方易利意願的達成，也不能保證易利參與
者財富欲望報酬的遞增。因為自治就是自我的限制，也就是說，
易利參與者必須自覺遵守易利規則，自律防範道德風險。所以，
自治是自主易利的當然要約。自主要求行為主體自治，而所謂
「自治」的條件，是指行為處於行為主體意志的控制和調節下，
自我對自己行為動機能夠給予評價，對自己的選擇能夠給出理
由，對自己的行為及其後果有一種認識並負責，對自己的行為能
夠進行積極的約束。自主行為必須對自己的欲求、衝動、渴望給
予評價、理解和控制，或是認同、接受所要滿足的欲望，或是抵

11　安東尼・德・雅賽：《自由秩序下「選擇」的三個基本原則》，勿
　　食我黍，2020 年 3 月 27 日。

制、調和、緩解這些欲望的滿足[12]。安·蘭德強調，和平、安全、繁榮以及人與人之間的合作和善意，所有這一切美好的東西，都只有在個人自主的秩序或制度下才能實現。在這樣的秩序或制度下，每個人都能安全地行使自己的個人自主權利，都知道秩序或制度可以保護他的自主權利，而不是要毀滅他的自主權利。美國憲法的前十項修正案（統稱為《權利法案》），主要是關於保護個人自主權利不受治理政體權力侵害的。而且，在易利市商化經濟文明，自主只能限定在自己事務決策的範圍內，就是在易利行為中不能侵害別人的利益。這也就是自治。與此不相適應的自主就是侵犯，而不是易利市商化經濟文明概念中的自主。正如18世紀的英國首相威廉·皮特在一次演講中所說：即使是最窮的人，在他的寒舍裏也敢於對抗國王的權威。風可以吹進這所房子，暴雨可以打進這所房子，房子甚至會在風雨中飄搖，但是英王不能踏進這所房子，他的千軍萬馬不敢踏進這間爛了門檻的破房子。能不能進當然取決於房子的主人，如果能不能進是一種易利，那麼前提必須是雙方自主的平等、協商、自願，由此也限定了自主、自為、自勵。

市商易利的相互制約，強制與約束著雙方共同選擇彼此樂意接受的易利方案：進行公平交易。而公平交易的方案只能經過雙方充分自主協商才能達成。在協商過程中，雙方會就易利的內容、方式、手段、標的、數量、品質、範圍、責任、違規的制裁等達成全面的一致，並以最有效且雙方都接受的形式予以規定。在整個市商化易利的過程中，充分體現主體（人人）可為、自為的自主性，充分尊重每個人的自主權利。

12　周楓：《個人自主：自由主義的核心價值》，《中國青年政治學院學報》，2006年第6期。

二、自主市商原則

有人疑惑，人類有文字可考的歷史已經長達數千年，為什麼只有在最近幾百年才出現了經濟發展的飛躍？為什麼像美國這樣一個立國不過二百餘年的國家會成為世界上最強大的國家？財富遞增經濟奇跡的原動力究竟何在？答案很多，其中四個字至關重要，即：個人自主。如果人類的行為要取得任何價值，那麼，他一定要有順其意願的自主，包括自主地使用他的知識和技能。而且，個人自主的主要價值在於，它是一種使易利失衡的概率及所能造成的破壞最小化的制度。而在中世紀及之前，人們根本就不知道個體性。人們感興趣的不是個體的人，而是履行其職能，或是作為一個群體中的附屬者，人被歸入到能夠使其生存的社團中[13]。這些都被易利市商化經濟文明進程所打破。

■ 作為易利市商化經濟文明重要原則的自主。個人自主就是在市商化人人的財富文明中確立一個重要原則，即：堅持生命個體為本，確保個人自主易利。這一學說的假設是，只要讓個人得到自主化易利的一切機會，就能夠實現人類經濟文明的進步。在實踐中，作為一種秩序核心，個人自主指一種建立在自利、私有制和契約基礎之上的財富欲望報酬遞增的自發易利秩序。作為一種經濟理性，個人自主的本質在於：它把經濟世界的最終構成要素理解為「個體的人」，這些「個體的人」總是根據他們的意向和他們對自己的境況的瞭解來進行易利活動的。每一複雜的易利狀況、經濟組織和秩序或事件，都是個人及其意向、境遇、信念，以及自然資源和環境的具體組合的結果。即最少的治

13　漢斯－維爾納‧格茨著，王亞平譯：《歐洲中世紀生活》，p.6，東方出版社，2002年版。

理政體干預和個人最大的易利自主不但使人類總體效益提高，而且符合人類經濟文明發展的需要。有人追問：每個關於易利現象的陳述能否都可以直接還原為關於個人易利行為的陳述；易利行為本質上能否歸屬於單純的個人理性的計算；在資訊非對稱的易利世界裏，個人最大化目標能否完整的實現；個人的易利自主度的空間究竟有多大；易利決定論的因素中有無非易利因素的存在等等。但從財富宿主和易利市商化經濟文明的角度去思考，對這些問題的理解，可能會多了一個不同的視角。財富以人為宿主，個體自然人能否成為財富的宿主，取決於其易利欲望能否自主產生。個人自主根植於、存在於免遭外部人為權力干涉的私人內部領域之中。人的自主很重要，它是理性對理性的支配，而不是意志對意志的支配；是能促使每個個體不受治理政體、群體、無知和錯誤等的干擾，而履行對於人類的生存與發展所盡的義務。同時，自主反對欺詐、利用和傷害他人，因而支持真誠、平等與互惠互利；反對迫害與壓制異己信念，支持理解、寬容和商談；反對縱欲，支持審慎地對待財富欲望；反對霸凌易利，更排斥掠奪零和，同時堅定市商化財富擁有、創造與發展理念。而且，只有自主才能使易利科學真理得以誕生，自主也是財富能夠創造與發展的必要條件。沒有自主，就沒有易利科學真理，就沒有財富的平等協商自願交換或交易，就沒有財富的創造與發展，也必然使自然人個體陷入貧困與無知，使人類的生存與發展受到致命的威脅。易利市商化經濟文明，本質上說，就是互相易利交換服務與商品，體現在財富的創造與發展上，就是要自主平等協商自願易利，這一點非常重要。所謂的自主平等協商自願，就是易利的參預者均可自主，且具有平等的權利，他們之間協商地易利，並自願達成合約。自願的同意，意味著是一個雙方都同意的易利，這

對於任何一方來講，都必然導致在對方同意條件下的自己福利的最大化，從而是一個最有效率的易利。這也是財富創造、增值的奧秘之一。尤其是自願易利，就是認可、執行和堅持「一致同意原則」，即：任何一項易利，只有當雙方同意時才會達成，也只有在雙方同意的條件下才有最佳結果——均衡回報。只要有一方認為某一交易損害了自己，就可以通過「不同意」來避免。因此，市商中不會有違背個人自主原則的易利存在。由於現代易利市商化經濟文明是以個人自主方法論為基礎的，所以符合個人自主原則也就符合均衡回報原則，即如斯密所說，個人追求自己利益的最大化會導致繁榮及利他。

■ 作為複雜化易利重要原則的分工。人類越來越偉大，這種偉大完全是易利的發展帶來的財富積累，尤其是易利市商化經濟文明被人類創造出來後，巨大的財富，包括科技財富，使人類有了從來沒有過的自信，也使人類每個生命個體有了從來沒有過的自傲。顯然，在人類依然渺小的時候，作為人類個體，充滿著恐懼，聚合為眾才能抱團取暖。因而，臣服權威、隱藏個體自主就成為必然選項。而今天，在自信的基礎上，人們越來越強調自我，確定自我價值，強化個體自主可為與個體本位。正如自信的來源一樣，這完全拜易利文明發展尤其是市商化易利，包括市商化資本主導的易利分工所賜。個人自主、個人本位，是自由市商易利的基石。有學者認為，生產和消費導致勞動分工，以及職業方面和地域方面專長的提升，從而對於大為提高就業以及對現有資源的流向優選省去了不少麻煩。勞動分工只是市商易利一個方面的例子，它與「知識分工」這樣一種存在是相輔相成的。個人自主一個重要內容，按哈耶克的觀點，就是人們可以「為自己的目的運用自己的知識」。在一個複雜的易利文明中，知識是分立

的，深植在無數人的技能和傳統中，高度分散。任何個人或集團
都不可能完全把握作出「正確」決策的全部相關資訊；每個人都
只有部分知識，永遠無法知道所有事情。市商化易利的高明之處
就在於，它允許每個人在日常的生產、消費活動中自主地運用他
們所擁有的部分知識。無數個人根據部分的和高度分散的知識作
出形形色色的決策，通過價格機制的「信號」、在法治的框架內
協作。只有這種協調現有知識並創造新知識的分散的機制，能有
效地滿足複雜易利文明中各種各樣的欲望和需求[14]。這也是財富
創造增值的重要原因。依靠分工，人類已經取得了未經任何個人
設計或理解的成就，而且它們的的確確超過了個人的智慧。分工
使每個個人成為單一經濟資源（財富）的支配者，但經濟資源的
單一性無法實現每個人的多重需要，因此分工必然推動每個人之
間互換各自專有的資源（財富），並使公民之間客觀地建立起財
富上相互依賴的易利關係。然而，每個公民參與易利主要追求自
己利益的充分實現，所以每個人之間通過易利形成了利益上的衝
突與排斥關係。作為一種健全的財富易利方式，這種存在於易利
市商化經濟文明中各易利主體之間利益上相互依賴與相互排斥的
關係，通過市商化統一為一種易利制約的關係，是為市商化易利
特有的關係機制——正是這一關係機制，直接賦予了各易利主體
（人人）財富創造與流動中自主表態的權力，並強制各易利主體
相互承認與尊重對方的利益，進而以此為基礎塑造出市商化人人
的權利。

　　從易利文明發展看，尤其是進入市商化資本主導的易利以
來，突出個人在易利中的地位、作用已十分明顯。如果沒有個人

14　by Dr. Razeen Sally：《什麼是自由主義》，貓眼看人，2006 年 2 月 7
　　日。

自主，那是不可想像的，人類經濟文明也不會有今天如此巨大的
發展成就。市商的自然人都是個體的人，其市商化，首先是要使
主體（個人）具有市商的能力和條件；其次才是在能力和條件的
限制下，必須具有平等協商自願的道德和行為。需要指出的是，
人人市商的目的是財富，手段是交易或交換，但不是個人自主權
利的讓渡。所謂的讓渡就是對自主權利的放棄，既不是自主，也
不是自覺，更不是主體個人的市商化。任何個人自主權利的讓渡
都是自主的喪失，都是為極權專制開閘放水。也就是說。易利市
商化經濟文明，必須要使每個生命個體都成為獨立自尊，與他人
平等的人。易利市商化經濟文明中的易利都是作為人的個人與同
樣作為人的個人之間的平等的自主、自抉的行為。從另外一個角
度看，一個自主可為的人格得到有效尊重的文明形態，必定是一
個易利市商化經濟文明形態。如果個人的財產權得到保障，個人
有選擇易利的自主權利，個人之間的糾紛能夠得到法律的公正處
理，易利市商化經濟文明必定會逐步建立。過去千年萬年的人類
易利文明之所以定義為前易利市商化經濟文明，歸根結底就是因
為人類個體的自主權利得不到保障；遵循的是叢林法則、順從的
是強者為王的淫威，即掠奪零和及霸凌易利。隨著自主人格逐漸
被承認，易利市商化經濟文明也逐步確立，並形成良性互動。今
天，世界貿易組織所建立的各種制度，其出發點就是尊重每個人
的自主權利，保障個人自主權利不受侵犯；保證每個自然人都有
追求利益的權利，有選擇易利對象、價格、進入和退出等自主權
利。

三、自主人格賦予

自主易利賦予每個生命個體的人格，最主要的是「平等」二

字。在易利中，相關個體都是平等關係，既不相互隸屬，也不受強力左右，一切由價格說了算，一方拿出時間或商品，一方用金錢或其他財富與之交換，完全自願。由易利產生，以自主賦予的這種平等關係可以引申到一切領域。也就是，人人生而平等。

約翰・洛克認為，所有人都是平等，且獨立自主地存在。雖然土地和一切低等生物是所有人共有的，但每一個人仍然有屬於自己的東西，那就是他自己的人身，對於這個所有物，除了他自己以外，別人是沒有任何權利的。他的身體的勞動和他的雙手的創作，是理應屬於他的。

■ 作為易利市商化經濟文明人格特徵的平等。中世紀的城市不僅給人以自由、自主，而且給人以平等。亨利・皮雷納指出：

任何人進入城市的大門，無論是貴族還是自由民即市民，一律要服從於刑法。由於刑法的作用，城市可以說經常處於戒嚴狀態。但是刑法也是城市實現統一的強有力的工具。因為它凌駕於分割這片土地的各種審判權和領主權之上，迫使所有這些審判權和領主權服從於它的無情的法規。它比利益和居住的一致性更有助於定居在城牆內的所有居民人人平等[15]。

關於「平等」，詹姆斯・塞爾門認為，大體有三個方面的解析：一是古典詮釋的平等理論，即平等的先決條件是在同一個標準之下的平等。這個看法通常援引亞裏斯多德《倫理學》和《政治學》，來建立一個要求法律面前人人平等的正義理論。二是「機會的均等」平等理論。機會均等保證所有的個體，尤其是那些不富有的，都有相同的機會獲取那些尚未恰當歸屬的已經存在

15　亨利・皮雷納著，陳國梁譯：《中世紀的城市》，p.122–123，商務印書館，1985 年版。

或可能出現財富。三是「利益多元論」的平等理論，承認人們具有不同的利益，被視為在法律及制度關係平等，並且人們必須具適當的能力去利用平等的機會[16]。這裏需要澄清一個概念，就是財富分配。有人在提到財富時往往會加上分配二字。但在市商化財富關係中，財富是不能分配的，也從來不會有什麼分配。分配在市商化財富關係語境中是不存在的，準確地論述，應該叫財富流向優選或優化。財富作為「基因」，會自動選擇適宜其存續和發展的宿主。這是在一種特殊機制下，財富流向的優選或優化。正是有了財富流向的優選或優化，才出現了一個喜人的現象，就是世界近200年的人口增長率和過去1000多年相比，加快了12倍，而平均壽命的年增長率加快了50倍[17]。

茅於軾認為：當每個人都具有平等、自主的權利以後，財富的創造才是順理成章的事，不用第三者操心。這裏用得上市商化易利學裏最起碼的一條道理，即自主、平等、協商、自願的易利必定能夠創造財富。它的邏輯解釋如下：如果易利是自主、平等、協商、自願的，必定對雙方有利，至少不會對易利的任何一方造成損害。因為人都有自衛的本性，對自己有害的事不會同意。除非自己在別人的脅迫之下，這就違反了自主、平等、協商、自願的前提。一件事對雙方有利（或至少對其中一方有利）

16　詹姆斯・塞爾門：《人權觀念的文化差異及其在中美憲法中的體現》，2006年7月18日。

17　生命個體的壽命對人類很重要。賈雷德・戴蒙德指出，長壽是塑造人性的一個因素，也是人類越過獸界，進入人境的本錢。因為長壽，每個世代才能有效地創造經驗、技術和知識並將其傳遞下去。科學研究發現，為了長壽，人類的身體已經重新進化、設計過了。腸內細胞每幾天更新一次，紅血球每幾個月更新一次。賈雷德・戴蒙德著，王道選譯：《第三種黑猩猩》，p.66，127，上海譯文出版社，2012年版。

而沒有人受損，必定有財富的增加。如果財富總量沒有增加，則一方得益另一方就會受損。這原是最簡單的邏輯。但是100年前的經濟學對此無法理解。那時候把財富等同於物質。他們認為，物質不改變財富就不可能增加；易利以前和易利以後物質沒有變化，所以財富也不可能增加。他們不懂物以稀為貴。物從多餘的地方交換到稀缺的地方，價值就增加。同時，易利後的財富形成新的組合，當然會創造財富，從而必定會增加新的財富。他們不理會一個最基本的事實，人們辛辛苦苦易利，其目的就是為了謀利。如果是易利沒有利益回報，參與易利的人肯定都是傻子[18]。

　　■ 作為市商化易利人格平等法理的宗教。個人自主平等的主權理念可追溯到基督教教義及宗教改革。在過往時代的大多數文化中，在人格上，群體內的人們是不平等的，因為一個人的權利主要由其群體身份決定。例如，在古羅馬，有貴族階層和平民階層。貴族比平民擁有更多權利和權力，但種姓的成員資格是由祖先決定的，所以再多的個人努力也無法改變權力的不平衡（等）[19]。基督教教義在中世紀西歐人們的思想觀念裏居於統治地位。上帝是君臨整個宇宙、當然更是君臨整個人類的最高神。如果說人與神的這種關係體現出的是完全的、絕對的不平等的話，那麼在另一方面，這種關係卻有利於推導出人與人之間的平等。因為，上帝是無差別地把整個人類而不是人類中某些部分當做它的對象的。從《舊約‧創世記》關於人是上帝創造出來的這一人類起源，不難推斷出人是先天平等的。理論上，作為基督徒，人

18　茅於軾：《人權觀念改變了人類文明進程》，天益社區，2007年2月9日。

19　丹‧桑切斯文，禪心雲起譯：《個人主義：一種深刻的美國哲學》，私產先生，2022年7月18日。

們之間在兩種意義上是平等的。一是作為上帝的子孫後代，作為人的平等。二是作為追隨基督的人的平等[20]。由人創造的上帝這個概念，對易利市商化經濟文明發展來說非常重要，因為宇宙是上帝創造的，那麼地區上的土地不可能只有一個自然人天然的或暴力而來的佔有，也不可能有國家即為皇家專屬。持續上千年的獨特的政、教關係在西方人深層心理上積澱為一種根深蒂固的意識，即治理政體的權力是有限的。無論從歷史傳統上還是從賦予國家的理論上的地位來說，治理政體權力不可能是絕對的、無所不在的、萬能的。治理政體權力只與人的一部分生活有關，個人生活還有一部分是治理政體無權干預的。信仰自主的實現，在世俗權力網上衝開了一道口子，它是近代個人所享有的一系列自主

20　首先，人都是用一樣的泥土所造，在物質屬性方面是平等的。1056年，一位女伯爵在釋放一個女奴時說：我們皆是從土造出來的，應當互相可憐……凡所交付我們的，應使他們自由。在這裏，自由人和不自由人的差別，在他們的物質屬性的同一性面前消失了。文藝復興時代，著名的人文學者葡伽丘說：我們人類的骨肉都是用同樣的物質造成的……我們人類天生一律平等……。其次，人都有著上帝給予他們的共同的祖先——亞當和夏娃。這意味著，在古代一切等級制度所強調的血緣和家世方面都是毫無意義的，因為每一個人之間也是平等的。中世紀英國農民的代言人約翰·保爾在攻擊貴族時就說：如果我們同是父親亞當和母親夏娃的後代，他們又怎麼能斷言或證明他們比我們更應當做主人呢？再其次，人都是按照上帝的形象被造出來的，在形象上也是平等的。這種形象上的平等，也成為了人在現實生活中的平等的依據。比如，在14世紀，一位伯爵在釋放其管轄地上所有的農奴時說：因為人是按著上帝的像造的，故按天然之規例，都應當自由。又如，佛羅倫斯的平民們在攻擊貴族時說，大自然把所有的人都塑造成一個模樣。大家都把衣服脫光了，就會看到人人都長得差不多。而且，在中世紀的西歐，隨著基督教的普及，上至王侯，下至農奴，絕大多數人都成為了基督教徒。趙文洪：《中世紀西歐的平等觀念》，世界歷史，2004年，第1期。

的先導。仔細分析近代人所得到的和得到承認的私人領域，其核心部分正是中世紀教會控制的領域。教會並沒有給個人以自主，但它將這些領域攫為己有，從而防止了治理政體的干預。根據基督教的信仰，治理政體只具有工具的價值。它本身不是目的，它應該服務於更高的目的，自然人個體才是目的。自然人個體因為有一個靈魂和一個超世俗的命運，所以其價值在治理政體之上[21]。加爾文理論的一個突出原則就是強調上帝的主權，強調不管是統治者，還是被統治者，都當順服上帝的聖言。「惟獨上帝的主權」使得人間任何權力都成為有限的委託性權力，而權力的主體都是平等人格的生命個體。每個人都是上帝創造的，每個人都有上帝的形象，每個人都有上帝賦予的不可剝奪的權利，為全體公民和治理政體自然人提供了超驗的絕對標準，使任何人都不能打著「公意」、「理想」或「主義」的招牌，把個人的私意堂皇冠冕地強加在其他自然人頭上，甚至強加給整個族裔和國家，把他人的生命、鮮血和尊嚴當作治理哲學的試驗品[22]。根據《聖經》的啟示，只要是人，不管是王侯將相，還是平民百姓，在上帝面前一律平等，在上帝的律法面前一律平等。約翰·諾克斯不僅像加爾文那樣認為君王的權力來自於上帝，當君王違背上帝之道時，下級官員有責任起來反對他，而且還直接訴諸於民眾，表達了一種主權在民的思想。不畏強權的諾克斯曾多次與瑪麗女王當面辯論，他明確表示，雖然自己出身低微，但是他與女王一樣，都是「生活在這個國家的上帝的子民」。當瑪麗女王強調君主的權力

21　叢日雲：《中世紀西歐政教二元化權力體系及其影響》，中國世界中世紀史研究網，2009年8月15日。

22　王志勇：《加爾文政治神學七大原則與人權保障》，互聯網，2007年6月7日。

是不可侵犯的時，諾克斯公開駁斥道，君王的權柄來自於上帝，如果君王濫用權力，違背了上帝授予其權力的宗旨，民眾就有權利起來反抗。從《聖經》的啟示來看，上帝把治理的權柄賜給人，但絕沒有賜給一個人，賜給一個家族，賜給一個族裔，賜給一個國家，更沒有賜給撒但，而是賜給了每一個人。每一個人都在上帝面前享有治理的權柄，也享有治理的使命和責任。因此，治權平等地歸屬於每一個按上帝形象受造的人。人人都是生而平等的，生來就具有不可剝奪的尊嚴，不可剝奪的權利。任何人都沒有凌駕於他人之上的權柄。

而華夏的極權專制傳統是臣服的傳統，從沒有什麼自主，更無個人自主可言。秦漢之後，即華夏的皇權專制統治完善以後，權位最高的是皇帝，皇家一家佔有、統治著全國。每一個地方的官都臣服於皇帝，因為這個國是皇家的，你只是皇家豢養雇傭的，而不是國家或國民的官員；而老百姓都要臣服於地方那個最基層的官員，因為官員是皇家的代表。你不臣服，強力會讓你臣服。說到底，國家不是官員的、不是民眾的，而是皇家一家的。由此來看，在極權統治的國家，整個國家都不屬於官員也不屬於民眾，而是屬於最高統治者。所以，在極權專制的皇權國家朝代提倡什麼愛國又是多麼荒唐可笑。要說愛國也只是皇家的事，或者是變相國家——最高統治者的事，作為官員、民眾為什麼要愛國，愛的是哪家的國。而民決的國家，國家不是那一家的，而是所有治理政體自然人和民眾的，不愛國當然是不負責任的，是要遭受唾棄的。儒家學說就是一個臣服的倫理，在家庭裏面都要臣服於家長，具體來講兒子要臣服於父親，妻子要臣服於丈夫。一切人的關係都是一個臣服的關係，一個服從的關係。不可能做到人人自主可為，因而長期愚昧落後，走不出朝代家族更替的荒唐

「週期律」──極權專制的「鬼打牆」。這是與易利市商化經濟文明格格不入的。

基督教提倡公義、公正、公平。基督徒認為，一個人一旦出生，上帝就賦予以做人的基本權利。人的權利的主要內容是自主權和平等權。自主包括思想信仰自主、言論自主等。平等即指任何成員在人格尊嚴和法律地位上一律平等。除了自主權和平等權外，人的權利還包括生存權、財產權等。因為以神為本與以人為本並不矛盾，所以美國《獨立宣言》開宗明義說：「人人都從『上帝』那裏被賦予了一些不可轉讓的權利」。

中世紀，即使是人身依附的封建時代，也是指自主人之間的依附關係。一個自主人將自己托庇於另一個自主人，為其提供役務，同時保持其自主身份。當時的文獻稱這類人為「依附於人的自主人」。建立依附關係，主要是提供安全公共產品的需要，是靠依附關係建立的軍事關聯團體。如同羅馬世界的其他地區，羅馬帝國晚期的高盧地區，對私人士兵團夥的存在已習以為常。這種習俗從蠻族入侵中延續下來，至少在盧瓦爾河南部地區延續下來。從5世紀末西哥特國王歐裏克所頒佈的法律中就能瞭解，如法蘭克人則盛行一種稱為扈從隊的制度。扈從隊由一群自主武士組成，他們自願效力於一位首領，以親密團夥的身份隨首領一道為其利益而戰。6–7世紀那些「依附於人的自主人」，是接受國王人身保護並為國王效力的自主人，可被視作國王的武裝夥伴。一個自主人對於另一個自主人的保護關係，在拉丁語中被稱作「庇護」。無論是哪種情況，這個詞都帶有「保護」及「上級權威」的含義。一個自主人置身於另一個自主人的保護之下的法律行為，被稱作「委身」。封君封臣關係一旦結成，雙方就應該承擔相應的義務及享受應得的權利。封臣提供的義務即封君的權

利，封君提供的義務即封臣的權利。彼此實際上是一種利益交換關係，是一種典型的局部或上層治理政體易利。而封君封臣關係也十分複雜。一個人往往既是封君又是封臣。封君只對自己的直接封臣有一種聯繫，對封臣的封臣則不能置喙干涉，故法國14世紀有這樣的原則：我的封臣的封臣，不是我的封臣。奇怪的是，按道理一個人有兩個或兩個以上的封君在原則和理論上是不被接受的，忠臣不事二主，一個人不能同時效忠於兩個主人，但實際上卻是十分流行。這種現象的最早記錄是9世紀末，以後越來越多。11、12世紀已成為通則。而且一個人所效忠的封君數也越來越多。13世紀末德國有一個男爵有封君20人，另一人有封君43人。對這種現象的解釋是，因為封臣可以得到封土，為了獲得更多的土地而成為他人的封臣。若從封君的角度來看，擁有更多封臣代表著個人的權勢與威望[23]。由此，在封建主們看來，君王並非最高權力擁有者，在某種意義上他們也是附庸，即上帝的附庸。封建權利的維護者、《保衛權利反對暴君》一書的作者菲力浦‧德‧莫爾奈宣稱：上帝授予國王到其王國，與附庸被其領主授予采邑的方式幾乎完全相同。我們必須得出結論：國王是上帝的附庸，他們如果犯了大罪，也必然要被剝奪他們從領主那裏得到的權益……既然上帝佔據著最高領主的位置而國王是附庸，誰敢否認我們必須服從上帝這個領主而非身為附庸的國王呢？」[24]而且，中世紀有一個很有意思的潛規則，即一個人在他的國王逆法律而行時，可以抗拒國王和法官，甚至可以參與發動對國王的戰爭，

23　佚名：《西歐封建社會》，春秋中文網，2005年4月15日。

24　計秋楓：《論中世紀西歐封建主義的政治結構》，學說連線，2009年8月15日。

他並不由此而違背其效忠的義務[25]。一個貴族的絕對附庸為了他的領主的事業可以合法地向國王開戰，直到13世紀中葉，法國的習慣法仍然承認這種現象。

第二節　自為法理

　　由西歐創始的易利市商化經濟文明，個人自主的一個十分重要的方面是人人自為，即每個人都有平等的行為自主權力。強調自主第一、個人本位、尊重個人價值。自主是在財富關係中一個人能免於他人外力束縛，去做自己真正想做的事情的狀態。自主的反面，是在財富關係中通過暴力、奴役、屈從、恐懼，以及種種有形無形和內在外在的手段限制人的意志和行動。自主的試金石就是身處弱勢的少數人，在易利財富關係中是否處於自（主）為、平等、協商、自願的地位和安全狀態。市商化人人的神聖職責就是防止不正當的支配優勢的出現，以保護弱者抗衡強者，在強弱分明的勢態下，保證雙方自主、平等、協商、自願的進行易利。市商化人人，就是以人的自主為根本，使人可為、自為、有為；也是要在實現每個個體可為、自為、有為的同時，消除了霸凌，形成平等協商自願的財富欲望報酬遞增的易利市商化經濟文明自發演進秩序。

　　如果說個體自主是行為的自主，那麼市商化人人就是強調易利主體的自為，即不受外力所決定。其本質就是使個體活動免於干涉、阻礙、強制和侵犯，而不是根據別人為實現其意圖所設定的強制條件去行動。如啟蒙思想家愛爾維修所說：自主人就是

25　馬克·布洛赫著，張緒山等譯：《封建社會》，p.713，商務印書館，2019年版。

沒戴上鐐銬、沒被關進監獄、未像奴隸一樣處於懲罰恐懼之中的人。

一、人人自主自為

約翰·麥克認為，歐洲在混亂的10世紀後復興，一個重要方面，就是城市和易利工商業階層的出現與發展。在中世紀的歐洲，只有少數幾個城市，比如羅馬城、巴黎、倫敦，屬於治理政體中心，是皇帝、國王乃至「省長」「縣長」的所在地外，大多數歐洲中世紀城市，首先是為了生長、發展手工業和商業而建立、成長起來的。湯普遜指出，城市運動，比任何其他中世紀運動更明顯地標志著中世紀時代的消逝和近代的開端。前所未知的一個新階層集團，即市民階層或資產階層出現了。一種新的生產財富的方式開始流行，商業和工業所能產生的財富是註定要遠超過於農民組織和農業所能生產的財富[26]。

■ 城市自主、城市自治的興起。中世紀西歐城市對人類文明的貢獻值得大書特書。是她培育了新的易利理念即商業意識和市商觀念。中世紀城市工商業活動與農業活動不同，活動者的身份無關緊要，重要的是人們都有上升機會，是人們可以通過努力而致富，因此城市被認為是「希望之地」。在中世紀城市裏，許多傳統觀念逐漸改變，新的易利理念得以形成。城市工商業的基礎是易利，是以貨幣為仲介的易利。各種有用物品都可用貨幣標準來衡量，都可以轉換成貨幣，再用貨幣自由地換取其他商品。因此，獲取貨幣便成了獲得更多有用物品的途徑，也成了積累財富的主要手段。為了得到貨幣，貴族們甘願放下「尊貴」身價而從

26　張曉群：《歐洲中世紀城市：資本主義的胚胎》，學說連線，2009年8月14日。

事商業活動或商品化產業活動。英國的中產階層因為從事工商業而成為「新貴族」。在易利中，各階層出於各種需要，不得不與商業發生聯繫，商業從經濟邊緣走到了中心，西歐從農業經濟向商業經濟轉變，商人在經濟運轉中成為關鍵角色。易利主體身份開始趨於平等，自主、平等、協商、自願、自為、自勵觀念產生並確立[27]。經過艱苦不懈的努力，城市的自主、工商業市民的自主自為獲得了承認。中世紀西歐的城市特許狀是國王或大封建主頒發給城市和市民的一種法律意義上的權利認可證書。其主要內容是確認城市的自治權和其他特權，明確市民享有的各項自主自為、各種經濟和法律上的特權等等。具體包括：承認或者允許自己領地內城市擁有自治權和經商的特權；賦予相關城市制定法律、建立城市管理機構、擁有組建商會或行會的權力；明確市民的權利義務，確認市民的人身自主，確認市民享有自主自為權利，包括使用城市土地、管理市場、從事商業活動、加入各種行會的權利；保障市民的人身安全，反對任意的封建管轄權。如，一些城市的特許狀上明確說明城市市民不得任意被傳喚出庭、不得強制被逮捕、審訊之前不得被監禁。還有一些城市的特許狀上規定了違法的處罰、罰金的數額等。對市民人身的保障還特別體現在「市場和平」上，即一個人去集市或市場時不得被逮捕或損害[28]。特許狀實質上一種封建的權利轉讓書，它在賦予和承認城市自治和市民的權利義務的同時，也限制了國王與領主對於城市的權力。不僅城市是自主的、工商業市民是自主自為的，而且，中世紀法律規定：農奴只要逃到城市住滿一年，即可獲得自主人

27　劉景華：《中世紀城市對近代文明因素的孕育》，前線網，2012年12月1日。

28　苗延波：《歐洲中世紀的城市法》，互聯網，2021年4月2日。

的身份。商人和手工業者也來自農民。可見在中世紀西歐，商業文明就已經開始促成市商化人人「從身份制約無為到自主契約可為」的轉換。雖然城市不大。到15世紀，最大的幾個城市（主要在義大利），人口為5萬人至10萬人；2萬人以上就可稱為大城市了，比如紐倫堡和布魯塞爾；大多數城市的居民為5千人至1萬人，比如法蘭克福、巴塞爾。1293年，佛羅倫斯工商業者自行頒佈《正義法規》，第一次徹底將領主踢出了城鎮決策會議。佛羅倫斯、威尼斯等地中海沿岸城市，憑藉得天獨厚的地理條件和勇於開拓的商業風貌率先崛起。市民作為一支獨立的力量開始登上歐洲的舞臺。1689年英國的「權利法案」，把治理政體的行為限定在服務的範圍內。這是人類歷史上第一次完整明確地體現了這一「限定」[29]。

　　■ 個人概念、個人自為的確認。荷馬時代的人還沒有把「個人」當作一種內在的純屬自己的東西的概念，還不能「自言自語」。可是，在古希臘哲學中個人概念有了多樣性的內涵。赫拉

29　1776年6月12日，佛吉尼亞議會通過了《權利法案》：所有人都是生來同樣自主與獨立的，並享有某些天然權利，不能憑任何契約剝奪其後裔的這些權利。也就是說，享受生活與自主的權利，包括獲取與擁有財富、追求和享有幸福與安全的手段。1776年7月4日，13個殖民地共同組建的大陸會議公佈了美利堅合眾國《獨立宣言》。秉承著佛吉尼亞《權利法案》的宗旨，這篇宣言在開頭就寫明瞭那些不可剝奪的人權：下面這些真理是不言而喻的——造物者創造了平等的個人，並賦予他們若干不可剝奪的權利（其中包括生命權、自主權和追求幸福的權利）。為了保障這些權利，人們才在他們之間建立政府，而政府之正當權力，則來自被統治者的同意。任何形式的政府，只要破壞上述目的，民眾就有權改變或廢除它，並建立新政府；新政府賴以奠基的原則，得以組織權力的方式，都要最大可能地增進民眾的安全和幸福。海因裏希·奧古斯特·溫克勒：《歐洲的價值抑或西方的價值》，勿食我黍，2021年1月10日。

克利特把個人理解為「尋找自己」和「認識自己」的抽象理念；德謨克利特強調個人靈魂和道德原則的自主性；蘇格拉底把自己的哲學理解為個人內心對話的啟示錄；柏拉圖把個人存在的本性理解為以大寫字母印在國家的本性上。亞裏士多德認為，由個人到國家的發展，就是人的本性從不完全到完全的發展過程。個人概念的早期確認，為後期個人自主以及經濟個人自為的形成注入了如此法則：在混沌的自然和群體中個體人是萬物交互作用的價值中心；單個的人具有至高無上的和內在的價值或尊嚴[30]。英國之所以率先進入市商化資本主導的易利文明，並引爆工業革命，一個獨特的現象，是它獨有的個人自主自為文化，其基礎是個人私有。自中世紀後期以來，還在新教產生之前，英格蘭就呈現出一種個人自主自為文化。民眾是個人自為式的，具有高度產權觀念。農民享有獨立的土地產權，不用依附於家庭、貴族領主等群體組織，並且可以自主流動。農奴——依附於土地沒有完全人身自主的勞動形態，在15世紀後期已經基本消失，取而代之的是可以自主遷徙的農業雇傭工。與中世紀歐洲以及亞洲的多數鄉村家庭式的經濟不同，英格蘭的自主民對土地的所有權是個人式的，女性也享有獨立的財富支配權[31]。英國16世紀家庭的平均規模為4.5人，17、18到19世紀的平均規模則維持在大約4.75人的水準，主幹式（主要為父母與已婚子女及其後代）擴展型家庭並不占主導地位，人口結構相對簡單的核心家庭（父母與未婚子女）在工業化之前的幾百年裏早已存在。麥克法倫通過對埃塞克斯郡約曼農背景的牧師拉爾夫・喬塞林所存日記（1641–1683年）的研究，

30　張雄：《經濟個人主義的哲學分析》，中國社會科學，1999年，第2期。

31　項小凱：《自由主義的起源》，共識網，2012年5月26日。

認為近代早期英國的親屬關係十分微弱。英國歷史學家勞倫斯·斯通也認為，16世紀和17世紀早期英國家庭處於普遍的隔膜心理氛圍之中，形成「一切人反對一切人」的局面。17世紀晚期和18世紀早期以後，人們開始認識到追求個人幸福是正當的，同時也應尊重他人的幸福權利，這是市商化資本主導的易利興起和人口流動加速的結果。人們按市場規則處理人際關係，將經濟權利從義務中剝離出來，形成不與人分享的個人自主自為理念。有的學者則認為英國獨特的方面是個人至上理念和實踐早在中世紀即在西歐率先出現。

二、人人自尊自為

在市商化易利中，個人可以自尊自為，自主地選擇其易利行為，以及欲整合進群體協作框架的方式和途徑。一旦易利範圍擴展，各個部分的人就可以自發行動做出反應，捕捉商機。

■ 具有自主自為人格價值的自尊。自主自為、個人本位是由霸凌易利向市商化資本主導的易利，以及易利市商化經濟文明發展的必然要求。人類治理政體文明初期，如西歐，所有局限於狹小領土上的小國，都不是易利文明占主體的國家，其市商化易利還無從談起。它們中間人口最多最強盛、規模最大者也無法與現代最小的共和國相提並論。疆域狹小的一個不良後果就是，這些共和國是好戰的。每個民族無休止地攻擊其鄰國或遭鄰國攻擊。掠奪零和是其財富關係的主要形式。所有國家都不得不以戰爭為代價來換取它們的財富與人身安全、國家獨立以及生存本身。因為掠奪而來的戰俘作為奴隸也是一種財富，因而所有這些國家的農業、手工勞動的職業都委託給戴鐐銬的人[32]。顯然，這種財富

32　貢斯當：《古代人的自由與現代人的自由》，新少數派，2022年7月

創造、獲取形式，不可能有平等、協商與自願。自主自為、個人本位也是天方夜譚。而市商易利文明則完全不同。經過人類千百年易利文明探索、實踐及經驗積累，人們終於認可易利市商化經濟文明這種新型財富關係。特別是經過中世紀漫長探索與創新，終於找到一條財富欲望報酬遞增的易利文明秩序，並再經過反復實踐，人類才邁進易利市商化經濟文明。掠奪是無情的剝奪，也是被掠奪者人格尊嚴的剝奪。一場戰爭短時期可增加掠奪者所掠奪的奴隸、貢賦與土地，但代價則是另外一方所失去的人格與財富，乃至生命。而易利市商化經濟文明則是計算，是求得他人權益符合自己適當權益的確定的方法，是對易利對方人格、利益的尊重。

　　■ 具有至高無上內在價值的尊嚴。每一個人都具有至高無上的內在價值和尊嚴，這是自主自為、個人為本的根本信念。自主自為，首先是要給個人以無上的尊嚴，視個人為目的而不是手段；讓個人自己去作什麼樣的生活是有意義的判斷，尊重個人的自主選擇權。個人由於其自主自為能力而受到平等的尊重，它抵制的是對個體的強加、暴力、各種形式的威脅和操縱。因為，之所以把一個人看作是人，而不是物，就在於他能夠承擔責任，對自己的選擇負責。西羅馬帝國滅亡後，「蠻族」氏族組織變成國家，軍事領袖成為國王，親兵成了貴族，並在羅馬已經發展的生產力基礎上，逐步向封建制轉化。委身於他人的人即「親兵」或封臣，所應提供的役務可能形式迥異，那麼，封君為那些置身於其保護之下的人提供生計時，也有各種可能的選擇。在一個以農業為首要經濟活動及最重要的財富來源的時代，授予封臣充足的

土地以保障其適當的生活，通常是很便捷的做法。委身者可能被給予完全的土地所有權。封君不是將土地賜給委身者，而是將土地授予他作為佃領地[33]。世襲化的封建領主們珍視他們的權利，堅持這些權利對他們來說就是一項維護榮譽的神聖事業；與這項事業相比，對上級領主的忠誠——在最高層次上即是對王權（也即國家權力）的服從，似乎只能處於次要的地位。1022年布盧瓦公爵厄德致其領主法國國王羅伯特的一封信清楚地表明瞭封建主的心態。布盧瓦公爵在得知國王將通過一次法庭審判來剝奪他的采邑時，拒絕出席受審而代以致信國王以示抗議。他在信中稱：「……任何人都會認為我配得上繼承『財產』。至於我從你那裏領得的采邑，很明顯它不是你以國王身份而擁有的，而是我感謝你的恩寵通過從我的祖先那裏繼承而得到的……真的，我為什麼不能去捍衛我的自尊？我要求上帝證明我自己的靈魂，我寧可死得光榮而不願生活沒有自尊」[34]。按照巴林頓・摩爾的觀點，在亞當・斯密以前很久，散居在英國鄉間的某些村民團體，已經開始接受如下這種觀念，即：維護自身利益、自尊和經濟自主是人類的自然法則[35]。

　　與之形成對比的是華夏，由於易利被長期壓制、醜化或邊緣化，子民毫無人格尊嚴而言；當然，自主、平等、協商、自願、

33　「佃領地」是指這樣一塊土地，即所有者將其使用權與收益權長期授予另一個人——佃領者，因此佃領者可即時地、直接地享有對土地的控制權，即現代意義上的物權。這些佃領地差不多總是終身持有，而在實際上通常是可以世襲的。弗朗索瓦・岡紹夫：《封建主義的起源》，勿食我黍，2019年11月22日。

34　同註24。

35　巴林頓・摩爾著，拓夫等譯：《民主和專制的社會起源》，p.4，華夏出版社，1987年版。

自為等也就無從談起。華夏古代歷史對國民的稱呼主要有「臣民」、「子民」、「庶民」等。在古代，「臣」和「君」相對；「子」和「父」相對；「庶」則和「士大夫」（對古代擔任官職者的稱呼）相對，因此，臣民就意味著地位低下者、被動的服從者、受統治者，所以有時又被蔑稱為「草民」、「蟻民」等。華夏歷史上第一個皇帝秦始皇，在西元前221年統一了華夏。從此，華夏人便沒有選擇地處於專制集權的統治之下。實際上，華夏的君主專制統治早在西元前15-16世紀的商朝就開始了，如果傳說中的夏朝真實存在的話，那就更早，只不過那時的專制沒有秦以後那麼極端。最高統治者被認為是「天子」、「民之主」，擁有無限的權力。他的個人意志就是法律，可以決定臣民的一切。臣民沒有獨立的地位和自主權利，只能服從和效忠於君主和朝廷；尤其是普通民眾，要擔負繁重的賦稅，忍受官吏殘酷的壓迫、剝削，常常連生命安全也沒有保障。與部落時代不同的是，國家的權力已經是外在的強迫性權力，但這個權力往往掌握在一個家族手中，統治者將國家的權力與家長的權力合為一體，將公權與私權合為一體。國就是家，君主就是父親；官僚被稱作「父母官」，是君主的管家奴才；臣民們則是兒子、奴僕，是家奴。歷史上也有一些「賢君」，出現過漢朝「文景之治」、唐朝「貞觀之治」等。此時君主較為開明，百姓生活較為安定。但即使在這種情況，百姓作為君主的臣民身份也沒有變化。即使在最開明的統治下，臣民仍然是純粹的被統治者，沒有平等身份，必須聽命於專制君主的意志。有學者指出，所謂的安定生活，只是「坐穩了奴隸」的狀態。「寧做太平犬，不做亂離人」，這是臣民心態的寫照。在最好的情況下，他也沒有人的尊嚴；在大多數場合，由於臣民沒有權力，其命運掌握在統治者手中，受皇帝和官吏們

任性權力的支配，連起碼的安定生活都享受不到。不平等的群體結構內化為臣民意識，使臣民們認同這種不平等，安於被壓迫的屈辱地位，習慣於單方面的服從和效忠。他們沒有獨立意識，沒有平等要求。如果他們成為統治者或在上者，也會同樣壓迫其他臣民。也就是說，他們或者做奴才，或者做主子，但不會做共同體中平等的一員。做奴僕的時候，是沒有人格地服從主子；做主子的時候，則不允許臣下有獨立的人格和尊嚴[36]。這種狀態下，何來自主、自為、自尊。一點點尊嚴都沒有的自然人，在易利中也不可能有所作為。顯然，易利市商化經濟文明也就根本不可能產生，一點希望都不會有。

三、人人捍衛自為

沒有保障，沒有自主，自為就等於無。自主自為本來就緣起於避免他者的侵犯、控制他者的行為。在市商化易利沒有完全確立的情況下，自主自為時時刻刻受到來自方方面面的威脅。因此，人人市商化的過程，就是每個生命個體爭取自主可為、自為、有為的過程，就是捍衛所爭取到的自主自為的歷程。

■ 權力制衡已成為捍衛自為要件和必然要求。捍衛自主自為，就是承認「個人」本位的高度尊嚴和不可動搖性，強化新的市商化人人自主自為倫理，堅持人本身的獨立、價值和尊嚴。對初步進入市商化資本主導的易利文明的東方專制國家來說，要時刻警惕傳統臣民臣服「文化」的侵襲，因為在傳統的臣民人人臣服於上的倫理中，完全沒有「個人」的地位。「個人」被工具化、奴才化，只是權勢專制下的「子民」或「人民」[37]。現代

36　叢日雲：《從臣民到公民》，共識網，2010 年 1 月 20 日。
37　董健：《個人主義與公民社會》，炎黃春秋雜誌，2010 年，第 3 期。

的易利市商化經濟文明，如果離開了對「個人」本位的捍衛，離開了對每一個人的獨立、尊嚴的承認，就不可能持續存在與發展，必然會回到臣民臣服的傳統倫理中去，易利市商化經濟文明也就不復存在。而臣民臣服的傳統倫理則是華夏落後之源、「萬惡之源」。當然，個人本位、個人自主在較遠古代的西方同樣稀缺，所有私人行動都受到嚴格的監視，個人自身自主自為的獨立性未得到絲毫重視。貢斯當指出，權威機構（治理政體）干預那些在今天看來最為有益的領域，阻礙個人的意志。在斯巴達，特潘德魯斯不能在他的七弦琴上加一根弦，以免冒犯五人長官團的長官；而且，公共權威（治理政體）還干預大多數家庭的內部關係，監察官密切監視著家庭生活，年輕的斯巴達人不能自由地看望他的新娘。除雅典外，在所有其他地方，官方的管轄權都毫無限制。正如孔多塞所認為的，古代人沒有個人自主的概念。可以說，人僅僅是機器，它的齒輪與傳動裝置由治理政體「法律」來規制。同樣的服從情形亦可見於羅馬共和國的黃金時代，個人以某種方式被國家治理政體所吞沒[38]。即使在現代文明國家，也不能不防止所謂治理政體強人或威權治理政體的愛好者，如希特勒，將「國家」、「民族」、「集體」、「組織」變成為其反個人自主自為、動搖個人本位、推行極權專制的強力工具。按照約翰‧愛默裏克‧愛德華‧達爾伯格–阿克頓（1834–1902）的觀點，每個時代，自為都面臨四大威脅：強人對權力集中的渴望；窮人對財富不平均的怨恨；無知者對烏托邦的嚮往；無信仰者將自尊和放縱混為一談。但在易利市商化經濟文明中，人人皆可自為，就如同人人生而平等一樣。人人皆可自為告訴人們，自為的核心和最高目標是本我、自我與超我的高度統一。它傾向於控制權威

---

38 同註33。

而擴大自為，它是一種自我管理的法則。中世紀，國王的世俗統治必須得到道德和智力權威——教會的認可；國王、諸侯之間，形成了經濟和暴力平衡，而王權、諸侯和教會三者之間又形成了微妙的分權制衡——三者都無法一家獨大，地方自治成為可能；中央治理政體無法對封建領主實現過多的干涉，契約思想、私產制度和自主自為市場逐步壯大。在這種治理政體格局下，國民由此獲得了更多的自主（尤其是財產權和經濟自主）自為權利。以女性的財產自主為例，為了鼓勵單身、富有的女性（尤其是富有的寡婦）向教會捐贈財產，教會曾極力主張並以法律保護女性的人身自主和財產權，女性由此「順便」獲得了婚姻自主、經濟獨立。正是因為有這樣的背景，諸侯面對暴虐國王時敢於捍衛自己的權益，這就帶來了全新的國家理念。如英國貴族逼迫英王約翰在《大憲章》上蓋下自己的印章（並非簽署）。由此，「以限政契約保障私有財產、國民自主」的新的國家形式得以產生，「天然人權」、「主權在民」、「人人平等」的限政倫理，取代了「暴力最強者為王」的叢林邏輯——這直接催生了以洛克《政府論》為代表的現代國家理念[39]。因此，相對於東方專制皇權，中世紀的西歐具有人人捍衛自主自為權利較為有利的條件，也才能使每個人都成為真正的人。

　　■ 捍衛自主自為已成為全球共識和硬性約束。今天，捍衛每個人的自主自為權利得到了世界組織的有力支援。聯合國大會於1948年12月10日通過（第217號決議）的一份旨在維護人類基本權利的文獻——《世界人權宣言》。是時，聯合國人權委員會主席埃莉諾·羅斯福指出，它不是一個條約，也不是一個國際

39　千字君：《對歐洲歷史的四大誤解》，先知書店店長薦書，2022年2月16日。

協議。是的，它雖然不是也無意成為一項法律聲明或法律約束，而只是一個關於人權和自主自為的基本原則的宣言，但卻是在聯合國大會上由各會員國正式投票通過，成為所有國家、所有民眾行為的一個普遍標準[40]。直到今天，捍衛自為自主仍然是一項十分重要而艱巨的任務。尤其是要對強制、「多數專制」、利益集團的激烈競爭——施加強有力的制約。找不到能夠達到預期目的的制約辦法，或不能堅持這種制約，將成為市商化資本主導的易利秩序的致命威脅。托克維爾，可被視為人人自主自為的先知和守夜人。在其看來，自主自為首先是用來指法律保護下的每個人的安全。享有自主自為，就是不受權勢者或權威的專橫行為的侵害。這種不受專橫行為侵害的範圍應當延伸到少數人身上，並應禁止人們濫用自己的權力。從這一視角，人們會發現：自主自為制度化程式化非常重要，其最大用途在於，當人類不關心自主自為時，繼續當自主自為的後盾，並給予自主自為某種固有的強大生命力。這些制度程式的形式保證人們即使一時討厭自主自為，

40　它對人類所有成員的固有尊嚴及其平等的和不移的權利的承認宣告世人，人人必須享有自由。人人在尊嚴和權利上一律平等，人人在任何地方有權被承認在法律前的人格；法律面前人人平等，並有權享受法律的平等保護，不受任何歧視；人人有權享受平等保護，以免受違反本宣言的任何歧視行為以及煽動這種歧視的任何行為之害；人人都有單獨的財產所有權以及同他人合有的所有權，任何人的財產不得任意剝奪；人人有權工作、自主選擇職業、享受公正和合適的工作條件並享受免於失業的保障；不分種族、膚色、性別、語言、宗教、政治或其他見解、國籍或出身、財產、出生或其他身分等任何區別，並且不得因一人所屬的國家或領土的政治的、行政的或者國際的地位之不同而有所區別，無論該領土是獨立領土、託管領土、非自治領土或者處於其他任何主權受限制的情況之下；鑒於為使人類不致迫不得已鋌而走險對暴政和壓迫進行反叛，有必要使人權受法治的保護。埃莉諾·羅斯福、劉植榮譯：《關於《世界人權宣言》的說明》，共識網，2010年12月10日。

也不會喪失自主自為的權利。而創造自主自為制度程式，關鍵在於人本身。可以認為，托克維爾思想的核心觀念就是守衛自主自為，塑造自主自為的人。其著名的言論發人深思，比如：權力無論如何產生、歸多少人掌控，只要不受制約，就必然作惡；激進革命卻時常帶來新的專制。與亞裏士多德、霍布斯、孟德斯鳩、柏克等人不同，托克維爾是從政的哲學家。更令人驚歎的是，他書寫舊時代，卻預言了至少200年的人類趨勢：英國的市商化資本主導的易利文明傳遍全球，美國成為獨一無二的最強國家，亞洲各國漸次衰亡，俄國走向專制擴張，嗜血的法國大革命成為各國轉型的榜樣。托克維爾始終對宣揚仇恨、殘殺同類的「主義」深惡痛絕。他堅決抵制君主專制，並預見了大眾民抉的風險；他無比珍視財產權和市民團體；他的政體治理哲學被奉為「托克維爾定律」。他讓人們意識到：擁抱現代易利市商化經濟文明必須具備的不是暴力革命，而是那些刻不容緩的觀念革命。這才是對市商化人人自主自為的最有力捍衛[41]。

第三節　自勵法理

人人自勵，指個體自主的易利主體以積極的作為，對自己的財富欲求、衝動、渴望給予評價、理解，在認同、接受的同時，以合法的手段、工具、方式、方法，努力實現所要滿足的財富欲望。這也就是「積極自主」的含義。市商化人人自勵有為，就是指一種每個人都具有的自我覺醒、自我激勵的自主有為狀態。培根認為，人類心靈與事物本性的和諧一致是可敬的：人類的理智

41　千字君：《革命年代的先知，自由的守夜人》，歐洲價值，2022年8月10日。

戰勝迷信，去支配已經失去魔力的自然。既不聽從造物主的奴
役，也不對世界統治者逆來順受。在自主、平等、協商、自願的
財富創造與發展的新型關係中，出身問題已經不再是企業家們的
障礙：商人比國王更能直接地控制技術；技術與它所涉及到的易
利經濟系統一樣為企業家提供展示才華的空間。

　　易利市商化經濟文明是以個人私有為基礎、以分工為要件、
以自主自為自勵平等協商自願為法則的易利文明。每個自然人個
體是並且應該是由他們的興趣和願望指導其行動，應該允許按照
他們認為理想的方向去努力。任何人都沒有資格對另一個人所具
有的或應該被允許發揮作用的能力作最後的判定。

一、自我覺醒有為

　　自我覺醒有為，得益於文藝復興；文藝復興的開啟，是14世
紀的黑死病。

　　■ 人口銳減時點成為自我覺醒的始點。歐洲中世紀早中期，
隨著農業技術提高和商業、手工業發展，經濟和人口都在持續增
長，自主易利帶來了城市的極大繁榮。當時的戰爭主要由封建領
主發起，騎士和雇傭兵是主力，很難形成全國性規模。就是說，
基本上是貴族之間的爭端，很少波及百姓。造成中世紀歐洲人口
銳減、經濟停滯的最大原因，在於瘟疫和饑荒[42]。法蘭西斯·加
斯凱指出，瘟疫給勞工階層帶來的最明顯、最不容置疑的影響

42　14世紀初，歐洲人口達到頂峰，在當時的生產力水準條件下耕地不
　　堪重負，加上數年氣候異常，1315–1322年間，歐洲爆發了史上最大
　　的饑荒，造成至少1/10的歐洲人死亡。1347年底，黑死病隨著歸來
　　的十字軍從義大利南部登陸，大瘟疫七年之內席捲歐洲，造成2500
　　萬人死亡，占歐洲總人口1/3。同註39。

是，那些在瘟疫中倖存的勞工要做的活計更多了。英格蘭到處缺少勞工，需要他們來收割莊稼、耕種土地、放牧牛群。多少年裏，渴求勞工的呼聲迴盪著，直到領主們從經驗中發現，過去的耕種方式、土地所有權方式已經因為橫掃全國的瘟疫無法再繼續下去了。勞工階層開始崛起。許多地方的工資都比原來翻了一倍多。雖然國王及樞密院想通過立法來禁止勞工索取、禁止領主支付較以往更多的工資，但卻無濟於事。易利規律的強大在此時勞動力價格上可見一斑。對領主們來說，這段時期是非常艱難的。各種租金已經降到原來的一半。數千英畝耕地無人租種，一文不值。農舍、磨坊、房子沒有佃農租用。果園、菜園、田地廢棄、荒蕪。隨之而來的是各種商品價格上升。索羅爾德·羅傑斯認為，領主們不得不買的東西的價格上漲了「50%、100%，甚至200%」。鐵器、鹽、布料價格翻了一番。各行各業的勞工都非常缺乏，全英格蘭有1/3以上的土地無人耕種[43]。14世紀黑死病的流行在給英國帶來巨大災難的同時，也促進了英國經濟向近代市商化資本主導的易利模式的轉型：由於人口遞減，造成對糧食需求下降，物價下跌，而勞動力減少又導致工資開支的上升，這些都使傳統的貴族地主面臨嚴重的經濟困難。一部分貴族地主及時做出調整，轉變經營模式，將他們莊園上的領主自營地直接出租給個體農民，並放棄勞役制地租。此時，英格蘭莊園制走到了盡頭。到15世紀中期，農奴制和維蘭農奴都不存在了。一些富有而有遠大抱負的農民承租更多的土地，經營起帶有市商化資本主導傾向的個體農業，甚至用多餘的現金放債。北部和西部的一些地主看到把農田和公地圈圍起來放牧開支較小，獲利更大，因

43　法蘭西斯·加斯凱：《中世紀歐洲的大瘟疫如何改變了社會結構》，愛思想，2020年2月10日。

此15世紀後期圈地運動在北部和西部已大規模地展開了。還有一部分貴族地主轉而從事商業貿易活動，加上受對外貿易由羊毛出口向呢布出口轉化的影響，毛紡織業蓬勃發展。農業生產逐漸商品化，商人階層得到擴大。他們在對外貿易中逐漸增長了對外國商人的反感，培養起了英格蘭商人的自信，促進了經濟的發展，推動著以商人為代表的市民階層與王權的攜手合作。隨著封建莊園制的落幕，英國經濟近代化的曙光已依稀可見。黑死病爆發期間，面對生命的大規模消失，給每個自然人內心深處以巨大的衝擊。文藝復興運動隨之興起；之後勞動力價值的急劇增值，使自我覺醒有為隨文藝復興運動而爆發。這種爆發是人類個體生命自我價值的爆發，是自我開啟有為的爆發，即自主有為財富欲望的爆發。黑死病引發的文藝復興是歐洲歷史發展的重要轉捩點。從文藝復興起，自主有為的世界觀開始形成。自此，自主有為開始成為一種持續的歷史運動。文藝復興對自主有為理念發展的貢獻集中體現在個人本位，是人權向神權的挑戰，是重申古希臘哲學家普羅泰戈拉關於「人是萬物的尺度」這一原則。其根本特徵是世俗化，它強調人的幸福、人的尊嚴、人的欲望、人的意志。它把人作為目的，而不是把上帝或其他更高尚的事物作為目的。文藝復興在很大程度上實現了從以神為中心向以人為中心的世界觀轉變[44]。海因裏希·奧古斯特·溫克勒認為，無數敢於冒險的商人和企業家由此湧現出來。只有在這裏，才可能出現中世紀晚期和近代早期規模空前的思想與心靈的解放運動，它從文藝復興開始，經過宗教改革，一直發展到啟蒙運動。

■ 自我覺醒始點成為自勵有為的起點。15至17世紀，西方新

44　李強：《近代早期的自由主義萌芽》，韋伯研究，2022年9月10日。

的自我意識和人類自主觀念逐步確立。絕對的君主的權力、貴族的特權、宗教的審查、壓迫的和任意的法律、無效率的經濟被取代[45]。在這種觀念與意識主導的大環境下，自主激勵有為獲得了新的動力和解放。斯賓諾莎率先用客觀探討的方法，提出了個人利益的客觀性問題。他認為，個人利益的概念是客觀的，因為利益不能根據人對利益的主觀情感來加以表達，而是要根據客觀的人性來加以表達。人只有一種真正的利益，即充分發展他自身的潛能，才能確認他的存在。因此，道德的本質應當是個人，而個人行為的唯一道德目標就是追求並維護個人的自身利益。一個人愈努力並且愈能夠尋求他自己的利益或保持他自己的存在，則他愈具有德性；反之，只要一個人忽略他自己的利益或忽略他自己存在的保持，他便算是軟弱無能。斯賓諾莎之後，法國哲學家愛爾維修、霍爾巴赫進一步探討了自利問題。愛爾維修明確提出：個人利益是人類行為價值的唯一而普遍的標準。因此，有關個人的正直，不外是對個人有利的行為的慣常表現。霍爾巴赫也指出：利益或對於幸福的欲求就是人的一切行動的唯一動力；一個有感覺有理智的動物，在有生之日，他時時刻刻都不能不注意自己的保存和安樂；他應該為自己求得幸福。[46]

二、自我解放有為

參與易利的個人自抉與市商化，本質就是要用自己的意志來做決定，按照自己的意志來行動，是要使個體主動掌控自我的行為。突出個人，以個人為中心，強調個人在財富關係中的主體地

45　理查‧塔納斯：《思想的激情：現代世界觀形成的基礎》，勿食我黍，2020 年 11 月 12 日。

46　同註30。

位，強調易利個體從各種束縛中解放出來，是易利個人自抉市商化及自主有為的前提條件和目的。

■ 反神權反封建本質是對禁欲禁錮的反叛。身為「蠻族」的歐洲人開化始於西元12世紀，成於「文藝復興」時期。其核心是推動和完成使個體、個人成為財富關係中心主體地位的確立。歷史上的古希臘人和羅馬人，與西元5世紀前後才移居西羅馬帝國領地的歐洲人並非同一個「民族」。歐洲人向西移居西羅馬帝國領地時，還是尚未開化的「蠻族」。用海厄特教授的話說，正是由於這個「蠻族」的入侵，「高貴而複雜」的古希臘—羅馬文明「走向覆亡」。當西方文明開始復興和重塑自身的時候，它很大程度上依靠了重新發現被掩埋的希臘和羅馬所不能完成的類易利人人市商化。到了14至17世紀，西歐不僅接受了古代希臘和羅馬的藝術與理念，並迫不及待地吸收了它們；不斷驚歎和傳承希臘人在治理政體上以公共產品交易或交換供需雙方的類市商化趨向，並進行積極探索與推進；古典治理政體類市商理念在民抉憲法中復興；而且，更為重要的是，關於國民權利和義務的觀點，在很大程度上直接來自希臘和羅馬的思想。這是因為，期間西歐興起了一場波瀾壯闊的反神權、反封建的人的解放運動——文藝復興。自14世紀開始，隨著城市的勃興與易利的發展，市商化資本主導的易利萌芽，首先在義大利北部佛羅倫斯的毛紡織業中滋長，接著又在法國、英國、尼德蘭、德意志等國家、地區的一些手工業、礦山中顯現。這一新的易利因素的日益拓展，促使西歐人的「現實生活過程」發生日益深刻的變化。千千萬萬的農奴、工匠與商人在長期的易利自主生產與「等價交換」過程中，逐漸走出中世紀小生產的狹小地帶，突破了傳統的人身依附關係網絡。因此，必然要擺脫封建等級觀念與神學「出世」思想的束

縛，萌發出個人自主平等的意識與追求世俗生活自主有為的渴望，由此為文藝復興的醞釀輸送了取之不竭的「源頭活水」[47]。

文藝復興，是古希臘以人為中心的理念復興和價值觀的復興與重塑：就是從藝術到世俗生活，把人的歷史、人的世界、人的活動，以及人的心理、形象和身體本身作為關注的中心，要求解放人的個性，恢復人的價值，發展人的能力，反對宗教對人的發展的禁錮；主張與命運抗爭，擯棄任何悲觀和宿命論的思想，體現為創造現世的幸福而奮鬥的樂觀進取；確認人人生來就是平等的，反對以出身、門第來決定個人地位的封建等級制度；認為個人的地位應來自於道德和勞動，而不是來自於門第或繼承權；頌揚使家庭和城市變得富裕、從而獲得光榮的人的勞動，認為人有通過勞動追求榮譽和財富的權利，人的好運或厄運的根源在於人本身。而中世紀基督教的一個基本信條就是守貧。在14世紀的義大利，文藝復興的先驅但丁就宣稱人是高貴的，因為上帝在造物之初，就賦予了人「意志自主」，使人「為自己而生存，而不是為他人生存」。享有「人文理念之父」稱譽的彼得拉克，對人的個性尊嚴也作了有力褒揚。他強調，宇宙是以人為中心的，是上帝為了人類的世俗生活而造就的東西。因此，人應當依靠其自主的行動與思考來主宰世界[48]。文藝復興運動在義大利南部興起後，迅速蔓延到歐洲大陸。一些勇敢的智者，開始承擔起反對教會的責任，並以犧牲勇氣將對教會與君權雙重奴役的反抗進行下去。達·芬奇（1425 － 1519年）認為天主教是「一個販賣欺騙的店鋪」，且相信「真理只有一個，他不是在宗教之中，而是在

47　孟廣林：《社會變革與西歐文藝復興的醞釀》，前線網，2012年9月26日。

48　劉小楓：《更好的理解歐洲文明》，哲學園，2015年10月10日。

科學之中」[49]。在文藝復興以前的中古西歐，建立在封閉狹小的莊園農奴制經濟之上的封建等級制度，將人們禁錮在嚴密的人身依附網路之中，個人沒有多少自主可言。基督教神學竭力為封建制度蒙上神聖的靈光，其蒙昧、禁欲的說教支配著人們的觀念，將思想文化變成神學的奴僕。兩者都是禁錮人們的思想和行為，限制人們的自主，也就是使人在財富創造與發展上無法做到可為、自為和有為。而「文藝復興」的實質就是復興被教會與君權抑制的自我做主的理想。顯然，這些與工商業易利文明的發展不無關係。是時，繁榮的商業和手工業，使商人和工廠主成為城市生活的主導者，那些船員和工人也開始憑技藝和專業能力成為自己命運的主宰，他們也擺脫了貴族的庇蔭和解放了自己。他們不再是教會與君權力量的玩物，而成為自己命運的塑造者。對啟蒙運動而言，人一旦擺脫了任何外在壓迫的阻撓，實現可為、自為、有為，財富創造便會生長發展，一往無前。1437年，在佛羅倫斯，不受基督教控制的猶太人獲得了四張執照，允許在佛羅倫斯城內建立銀行，從事貸款業務。這是一個現代金融史上的標誌性事件。此後，精明的猶太人在歐洲各地建立了銀行分支機構，遍佈歐洲的銀行網路初具規模[50]。

　　■ 自我解放的實質是自勵有為欲望的解放。文藝復興也是欲望的解放。針對教會的禁欲說教，人文學者大力歌頌人的感情、欲望和生活享樂。在他們看來，既然上帝使具有尊嚴個性的人成

49　麟史通鑒：《歐洲的文藝復興及商業和資本力量的興起》，北京歷史領域創作者，2022年7月16日。

50　依靠銀行起家的美第奇家族成為15世紀前後幾百年間歐洲第一名門望族。這個家族贊助了包括米開朗琪羅在內的眾多文藝復興時期的藝術家，被稱為「文藝復興教父」。智本社：《歐洲是如何從中世紀發展到近代商業文明的》，豆丁網，2020年5月3日。

為現實世界的主宰，人的感情和欲望就是神聖的，人就有權利去追求現世幸福。薄伽丘的《十日談》一書，充分肯定人的七情六欲合理性，同時強調，「誰要是想阻擋人類的天性」，只能是枉費心機，最終必將會碰得「頭破血流」。更為重要的是，文藝復興還大力高揚人的金錢欲或財富欲。在15世紀初，著名人文學者波吉奧在《論貪婪》一書中，猛烈地抨擊了安貧守份的傳統信條。在他看來，人生的目的就是為了賺取財富，而不是為了拯救靈魂，「每個人具有追求金錢的天生欲望」，即便是教士也是如此。他聲稱，金錢或財富對國家與國民也都是必須的，應當鼓勵人們去勤勉勞作，發財致富[51]。外交家安東尼奧·洛斯基（1365–1444）則對財富的意義作了最充分的肯定，對禁欲者的財富觀也進行了猛烈的抨擊。他認為，人生的目的是為了發財，不是為了拯救靈魂；貪婪財富是一切事業的發動力；人們做的一切事都是為了金錢，所有的人都充滿著獲取利潤、獲得更多利潤的欲望；如果棄絕了這個欲望，一切事業就會完全停止，要不指望獲利，還有誰來從事任何一項活動呢？財利越明顯，人們越願意做任何的事，所有的人都在追逐財利，所有的人為了財利而努力。洛斯基還尖銳地指出，教士們的崇高的善行也不是幫助有罪的人超脫塵世。他問道：對我們顯然熱心過分的教士，難道在信仰的掩蓋下沒有其他別的目的嗎？難道不是為了少出力而又成為富翁嗎？洛斯基否認了貪財往往是貪婪者道德敗壞的客觀原因，而把貪婪看成是天然的美德。洛斯基反對守貧：人不能僅僅滿足於最基本的需要，人類的美德都要求生產更多的東西；如果每個人的勞動成果不超出自己的需要，那麼所有的人都必需去耕地，其他

51　孟廣林：《「人的發現與世界的發現」：人文主義思潮》，中國世界中世紀史研究網，2009年8月15日。

什麼也談不上，那時誰也不會生產超出他本人及其家屬所需要的東西；人們就會失去必要的美德，就會喪失憐憫和同情心，誰也不可能以慷慨和善行而著稱，手中沒有殷餘物品的人能有什麼可以給予他人呢？一個人擁有的東西僅僅只能滿足他一個人，能成為慈善家嗎[52]？

在自我覺醒、自我解放的同時，中世紀西歐民眾呈現出奮進的自我激勵有為狀態：城市工商業者生產或經營的產品，已不是用於自身消費，而是拿來與他人交換，因而更需要有市場。這就培養了市場意識，每進行一種新的產品生產或經營，應該看有沒有銷售市場。反過來，瞭解到市場需要什麼，就可以去生產或經營什麼。進一步還可以引領市場追求，創造市場需求，刺激消費者的購買欲望。於是，開拓市場也就成了工商業者的頭等大事。開拓市場需要縱深和橫擴。縱深是指不斷提升已有市場的消費需求檔次；橫擴則指不斷擴大消費者體量，包括擴大本土消費人群，也包括將市場向海外擴張。這就需要進取與冒險，敢於闖入陌生的世界[53]。

---

52 洛斯基強調，貪婪是無罪的，這是根據人們自然需要得出的結論。他指出，自然使許許多多有生命的活東西渴望保存自己的生命。在這個欲望的驅使下，人們謀取食物，關心身體；而金錢給人們以達到這個目的的可能。財富是國家繁榮的基礎，金錢是維持國家的神經。而且，凡是貪婪者很多的地方，應該把他們看作是國家的骨骼和基礎；貪婪者不僅能以自己的財富幫助人們，而且以他們的忠告、經驗來幫助人們。他們還創造美，給自己的城市帶來光榮，貪婪者用自己的錢建造了多少富麗堂皇的住宅、非常美麗的別墅、廟宇、敞廊、醫院！失去他們，城市就會失去它最雄偉的和最美麗的裝飾物。張椿年：《文藝復興時期反封建的財富觀》，炎黃春秋雜誌，2002年，第9期。

53 同註27。

　　迄今，自為激勵有為最為生動的案例是美國。個人自主與自我激勵有為是構建美國理念的核心價值。美國歷史就是一部千千萬萬人的個人奮鬥史，它凝聚了人類偉大的智慧與創造力。從歐洲人最初發現美洲大陸到美國誕生後長達200多年的持續蓬勃發展中，不難發現個人自主可為、自勵自為、奮發有為所起到的至關重要的促進作用。在那些先驅者身上，體現出個人進取以及對財富的渴望，鼓舞了一代又一代的移民前赴後繼的推動這項偉大的事業。在美國，最早體現自我激勵有為理念與勇氣的，就是15–17世紀開拓了新大陸的西歐探險家。與其絕大多數同胞不同，這些探險家樂意離開家園，在草創中的殖民地為自己創造新的生活。他們面臨著無數艱難困苦，與疾病、寒冷和饑荒作伴。儘管如此，能夠自我規劃前程的許諾，推動著他們闖出一條新路。19世紀，新一代開拓者大膽地向西部進發，面對嚴酷環境和巨大的不確定性，這些「拓荒者」堅忍不拔，勇敢地進入未開發地區。隨著美國最後一片疆土的開發，其他類型的探險家、先驅者也開始湧現，這其中就包括發明家和企業家[54]。前面提到的歷史上著名的「加利福尼亞淘金潮」，參與者追尋他們的財富之路，自認為能夠讓這個世界變得更加美好。在他們的身上，同時混合了個人野心的自我激勵以及對自主有為、獨立進取的渴望。加利福尼亞的黃金一旦開始流通，美國資本市場的加速發展，以及19世紀下半葉美國工業的大規模擴張，便使金融大發展成為可能。這一切最終使得美國成為世界上最富裕的國家，不僅徹底改變了美國的歷史，同時也譜寫出了世界歷史的新篇章[55]。《獨立宣言》發表之

54　同註19。

55　佚名：《個人主義──美國精神的結構性理念》，貓眼看人，2011年5月12日。

時，美國只有不到300萬人口。當時，農業是美國的主要經濟活動；要養活本國居民，並且要有一定的剩餘農產品出口以換取外國商品，就需要95%的勞動力從事農業生產。今天，美國從事農業生產的勞動力占全部勞動力的比例不足5%，但卻養活了2.2億國民；並且，其剩餘農產品之多，竟使美國成為世界上最大的農產品出口國[56]。

　　人人自主、自為、自勵的市商化易利是偉大的。二戰時期，以美國為首的反法西斯力量之所以強大，其根源也正在於此。許多法西斯分子以眾口不一、決策艱難、行動遲緩、相互掣肘，作為反對人人自主、自為、自勵的易利市商化經濟文明國家的口實時，羅斯福的對於這些法西斯分子給與了很好的回答，其大致意思為：是的，我們民抉國家的決定，也許產生很遲，但當決定產生時，它就不是以任何個人的聲音來宣告，而是以一億三千萬人的聲音來宣告，請記住美國是一億三千萬人，不是一個人。按照米塞斯的觀點：在自主的國度裏，那些能比別人更好地為消費者服務的人，發起財來，擋都擋不住。他所需要的只是好點子和勤奮工作。那些討市場喜歡的人自己也能過上幸福生活，而那些不能適應市場需求的人就什麼也沒有。物質生產資料的私人所有並不會限制任何人選擇他們最滿意的產品和服務的自主；相反，它令普通人處於購買者的位置，從而賦予了他們在經濟生活中至高無上的地位。它能刺激一個國家中最有進取意志的人充分發揮自己的聰明才智，來為所有人服務[57]。可記住這樣一句話：平等、協

56　米爾頓·弗裏德曼，張琦譯：《自由選擇》，新少數派，2020年8月25日。

57　米塞斯：《沒有自由觀念就沒有西方文明》，先知書店店長薦書，2021年5月26日。

商、自願和人人自主、自為、自勵的市商化易利，是所有人的長期利益所在，是文明和繁榮的支柱。

第六章
易利市商治理

　　沒有治理政體的市商化，就沒有易利的市商化。治理政體的市商化是易利市商化的命門。有人就有人群，有人群就有群體，有群體就有群體的組織、服務與治理。按照斯科特的觀點，定居現象的出現遠遠早於現在已經發現的動植物馴化之證據，動植物馴化與農業村落的出現之間的時間差距至少4000年以上；而市鎮及國家的出現都起因於濕地豐富的物產，要等到定點農業出現許久之後，國家（治理政體）才突然冒了出來。追溯國家的古老起源，幾乎全部都是立基於穀物，包括小米。有學者估計，在西元前1000年，世界上有60萬個獨立的治理政體，當然那時的治理政體還不具有或完全具有現在治理政體的性質；而現在卻只有200多個，且都具有完全意義的治理政體概念。

　　易利的主體既屬於各自的群體，又要在易利中與不同的群體的人打交道。顯然，治理無論對易利還是對易利的人都非常重要。因此可以斷言，易利的市商化必須以治理的市商化為前提。也就是說，治理政體的市商化，是易利市商化經濟文明的決定性條件，同時也是其重要內容。儘管財富積累到一定程度，市商化易利才能變為現實，但財富積累依然不是易利市商化經濟文明的充分必要條件和核心內容，財富的積累並不是決定性條件。因為只要有易利就可能有財富積累。華夏也有國庫之豐盈富甲全球的時候，但並沒有孕育出易利市商化經濟文明。拜占庭帝國也是，奧斯曼帝國也是。治理政體易利市商，就是要消除治理政體霸凌易利及掠奪零和，以確立自主、平等、協商、自願、多元、共藩的治理政體易利文明，從而為人類財富欲望報酬遞增秩序創造條件、豐富內容。

　　治理政體，即治理行政實體及體系，是公共產品的主要供應者，也是易利市商化經濟文明的一個極為重要的變數。如果不把

治理政體權利及其越權的本能限定在易利市商化經濟文明誕生所需要的範圍內，就像雞蛋需要一定的溫度條件才能孵化一樣，易利市商化經濟文明是永遠孵化不出來的。從這一角度來看，華夏為什麼陷入掠奪與霸凌財富關係——「王朝週期律」不能自拔，而西歐的英國卻率先進入市商化資本主導的易利文明，就非常容易理解。這裏還不能不涉及的治理政體，就是歐洲演化出來的類市商化治理政體。所謂類市商化，就是類似於市商化，還不是完全意義上的市商化。這種類市商化治理政體在東方文明中幾乎沒有出現，即使出現也很短暫，而且也會被專制專權者淡化之、抹殺之。如蘇美爾人所建立的治理政體，以烏爾第三王朝為代表，有一些很像是命令和控制模式的經濟——高度集權[1]。華夏亦然。權利平衡規律告訴人們，只要沒有制約，任何一種權力都有一種無限自我擴張的本性，即權力熵增。治理政體自然人更是如此。人註定是有缺陷的，只要是人組成的治理政體，就不能給它完全的信賴，就應該對其實行監督和控制。當代美國新教神學家尼布爾曾指出：服從上帝而不服從人的基督徒必然是極權的大敵。而沒有制約的治理政體，是易利的最大破壞者，必然阻礙易利市商化經濟文明的產生與發展。作為英國首相要受議會的制約，但溫斯頓‧丘吉爾卻認為，文明是指一個建立在民權觀念之上的秩序或制度。在這樣的秩序或制度，暴力、武備、軍閥統治、騷亂與獨裁，讓位於制定法律的議會，以及可以長久維護法律的公正的獨立法庭。這才是「文明」——在此沃土上才會源源生出自由、舒適和文化。丘吉爾所持的這種觀念和理念，也是治理政體市商化要求的集中體現。在這種市商化治理政體中，國家和國民財富

1　詹姆斯.C.斯科特，田震翻譯：《作繭自縛——人類早期國家的深層歷史》，p.161，中國政法大學出版社，2022年版。

會源源不斷地生長。

　　有觀點認為，從治理政體上看，一個中世紀的歐洲君主和一個現代的非洲政府獨裁者沒什麼兩樣。極少數人一旦有權制定規則，就會按他們自己的好惡來操縱規則。他們會服從本能的驅使，制定出可使其後代保持優勢特權的制度。但中世紀封建治理政體的最大特點則是分權，由分權所偶發的治理政體的市商化，成為西歐易利市商化經濟文明的基石。壟斷權力、身份繼承、統治階層制度性的特供資源，這些規則一度遍及全球，而今仍然在不少國家盛行。人們看到，拉美一些國家之所以陷入貧困或中等收入陷阱，一個重要原因，就是沒有真正實現治理政體的市商化，連分權都沒有很好地做到。丹尼爾・漢南指出，美洲南北兩塊幾乎同時被殖民的新大陸，活脫脫像一組對照實驗。北美由英國人拓殖，他們帶去了對財產權、個人自由和代議制治理政體的信仰。南美由伊比利亞人殖民，他們則複製了來自西班牙本土的大莊園和半封建制度。儘管在自然資源上比她的南部鄰居更為貧乏，北美洲卻成了全世界最理想的生活地區，吸引著無數懷揣自主夢想的人。與此相反，南美洲仍舊保持著近乎原始的，如哲學巨擘托馬斯・霍布斯所描述的民選治理政體前的黑暗狀態[2]。前面已經提到，文明史證明，合法（治理政體）的公共產品供給權和治理權等，從未來自於原始的物理性暴力，無論這權力採取的是動員群眾還是武力控制的方式。在人們疑惑並研究工業革命發生在歐洲、但為什麼是在英國的問題時候，不會忽略一個重要事實，那就是英國的治理政體市商化也早於其他國家。而且治理政體市商化越晚的國家，工業化起步就越晚或者工業化進程就越

2　丹尼爾・漢南：《「盎格魯－撒克遜」文明體與現代世界的誕生》，勿食我黍，2019年1月4日。

慢，或經濟發展的動力不足、動力源枯竭；而工業化的起步與完成，又會刺激這些國家的治理政體進行市商化或加快市商化。從時序上很容易排列，如：從英國、美國、荷蘭，到法國、德國、義大利，再到日本、韓國，以及印度、阿根廷、巴西、南非，再到蘇俄等。人類易利市商化經濟文明不可阻擋，要求任何治理政體都要市商化，如果遲遲完不成治理政體市商化，這個國家即使實現了工業化，肯定也會陷入易利經濟學者所定義的「中等收入陷阱」，就是人們常說的「拉美化」，即經濟發展的動力源趨於枯竭。

探究治理的市商化易利，會發現一條清晰的路線圖，其背後由易利使然。只要易利占主體的文明，專制也就是市商化易利治理的反面就不會輕易形成，一旦易利不占主體，專制即會出現。而易利的演變也對治理的市商化起決定作用，當易利處於低層次的時候，治理的市商化只能是簡易的、幼稚的，其力量也難以保障自身所處區域的強大，可以稱之為類市商化；當易利處於中層次進而達到高層次時，治理的市商化就會趨向成熟和強大。同時，易利與地域、群體的規模化也很重要，它同樣決定治理政體易利的市商化。這在西歐文明史體現的最為明顯。

第一節　原始初探

按照文明複製演進裂變的自發邏輯，治理政體的市商化最早可以追溯到古代類市商化治理胚胎的形成。研究人類文明會發現，市商易利文明誕生的條件是那麼苛刻，其誕生又是那麼幸運。沒有古希臘、古羅馬的播種，沒有羅馬的崩潰，沒有西歐一度成為中央治理政體的沙漠並長出英國治理政體的綠葉，沒有貴

族有能力對王權進行制約，很可能人類的易利市商化經濟文明會延遲數千年數萬年出現，給今天人類帶來生存品質巨大提升的工業化、現代化也將隨之順延。其偶然性和必然性的確就像類似線粒體事件一樣。慶幸的是，在古希臘，受特殊的地理環境產生了獨特的易利文明。正是由於特殊的環境造就的特殊的財富關係形態，古希臘才創造出了人類雛形的市商化治理政體。深入研究古希臘的類市商化治理政體，又不能不感歎其探索的超前，僅此一項就已把東方的專制治理政體遠遠地甩過了幾千年。

一、希臘平民治理

古希臘文明是現代西方文明的一大源頭。古希臘的特點鮮明，這就是易利雖然占比很大，但主要是商貿且規模有限；這主要由城邦國家的區域特點及群體不成規模所決定的，前面已有論述。從治理政體看，其類市商化治理的特色是直接性平民化。概括起來就是平民參與、平民治理。這裏的平民是指具有公民身份的國民。由規模所決定，古希臘這種類市商化的治理一定是脆弱的。

■ 主權在民，希臘治理政體開創性探索。從亞裏士多德的《政治學》中能夠看到，「主權在民」是希臘城邦的鮮明特色。古希臘城邦是以一個城市為中心的獨立主權國家。按照希臘人的概念，甚至「參加」在某個「帝國」內的城邦，只要有自己的法律，有自己的議事會、執政官和法庭，它還是一個相對獨立的城邦。古希臘城邦都不大。除斯巴達而外，阿提卡（雅典）的領土是全希臘絕無僅有的廣闊。希臘城邦，成年男性公民數目大多在2000–10000之間。大邦如雅典，在西元前8世紀，只有約10000人，在伯羅奔尼撒戰爭之前的西元前413年，也只是在35000～

40000人之間[3]。城邦，更是一種公民的自治共同體，它否定了權力集中在一個人或一個統治核心之手的治理模式，並在各階層的博弈中摸索、實驗了一種使國家權力受到約束的治理模式[4]。城邦的治理主權屬於它的公民，公民們直接參預城邦的治理；而不是通過選舉代表，組成議會或代表大會（即所謂代議制度）。根據亞裏士多德所說，城邦就是公民集體，公民參與城邦活動。法律的制定通常由公民大會負責。允許人們參政，無論是優勢還是劣勢，只要存在平等，所有公民就會輪流平等地參與治理。人們可以自主地討論城邦事務，隨意地議論別人。儘管自主比較盛行，但為了維持這樣的自主，必須制定約束公眾行為的規則，讓人們遵照執行[5]。從西元前11世紀到西元前8世紀的300年間，就是希臘歷史上的第一次「黑暗時代」。而就在這個時期，古希臘逐漸進入了鐵器時代；在治理落後的多利安人的軍事共執制和邁錫尼的文明融合，形成了後來的雅典類市商化治理制度源頭。雅典的全體公民都要出席「公民大會」。「公民大會」每月舉行二至四次，以解決城邦的一切重大事件：宣戰與媾和問題，城邦糧食問題，聽取負責人員的報告，握有城邦最高監督權，審查終審法庭的訟事等等。每個公民在公民大會中都有選舉權，每個公民都

3　和阿提卡的1000平方哩（相當於華夏縱橫百里的一個小縣）的領土相比，任何其他希臘城邦的領土都是很小的——領上面積平均為70平方哩（縱橫25華裡）。斯巴達在吞併拉哥尼亞和美塞尼亞之後，是最大的一個城邦，也只是擁有8300平方公里；雅典，包括阿提卡和薩拉米斯在內，只是擁有2800平方公里；其他城邦就更小了，大概面積80平方公里到1300平方公里不等。易建平：《小國寡民與古代非專制政治》，天益社區，2008年2月18日。

4　肖雪慧：《古希臘的政治遺產》，知本論，2021年5月27日。

5　克裏斯蒂安·邁耶：《城邦結構：自由文化與公共領域的相互塑造》，勿食我黍，2020年5月28日。

有可能被選為「議事會」的成員，每個公民都要輪流參加陪審法庭。西元前5世紀中期，雅典公民總數大約4萬人。在約10年的時間裏，會有近5000名公民，即30歲以上公民的1/4左右，擔任過負責為公民大會決定議案、接待外來使節、負有重要監督職責的議事會議員。任職期間，議員需要在一年中1/10的時間內，擔任公民大會主席團成員並主持公民大會。在此期間，議事會每天需要通過抽籤產生一名主席。一個雅典公民擔任議事會主席的機會，比一個賭徒擲出某個點的概率都要大[6]。公民是自己的主人，公民是輪流地統治或被統治。從字源上來說，「公民」原意為屬於城邦的人。不過，在古代希臘的任何時代任何城邦，它決不是指全體成年居民而言。婦女、奴隸、農奴、邊區居民、外邦人都不是公民。

　　■ 平民自治，城邦治理政體經典性特色。希臘城邦行政官制的另一個特色是，全部行政官員並不組成為某個行政首腦統一領導之下的「政府」。各種行政官員任期不一，全都由公民大會或其他相應機構直接選出，各自獨立對公民大會或其相應機構直接負責。由公民大會選任，或由城邦的每一個基層組織如村坊各推選定額人員組成議事會，對應該提交公民大會的各項議案和報告先行預審，然後提交大會。議事會是一個掌握行政權的機構。但當時的實際權力由「十將軍委員會」掌握，將軍任滿離職要接受審查，有叛國行為或作戰失敗的要受到裁判，法庭和公民大會可以沒收其財產，可以加以放逐或處死等等。法庭也是由公民大會選任的，法庭也得對公民大會及議事會負責，重大訟案的上訴和

6　晏紹祥：《雅典民主政治的危機與民主信仰的重塑》，前線網，2012年11月06日。

終審機構是公民大會本身[7]。約西元前403年雅典的權力從公民大會轉移到法庭，起訴人和辯護者掌握著法庭辯論的話語權，左右法庭的判決。根據亞裏士多德的介紹，一般城邦所設行政官員主要有：將軍或統帥，市場監理，城市監護，公共水源管理，鄉區監護，司庫，登記民間契約或法庭判決的「註冊司」，執行法庭判決刑罰的「執罰員」及「典獄官」等等。這些行政官員都是義務職，不支薪金。其中，執罰員或典獄官由青年公民幫助履行職務職責。其他行政職務，在小邦無須常任吏員；在大邦如雅典，因為政務繁忙，常任吏員不可缺少。有些吏員是由奴隸充當的，如雅典的常備員警，他們就是城邦買來的奴隸。這些奴隸的待遇是，每人每天領取的「給養」相當於出席公民大會或陪審法庭的公民所領的津貼。

考察希臘古典治理政體的類市商化形成，令人十分驚異的是，除易利的形態有所差異外，與西歐市商化治理政體的形成有兩點非常相似。有這樣相似的概率是很不容易的。一是如同古希臘古羅馬對西歐文明的影響一樣，古希臘也有對其文明影響至深的古代文明，即邁錫尼文明。西元前15世紀左右，希臘地區處於王政時期——邁錫尼王國時期，這個時期的個體及群體生活以王宮為中心，已經形成相當集中的行政管理體制。比如，雅典衛城位於希臘首都雅典。早在青銅時代，邁錫尼人就在此建城，為邁錫尼君主居住地，其家人、護衛、信徒、工匠與平民百姓均居住在此。這個城市被厚硬的巨石牆所包圍。科林斯，在新約聖經中又譯哥林多或格林多，是希臘的一座歷史名城。該城建於大約西元前6千年的新石器時代。在邁錫尼時代末期多利亞人試圖定居

7　顧准：《城邦與城邦制的由來》，勿食我黍，2020年5月27日。

在科林斯。二是古希臘環境狀態與後來的西歐有相似之處。如同
西歐所處的地理環境狀態一樣，在相當長一個時期內，古希臘也
處於一個相對與世隔絕環境內。與世隔絕倒也使古希臘脫離東方
文明的強勢影響去探索自己的路，塑造自己的文明。西元前12世
紀，多利安人入侵和隨後的大火摧毀了邁錫尼文明，徹底埋葬了
王國制度，還使希臘與東方的交往中斷了好幾百年而處於與世隔
絕狀態。這個時期的東方正盛行君主制，文明程度很高，在世界
範圍呈現出強勢影響。而後來中世紀的西歐，是繼集權治理政體
的羅馬帝國崩潰後，在東方拜占庭帝國的遮罩下，好幾百年乃至
千年都處於與世隔絕狀態，但在封閉中卻孕育新的封建籠罩下的
雛形市商治理政體體系，以及雛形的易利市商化經濟文明。兩大
驚人巧合，使人不禁感歎：人類易利市商化經濟文明及與之相適
應的市商化治理政體，其孕育與形成，都是需要嚴格的特殊自然
與人文環境的。反之，沒有嚴格、特殊的自然與人文環境，人類
易利市商化經濟文明及與之相適應的市商化治理政體很難誕生。
當然，更主要的是易利。

二、羅馬貴族治理

　　嚴格的說，羅馬的治理已經是去類市商化。因為其易利商
貿已不占主體，掠奪是其主要選項。但有古希臘類市商化治理遺
風影響，所以類市商化治理有所殘留。也由於地域及群體規模的
擴大，以及財富的重要性，類市商化治理殘餘也不可能是平民化
及平民主權，更主要的是貴族治理，是治理政體的權力分配及制
衡。

　　由城邦到帝國再到衰亡，古羅馬經歷了王政、共和、前期帝
國和後期帝國四個時代。在王政末期即西元前578–前534，進行了

一場重要的改革，其主要內容為：按照財富多寡把公民劃分為五個等級並規定每個等級出數目不等的軍事百人隊；建立百人隊會議，以取代庫裏亞會議的權力，表決時每100人有一票表決權，成為富人佔優勢的機構；把3個血緣部落劃分為4個地緣部落。此改革有劃時代意義，對財富與易利產生深遠影響，一是體現了財富力量；二是使易利群體基礎由血緣轉變為地緣，從而使非人格化易利有了原始性基礎，這對西歐易利的非人格化具有極其重要的影響，當然對易利市商化經濟文明的產生也至關重要。

羅馬古典治理政體的特點概括起來就是，公民參與、貴族治理。而後來的總體發展趨勢則可以視之為逆商化，也就是趨向專制，與市商化治理政體漸行漸遠。

■ 權力制衡，貴族古典政體類憲政實驗。儘管古羅馬治理政體日趨向集權型發展，但古羅馬類市商化治理殘餘對後世，尤其是西歐市商治理政體發展具有非常積極的作用。比如，「代議制」是一個比較晚才出現的概念，可代議制是經過古羅馬共和制的長期薰陶在中世紀漫長歷史過程中才逐漸孕育形成的。17–18世紀發展起來的市商化資本主導的易利文明塑造了近代代議制的基本框架。公民並不直接參與國家大事的管理或決策，而是通過選舉決定聘請誰掌握治理政體權力來服務自己，公民的民抉權利主要體現在選舉權上。其特點就是「間接性」，也是防止「暴民」治理政體的精英治理，公民不適合直接管理國家，應有公民選舉出來的專業化人員來管理國家、服務國民[8]。其核心點有兩個方面，一個是選舉，一個是制衡。這兩個方面都能夠從古羅馬類

8　張三夕、鄔明軍：《從城邦對話到代議制政治》，光明日報，2012年3月19日。

市商化治理政體中找到原型。充分發展起來的古羅馬共和治理政體是一個分權與權力相互制衡的體制。執掌和行使權力的主要包括高級行政官僚、元老院和公民大會。高級行政官僚由公民大會（在此為百人團大會或稱森都裏亞大會）選舉產生，採取有限任期制，任期一年，不得連任。其中最為重要的官員是最高行政長官即兩執政官以及權力僅次於執政官的先行官。在古羅馬人的觀念中，所有這些高級長官的「最高權力」必須由國民授予。在形式上，這些高級官僚在當選後，必須由公民大會之一的庫裏亞大會授權，代表公民行使執行權。對高級行政長官進行牽制的是元老院，它在王政時代即已存在，是國王的諮詢機構，其成員由貴族家庭的家長組成。共和國建立之後，它又成為高級行政官僚的諮詢機構。主要由卸任的高級官僚組成[9]。

在羅馬共和時代，羅馬的治理政體結構由長官、元老院、公民大會組成。長官是公共權力擁有者，包括執政官、監察官、裁判官、財務官、平民保民官、獨裁官等，除獨裁官外，每位長官有自己的同僚，相互之間有否決權。元老院起初只是執政官的諮詢機構，後來成為最高的政府機關，擁有財政、外交、戰爭等諸多權利。公民大會具有選舉長官、批准法律的權力。按照羅馬憲法，並沒有立法、行政、司法的三權分立。但是，古代羅馬卻

9　在西元前4世紀後期通過奧維尼烏斯法案之後，確認和增選新元老的權力歸於監察官。元老院是事實上的羅馬政府。代表羅馬國民群體權力的則是公民大會。在羅馬共和思想中，國家的最高主權在於羅馬國民，因此只有公民大會才能通過法律，授予行政官僚「最高權力」，決定是否宣戰、是否講和；也只有公民大會才能判處公民死刑。治理政體的平衡完全基於貴族力量在王權和公民力量之間的搖擺，而羅馬治理政體中，任何一個因素都受到其餘兩個因素的牽制。葛兆光：《古代世界的共和主義》，史學集刊，2012年11月11日。

基本做到了長官、元老院、公民大會之間的分權，並建立起了有效地權力制衡的機制。此外，羅馬憲政中的很多思想被現代治理政體所繼承。比如，在現代政體治理制度中，議案只有經過議會批准之後才能成為法律；羅馬法則規定，法律是由公民命令並宣佈的規則。在現代政體治理制度中，公民按期限選舉治理政體首腦；羅馬治理政體則規定，公民大會選舉的羅馬長官任期一年。在現代政體治理制度中，治理政體行政機構不被議會信任就要解散；羅馬憲法則規定，保民官不保護選舉人的利益，保民官就會被罷免[10]。秦暉指出，平民的最後勝利在平民可以就任執政官後，其他的高級官職也先後向平民敞開。西元前356年，平民獲得了擔任獨裁官的權利，西元前351年和西元前337年，平民又分別取得了擔任監察官和大法官的權利。另外，管理羅馬市政的營造官和管理財務的財政官也都有平民任職。西元前287年，平民與貴族的爭鬥又趨激化。平民撤離到第伯河右岸的雅尼庫魯山。平民出身的獨裁官霍騰西阿頒佈法令：部落大會（特裏布斯大會）上通過的平民決議，不必經過元老院的批准即對全體公民具有法律效力。霍騰西阿法的頒佈標誌著平民與貴族在法津上平等地位的確立。從此部落大會也就成了羅馬共和國具有完整立法權的公民大會，羅馬共和國早期平民反對貴族的鬥爭至此結束。由此以來，羅馬的國家事務，需要由公民大會和元老院共同決定，促成了羅馬治理政體上貴族制和直接民抉制的結合，也就是後來所稱的「共和」。當羅馬遇到需要快速決斷的緊急事務時，便由元老院決定；而其他重要事務，則由元老院和公民大會共同決定.當國家進入戰爭狀態，需要高度集權之時，羅馬人便會選出一位「臨

10　信力建：《希臘羅馬文明是世界文明的源頭》，凱迪社區，2010 年
　　12 月 1 日。

時皇帝」，史上稱為「獨裁者」。這位由元老院授權的「臨時皇帝」權力之大，可做其想做的任何事，並且凌駕於羅馬法律之上。唯一對其具有限制的，是僅有半年的任期，任期滿後，權力必須交還元老院[11]。

■ 趨向專制，與市商治理政體漸行漸遠。與古希臘類市商治理政體由於城邦滅亡而自然消失不同，羅馬的類市商治理政體是向著雛形專制治理政體發展的。這種雛形專制治理政體既是古羅馬滅亡的原因，也是古羅馬滅亡的結果。古羅馬可以被稱作「農業文明階段的軍事官僚集權的專制國家」，其國家機器和百姓之間是專制和壓迫的關係，而不是平等協商的交換關係。也就是說，古羅馬的治理政體沒有完成市商化。在羅馬共和國階段，「共和」這個詞反映的是：公民在政體治理事務中擁有充分的權利，這在羅馬國家的最初階段是名副其實的；但隨著時間的推移，羅馬對外征戰的不斷進行，作為平民的公民，其權利越來越小，「共和」越來越名不副實；羅馬國家越來越成為一個貴族寡頭統治的國家。比如，羅馬公民大會作用十分有限。這首先在於，公民大會實行的是團體票制，其中百人團大會的多數票由富有階層控制，組成部落會議（包括平民會議）的35個部落中，31

11　屋大維時期，羅馬的統治者並不稱為皇帝，而稱為「第一公民」，是羅馬的公民之首，又被後人翻譯為元首，以至後來的希特勒和墨索裏尼，都自稱元首。所謂元首，就是第一公民的意思。從某種角度上看，羅馬此時的治理政體，尚保留了共和的外形，但實際上已經進入了「元首專制」。「第一公民」的稱謂，通俗的翻譯成「人民領袖」是再貼切不過了，正因為是人民的代表，所以古羅馬時期的統治者，經常把「人民」二字掛在嘴邊。時至今日，在義大利和德國境內，人們還能看到諸多人民銀行、人民廣場。總之，只要是民粹、法西斯、專制的偽君子，都有假借人民之名的特點。秦暉：《在羅馬談羅馬帝國體制》，友朋說，2019年4月25日。

個是農村部落，其中的大部分農民公民通常不能或不願跋涉到羅馬開會，因而易於為貴族所操縱，而大量的城市下層公民只能集中在4個城市部落之中，並不能平等地分享治理政體權利。

當時羅馬最有權力的治理政體機構，就是大名鼎鼎的元老院。元老院的成員都是組成羅馬國家的各氏族的首領，也就是當時羅馬最有勢力的一批人，而且其職位都是世襲的。元老院從元老中推舉出兩位執政官主持日常的國家行政和司法管理的事務，他們要按照元老院的旨意辦事。正如蒙森所說，古羅馬從來沒有放棄過這樣的立國原則：公民是被管理者，而不是管理者。依靠軍事大權上臺的屋大維，把共和國變成了帝國，他成為真正的集治理、行政、軍事、宗教大權於一身的專制君主。元老院已成為他手中的治理工具[12]。古羅馬的統治者，一直到君士坦丁時期，才自稱皇帝，如今英文單詞「帝國」從拉丁文的「皇帝」衍變而來，象徵著絕對權力。理論上看，羅馬帝國依然保存權力制衡因素，比如皇帝的很多命令還是需要通過元老院批准才可之行。可是從凱撒到屋大維，統治者的個人威望越來越高，元老院逐漸的形式化，淡出了權力中心，成了橡皮圖章。從理論上說，羅馬帝國的皇帝，確實是「選舉產生的」。此外，羅馬最高權力的轉換以現任皇帝指定接班人的方式進行輪轉，但就算是皇帝指定了接班人，也必須通過元老院和議會的審核才可通過。但這一切，在專制的內涵之外，都徒有其表。

塞爾維烏斯改革以後，平民雖然按財產資格可以參加百人隊會議，但治理政體仍操縱在貴族手裏。公職、神職和決策機關

12　張曉群：《古羅馬：大一統專制集權國家形態的完美標本》，四川大學哲學所，2007年1月16日。

元老院都清一色由貴族壟斷。有幾個特別顯赫的氏族形成一個小圈子，執政官經常在這個小圈子裏產生。貴族在治理、宗教、司法、債務、訴訟等方面，尤其是在土地分配、戰利品分配上都握有絕對權力。顯然，羅馬的老百姓很容易意識到這些元老不能夠代表他們的利益。廣大平民（尤其是平民中的上層）為了爭取和維護自己的切身利益，迫切要求參與政權，打破貴族門閥壟斷政權的局面。因而，經常發生反對元老院的爭鬥[13]。早在共和初年，平民由於戰爭頻繁連年出征而負債嚴重。當時債權人可以任意把債務人拘禁起來，強迫他們以勞動償還債務，有的甚至把他們賣往海外。平民們為了擺脫這種悲慘的命運，同貴族進行了長期的鬥爭。他們採用的鬥爭方式，可用兩個字概括—「罷工」，尤其當遇到外敵入侵時，由於平民們不買貴族們的賬，出逃的出逃，躲避的躲避，搞所謂的「出走運動」，用腳來投票。因而，可以說，這種雛形專制治理政體既是羅馬滅亡的原因，也是羅馬滅亡的結果。可以說是治理政體上的量子糾纏。

三、類市商化式微

　　古希臘、古羅馬的類市商化治理政體是幼稚的，經不起風雨。其自身有很多致命缺陷，不可能自然而然發展成為市商化治理政體。二者都逃脫不了滅亡的命運，只不過滅亡的方式與原因不同而已。

　　■ 效能堪憂，古希臘治理政體有致命缺憾。西元前338年，馬其頓征服希臘，雅典民抉制度從此衰落。西元前2世紀中期，羅馬征服東部地中海區，希臘成為羅馬的行省。隨後興起的是羅馬帝國的君主專制制度，希臘類市商化治理政體隨之終結。希臘古典

13　物寶天華：《早期羅馬共和國》，三人行，2011年1月2日。

治理政體也有其致命之處，那就是毫無選拔出優秀政務人員的意識，致使執政能力堪憂。蘇格拉底就認為，雅典的公民大會是由一幫沒有專業知識的人構成，用抽籤的辦法來選舉領導人非常愚蠢；沒有人願意用抽籤的辦法來雇傭一個舵手、或建築師、或吹笛子的人、或任何其他行業的人。西元前420年，一位佚名的上層人士發表《雅典政制》，開宗明義地指出：至於雅典人的政制，他們選擇的治理政體類型或者模式，就其選擇照顧卑賤者而不是良善者來說，我是不贊成的。不贊成的理由是，國家本應由有教養的有產階層人士管理，民抉卻把掌管國家的權力交給了無知無識的大眾。他們只關心自己的利益。伯羅奔尼撒戰爭開始後，雅典這種廣泛的參與制度日益遇到挑戰。西元前430年，雅典遭遇瘟疫，人口驟減1/4到1/3。西元前424年，雅典喪失其在愛琴海北岸最為重要的據點安菲波裏斯。西元前406年雅典人再犯大錯，處死了六名富有軍事經驗的將軍。西元前405年，雅典水師在羊河之戰中被全殲。雅典無力繼續抵抗，被迫接受斯巴達人規定的條件：交出戰船，拆毀長牆[14]。

　　古羅馬的治理制度在轉型專制體制的同時，也是效能低下，專業人才缺乏，難以適應對帝國掠奪擴展的管控需要。

　　■ 珍貴探索，古典治理制度影響極其深遠。希臘古典平民治理政體市商化探索對人類市商化治理政體發展影響深遠，對後來的易利市商化經濟文明孕育也具有重大的積極意義。一是主權在民思想。按照伯裏克利的觀點，其所在時代政體治理制度保障了治理政體權力掌握在全國公民手中，而不是在少數人手中。雅典

14　西元前415年，雅典傾力發動西西里遠征，企圖征服敘拉古。歷經兩年征戰的結果，是雅典遠征艦隊以及援軍的全軍覆沒。晏紹祥：《雅典民主政治的危機與民主信仰的重塑》，前線網，2012年11月06日。

公民對官員和法律具有實際控制權，他們通過法院實現這一權力。法院是屬於全體公民的。法院的任何成員，都向年滿30歲以上的公民開放，總共有6千名陪審員，每年選舉產生，然後抽籤分派到各個法院行使職權。歷任執政官要像諂媚僭主那樣，諂媚平民。主權在民還表現為「輪番執政」。雅典治理政體向全體公民開放，官職不再受財富和門第限制。雅典人有這樣一種觀念：既然每個公民都是自由的，那麼任何人就不應受他人統治，於是只好「人人輪番當統治者和被統治者。」「這才合乎正義」。二是權力制約思想。亞里士多德已經提到一切治理政體都有三個要素：議事機能、行政機能、審判機能。貝殼放逐法，是全體雅典公民對高級行政官吏進行控制的重要手段。在雅典人看來，在平等公民組成的城邦中，以一人高高凌駕於全邦公民之上，是不合乎自然的。如果某行政官權勢太大，就可能危害國家，公民就以在每年舉行一次的秘密投票中把他驅逐出境。貝殼放逐法類似於現代對高級行政官的彈劾法。三是法律至上思想。雅典政制嚴格實行法治，絕禁人治。伯裏克利說，在私人生活中，我們是自由和寬恕的；但在公家事務中，我們遵守法律。這是因為這種精神深使我們信服。每個官員任職以前，要宣誓：將公正地和依法地從政，絕不以職務接受禮物，如果接受任何東西，就要立一尊金像，遺臭萬年。包括十大將軍這樣的高級官員，因為謀私觸犯法律被流放、處死的也有，包括伯裏克利的一個兒子也被無辜處死。亞里士多德說過，誰說應該讓一個人來統治？這就在治理政體中混入了獸性因素[15]。

　　古希臘、古羅馬探索出的類市商化治理政體，閃耀著人類完

15　應克復：《雅典民主與古羅馬民主》，中國世界古代史研究網，2012年5月31日。

全有可能奔向易利市商化經濟文明的智慧之光，最終在中世紀後結出了偉大的市商化治理政體之果。而且，儘管類市商化治理政體有許多缺陷，甚至是致命的缺陷，但雅典曾成為希臘治理上最穩定、經濟上最繁榮、文化和思想上最富有創造力的城邦。尤其是羅馬人提出的共和理念，即治理政體事務就是公共事務，不是單個人、一家人的事務。雖然羅馬的共和國持續了沒多久，也沒有良好的制度確保這個共和國能夠存在下去，沒有找到有效的分權制衡的方式。但其對後世的影響同樣不可低估，羅馬對之後西歐治理政體再造尤其是成熟治理政體運作的影響，與古希臘一樣深遠，尤其是對英國。英國在盎格魯——撒克遜時期就保持了日爾曼人的一些氏族部落傳統，當時除了作為部落國王的軍事首領之外，還存在很有英格蘭特色的組織機構——賢人會議。它由氏族內的貴族組成，權力和威望都極大。作為公社的決策機構，賢人會議有權決定氏族內部的重大事項，包括習慣制度確立、司法審判等。更為重要的，賢人會議有權決定氏族軍事首領的人選，甚至可以在一定情況下剝奪這些首領的生命。英國部落首領的威望和權力應該隨著戰爭的進行而得到大大的提升和強化，而事實是這些早期的王權被賢人會議一定程度上限制了。這與英國在4世紀前曾受羅馬帝國統治有關。相對而言，英國受羅馬文明的影響要更多些，因此賢人會議也並不完全是日爾曼人的部落傳統，人們有理由相信其對部落軍事首領權利限制的角色有羅馬元老院的遺風影響[16]。

16　賢人會議是國家的最高法庭，有權審理各種訟案，包括涉及王室和達官顯貴的要案，地方法庭不能判決的疑難案件，以及涉及地方官員的案件。至9世紀，賢人會議開始具有廢立國王的職能。文獻記載最早見於8世紀中葉，賢人會議，是一種特有的中央機構，由國王主持，由高級教士、貴族組成，包括國王近臣、王室寵幸和地方官

第二節　工商基石

封建治理政體運作特色主要是城市自治。其之所以能夠存在，有諸多有利條件。非常幸運，西歐類市商治理政體重建和市商文明孕育有拜占庭屏障的千年保護。同時，又沒有受到拜占庭專制治理政體的騷擾。因為拜占庭專制能量一直在弱化之中，拜占庭東面的神權專制因拜占庭屏障對西歐也沒有騷擾之機；從而在天然地理與人文環境中，使古希臘、古羅馬類市商治理政體在中世紀星火點燃。

正如《大國興衰：1500到2000年的經濟變化與軍事衝突》一書的作者甘迺迪所談到的，在羅馬帝國崩潰之後，西歐在治理上總是處於一種四分五裂、各國互相競爭和軍事衝突不斷的狀態。其政體治理上的多樣性主要是它的地理狀況所造成的——地形支離破碎，加上眾多的山脈和大森林，從南到北氣候差異很大，這就使得在西歐建立統一的治理政體控制體制變得非常困難。這種多樣化的地形促進了分散政權的發展和持續存在。中世紀的國家與政府只是形式上的存在，作為國家權力代表的國王一如眾多的地方封建主，只能在有限的屬於他自己的領地內行使一些權力。真正的權力中心是地方各級領主，他們可能是權力較大的伯爵公爵，也可能是地方的堡主。並且當國王的權威喪失之時，作為地方代理人的伯爵等上層貴族的權力也同樣由於不斷的分封而削弱[17]。在地方堡主不斷的權力擴張中，公共秩序不斷遭到破壞。這意味著是一種無世俗中央治理政體作用的真空狀態。在這種真

員。劉斌：《中古後期影響英德王權發展不同路徑之因素》，公法天地，2009年8月15日。

[17] 佚名：《西歐封建社會》，春秋中文網，2005年4月15日。

空狀態中產生的城市，就有了重建類市商化治理政體的機遇和條件。

一、易利治理複製

中世紀，世俗城市自治性類市商化治理政體，與教會一起，對世俗中央政府進行了替代或彌補其留下的空間及缺憾。誕生於西歐的易利市商化經濟文明，與城市自治治理政體有很大關系。城市治理政體的核心是自治，而自治正是人類步入現代易利市商化經濟文明的重要基礎之一。正是在自治中，人們得到了各種薰陶，學會了「坐下來好好說話」式的協商，也最終形成了現代易利市商化經濟文明的治理政體基礎。從地圖上看，西歐酷似一個半島，在10世紀驅除穆斯林、馬紮爾人後，整整1000多年，西歐再也沒有受到外敵入侵。靠其自然生長，在羅馬滅亡後，隨著中世紀的城市發展，紛紛再造治理政體，進行了有別於其他區域的治理政體類市商化複製。

■ 文明傳承，宗教體系打樣「世俗」治理政體。基督教蘊含古希臘古羅馬類市商化治理政體的遺傳密碼，使西歐類市商化治理政體重建大受裨益。雖然羅馬消亡了，但中世紀治理並非絕對真空，不僅君權存在，而且基督教治理依然十分有效，且影響深遠。比如基督教的選舉，它是指教眾、修士或教區代表，根據自己的意志，遵循相關原則、程式，選出主教、修道院長和教皇等教會管理者的行為。在選舉過程中，職位所涉及之人的同意是候選人當選至關重要的條件。這為世俗選舉提供了有益借鑒，豐富了治理政體選舉文化。4世紀基督教被確立為羅馬帝國國教後逐漸形成嚴密的組織機構，有一套完整而有效的教會治理體系，且獨立於世俗治理政體之外。5世紀末，在日爾曼人打擊之下，西羅馬

帝國走向崩潰，此後西歐再也無法形成大一統的中央集權國家。以法蘭克王朝為例：日爾曼蠻族建立了國家，卻無力延續羅馬法的效用，不得不倚仗羅馬教會來治理國家；沒有穩固的長子繼承制，國王死後由眾子平分土地，國家長期處於分裂、合併的反復狀態；國王把領土分封給大領主，大領主再把土地分封給小領主，於是國王只對大領主有管轄權，對小領主無權干涉（即「我的附庸的附庸，不是我的附庸」）。維護歐洲文明統一的是教會，是基督教教義及基督教教會的世俗化治理。基督教世俗治理既是對世俗治理的拾遺補闕，也是對世俗治理的限制，但對世俗治理政體再造與市商化卻有著非常重要的意義。

按照馬克·布洛赫的觀點，中世紀教會機構的永久性以及對教士的崇敬，使教士成為貧窮者所追尋的保護者。獻身於一位聖徒既可以獲得保護，免受世俗的危害，也可以由一種虔誠行為獲得同樣珍貴的利益。這一時代特有的個人依附關係網形成過程中，教堂成為最具吸引力的強大中心之一。此外，在封建國家的混亂狀態中，教士確實是最馴服的官員[18]。早在基督教草創時期，艱難的生存環境，要求執行眾抉管理來團結教眾和擴大教會影響。所以，在基督教會內部，凡是遇到重大事件，就需要教眾一起協商決策。這樣的商議屢次出現後，便在基督教會中形成了凡涉及教會整體利益的決策，須經諸教徒「共同同意」的慣例。教會管理者的遴選涉及教眾利益，因此必須遵守「共同同意」循例，並通過大家「選擇」的形式表達。這樣選舉就應運而生，「共同同意」也順理成章地成為指導教會選舉的理念。一般來講，任何組織在發展之初，大都如此；但隨後，集權趨勢通常

18　馬克·布洛赫著，張緒山等譯：《封建社會》，p.567，644，商務印書館2019年版。

會逐漸加強，要求成員「共同同意」後再決策的成分就會隨之減弱，甚至銷聲匿跡。然而在基督教的發展過程中，教眾「共同同意」的選舉理念不但沒有隨著集權發展而削弱，反而在集權過程中得到逐步發展和完善。1059年頒佈的《教皇選舉條例》規定，羅馬教區是教會中地位最高的教區，羅馬樞機主教團是教會最重要的部分，代表了整個天主教會。該條例字裏行間滲透著代表的資訊、代議的觀念。由於代表是在「共同同意」基礎上選出來的，「代表」觀念的出現並不意味著對「共同同意」原則的否定，而是「共同同意」原則適應教會發展的一種創新。從「共同同意」的直接選舉到「代表」的間接選舉的演變也符合選舉制度發展的一般規律。在中世紀，教會神職人員壟斷了文化知識。世俗治理政體管理需要的文化人才，只能從這一群體中挑選。為此，神職人員紛紛到世俗政府擔任要職，這種傳統一直持續到近代早期。這些在政府部門任職的神職人員將教會的管理理念和制度運用到世俗治理政體中，選舉自然也在其中。教會選舉的提名、投票程式，代表制、多數通過、秘密選舉等原則，都被世俗選舉所採納，促進了西方近代世俗選舉的重生[19]。自羅馬帝國崩潰後，歐洲中央世俗領域治理政體基本空缺，是基督教世俗化，填補了這個空缺。封建城市治理政體類市商化重建既是從排斥基督教神權對世俗的統治開始，又充分借鑒了教會神權治理政體成熟經驗。但宗教歸宗教，世俗歸世俗。

　　■ 市民平等，類市商化治理政體涅槃重建。整個中世紀的歐洲，包括類市商治理政體再造的城市新生治理政體，其基本特點有二：第一個是分權。其一，是有以王權為代表的世俗權力和聲

19　張殿清：《中古基督教選舉的憲政意蘊》，文史哲，2012年，第4期。

稱代表上帝的教會權力之間的分權；其二，是有後來出現的自治的城市，自治的城市並不在「封建」的權力範圍之內，實際上也是城市與封建領主的分權；其三，是在以土地分封為基礎的「封建」結構內，權力也是完全分散的。錢乘旦指出，土地分封是封建制度的基礎，封臣一旦得到土地，就得到了這塊土地上的所有政體治理權，包括治理、經濟、司法、軍事、鑄幣、戰爭等等所有的權力。治理這塊土地的是得到土地的人，不是給他土地的人，因此國王只要把土地封授出去，他就失去了對那塊土地的治理權。封授土地的人和領受土地的人從地位方面是一樣的，所以國王和貴族屬於同一個集團，只有封主、封臣之分，沒有等級之分，這是典型的封建狀態[20]。第二個就是由非血緣的、非強有力的治理政體權力支配。其一，它不同於建立在血族關係基礎之上的群體。雖然它留有血緣關係的印記，例如其個人從屬關係仍保留著原始親兵制中准家族成分，但並不只是依賴血緣關係。布洛赫指出，更確切地說，嚴格意義上的封建關係紐帶正是在血族關係不能發揮有效作用的時候才發展起來的。西歐的封君封臣制度是弱者對強者的投靠，從形式上看，這種關係的結成是志願的。一個自主的人有選擇「主人」的權利，這是諸多日爾曼法典都有明確規定的。封臣義務的核心是服軍役，軍役不能無限期延長，一般規定是一年40天。軍役期間，封臣要自備馬匹、武器、盔甲和糧草。較大的封臣還要帶上他下面的封臣，所帶騎士數量視受封土地大小而定。顯然，服兵役是提供公共用品的一個重要方面，屬於治理政體職能。作為交換，封君對封臣也有義務，一是提供保護，二是提供生計即封土。這裏有互惠關係，有人身依附

20　錢乘旦：《800年前的英國人為什麼能把權力關進籠子》，財經網，2015年6月15日。

關係，卻幾乎沒有血緣關係。這意味著封君公共產品提供的外委
化。其二，推行封建制並沒有建立強有力的治理政體，雖然其選
擇也是為了治理政體的再造。無數大小領主們是在行使治理政體
權力，在各自的領地是公法和私法的統一執行者，但尚未形成強
有力的中央統一治理政體。如果不把經濟考慮進去，就會好奇，
在這樣的分散治理政體下歐洲卻變得更穩定了。正因為沒有一個
高度整合的行政、司法體系，也沒有一支常備軍，所以國王不是
高高在上的專制君主，他與諸侯是封君與封臣的關係，以互惠的
忠誠紐帶聯結在一起。國王的經濟來源實際上全部來自他作為領
主的個人莊園，他也只生活在他的莊園裏，所謂「國王靠自己生
活」。由於分散治理政體的作用，真正嚴整的秩序只存在於領地
內部，而對於一個個領地或莊園的主人——尚武的貴族及騎士來
說，既沒有一個外在的強大力量來控制和管理他們，他們之間也
沒有多少經濟上的相互往來[21]。這種自由的非中央集權專制的人
文土壤，為城市類市商化治理政體孕育與重建，創造了絕佳的條
件。這在華夏等東方世界是從未見到過的。

二、工商易利主導

中世紀西歐治理政體的類市商化新生，是城市共和類市商化
治理政體的新生。此時的城市與古希臘、古羅馬的城市不同。在
古希臘和古羅馬的城市，從來沒有手工業者、商人和生產者所控
制的社團，它們最初是而且通常是土地佔有者聚集的城市。而中
世紀的城市實質上是商業城市，是商人、手工業者和生產者控制
的城市。城市治理政體實際上由工商易利主導。

西元5世紀，北方蠻族的到來和西羅馬帝國的解體，中斷了西

---

21 侯建新：《「封建主義」概念辨析》，中國社會科學，2006年，01期。

歐地區的城市文明。直至11世紀，大批城市在阿爾卑斯山之南湧現。但此城市已非彼城市。它們與原先由軍事貴族構建的以封建等級為基礎的古代城市大為不同，採用的是自我治理的「公社」模式，不依附於任何權威，而是實行城市平等成員之間的管理。它更類似於古羅馬的共和治理政體，因此也被後世稱為「城市共和國」。12世紀猶太旅行家坦言：熱那亞的公民是勇敢的，他們不服從君主或貴族，而是聽命於由他們任命的執政官。還有中歐地區的神職人員在遊記中寫道：義大利的各個城市非常崇尚自由，恐懼統治者的專斷，以至於他們通過執政官來自我統治，而不是依附於國王和貴族[22]。

■ 工商崛起，城市治理贏得新生。城市治理政體的類市商化是由其獨特的經濟文明決定的。西歐封建之初，西羅馬時代的城市業已衰落，遺留下來的城市如羅馬、米蘭、巴黎、里昂、倫敦、科倫和特裏爾等，早已失掉經濟中心的地位，僅是封建諸侯、教會主教的治理統治中心而已。中世紀西歐作為工商業中心的城市，並不是從古代歷史中現成地繼承下來的，而是10世紀至11世紀時由逃亡農奴重新組成的。中世紀西歐城市的一個特點是興起晚，但發展迅速，市民與王權結盟對抗封建割據，積極爭取城市自治運動，從而有力推動了工商業的快速發展，並進一步推動了城市的加速發展，以及治理政體的類市商化再造與完善。12、13世紀西歐經濟的發展，人口的增加，使新規劃城市（規劃城市一般沒有建立在歷史遺址或聚落上，而是經過規劃的新建城市）大量出現。中世紀的城市往往規模不大，直到晚期像倫敦這樣的城市有人口不過5萬，僅只有米蘭、威尼斯等少數城市人口

22　葉克飛：《八百多年前的城市公社，為何是人類歷史上最重要嘗試之一》，歐洲價值，2022年12月12日。

超過10萬。這與當時的農業生產力水準是相適應的，當時一個
3000人的城市，每年需要糧食約1000噸，即周圍農村需要提供土
地在兩田制下約9000英畝，三田制下需7500英畝才能養活城市
居民[23]。城市與農業的易利，形成城鄉財富關係新的形態。城市
的產生是手工業與農業結合帶來的意外成果，也是必然結果。隨
著鐵制農具的增多和土地耕種方式的改善，特別是用馬牽引的帶
輪的鐵犁和二圃、三圃制的廣泛流行以及大面積墾荒，生產率得
到增長。主要穀物如大麥、小麥和豌豆的產量由8世紀至9世紀時
的種一收二，提高到種一收五甚至收六的水準。葡萄、麻、果木
等園藝以及畜牧業都發展起來。水磨也廣為使用，1086年僅英國
就擁有5000盤水磨。這時，尼德蘭又發明了風磨。馬頸皮項圈和
馬蹄鐵等馬具的改進，使馬成為有效的負重動物，而且數匹馬可
以並駕成隊曳拖重犁或貨車。風磨與馬力效率的提高提供了新的
動力來源。10世紀至11世紀的西歐，採礦、冶煉和金屬加工業、
紡織、製革、製陶、磨粉和建築業等都較前完善。由於手工業成
為具有專門熟練技巧的部門，非一般農家所能兼營，於是，莊園
內手工業者所生產的剩餘產品作為商品可供交換，易利比重開始
增長，乃逐漸開啟並完成了個體手工業與農業分離的漫長過程。
而農業和手工業生產力的提高又是中世紀西歐城市興起的重要前
提。專業化的手工業農奴為了擺脫封建領主，開始脫離封建莊
園，到便於易利的地方，如封建城堡、主教駐地、寺院附近和交
通方便的渡口、港口、要道、關隘等地謀生。這些手工業者聚集

23　如諾曼征服之後，英國的英格蘭新建城市172座，威爾士84座，加
　　斯科尼125座。而在兩個世紀中，整個歐洲有將近1000座新城建立。
　　一般城市都在5000人到2萬人之間，有些更小可能有人口2000左右
　　（與古希臘城邦規模頗為相像）。佚名：《西歐封建社會》，春秋
　　中文網，2005年4月15日。

的地方，人口逐漸增加，來往商人和易利增多，漸次成為工商業集中的城市。西歐有句諺語說：「城市的空氣使人自由。」1168年聖托美爾城規定，農奴入城後，領主不得追捕。1227年，英王亨利三世給克勞徹斯特城頒特許證，明文規定，農奴在城市住一年零一天便成為自由人。

義大利北部威尼斯、熱那亞、佛羅倫斯等紛紛建立起獨立的城市共和國。那些取得完全自治權的城市，只向國王或領主納定額賦稅，自治的治理政體隨之發展起來，再造的類市商化治理政體在城市贏得新生：市民選舉產生的市議會，成為最高權力機構，有權制定政策、法令和鑄造貨幣。城市有自己的法庭和武裝，有權宣戰、媾和。城市通過選舉產生的市長、法官等治理政體人員，行使行政、司法、財政大權[24]。最初的威尼斯不過是一片遍佈沼澤、砂礫、茅草和瘴氣的小島，因為逃避蠻族入侵，人們離開肥沃的倫巴第平原，來到這座與大陸分離的小島。這個始建於西元687年，1797年為拿破崙・波拿巴所滅，國祚綿延千餘年的獨立共和國，曾是地中海的霸主、東西方交通最重要的十字路口、西方世界富庶且繁榮的商業易利中心。威尼斯城市的開創者們發現這座島嶼的另一個優勢——與大陸分離所帶來的並不僅僅是防禦，還有與義大利固有治理生態的分離，這讓一個新形態的共和國類市商化治理政體再生成為可能。威尼斯作為水上城市，在貿易上有先天優勢，同時催生了當時足以冠絕世界的造船業。在整個中世紀，威尼斯共和國都以高度繁榮的商業和獨特的城邦制度（類市商化治理政體），聞名於世。在威尼斯早期的海運貿易中，貨主、船長和水手之間就不是雇傭關係，而是合夥關係。到了13世紀，合夥關係裏那些約定俗成的慣例正式在海事法中形

24　佚名：《西歐城市的興起和發展》，北方教育網，2007年2月12日。

成條文，對不同群體進行約束。在這個合夥關係中，眾抉是關鍵要素，船長沒有絕對權力和權威，事務由全體船員共同決定。這種合夥關係和決策邏輯，從海上延伸到了陸地，成為威尼斯治理政體行政管理的基本邏輯。總督、元老院和議會互相牽制，而且職位會通過選舉而輪換。威尼斯是一個商人貴族共和國。大議會是最高權力機關，議員由名列「黃金簿」上的少數貴族世家中選舉產生。小議會是政府，由6名議員組成，幫助總督處理日常事務。總督是國家元首，終身任職。元老院決定國家大政方針，有120名議員，由大議會和上屆元老院選舉產生。最高法院是40人委員會，14世紀初設立10人委員會，有權秘密監督總督、議會和每一個公民和秘密審案判決。威尼斯共和國的治理政體，並非古希臘那樣的直接民抉，也非現代的代議制民抉，而是沿襲古羅馬帝國體制，實施由少數人主治的寡頭治理政體。但威尼斯共和國的執政官們決不是恣意妄為的暴君，他們能夠享受的實權比任何一位歐洲統治者擁有的都少，而且即使是執政官擁有的權力，也只能通過議會和委員會施行。威尼斯有許多獨特做法都被完善為防止腐敗的措施，比如無記名投票的保密制度，這在那個時代頗為獨特[25]。也顯示出再造的城市類市商化治理政體獨特優勢。

25　也正是因為對商業的孜孜以求，威尼斯人將海上貿易發展到了極致，進而以一個小小城市的體量，建立了海上霸權，殖民地遍佈地中海。1284年起鑄造金幣杜卡特，是當時歐洲的通用貨幣。威尼斯每年收入100萬杜卡特，等於法國的年收入，超過英國和西班牙。1379年擊敗勁敵熱那亞艦隊，壟斷了地中海東部的貿易。威尼斯有發達的造船、紡織和玻璃製造業，最多時有造船工匠6000人、水手25000人，從事呢絨和紡織生產者有16000人。威尼斯共和國的歷史上並未出現類似內閣的機構，而這恰恰是威尼斯人為了避免「少數人的暴政」而作出的選擇。威尼斯大議會的成員時常會超過千人，而且人們以幾乎誇張的尊重程度來遵守它週期性的民抉原則。這是西方世界的其他國家所無法比擬的。除了威尼斯之外，沒有其他地

　　■ 良性互動，城市易利蓬勃興起。13世紀下半葉，很多因易利潮流而致富的商人銀行家又投資地產，成為擁有地產和身份的新貴族，形成借助商業易利革命而迅速崛起的新精英，他們又被稱作「權貴」。這樣一個權貴階層的存在，使錫耶納的治理政體結構呈現出不同於其他城市的特點。涉足金融業的權貴牢固地掌握市政權力，以家族名義向城市提供貸款，成為政府的債權人。面對不斷壯大的工商業者，城市治理政體逐漸允許更多的平民進入。這種體制是建立在行會基礎之上的，與行會的利益密切結合。平民不斷擴大在城市治理政體中的影響（行會力量強大的城市往往由出身行會的平民來領導）。從13世紀前半葉開始從其他城市聘用督政官的做法，逐漸在整個義大利流行開來，督政官逐漸取代過去由傳統貴族壟斷的執政官。這一官職由受過法律訓練的專門人才擔任，主要聘自外地，負責召集和主持市議會以及司法事務。他往往自帶一套行政班子，包括法官、騎士、公證人、隨從和警衛，通常得到極高的傭金，但在任期間需要遵守相關約束。在1236年的錫耶納，督政官被配以一個或多個平級的平民領袖，在這些官僚之上又設置了新的權威，稱作「最高行政長官」。擁有金融和地產財富的權貴提供財政所需，權貴家族則控制著經濟命脈，由此，因易利而崛起的平民和擁有財政優勢的權貴家族成為相互抗衡的力量，但在長時期內又不得不妥協和共處[26]。顯然，沒有理由否定被視作文藝復興真正源頭的錫耶納，之

方可以想像，甚至認為值得擁有這樣廣泛的普選權。葉克飛《這個世界最美城市之一曾是綿延千年的共和國與世界商業中心》，歐洲價值，2021年9月18日。

26　朱明：《從大教堂到市政廳：中世紀晚期錫耶納的城市空間從大教堂到市政廳：中世紀晚期錫耶納的城市空間轉型》，歷史研究，2012年11月5日。

所以易利經濟在歐洲非常耀眼，與這種獨特的類市商化治理政體沒有正相關關係。

可以肯定的是，城市世俗市商化治理政體再造，與城市雛形市商化易利（前市商化資本主導的易利）的發展，形成了一種非常重要的良性互動關係。尤其是新的再生的城市類市商化治理政體，對易利及易利的市商化，起到了非常大的促進作用。比如安特衛普。14世紀20－30年代，安特衛普的集市吸引了整個尼德蘭的商人和手工業者、英格蘭羊毛商、布匹零售商和一些義大利商人。在勃艮第公爵的支持下，安特衛普以優惠政策和貿易條約吸引外來商人。包括保護外來商人的財產，並授予外來商人與和其在布魯日相同的特權，並允許他們建立獨立司法機關。安特衛普市政當局修建或改善了發展商業所需的基礎設施。如大力發展商業性住所以吸引外來商人。1468年為漢薩商人提供住所，1474年為英格蘭商人在沃爾斯特拉特提供住所，1477年和1480年分別為德國和英格蘭商人提供住處。這些商人最終買下了這些住所。城市當局還為外來商人提供了貯存貨物的場所，一些私人自己投資來為外來商人提供倉庫。安特衛普市政當局和議會制定了新的商業制度，健全了商業體制。當局建立的關於交易合同和中間人的制度，促進了商業合同的增多。除了交易所的規定，有關公證人和中間人的制度也日益健全。另外，議會制定了新的信用制度，以利於常駐商人購買本地和外來商品。1543年，使用匯票的商人不再使用集市信件而是支付一定的交易費用和年金。城市議會制定了有關產權的法律，安特衛普的習慣法在1532年得到確認，其中包括有關訂立合同和支付等內容。而且，所有這些法規的制定都有外來商人參與。在這些有利因素的推動下，安特衛普的國際交易所日趨繁榮。越來越多的外國商人長期住在安特衛普經商，

從而促進了易利經濟的進一步繁榮，對市政府收入帶來的好處不言自明。再比如，阿姆斯特丹。該市的國際貿易繁榮實際上得益於一系列優惠政策和制度。阿姆斯特丹市政府儘量使各國商人享受的經商權利處於同等水準，不偏袒某一國商人。這種公平的做法還表現在沒收破產公司的商品和處理保險事務的爭端等方面。同時，阿姆斯特丹法院還允許外國商人可以向荷蘭和西蘭的高等法院申訴來處理貿易爭端。阿姆斯特丹市議會制定了一些具體制度以推動商業易利發展。有些制度在荷蘭獨立革命前就有，一直被延續下來，有些又被加以改進。稱量貨物重量和體積，以及衡量貨物品質水準的指標體系在革命前已建立。市議會還規範了付賬、發貨和信用的程式，並將帳本作為法律證據，允許本地商人雇傭更多的公證人來滿足商業需求，並在1533年建立經紀人制度，目的是提供每週的商品價格。1579年，市議會允許建立經紀人行會，其成員數在16世紀末大幅增長。1612年經紀人達到300人以上。另外，市議會還建立了郵政和駁船制度等。這些措施大幅增強了阿姆斯特丹對外來商人的吸引力。[27]

三、規模治理替代

　　由於城市再造治理政體規模所限及專制與家族化傾向，以及因為對抗封建領主及神權治理政體而不得不加大對王權治理政體的依靠，自身獨立的意味逐漸消退，最終臣服於一直若隱若現的國家世俗中央治理政體，實現治理政體規模替代。

　　■ 國家治理，「君權」向更大空間實質性拓展。西元9世紀後，封土向世襲佔有轉變，這意味著國王控制力急劇下降，軍

27　寧凡：《15 — 16世紀歐洲集市的轉變以尼德蘭集市為例》，前線網，
　　2012年11月5日。

事、治理、經濟和司法權力都集中在大領主手裏，真正的統治者，是伯爵、公爵等大封建領主們，作為他們名義領主的國王，僅承擔了最空洞的忠誠。領主還有司法權，設有莊園法庭，支配著佃戶的人身和財產。領主還有壟斷權，莊園內的生產設施，必須是付費使用。因此，在中世紀，西歐農民只知領主，不知國家。在莊園制度和封建制度下，無論是最底層的農民，還是各級領主，都只對自己的直接上級負責或效忠，從而使得各級領主實際能控制的只有自己的直接下屬，每一級領主都有完善的自治能力，最終導致一個後果：國家鬆懈，王權虛弱，地方勢增[28]，但卻完全符合分權治理的規律。到了13世紀後半期和14世紀，情況發生了重大變化。越來越多的城市自治體逐漸轉向強人主導化或者家族主導化，步入小專制。而12世紀中葉興起了「君權」概念。君權概念最初來自於國王的私有土地與國庫土地的區別，它包括所有繼承而來且必須絲毫無損地傳之下代的王室權利和權力。君權反映了王位連續性的特點，也突出了其公共性，它屬於整個王國。在法學家看來，君權是一組權利：包括國王的特權、管轄權、財政權、以及土地和財富。它必須不受任何其他人或組織的侵奪。法學家們更強調國王職位加於國王個人的限制，提醒國王是王國的「守護者」，而非「主人」[29]。這些變化的背後，是易利的效能需求使然：必須暢通工商業空間。這就要求治理政體必須從局部城市治理向更大區域融合轉變。王權治理政體再造成為對滿足工商業易利擴大空間需求的首選要件。擴大區域的治理政體，對易利的效能及規模需求也能夠予以一定程度的滿足。

28　小炒：《農業文明與西歐的貌合神離》，網易，2019年5月5日。

29　蘭志強：《13世紀英國的國王觀念》，世界歷史，2002年2期，中國世界中世紀史研究網，2009年8月15日。

■ 規模治理，「重心」向推動易利實質性轉變。12世紀，對財政的重視，以及經濟監管有利可圖，誘使治理政體越來越多地關注經濟事務。英國君權對紡織工業尤為重視，但有些過火，比如於1197年頒佈《布匹法令》，將染色布匹生產限定在城鎮，並詳細規定了其尺寸和品質。由於英國到處是自行收費的領主，他們控制了城市，其職權與城市連在一起；交通本應是地方的責任，但各地政府都置若罔聞；各地度量衡和貨幣的混亂只允許各地內部進行交易；治安秩序混亂，商人經商常常要冒生命危險。12世紀上半葉倫敦的傳統貿易習俗代表著一條原則：地方貿易應該被保持在當地人手中。這一原則很快出現在其他城鎮的憲章中。這種赤裸裸的貿易保護，對部分城市，尤其是國家整體造成傷害。英國君權想方設法把分散的領地連成一個統一的貿易區，廢除一些損害商業經營的稅收，改善交通狀況，給外國商人提供特權，從而刺激了貿易發展，進而促進了經濟的增長[30]。因而，新生再造城市治理政體最終必然地歸屬到了成熟擴大的統一治理政體之中，逐步實現了新生治理政體歸一。在1500年的歐洲，大致存在五百個左右的自治性治理政體：這一數字到1900年銳減至二十五個。今天，作為類國家治理政體的歐盟已發揮越來越重要的作用。

第三節　市商治理

市商化治理政體有兩大邏輯要點：第一，權威與分權、制權邏輯起點。第二，也就是更為重要的邏輯起點，是由誰來決定

30　胡之光：《12、13世紀英國的經濟狀況、政策、思想與建議》，人人網，2011年3月31日。

運營這個治理政體；這個決定權要永遠掌握在國民手裏，也就是要民抉，由民抉擇，由民來定。兩個要點都包含自主、平等、協商、自願易利的內涵。其中就是要體現一個「商」字。比如議會，法語議會一詞意為「談話」、「討論」、「商議」；其所做的決議就是「談話」、「討論」、「商議」的結果，體現代表國民的議會與王權（包括行政系統）之間自主、平等、協商、自願的「易利」關係。這是因為治理政體是國民群聚而成所需的治理產物，其合法性來源於國民。國民是治理政體勞務的消費者，治理政體是國民所需服務產品的提供者，其仲介是財富、目的是財富增長，平臺則是易利。群聚、國家、治理政體，與財富有脫不開的幹係。而財富只有在易利市商化經濟文明中才能實現遞增。因此，治理政體對市商化文明來說非常重要。

在歐洲歷史上，成熟擴大的國家統一治理政體與城市再造治理政體有著明顯的區別。在封建治理政體中，主要是城市自治；其外，國王只能在很小的程度上能控制住各地的諸侯貴族。國家尚不是完全意義上的或者說現代意義上的族裔國家，歐洲國王們實際上是當不起「國王」這個稱號的。在成熟擴大的統一治理政體中，國王則能在很大的程度上控制住各地的諸侯貴族；而且出現了中央集權，國王的中央治理政體擁有了絕對權威。同時，國家確立了「主權」的概念。當然，貴族和城市資產階層仍然有著一定的勢力。一大群特權者、有納稅豁免權的人、利益集團、用錢購買到官職的人、地方上的貴族，都限制了國王的權利。

市商化資本主導的易利文明形成的最為重要條件，是規模治理政體的市商化。中世紀在新生城市類市商化治理政體即將完成其歷史使命的同時，具有規模性優勢的國家治理政體獲得再生，並歷史性創造出市商化、文明化的治理政體。其中值得特別關注

的正是以此為基礎領先世界兩百年的英國，尤其是它是歐洲最早建立成熟治理政體的國家，這一點是英國成為易利市商化經濟文明爆炸奇點的十分重要原因。因為，只有成熟的國家治理政體才能發展成為對易利市商化經濟文明起決定性作用的市商化治理政體，當然不是所有的成熟治理政體都能夠自然地形成市商化治理政體。而沒有市商化治理政體，市商易利文明就永遠不可能誕生。也就是說，市商化易利奇點不可能形成，更不可能爆炸。同時可以斷言，不受制約和不願意被替換的治理政體，最終必將退出。這是因為，其排斥易利市商化經濟文明或拒絕承擔相關責任與義務。

研究自英國始的治理政體市商化，可以看出，其並不是古典類市商自給治理的簡單複製，至少在發展秩序上也完全不同。從古希臘到古羅馬，治理政體是由平民市商治理政體向貴族市商治理政體的萎縮退化，直至取向於專制。而自英國始的治理政體市商化，則是從貴族市商化治理政體向有效避免專制的國民市商化治理政體的演進、發展，煥發出無盡的生命力。

一、市商治理權力

R·H·托尼在《宗教與資本主義的興起》一書中指出：文藝復興初期的歐洲，運動的中心曾經是義大利。宗教改革時期的歐洲，運動的中心是低地國家。新文明的經濟中心是安特衛普[31]。但從治理文明發展來看，則非英國莫屬。英國四周環海，海洋成為其天然疆界，在中世紀以前的漫長歲月裏，一直居於「文明世界」邊緣，卻是較早建立成熟治理政體的族裔國家之一。1066

31　R·H·托尼著，趙月琴、夏鎮平譯：《宗教與資本主義的興起》，
　　p.43，上海譯文出版社，2013版。

年，諾曼第公國入侵並統治了英格蘭。這次征服為英格蘭帶來了制度上的穩定，創立了歐洲最強大的君主國，發明瞭歐洲最圓熟的治理行政體系，即族裔國家治理政體。

所謂族裔（民族）國家是指在有歷史、文化淵源的族裔在一定領土範圍內由同一合法治理政體治理之下的國家。它的最基本特徵在於它必須是一個擁有主權的獨立國家，同時還要建立起一個統一的中央治理政體。

按照道格拉斯·c·諾斯的觀點，在不斷擴大的易利推動下，先進的族裔國家得以形成。實際上，這是為易利市商化經濟文明形成創造條件。因為封建城堡在為遠距離易利尤其是工商業易利提供保護與服務上已力不從心。而且，隨著工商業易利的發展，在四分五裂的中世紀封建體系中，采邑為了維護自己利益必須要發展成為一個共同體，成為一個國家。當然，族裔國家只是市商化易利的必要條件，市商化治理才是關鍵要件。對比英國與法國、西班牙治理，會很明顯地發現，為什麼工業革命發生在英國而不是後面兩個國家。在法國和西班牙，專制君主逐漸奪取了議會機關的權力並擴展了徵稅體系，處於治理政體強買強賣、少付出不作為的狀態。其副產品就是就使得地方和地區性的壟斷得到發展，扼殺了發明創新，阻滯了要素的流動，從而使生產性的易利經濟活動萎縮了。而英國則與之相反，因而獲得了持續的工商業易利經濟發展。

■ 構建權威國家：市商化中央治理政體確立。規模化、統一化國家治理政體市商化要件，恰恰在英國率先確立，是偶然卻更是必然。829年，威塞克斯國王愛格伯特把各王國聯合在自己統治之下，形成了一個統一國家，從此有了英格蘭這個名稱。9世紀以

後，丹麥海盜佔據領土，長期定居，控制了英國東北部地區，盎格魯‧撒克遜諸王國正是在與丹麥人的鬥爭中聯合成為統一國家的。到10世紀後半期，島上的丹麥人逐漸與盎格魯‧撒克遜人相融合，並且形成統一國家，1042年獲得獨立[32]。諾曼人於1066年開始入侵英格蘭，在諾曼人成為英國的國王後，於11及12世紀逐漸強大。1154年亨利二世建立的安茹王朝被稱為「安茹帝國」，王權的發展達到了新的高度。以此為標誌，他們建立了中央集權治理政體，加上本地盎格魯—撒克遜人原來的治理方法，還有盎格魯人和諾曼人在諾曼第所擁有的土地，使英國國王在1199年成為歐洲最有權力的國王[33]。首先，加強了中央財政，擴大了的皇室領地已遠遠超過單個諸侯，並編制了《末日審判書》，詳細記載各個地區的資源情況，方便徵收賦稅；其次，掌握了選派地方官的權力，從而控制地方的司法和行政；第三，建立了專門為國王服務的騎士制度，也就是中央養兵，中央就有了令人生畏的軍事實力[34]。第四，加強了對基層的控制與治理。比如，「十戶聯保制」。諾曼人征服英格蘭後，征服者與被征服者之間的對立異常突出，外來的諾曼人迫切需要確保人身財產的安全。於是，他們將盎格魯–撒克遜時期的擔保制度和十戶制度結合起來，形成十戶聯保制。其變化體現在三個方面，一是將原有的、適用於有過劣跡之人的多人擔保，推廣到所有平民。二是將以前每個人在親

32　從5世紀中葉起，不列顛遭受日爾曼人中的盎格魯人、撒克遜人、裘特人的入侵，他們建立了許多小國，經過長期戰爭和兼併，到6世紀末7世紀初聯合成七個王國，歷史上稱「七國時代」。七國間經過長期鬥爭，到9世紀初，威塞克斯王國居於支配地位。佚名：《世界古代史：西歐封建制度的產生和發展》，跨考網校，2010年9月13日。

33　信力建：《近代世界文明的起點——英國大憲章》，凱迪社區，2011年2月5日。

34　小炒：同註28。

屬和鄰裡中尋找各自擔保人的制度嫁接到十戶制度中，要求十戶組內部集體互保。三是在功能上，將司法行政擔保與十戶制度維護治安的功能結合起來，並將其擴展到其他各項義務的履行上。這樣，自願性、偶然性、以血緣關係為紐帶的擔保制度便演化成了強制性、普遍性、以鄰裡關係為紐帶的十戶聯保制度。這些變化主要是通過「征服者」威廉及其繼承者的一系列立法得以實現的。此後，亨利二世的司法行政改革則強化了這些法律規定的貫徹落實。首先，他派遣王室巡迴法庭定期前往各地審理案件、督察法紀，基層十戶聯保會所檢舉出來的刑事案件借此得以按照施行於王國各地的普通法準則及時有效地處理。其次，他整飭了郡政，派遣郡守巡查轄內各百戶區和十戶聯保會落實情況。最後，他在司法行政活動中廣泛採用了陪審制度，規定各十戶組的十戶長們組成檢舉團，負責在十戶聯保會上檢舉揭發違規違法行為，並審理其中的輕微治安事件，這使十戶聯保會具備了有效的內部管理機制[35]。因此，在同時代的君主國家中，英格蘭治理要有效得多。在英國，由於「國王的封臣的封臣仍是國王的封臣」，因此，土地的分封沒有導致權力的分割下移，而且，國王本身在領地和經濟資源上佔有絕對優勢。貴族的領地不但數量少，而且分散在各地。這種狀況使得英國貴族很難像法國貴族那樣割地自守，稱霸一方。這也是英國率先成為成熟中央治理政體的主要原因之一。

　　■ 構建控權機制，市商化治理政體制衡確立。在英國，作為地方治理政體代表的貴族，其力量還是很強大的，至少國王不可能隨心所欲待之。比如，為徵集軍費，亨利二世在1166年以十

35　李雲飛：《論十戶聯保制與中世紀英格蘭的王權制》，中國世界中世紀史研究網，2009年8月15日。

字軍東征為由徵收動產稅，每鎊動產徵6便士，就因貴族抵制未能實施。買方擁有足夠抗衡賣方的力量，必然會與王權相抗衡，抗衡的結果就是影響人類易利市商化經濟文明深遠的《大憲章》（也叫《自由大憲章》）誕生。英格蘭成熟市商治理政體市商化的歷史，就是一個國王不斷將其統治王國的權力轉交於議會、法官、內閣和地方委員會等機構的過程，是一個國王權力不斷縮小而上述諸機構權力不斷擴大的過程，由於王權被關進籠子，治理政體的市商，也就是公共產品的市商供需才真正建立起來，公共產品的需求與供給之間建立起平等協商的交易或交換關係[36]。10世紀期間，英國郡一級組織得到發展，國家沒有一個足以統攝全國的機構。雖然郡守在理論上須對國王負責，但中央對郡的監督是薄弱的。諾曼人征服英國時，威廉為激勵下屬，把土地及時分封給有戰功的諾曼人，使後者成為統轄一方的諸侯。雖然國王是一切土地唯一的所有者，但這些封臣被賜予轄地的治理權，包括設置法庭、徵稅和強證勞役之權，其對國王的義務則是隨國王征戰和交納一定的租稅。由此，封建形式得到發展。在亨利一世（1100–1135）期間，發展出一個叫諮議會的封建組織，由全體大佃主或國王認為可備顧問的一些大佃主組成，其主要功能是承認國王所要求的賦稅，協助供給所需的資料以作規定稅額的根據，監督各郡和各市籌措款項；同時，議會成員也替所在地國民呈送請願書並幫助考核地方官員的行為。這被認為是英國議會的起源[37]。英國的議會正是發端於一個叫做賢人會議的組織，賢人會議擁有行政、立法和司法權力，參與國家稅收、外交、防務和分封

36　韋森：《近代西方世界興起原因的再思考》，中國世界中世紀史研究網，2009年8月15日。

37　袁傳旭：《英國議會制的起源和形成》，書屋，2013年，第九期。

等重大決策活動。據記載,在931年3月召開的賢人會議中,有坎特伯雷和約克兩個大主教,威爾士的兩個親王,17個主教,5個修道院院長,15個地方官和59個塞恩,共101人。13世紀是英國王權發展的重要時期。雖然王權很有權威,但仍然處於分權、制權的狀態。有個貴族在對國王的誓言中說:「和你一樣優秀的我們向不比我們優秀的你發誓,我們接受你為我們的國王,至高的上帝規定你要遵守我們所有的法規和法律;如果你不接受的話,我們就不接受你為國王。」1265年1月20日,英國召開了第一次「商議會」,這一天標誌著英國議會正式誕生。馬國川指出,英國議會雖然不是世界上最早的議會(冰島古議會誕生於西元930年),但卻是第一個現代意義上的代議制國家組織的議會。是時,勢力依然較為強大的貴族為了維護自己的特權,限制王權,迫使國王召集由貴族、教士、騎士和市民的代表參加的議會,並賦予其決定徵稅、頒佈法律等項權力。

在英國,具有歷史意義的是1265年的「西門會議」,要求各市選派兩名「賢良、守法、正直」的市民與會,從而開創了市民階層進入議會的先例,被視為「後來下院甚至議會制度的重要起點」。依據「普通請願」這一機制,下院對王國共同體的事務發表集體性意見、並通過立法尋求改革。因此在英國,議會並非僅屈從於王室意志,而是作為國王與治理政體機構對話基本場所而延續了下來[38]。

---

38 對於最終在13世紀興起的議會制度來說,盎格魯—撒克遜晚期的治理集會與14世紀的治理集會之間,存在著一種深刻的歷史連續性。自愛德華一世時期起,議會的一個關鍵作用便是提供一個場所,在那裏國王的臣民們能夠獲准接近王家恩典的權利,以便於呈遞他們的關注事項與治理要求。在整個中世紀晚期,議會持續吸引著關於大量私人事務的討論,從而為更為寬泛的司法和行政系統留下了一

二、市商國民掌控

溯源全球整個市商化起點,以及成熟治理政體市商化奇點,會發現二者都與英國有關。1327年、1399年、1461年和1485年發生的一系列廢黜國王和王朝更替的事件,都可視作治理政體市商化的極其重要步驟。但最主要的事件,也是具有劃時代意義的市商易利文明起點和市商治理政體奇點,還是1215年英國《大憲章》的誕生。任劍濤指出,英國貴族與約翰王簽署的《大憲章》,就正式開啟了英國現代轉軌的大門。至少在16世紀,英國與全世界的發展已明顯分道揚鑣。「兩點(起點和奇點)」發生在英國絕非偶然,僅從治理政體看,一個明顯的差異是,和法國等君主制不同,英國王權始終沒有建立一個自己強有力的行政管理制度和法律結構,並通過它們把自己的意志強加於農村和城市。而且,王室的政策有一種傾向:這就是促使城市與鄉村中具有商業頭腦的人及其他一些集團(包括貴族),在反對王權的鬥爭中聯成一氣[39]。奇點之後的諸多爆炸中,值得大書特書的當然非工業革命莫屬。18世紀的工業革命既是一場人類歷史上生活方式的根本性轉變,也是易利文明發展的歷史性事件,從此,市商化的資本在易利經濟中開始佔有主導地位。英國在工業革命中之所以具有「唯一性」,就是因為市商化資本主導易利下的工業利益能夠決定治理政體的政策取向。人類在財富關係中也發生了偉大分野,具有暴力力量的強大治理政體從暴力掠奪本能轉向市商化易利互利。

個活躍的場所。孟廣林等:《從輝格傳統到新憲政史:中世紀英國憲政史研究新趨勢》,中國世界中世紀史研究網,2013年3月20日。

39 巴林頓・摩爾著,拓夫等譯:《民主和專制的社會起源》,p.8–9,華夏出版社,1987年版。

■ 稅收確定，市商化治理政體易利形成事實契約。英國成熟治理政體市商化歷史，是一部關於如何徵稅及如何使用稅收收入的歷史。在易利市商化經濟文明中，稅收對納稅人來說實際上是一種不得已的惡，是國民為了換取公共服務而不得不支出的費用。所以，市商化意義上的稅收就是一種易利，而非強制。既然是易利，就必須遵循易利的一般原則，如意思自治、意思表示真實、意思表示一致，等等；由此，稅收問題可視為治理政體和國民之間的一種易利契約關係[40]。按照中古西歐封建原則，國王應該靠自己的收入過活，包括王室宮廷支出和軍事費用在內的開支主要靠其封建權利的收入供應。這些收入主要包括王室領地地租、空缺主教領地地租、司法罰款與捐稅和恩惠費、城市和王室租佃人稅、兵役免除稅（戰爭捐）。其中收入的主要部分來自王室領地，而城市和王室租佃人稅以及兵役免除稅（戰爭捐）只有在為了戰爭這一「緊急需要」的目的時才能徵收。但是到13世紀70年代愛德華一世創立羊毛出口稅時，情況發生了變化：王室領地地租從12世紀70年代占亨利二世年財政收入的60%下降到13世紀70年代占愛德華一世年財政收入的不到32%；相反，稅收占比從10%上升到了近69%。到愛德華一世時，徵稅變成常規。英國國王在諾曼征服之後就獲得了全體民眾的效忠，建立了統一的中

40　《大憲章》的內容可以歸為三大類：一類是國王不可以任意地侵犯臣民的財產，占內容的50%以上；一類是不可以任意處置臣民的人身，大約占40%；最後規定建立一個24人的貴族委員會，相當於執行協議的監察小組，可以監督《大憲章》的執行情況，一旦國王違背諾言，就可以組織並號召臣民反抗國王。這裏所謂的「臣民」基本上指土地貴族。亨利六世統治時期（1422–1461）國家財政困難，王權在維護公共秩序上乏力無術。1399年蘭開斯特憲政實驗，派系政治興起，致使15世紀50年代共識性治理政體崩潰，並最終導致1461年蘭開斯特王朝覆滅。同註20。

央集權性質的王國，因此才可能有1186年為徵稅目的而進行的末日審判式的財產大清查，才可能有後來亨利二世第一次徵收動產稅。動產稅是約翰王的重要財源。最重的一次是在1207年，徵收率為動產與收入的1/13，共得鉅款約60000英鎊，大大超過了當時王室約20000餘鎊的年收入。從1202至1207年，約翰王還發明徵收所有進出口貨物的商稅，按價值的1/15徵收，共得15000鎊[41]。稅收成為主體，並常態化，對成熟治理政體市商來說，具有決定意義。也就是說，一種特殊交易或交換即易利關係得以確立。市商化又必然要求買賣雙方必須平等協商，並不能毀約。成熟治理政體市商的賣方，對英國來說，主要是作為中央治理政體代表的國王即王權；成熟治理政體市商的買方，則是作為地方治理政體代表的貴族，以及屬下的工商業國民。但約翰王則無視這種內在的易利關係，只想取不想予。而且試圖只取不予。12世紀後，由於物價上漲、行政管理範圍擴大、無償服務減少，中央治理政體便巧立名目增加稅收。1202年英王約翰成功地徵收貿易稅，1203年和1207年又對動產成功徵稅。到了13、14世紀，國王收入急劇上升。全國性的直接和間接稅收體系正在建立[42]。然而由於稅收極為沉重，又因為稅在國王看來是無償的、強制的，並且是新興的，因而也就更易引發國王與貴族、封建領主、普通國民之間的衝突。這一衝突終於在1215年約翰王統治時期爆發了。

■ 治權民抉，市商化治理政體契約實實在在簽署。英國《大憲章》的簽署已載入人類市商文明史冊。其有兩大背景：間接背景，是英國國王是選舉出來的，而不是長子自動繼承；直接背

41　李紅海：《多維的英格蘭憲政史》，比較法學研究，2010年第6期。

42　丁作提：《憲政的稅緣——英美憲政發生史》，共識網，2013年1月4日。

景，就是因為約翰王破壞了易利契約，即破壞了封建規範，不斷增加稅賦，搜刮城市，和教會的關係也搞得很僵，因此貴族、教會、市民都反對他。1214年，約翰王在法國吃了敗仗，丟掉很多土地，回來後要求英國貴族繼續跟他去法國打仗。貴族趁機提出要求，要他遵守封建規範，約翰不接受，貴族們就拿起武器反抗。約翰王打不過他們，只好坐下來談判。1215年6月15日，在泰晤士河畔的蘭尼米德草地上，51歲的英格蘭國王約翰與起兵反抗的貴族和主教們和解，於是《大憲章》——對人類易利市商化經濟文明具有極其重要意義的《大憲章》誕生了[43]。當然，《大憲章》也是人類文明在特殊英國發展的特殊產物，儘管它幾乎從未被正式兌現過。然而，17世紀時，《大憲章》卻在議會鬥爭中被用來振臂高呼以反對專制權力。1297年，愛德華一世將《大憲章》正式納入到英國的法律體系中。這是人類歷史上最早一份以法律形式限制君權的正式檔，為人類的治理政體市商化提供了最早的法律依據。《大憲章》總共63款，其中大部分條款都是要求約翰遵守封建規範。

可以說，沒有《大憲章》就沒有民抉制市商化治理政體的建立，就沒有易利自主、平等、協商、自願的市商化發展，也就不可能發展出市商化資本主導的易利文明。因為，只要治理政體自然人的權力和權利不受制約和限制，就等於掠奪型財富關係和霸凌型財富關係的存在與發展就不會受到制約和限制。因為無論是掠奪財富關係，還是霸凌財富關係，都必須依靠強力來維持或支撐。在規模型中央治理政體形成後，唯一有這樣的維持和支撐力量，就只有治理政體。如果是專制治理政體，其強力的

43　胡之光：《12、13世紀英國的經濟狀況、政策、思想與建議》，人人網，2011年3月31日。

使用不受制約和限制，那麼，掠奪型和霸凌型財富關係的零和就會一直存在。雖然此時王權至上的觀念仍十分牢固，但是，以王在法下、王權有限等特徵的治理，的確得到了堅定地發展，成為成熟治理政體市商的典型範例。而「法下」還是「法上」被視為判定中古國王的權威是否有限的主要標準。愛德華二世統治時期（1307–1327）所發生的爭鬥，乃是源自王家內府獨裁機構與試圖捍衛協商原則的大臣、貴族之間的固有衝突。爭鬥的結果是自主協商和有限王權的觀念與原則得到確立，並最終導致愛德華二世於1327年被黜。

實際上，正是《大憲章》引爆市商化歷史性革命。在17世紀初的英國，國王和議會的權利界限比較模糊。頒佈一項法令需要議會的同意和國王的批准；國王如果不召集議會，議會就不能開會；國王宣佈解散議會以後，它也無法開會。下議院曾提醒國王，他們的權利包括選舉自主、言論自主以及議會在開會期間免遭逮捕的權利。詹姆斯一世及其兒子（後來的查理一世）對這類呼聲嗤之以鼻，試圖援引君權神授的理論來統治國家，這和沿襲古老傳統的議會起了衝突。詹姆斯一世曾說過：下議院是一群無頭之鳥，議員們亂哄哄地發表意見；每次開會時，只聽到他們亂喊亂叫；想不到我的祖先竟然允許出現這樣的機構；我不是本地人，到這裏來的時候它已是客觀存在，所以只好容忍這個無法撤銷的機構。1628年，為了得到議會的撥款，查理一世不情願地接受了下議院的《權利請願書》。請願書的主旨是限制國王的特權，反對義務貸款、未經審訊的監禁、軍隊進駐民宅和軍事管制法。為了實現個人獨裁，查理一世採取了一系列措施，包括解散議會。1639年，由於鎮壓蘇格蘭人的反抗需要籌集到軍費，在經過近11年的個人專制之後，查理國王發出召集議會的令狀。

於是，議會同國王進行的舉世聞名的鬥爭揭開了序幕。在數日之後，他輕率地解散了議會。在貴族會議的建議下，查理一世不得已重新召開議會。新當選議員幾乎全是反他的人。著名的反對派候選人無一落選。議會中支持國王的人則不到1/3。查理一世召開議會的本意是對付蘇格蘭人反叛。結果，英格蘭議會同蘇格蘭的各種勢力聯合起來，將矛頭對準了查理國王和他的大臣。1642年6月1日，議會向國王發出最後通牒。他們要求：樞密院成員、各大臣應由議會任命；議會應該完全控制民兵和平定愛爾蘭所需的軍隊；以何種教派為國教也應該由議會做出決定。簡言之，國王應該交出一切政、教大權。由此，內戰爆發。大部分貴族逐漸加入保皇黨，商人則普遍站在議會派一邊。1646年春，保皇派完全失去了武裝抵抗的能力。丘吉爾概括道，清教徒勝利了。總的看來，比較堅決支持議會派的中產者打敗了四分五裂的支持國王的貴族，倫敦的新興金錢力量戰勝了陳舊的忠君觀念，城鎮控制了農村，其他教派戰勝了國教。1649年1月，查理一世被送上斷頭臺。同時，議會通過決議：在上帝之下，國民是一切正當權力的來源；在議會裏集會的英國下議院是國民選出並代表國民的，在本國有最高的權力……。1649年5月19日，英國議會通過一個決議：英國的民眾和所有隸屬於它的領地和地區上的民眾，都是並且都由此構成、締造、建立和團結成為一個共和國和自主邦；它將由這個民族的最高權力，即議會中的民眾代表和他們所任命的為民眾謀福利的官員所治理，而不需要任何國王和貴族院。這兩個決議體現了現代議會制度——主權在民的思想，說明英國的現代議會制度開始出現。1689年，英國議會通過了具有重大影響的《權利法案》，法案規定：凡未經議會同意，以國王權威停止法律或停止法律實施之僭越權力，為非法權力；未經議

會准許，藉口國王特權為國王而徵稅或供國王使用而徵收金錢，超過議會准許之時限或方式皆為非法。法案確認了議會在立法、財政、稅收和軍事方面的權力不受國王限制，從此財政管理受議會監督，對議會負責。這樣，《權利法案》以成文法的形式宣佈英國現代議會制度的確立。其後不久，議會通過《叛亂法》，規定平時必須經過議會同意才能徵集和維持軍隊，而且這支軍隊只能維持一年。這個法案通過後，每年都要重申一次，以免國王破壞。這樣，議會就剝奪了國王招募常備軍的權力。實現了軍隊的國家化。1694年，議會制定了《三年法》，規定議會至少每三年召開一次；各屆議會的任期也不得超過三年。1701年，議會通過了《王位繼承法》，除了安排王位繼承順序外，還規定：國王再也不能像過去那樣隨意做出決定了，他所有的決定只有經過樞密院成員的簽署才能生效；為了避免國王的權利凌駕於法律權威之上，議會取代國王擁有了任命法官的權利；國王的赦免權也受到了挑戰，遭議會譴責而定罪的人國王就不能隨意赦免了。這就確立了議會高於王權、司法獨立於王權的原則，至此，君主立憲制在英國最終確立。實際上，英國國王已經失卻其作為封建君主的權力。議會是唯一的立法機關，它的權力決定一切[44]。而議會是國民選舉出來的，由國民選擇治理政體的組織和自然人。

　　英國是政黨和政黨制度發源地，並形成兩黨制。到19世紀末，實際上已形成以下三個基本事實：在議會中已存在著緊密結合在一起的永久性集團；在議會外存在著與議會內的集團有著明確關係，並在同樣的治理標籤下密切結合在一起的永久性組織；議會內外的這些組織不斷地影響著選民。這些，正是現代英國政

44　洛克著，葉啟芳譯：《政府論》下冊，p.3，商務出版社，1983年版。

黨制度的特點，現代政黨制度在英國形成了。是議會制度導致了現代政黨制度的出現和發展；現代政黨制度完善了近代英國的議會體系[45]。尤其重要的是，兩黨之間，既有相持不下的爭執，同時，也有妥協；當決策一定，反對者又會轉而從之，這實際上體現出了市商化治理政體的精髓。英國的議會制度被稱為「議會之母」，它所確立的制度和形式成為其他國家紛紛仿效的樣板。

在談及《大憲章》的偉大意義時，有些人頗不以為然。但他們可能沒有品味這樣的現象，即：1215年的大憲章有一個非常重要的結果，那就是承認倫敦等城市已享有的自治權，尊重市民利益，統一度量衡，保護商業自由等。所有這些特權，再加上大憲章中明文規定的對貴族權益的保護，全都可以歸結為一點，即國家應對私有財產、尤其是對個人集聚私有財產的權利進行保護，私有財產神聖不可侵犯。它使得孕育於封建秩序結構中的貿易和工業的幼芽得以在一個和它本不相容的母體中成長起來。

三、市商治理置換

45　在查理二世統治時期，1674年丹比伯爵成為國王的主要顧問之後，便在下院中建立起一個忠於國王的集團，稱為「宮廷黨」，代表封建地主利益，極力主張擴大王權、限制議會的作用，在宗教信仰上主張天主教。同時，以沙夫茨伯爵為首，成立了「鄉黨」，其成分比較複雜，其中既有以圈佔土地發跡、在革命時期站在革命方面的新貴族，又有精於謀財治業的商人、金融家和自由職業者。該派承認保存君主制的必要性，又堅持限制王權，增強議會權力，在宗教信仰上主張實行宗教寬容政策，反對天主教。兩派互相敵視，互相攻訐，並互為對方起了含有貶義的蔑稱。「請願者」被稱為「輝格」，而「憎惡者」被稱為「托利」。至此，輝格黨和托利黨這兩個名稱出現了。1688年「光榮革命」後，議會成為國家的最高權力機關，在國家政治生活中的作用日益增強，輝格黨和托利黨在議會的活動中逐漸向現代意義上的政黨轉變。張旭東：《從制度變革角度看近代英國的崛起》，中國選舉與治理網，2009年8月15日。

　　市商化治理政體一旦確立，就會迸發出無窮的生命力，其演化、裂變、置換力量巨大、影響深遠。最突出的例證是美國。很多美國殖民憲章都受《大憲章》的影響，美國19世紀時，《大憲章》作為一個單一、穩定、不變的文獻，對於其建構《憲法》的無上榮耀起了很大作用。1836–1943年間，美國有16個州將全本的《大憲章》收入到州法律章程，且超過25個州用不同的形式收入了修正後的《男爵法案》第二十九條：「不經法律判決，任何人不得被奪去生命、自由和財產」[46]。相比於英國，受英國文明市商化治理政體輻射的美國，在治理政體市商化方面走的更遠，也更為完善，顯示出人類市商治理政體演進的持續深化。不僅如此，從全球看，治理政體市商化也在持續推進、發展。因為全球基本都在推進治理政體、治理體系、治理能力的現代化，實際上這一現代化的實質、標誌，甚至是前提就是治理政體的市商化。

　　■ 演化：市商化治理政體運作更加完善。美利堅合眾國憲法確立了一種雙重分權制衡的架構。即：一方面橫向的分權制衡就是立法、行政、司法三權分立；另一方面，縱向的分權制衡就是聯邦制，聯邦政府和各州、各邦政府之間的分權制。這在人類歷史上是開天闢地的，世界上從來沒有過。雖然三權分立很早被洛克、孟德斯鳩提出來，但沒有一個國家真正的實行過。美國人第一次有意識的設計了這樣一套制度安排，讓立法、行政、司法這三個權力平起平坐，相互制約，每一種權力都受到另外兩種權力的制約，以避免治理政體因為集權和私利、自負、草率等鑄成大錯，發生給國家和國民造成災難的顛覆性事件。立法權在國會手裏，但是總統可以否決，如果國會再以三分之二多數扳回的話，

46　吉爾‧萊波雷文，朱麗娟譯：《歷史的法則：大憲章、權利法案，及時代影響》，東方歷史評論，2015年7月6日。

那麼這項法律才可以生效，但是三分之二多數是非常困難的，所以總統的否決在絕大多數情況下都是奏效的。同時，萬一國會制定出來的法律違反了憲法，會有法院對它進行司法審查，如果法院發現國會制定的法律違憲就可以宣佈它無效。也就是說，立法權受另外兩種權力的制約，另外兩種權力同樣也受到制約。行政權掌握在總統手裏，擁有執法權，但是國會可以彈劾總統。尤其是，直至今天，英、美議長的權力都很大。議長是議員們選出來的。一旦當選，議長就必須取消自己的黨派身份，公正地主持會議。這很關鍵，否則，議長所不待見的議員將喪失說話的機會。應該說，英美模式的成功，一半歸功於人們對程式、對規則的尊重。英國議會的整套議事規則，後來成了各國議會規則的樣板。美國制憲會議——費城制憲會議之所以成功，是會議的第一件事，就是制定開會的程式和規則。發言、提案、附議、修正動議、表決等等，大家公認的一套規則[47]。這些無不體現平等協商的理念。在美國，治理政體沒有人是一權獨大的。法院的法官受到的限制更主要是事先的限制，就是對他的任命，他需要總統提名、參議院批准。法官如果貪贓枉法，同樣會被國會彈劾。也就是說，每一種權力都受到制約，都不是至高無上的。這是因為一

---

47 名義上，問和答都是對著議長說話，而不是問答者之間的對話，直接你來我往的對話是規則所禁止的。他們發言裏的第二人稱就只能是議長，提到對手，只能使用第三人稱，更不允許直呼其名，而必須稱之為「我尊敬的朋友」，或是「某某選區的我尊敬的朋友」。這樣規定就是要避免直接的爭論，避免話語的糾纏。面對議長說話，發言者就注重於把自己的意見表達清楚，聽者就集中精力理解對方的本意，辯論就是對事不對人。美國國會參眾兩院的議事，也有類似的規則。從 1860 年代起，美國民間制定並延續到現在的《羅伯特議事規則》，專為開會提供了發言、辯論、提議、附議和表決的規則。它也是以英國議會規則為基礎。林達：《比權力更重要的，是尊重規則》，讀書人的精神家園，2023 年 1 月 20 日。

個市商化的有限治理政體國家，就不能允許任何一個機構或者個人擁有最高權力，如果一個國家的憲法裏寫著某個機構或某個人有最高權力，這個國家的權力一定沒有限制。美國總統權力很大，但他絕不可以為所欲為，他絕沒有這樣的權力，他首先就不能制定法律，他能做的事情非常有限。

■ 裂變：市商化治理政體運作更有保障。美國不僅搞了橫向的分權制，還有縱向的聯邦制。麥迪遜說，如果一方面我們在聯邦政府和各州政府之間分了權，又同時在每一個政府內部實行三權分立的話，這對於我們每個人的自主是一種雙重保障，是一個雙重安全閥。在聯邦制下，前總統奧巴馬想搞一個醫改法案，36個州的州長都會起訴他，他們認為總統的權力超越了憲法，侵犯了州的權力，他們就可以抗衡。也就是說，這樣一種縱向的分權制衡對每個自然人的權利和自主增加了一重安全，使得不僅每一個機構，而且每一個政府都不能擁有至高無上的權力。在聯邦制的國家，主權是分享的，也就是他的聯邦和各州之間是一種主權分享的關係。他們的差別僅僅在他們的管轄範圍不一樣，聯邦政府管轄那些全國性的事務，特別是戰爭、外交之類的，而各州政府管轄那些跟老百姓日常生活最密切相關的事務，教育、治安、交通、財產、契約等等，這些東西統統歸各州管轄[48]。

■ 置換：市商化治理政體的持續格式化。英國市商化治理政體的輻射、影響、格式化至今未衰。2022年，哈薩克斯坦公投通過了憲法修正案。其中最耀眼的地方是限制總統權力。而這個修正提案又是時任總統托卡耶夫提出來的。這一事實就說明這一憲

48　王建勳《馴服利維坦：人類有限政府的歷史》，東方歷史評論，2017
　　年3月30日。

法修正案有著原則上的改進。這個改進就是「權力在法下」，而若真要做到這一點，就要從限制最大的行政權力——總統的權力開始。難能可貴的是，被限制權力的人主動地提出並接受這種限制[49]。儘管能否完全兌現尚有待觀察。

　　總體看，治理政體市商化對易利市商化經濟文明的貢獻不言而喻。英國「光榮革命」後，國王不經議會同意不得強行徵稅，大大制約了國王的權力，形成了穩定的談判機制。這種不斷談判和議價的過程提升了國民預期的穩定和易利運行的透明度，也降低了灰色成本。反過來，易利經濟能力的提高事實上大大增加了納稅能力，鞏固了國王合理的財富實力。另一方面，議會的制約也使國王的貸款被限制在合理的利率和返還承諾上，從而公債市場發展起來了，英格蘭銀行的業務發展起來了，英國金融制度得到了完善和保障。「光榮革命」確立的治理制度，保證了治理政體作出可信承諾的能力。中央治理政體從此能夠以低利率大舉借債，獲得史無前例的財政資源。19世紀初，首相小皮特宣稱：這個民族的生機乃至獨立都建立在國債的基礎上。據資料稱，1688年「光榮革命」之前，英國政府債務很少超過200萬英鎊。而到了百年之後的1790年，英國的債務達到了2.44億英鎊，相當於當年歲入的15倍。堅實的財政基礎令英國在與法國爭霸戰中獲勝並迅速崛起，也有力地促進了工商業易利的發展[50]。

　　有幾個數據：韓國1979年開始實施治理政體市商化時人均GDP 1,500美元，2012年為23,000美元。華夏臺灣1989年開始實施治理政體市商化時人均為5,000美元，2012年人均20,000美元。

49　盛洪：《兵不血刃，王在法下》，碳9資本，2022年6月15日。

50　王巍：《「光榮革命」背後的商業因素》，財識網，2012年11月16日。

日本1950年開始實施治理政體市商時人均112美元，2012年人均46,000美元[51]。

市商治理政體，尤其是英國成熟治理政體市商化，對人類文明，對人類易利市商化經濟文明，具有非常重要的積極意義：其一，有產者牢牢掌控政權，財產被作為「自主」的基本條件。有了這個條件，有產者（理論上也是指所有國民）可以自主地將財產投資到任何領域，可以為獲取更大的利潤而自主地使用和利用財產，使創造財富的財富能夠創造更多的財富。其二，國家從此不再受一個人的擺佈，經濟的增長不會因有可能威脅到國王的個人權力而受到壓制。其三，議會可以將治理政體力置於那些急於利用新易利機會的那些人手裏，讓他們通過立法和司法制度來保護和鼓勵生產性的易利經濟活動，從而構成一個有利於易利增長的適宜環境和治理政體框架[52]。

隨著易利市商化經濟文明的發展，財富易利對治理政體的要求與制約日趨制度化、規範化和程式化。治理政體的角色也由「守夜人」向「協調人」轉變，由暴力壟斷向和平服務轉變。治理政體自然人也與其他體系自然人一樣，都是易利市商化經濟文明中的易利行為主體，都要遵循自主、平等、自願、協商、多元、共藩的制度、秩序等規範，以及激勵與要求，並被納入到易利市商化經濟文明發展的大洪流之中。

51　俞可平：《讓民主造福中國》，貓眼看人，2014年5月30日。

52　苗延波：《第一次工業革命發生在英國的社會和思想淵源》，互聯網，2021年10月13日。

第七章

教俗市商重塑

　　對人類來說，具有階段性意義的宗教，是宇宙文明的使者。神，是人類自己設立並追求的終極目標。嚴格地講，凡是宣導信仰的體系，都可納入宗教範疇。宗教是人類最需要加深理解的智慧與發明，沒有之一。作為人類自己創造制約與激勵自我前行、確保人類發展品質的異己形態，宗教有著巨大的力量，過去在發揮作用、現在發揮作用，將來也會發揮作用。不管是有神論還是無神論，只要有信仰，皆是如此。人需要平衡自我、約束自我、激勵自我。這類需求消費，宗教皆可提供服務。

　　當然，宗教的作用遠不在此。《西方文明史（一）》談到：

　　希伯來出類拔萃的神學賦予西方人一種自信心，他們是自然的主人，在伐倒樹木或改變河道時，不用因害怕觸憤怒樹神而猶豫不決，無論是由於宗教教義或是它的非宗教翻版，這種世界觀肯定對西方技術的興起起了巨大的作用[1]。

　　在市商化易利中，作為世界三大宗教之一的基督教，其作用顯而易見，這就是它的第三者功能。楊小凱指出，買者賣者如果沒有第三者來溝通買賣雙方，有時候明明是一個互利的買賣都做不成的。但是如果有了第三者仲裁，就是如果講價講不好，請個與此沒有利害衝突的第三者來給定一個價，這樣一般就容易成功。所以要使一個易利運作得很成功的話，第三者的功能非常重要。當然，第三者不能跟所有易利的雙方都有利害衝突。而耶穌在天上，跟所有易利方都沒有利害衝突。他不爭利不掙錢，是一個真正的第三者。而一個良好的市商化易利秩序，一定要有一個第三者功能。在做生意的中間，信教的人有一個取之有道的承

1　羅伯特・E・勒納等著，王覺非等譯：《西方文明史（一）》，p.85，中國青年出版社，2003年1月。

諾。總體來說，對信教的人而言，這個承諾比較可信。所以基督教文明國家大公司可以發展起來。發達國家有治理政體和商界形成共識的最佳商業行為準則，對大公司公司治理起關鍵作用。但最佳商業行為準則源自聖經的十戒[2]。基督教是現代西方文明一大源頭：基督教崇尚信仰，產生了平等、博愛理念，以及對永恆價值的追求。當然，與之相連的教會必須獨立。市商化資本主導的易利之所以在西歐出現，而不是在拜占庭，一個極其重要的原因，是西歐的天主教會集中在教皇的獨立神權之下，而東正教會卻變成了拜占庭治理政體內部的一個臣服部門。

但是，宗教體系也需要平衡、約束與激勵，放任宗教體系放飛自我，就會使其異化，使宗教與世俗易利嚴重失衡。正因為如此，易利市商化經濟文明的起始與演進過程，就是教俗分立、歸位和信義的確與立的起始、演進過程。所謂的教俗，就是宗教與世俗。教俗市商重塑就是教俗雙方共同的市商化，也是消除宗教體系形成的霸凌易利及掠奪零和，以推進自主、平等、協商、自願、多元、共藩的財富欲望報酬遞增的易利市商化經濟文明自發秩序的確立與演進。這不僅對西方文明，而且對人類易利市商化經濟文明來說，都非常重要。教俗的市商化，就是要調節、平衡和消除教會與易利文明發展帶來的世俗生活重大轉型所引起的尖銳衝突，也就是要把教俗納入到易利市商化經濟文明的軌道。

教會之所以在中世紀能夠起到主導作用，原因之一是中世紀完全回歸到農業狀態。土地是生活的唯一來源，幾乎是構成財富的唯一條件，各階層的生活都建築在對土地的佔有。從8世紀初葉起，歐洲商業幾乎陷入絕境，商業的停頓使商人基本消失。只是

2　楊小凱：《基督教與憲政》，貓眼看人，2009年5月7日。

在氣候的影響下，存在著一種時斷時續的、偶然的商業。買賣不是任何人的正常職業，每個大地產主都以供應自己的一切需要為目的。到了9世紀，市場的數目從幾乎為0迅速增加，新的市場不斷建立起來。那時候，只有教會有財力能在歉收的時候向世俗的窮人貸款，也只有教會的人能夠讀與寫。9世紀到11世紀，治理政體的全部事務幾乎都掌握在教會手裏。但教會有強烈的反商業反易利的本能，在其看來：一般的交易與貨幣交易一樣，是不名譽的；一般的交易對靈魂來說是危險的，因為交易將使靈魂不再考慮自己的最後結局；經商之人不可能取悅於上帝。所以，初期的教會是仇視、反對商業的。教會的道德標準與營利理念或商業理念幾乎不相容。教會認為商業利潤是得救的障礙。教會諸侯幾乎一致反對城市運動。而在新興城市裏的商人和手工業者則不再決定於他們與土地的關係，形成了一個名副其實脫離土地的階層。工商業的發展當然也不能容忍教會對其道德、世俗方面的限制。關鍵是，商業上的資本主導易利在12世紀發展的氣勢和相對速度，拿它與19世紀的工業革命比擬，並無誇張之處[3]。商人們在慈善方面對教會的替代也有目共睹。而且，隨著易利文明的發展，基督教功能、作用的發揮，也要依賴於教俗的市商化。由此，人們看到，在這一過程中，形成了教俗供需關係複位、回歸、重構的清晰印記。因研究易利市商化經濟文明，所以在此討論的教俗中的宗教，以及所涉及的宗教議題，專指基督教。

3　亨利・皮朗著，樂文譯：《中世紀歐洲經濟社會史》，p.2，4，7，9，12，13，25，26，40，44，上海人民出版社，1964年版。

第一節 教俗供需

宗教與世俗實際上就是一種供需關係，也是一種易「利」關係，而且是一種特殊的「財富」關係。所有的供需、易「利」與「財富」關係，都體現在宗教與世俗的心靈之交。一旦陷入物理財富的供需與易利，宗教與世俗的關係必定異化；一旦世俗的易利發展到一定階段，就會對這種異化進行糾正，使宗教與世俗的心靈之交的供需、易利的特殊「財富」關係得以回歸。按照湯普遜的觀點，一切偉大宗教的創立都有其大眾需要原因和經濟條件。早期基督教是一種城市宗教，在最初的兩個世紀，皈依的信仰者差不多全部來自平民、奴隸、自由人和商人，開始所有文武官員都不得由基督徒充任。

一、教俗供需績效

評價中世紀教俗供需績效（宗教對世俗生活及文明的貢獻），除信仰及前面已經涉及的填補世俗政體治理真空外，概括起來有三個方面。

■ 文化傳續。儘管基督教對文化進行了冷酷地摧殘，大肆焚燒圖書館，但在中世紀早期的戰火紛飛動盪年代，遠離凡塵的修道院卻成為在蒙昧野蠻海洋裏保留殘存知識的「挪亞方舟」。修道院往往都有一個小規模的圖書館，裏面除了拉丁文本的《聖經》和早期教父的神學手稿之外，還藏有拉丁古典作家西塞羅、維吉爾、奧維德、塔西佗等人的著作抄本。有些修道院還建立了培養修士或修女的學校，鼓勵他們閱讀和抄寫這些文本。到12世紀初期，蒙特·凱西諾修道院的藏書已經有70多種，而貝克修道院更是達到了164冊，這在當時是一個驚人的數字。西元5-8世

紀，西歐至少有200多個國王打來打去。在日爾曼蠻族依照叢林原則確立統治地位的「黑暗時代」，以拉丁語為標誌的古典文化幾乎被摧殘殆盡，文明與野蠻的關係直接表現為衰落的拉丁民族與暴戾的日爾曼民族之間的衝突。基督教在這個黑暗時代裏保護住了一點點古文明的火苗，並用基督教信仰來洗滌蠻族的野性。加羅林王朝時期，法蘭克教會以復興學術著稱，把在「黑暗時代」飽遭蹂躪的早期教會文獻、古代經典著作以及文明優雅的拉丁語從瀕於湮滅的狀態中部分地保存下來[4]。

　　■ 救濟貧困。濟貧是基督教會重要慈善活動也是教俗供需關係重要體現，對中世紀西歐人類基因延續起著不可忽視的作用。基督教創立了孤兒院、養老院制度，建立收容所、盲人之家，形成自願性慈善及救助組織。早期基督教非常重視相互間的幫助，把幫助窮人視為信徒義務，甚至成為定例。教會裏面很早就出現了專門負責接受捐贈和發放救濟的人員，也就是執事（助祭）。教會財產的1/4要專門用作濟貧，由執事負責，並成為定則。教會也成為世俗救濟的主體，直到宗教改革時期。在基督教的濟貧觀中，「愛」一詞具有很重要的地位。包括上帝之愛和兄弟之愛。耶穌基督把信徒之間的彼此相愛作為一條命令，把它作為辨別其門徒的標誌。上帝之愛是體現在兄弟之愛中的，接濟貧困者則是兄弟之愛的主要表現形式。這樣，基督徒幫助貧困信徒的活動也成了基督教慈善、救濟的代名詞。雖然耶穌基督對窮人比較偏愛，福音書裏也有關於貧富對比的論斷，但整體說來，初期基督教既不反對擁有財富，也沒有仇視甚至貶低財富，個人來世命運與貧富也沒有必然的聯繫。雖然宗教改革以後，慈善性周濟減

4　趙林：《基督教對歐洲中世紀文化復興的重要影響》，友朋說，2019年8月13日。

少了，各級地方治理政體提供的救濟增加了，如英國的約克早在
1561年就開始強行徵收濟貧稅，倫敦在1548–1557年重新組織了
城市中的濟貧院。1601年英國頒佈了濟貧法。濟貧法實施的監督
人，每年由治安推事任命，作為一種忙碌、不領薪俸、而又不可
或缺的地方官員，他們擁有對違法者處以罰金的權力，其地位與
教堂執事相當[5]。但是，今天這種教俗供需關係仍然發揮著非常重
要的作用。

　　■ 助推文明。可以說，基督教對西方文明，尤其是中世紀西
歐文明的生存與發展，起到了決定性作用，對易利市商化經濟文
明的孕育也起到了助產婆作用。第一，基督教關愛生命，尊重人
的生命與尊嚴；給人的生命賦予神聖性，反對殺嬰、棄嬰陋習，
反對角鬥士表演以及生命個體獻祭，還反對自殺。基督教主張婚
姻神聖，賦予婚姻尊嚴。基督教取消一夫多妻制，主張婦女婚姻
自主，使婦女獲得自主與尊嚴，寡婦受到保護。第二，基督教主
張給每個人以自主和公正，不允許任何人凌駕於法律之上[6]。第
三，基督教信仰對人的行為進行引導與制約。人被理解為二重
性，即分成靈魂和肉體兩個方面，兩者價值截然不同。肉體屬於
這個世界，是鄙俗的，甚至是罪惡的，只有靈魂才能進入天國，
得到永生，或被打入地獄。由於人的二重性，所以便有人的生活
二重性，即宗教生活和世俗生活。世俗生活是人的罪的產物，只
有宗教生活才是神聖的。基督徒們把今生看作因罪而受到懲罰和
一個贖罪過程，是通往天堂或地獄旅程中短暫的一站。這些理念

5　阿薩·勃裏格斯著，陳叔平等譯：《英國社會史》，p.132，中國人
　　民大學出版社，1991年版。
6　黃敏蘭：《「基督教」塑造了整個西方文明》，凱迪社區，2012年7
　　月2日。

對羅馬崩潰後中世紀初期的西歐來說，十分重要。因為財富已極度貧乏，創造財富的動力尚沒有形成。有了基督教，這些日後對人類易利文明升級做出決定性貢獻的人們，有幸沒有回到叢林狀態。易利得以存續，掠奪零和沒有起到決定性作用，財富的積累仍在進行。因為，人們的心理有了「神」的約束。第四，基督教對市商易利法理形成貢獻甚偉。它鼓勵一種抽象的、非家庭至上的觀念與態度，並十分重視信徒個人。每一個基督教共同體都主要是信徒個人的懺悔結社，而不是親屬團體（家庭）的宗教儀式結社。從而徹底粉碎了親屬團體（家庭）的桎梏，為所有權由家戶向個人轉化做出了重要貢獻。親屬關係高於一切的觀念早在 13世紀就基本消失了。尤其是確立了人人平等的理念，這是基督教對易利市商化經濟文明重大貢獻之一。相對於上帝而言，所有生命個體都是平等的。這個理念相當重要，它斷絕了所有王權生命個體凌駕於其他生命個體的後路。所有國王或最高世俗治理政體執掌者，在上帝面前，與平民絕無二至。這也是西歐國家少有出現極端專制獨裁者的原因之一。

　　此外，還有一個實例，就是對締造美國的貢獻。美國的歷史源頭也來自於英國的清教徒運動：16 世紀基督教宗教改革運動後，受加爾文學派的影響，英國國內一批教徒（史稱清教徒）起來宣導對英國教會進行改革，主張清除英國國教中天主教因素和影響，淨化英國國教，建立純正的新教教會，並完全按照聖經的原則生活。這一運動受到治理政體主導者和教會勢力壓制、迫害。清教徒們在看到改革無望後，開始另謀出路。1607 年，他們逃往荷蘭。1620 年 9 月 6 日，大約有一百名清教徒離開荷蘭向美洲新大陸進發。隨後，陸續有大批的清教徒為逃避宗教迫害移居美洲開發新大陸，最終孕育出了偉大的美國文明。沒有美國，英國

的易利市商化經濟文明就會孤掌難鳴；沒有美國，人類先進易利文明很難取得兩次世界大戰對掠奪零和財富關係的勝利。

二、教俗供需直通

應該承認，基督教創立的制度和機構，其本意及相當長時期內是有益於人類生存和發展的，其影響之大，甚至超過了古希臘、古羅馬。正是因為基督教的重要作用，使其發揮作用的教會機構成為教俗供需「易利」關係仲介，並在其運作的自利因素影響下形成壟斷，包括壟斷真理、壟斷財富利益、壟斷信仰，最後反而成為制約西歐文明進一步發展的極大障礙。因此，沒有教俗（人與神）關係直通回歸，發揮其在信仰、教義、救贖的應有作用，財富欲望報酬遞增自發秩序就無法實現突破，也就不會有今天的財富文明，包括工業化、現代化的發展。

■ 教俗腸梗阻。在中世紀，作為教會宗教事務的代理，從教皇到教士，一直自我定位為是上帝與信徒的仲介，並負責向信徒轉達上帝的意旨，從而在信徒與上帝之間建立了中轉站。久而久之，卻異化為教俗交互的腸梗阻，形成具有道德風險的代理人現象。所謂的教俗梗阻之變異，就是異化成為物理利益關係，從而阻礙教俗的心靈之交。而在較長時期內信徒們也毫不懷疑，教會掌握著進天國的鑰匙，也可以簽發下地獄的判決書。對他們來說，教會的精神權力是實實在在的，不必等到末日審判，在現世它就決定了一個信徒的命運。教會所主持的宗教活動對信徒是命運攸關的。比如洗禮、彌撒、結婚、葬禮、懺悔等，如果教士拒絕為信徒舉行這些儀式，則等於宣判信徒非肉體死刑。如被教會開除教籍，就等於被判下了地獄[7]。這種腸梗阻式的仲介作用，

---

7 叢日雲：《中世紀西歐政教二元化權力體系及其影響》，中國世界中

使教會成為人神關係的一道無法逾越又必須跨越的障礙。這一障礙的形成，是因為教會教俗心靈（信仰）供需關係轉化為世俗性質的教俗財富物質關係。而把教會從神靈的供需職能轉化成為世俗的供需易利職能，就必然使教會機構的生命個體財富需求成為一種難以遏制的欲望，一旦與財富的吸納、佔有相結合，就會產生異化，使教會成為教俗（人與神）之間的障礙，變成教俗（人與神心靈之交）直通的腸梗阻。其中一項傳統教俗供需職能使異化成為可能，這就是濟貧。因為濟貧本身需要財富支撐，濟貧行為本身也需要與財富打交道。把濟貧所需財富據為教會機構自然人所己有，或把以濟貧名義為教會斂財，則必然產生異化，使教會及其機構自然人成為教俗供需本義關係的腸梗阻。隨著基督教的發展，貧富的含義逐漸發生了變化，並與個人的救贖發生了關聯。實際上，從教會角度來講，濟貧有兩個方面的隱喻：對富者來說，宗教是濟其靈魂之貧；對窮者來說，是濟其肉體之貧。在基督教教義裏，物質層面上的貧困被詮釋為純潔高尚的象徵，窮人則被視為上帝所鍾愛的對象。富人及財富的負面含義漸增，成為救贖的障礙。貧困者被塑造為物質上的匱乏者，但卻是靈魂上的富有者；富人則被視為靈魂上的匱乏者，但是物質上的富足者。此觀念與 2 世紀中期以後基督教內部興起的禁欲思潮有著很大的關係，在修道者看來，世俗財富、欲望是成為真基督徒的障礙，對救贖沒有益處。慈善施捨的含義也發生了變化，與救贖問題尤其是贖罪聯繫在一起。直到 4 世紀以後，這些觀念才被教父神學家們所重視，成為他們討論濟貧問題的重要依據。如安布羅斯說：你有錢，就拿來贖罪；施捨可以贖罪。12 世紀以後，這種觀念進一步得到強化。教會逐漸形成了煉獄、功庫、贖罪券等理

論，聖徒也被認為可以利用他們的功德替煉獄裏的靈魂祈禱，為他們提供幫助。這些功德則可以以有價證券——贖罪券的形式為生者所用。信徒通過購買贖罪券，可以為死者或生者免除罪孽。經過教會在濟貧方面的努力，這樣，窮人與富人形成一種不可或缺的依存和交換關係，即一種互惠關係，在這個過程中，富人在物質方面與窮人在精神上的相互救助是同時存在的，施捨既是一種自利行為，也是一種互惠的交換行為。[8]但是，這種自相矛盾的理念成為否定教會世俗權力的法理，如果視物質貧困為精神富足，教會就不應該斂財；如視富者為精神貧困者，教會更不應該斂財。

　　■「易利」直通車。開始打破腸梗阻、實現教俗心靈供需直通，是在世俗易利發展到一定程度的必然要求下，被各種因素逼出來的文藝復興和宗教改革。與南歐不同的是，當年北歐也不滿於教皇的統治，隨著南歐興起文藝復興運動之後，北歐則開始了宗教改革運動。但是他們不否定神權，而是接受了馬丁·路德和加爾文的宗教改革理論（北歐主要是路德宗），更新了天主教的教皇治理體系，不再崇拜聖母瑪利亞，不再承認教皇的權威，教職人員可以結婚等等。但與南歐文藝復興運動不同，提出的不是人本，而是神本，強調要正確認識聖經真理。於是形成了今天所說的基督教新教[9]。北歐搞的宗教改革是直接解決教權問題和不正確的崇拜內容問題，將扭曲的神權統治重新歸正到聖經真理上來，所以基督新教也稱為歸正宗。宗教改革後出現的基督新教

8　劉林海：《從互惠到利他——宗教改革時期基督教濟貧觀念的變化》，前線網，2012 年 11 月 12 日。

9　江宜清：《從歐洲的文藝復興與宗教改革看教權與神權》，共識網，2010 年 11 月 25 日。

認為，聖經的真理必須被遵循。顯然，這是對宗教信仰功能的強化，是宗教角色的回歸。重視信仰，而非神權治理。這樣，教會仲介的世俗管理職能也就消失殆盡了。治病找到了病根——教會這個變異的人神直通的腸梗阻。消除了腸梗阻，使教俗關係在教俗分開的大趨勢下，教俗供需交互關係不僅沒有消失，而是更加順暢，即使在教權與王權完全分立後，依然如此。這種教俗供需交互關係是一種特殊的心靈易利，或叫交換、交易，易利、交換或交易的核心就是信義——因信稱義，就是救贖。宗教改革者清醒地意識到了這一點，也很好地利用了這一點。這種易利、交換或交易即使不平等、沒有協商，也是低成本的。之所以低成本，就是因為拋開了教會這個成本高昂的仲介組織，而且對財富的積累與創造又有極大的激勵作用。被教會腐敗逼出來的宗教改革，對人類財富的創造，功德甚偉。中世紀教會控制著人們的信仰，教皇作為上帝在人間的代理人，掌管著靈魂拯救的大權。上帝與有罪之人交往必須通過教士的仲介作用，人才能夠獲得拯救。通過宗教改革，在教俗關係中，教會的仲介功能被取消，實現了上帝與信徒交互關係的直通。

　　■ 人人有召喚。羅馬教會一直認為：只有自己才擁有解釋《聖經》的權利。但以路德為代表的新教宣稱：這個權利並不專屬於羅馬教會，它屬於每一個基督徒。基督徒最重視的問題是「如何得到拯救」。對此，路德的回答是：因信稱義。也就是說，人通過誠心誠意的對上帝的信仰，和上帝的「義」發生了聯繫，就可以擺脫自己的罪。「因信稱義」是路德宗教改革思想的核心。在他看來，只有信仰才與人的獲救有關。而要獲得拯救，就應當將對上帝的信仰建立在內心體悟的基礎上。只有在內心虔誠信仰，才能與上帝直接溝通與交往，才能獲得上帝的拯救。

因此，外在的一切苦修與事功都達不到這個目的，一切煩瑣的宗教儀式都應當廢除。路德還提倡「聖經權威」論，宣稱聖經是人們信仰的唯一神聖權威。每個信徒都應當自主地閱讀與理解聖經。路德對教階制度也予以抨擊，提出「平信徒皆為祭司」的主張，認為人人在上帝與聖經面前都是平等的，都是領受了聖職的教士，也就根本不需要教士等級和教會作為人們與上帝溝通「易利」的仲介。教會應當是教徒的結社，教士是教徒選舉出的公僕[10]。在路德看來，不僅教會的世俗管理應該取消，而且其在信仰中的仲介作用也要取消，就是要將教會仲介職能連根拔起。路德指出，人與人的區別只在於信仰，只要受洗入教，心存信仰，人人都可以成為祭司，享有與教皇和主教同等的權力。體現在基督身上的上帝權威才是真正的權威，記載基督言行的聖經才是永無謬誤的。人人都有權誦讀和解釋聖經，人人都可以通過誦讀聖經而與上帝進行直接的交流。這樣，在人的內心世界重建了宗教信仰，於是，靈魂得救的鑰匙從教會和神職人員手中轉到了每一個虔誠的基督徒手中，人從外在性的善功或聖事的枷鎖中解放出來，獲得了心靈上的自由和靈魂得救的自主權。即，人人皆祭司、人人有召喚。在德國各階層民眾及世俗諸侯的支持下，路德與羅馬天主教公開決裂，於1520年發表了《關於教會特權制的改革致德意志基督教貴族公開書》、《論教會的巴比倫之囚》、

---

10 路德系統論述了「因信稱義」的學說，他說：內心的人，靠著無論什麼外在的事「功」、或苦修，都不能獲得釋罪、自由和拯救。如果其愚蠢到想憑藉某些「善行」而獲得釋罪、獲得自由、拯救，並成為一個基督徒，他便會立即失去信仰，以及信仰所帶來的一切禪益。所以，人因信稱義，因信得生。如果心中沒有對上帝的虔誠信仰，那麼，一切外在的善功不僅不能使人得救，反而會導致基督教道德陷入形式化和虛假化的泥沼。孟廣林：《文藝復興時期的宗教改革思潮》，中國世界中世紀史研究網，2009年8月15日。

《論基督徒的自由》所謂宗教改革的三大論著。他揭露教會腐
敗，反對教權至上，呼籲教會改革，主張建立國家教會，簡化煩
瑣的宗教儀式，廢除神職人員獨身制。路德認為，善功不能使人
獲救，教皇也無權赦免人的罪孽，與獲救相關的只有信仰。世俗
的羅馬教廷無權代替上帝管理人的信仰，並控制人的行為。道德
信仰不能受制於官方理性規章的束縛，不能遵從於任何外在的權
威，信仰只存在於個人內心的虔敬體驗之中。於是，信仰從此完
全變成為個人的、自主的了。

三、教俗供需回歸

　　宗教為世俗服務是教俗供需的本質。作為消費者，世俗之所
以創立宗教，完全是為了人類的生存與發展，對這種供需關係起
決定性影響的是財富關係，因為財富關係決定人類的生存與發展
品質，甚至決定人類生存與發展本身。其中，財富關係中的易利
發展尤為重要。它是起決定性作用的核心力量。也就是說，教俗
供需必須有益於財富關係的優化、易利文明的發展。

　　■ 供需回歸壓力。教俗交互直通的背後，是易利發展的迫切
要求。從10世紀開始，中世紀的西歐在經濟和政體治理環境方
面發生了顯著變化。人口膨脹了，地區性的和地區間的易利恢復
起來。從1086年到1300年間，英格蘭人口增長了近250%。由於
人口的增長，使得專業化和貿易變得有利可圖，中世紀易利的發
展，正是對這種情況的直接反應。從11世紀開始，城市建立起來
並得到發展，經濟的專業化分工已經顯現。城市的增長促進了地
方和地區間的交換，這些市場的擴展使得專業分工，採用新技術
和調整生產程式以改變生產條件成為發財之道。市商化資本主導

的易利雛形初現端倪[11]。不要小看了這個市商化資本主導的易利端倪，其一出現，就意味著一切阻礙其發展的任何力量都將瓦解或轉型。治理政體如此，宗教也是如此。而且，到了13世紀，即發生了所謂的「商業革命」，其最大特徵之一就是出現了信用與匯票制度，即商人不再隨貨物而行，貨物有專門的運輸公司承運，並在貨物到達地完成交割。易利規模的限制性因素開始逐步一一瓦解。12世紀末，中世紀義大利皮亞琴察和托斯坎納的錫耶納、盧卡和佛羅倫斯等城市出現了最早的錢幣兌換商，13世紀這些兌換商演變成為初期的銀行家；保險業也在13、14世紀的義大利城市出現，它大大降低了商業風險。高利貸在天主教世界中受到嚴厲的譴責，但它在歷史上一直隱蔽地存在著。而到了15世紀初，借貸在富人的日常生活中相當普遍，就像積累財物一樣。1571年，英國治理政體對高利貸實行解禁，其最高利率隨即由12％降至10％，1651年又降至8％，此即著名的經濟史學家奇波拉所稱的「利率革命」。高利貸解禁使借貸資本興盛起來。1630年後，英國私人銀行數目倍增，在倫敦出現了自己吸納存款、發放貸款的「商業銀行家」。1694年，英國官方銀行——英格蘭銀行成立。翌年，地方銀行成立。地方銀行不但數量成倍增長，而且與倫敦各個銀行以及英格蘭銀行保持著密切的聯繫。信貸工具和手段的創新——近代商業的匯票、支票、本票和票據貼現在英國也應運而生。它們不但消除了不必要的貨幣往來，而且提高了交易品質。近代英國手工工廠的林立離不開金融革命，而「金融革命」正是歐洲包括英國商業易利發展的產物。這是令人鼓舞的現象，其意義十分重大，至少在三個方面影響深遠：第一，貨幣和資本

11　道格拉斯·c·諾斯著，張炳九譯：《西方世界的興起》，p.45，
　　35，33，學苑出版社，1988年版。

從一般的商業事務中脫離出來，成為獨立的經濟力量。第二，擁有貨幣和資本的人，使自己從土地和商業交易中脫離出來，成為超越教會、王室、貴族階層的新型人類——歐洲的第三等級（僧侶、貴族為第一、第二等級），且可用手中的貨幣和資本去影響或控制他們。第三，尤其是它證明了，一個人可以不訴諸武力而變得富有且擁有權力[12]。這些世俗市商化易利的發展大勢，給教俗供需回歸形成了前所未有的改革壓力。

在早期基督教價值觀那裏，財富只是維持「生存」的手段，生產只是為了過上基本生活；一定的財產可保證基本生活，但強調財產權則容易導致自私。城市工商業易利活動促使人們改變財富觀。尤其當商人們致富後大量購買土地，提高了身份地位；他們向教會大量捐贈來證明收益的正當，得到了認同；他們熱心公益和慈善事業，獲得了讚譽。這一切行為都須以積聚財富為前提，因此追求財富不再被鄙視。新的財富追求觀念，是近代西方物質文明興起的重要驅動力。與此相聯繫，市民通過工商業易利致富後，也將所獲財富部分地用於改善生活；他們大膽的消費，似乎也未被上帝懲處。於是生活要求和生活標準逐步提高，新的消費觀念逐漸形成。追求消費會較快地耗散資源和財富，但它更能刺激生產創造更多的財富，能創造對新消費品種的需求，這正是財富生產發展和創新的原動力之一。也就是說，消費為擴大再生產創造了市場前提。因而，「消費革命」，被許多西方學者認為是18世紀工業革命的重要原因[13]。顯然，這些對宗教的靈性需求

12　麟史通鑒：《歐洲的文藝復興及商業和資本力量的興起》，北京歷史領域創作者，2022年7月16日。

13　劉景華：《中世紀城市對近代文明因素的孕育》，前線網，2012年12月1日。

有了根本性的轉變。宗教改革的經濟生活條件日趨成熟，宗教改革、教俗供需交互直通成為必然。

■ 供需理性回歸。在華夏古代，對商業的反感主要是通過儒家表現出來，而在歐洲中世紀，對商業的反感則主要是通過基督教表現出來。聖托馬斯·阿奎那認為：外來的客商會使任何人民的道德受到腐化的影響。如果市民專心於做生意，他們有作出許多惡事的機會。因為當商人想要增加他們的財富的時候，其他的人也會充滿著貪婪心理。商人離開手工勞動，享受舒適生活，因而身體軟弱，心靈萎靡，為了這個原因，一個國家對它的商業活動，應加以限制。而新教，尤其是加爾文教——的一個重要的觀點，是它對工商業經營盈利活動的道德上的肯定，從而與歐洲市商化資本主導的易利文明的發展發生了直接關係。

16世紀，新教尤其是加爾文教在英國得到了廣泛的傳播。加爾文教宣稱，人應該完成上帝給予他在現世所處地位賦予他的責任和義務，為此，人們必須理性地生活；他們認為高利貸者和商人是以理性來生活的。加爾文教為在中世紀價值觀念中被人們所唾棄的放債、從商等「為富不仁」的行為正了名，這使財富的積聚和創造變得心安理得。同時，新教禁慾的節儉必然助力資本的積累。宗教改革使教俗對於貧困的認識也發生了顯著的變化。其中最主要的就是貧困與救贖的關係被切斷。路德認為托缽修會和那些炫耀外在貧困的人是撒旦的追隨者和奴僕。貧困不值得推薦、選擇和宣揚。新教的「唯信稱義」理論，徹底否定了天主教的「善功稱義」理論。使人成為義人的不是善功，而是靠對耶穌基督的信仰，且惟有信仰才能使人成為義人[14]。加爾文也像馬丁·

14　宗教改革運動中產生的新教三大主流教派：第一支是路德教，又叫

路德一樣，他堅持認為一個人得救的關鍵在於信仰，但是他認為光有信仰還不行，還必須要有善功。不過加爾文強調，這個善功不是中世紀天主教的所謂善功，如購買贖罪券、參加基督教軍隊遠征、捐獻財產給教會等虛假的行為，而是指勤奮工作和儉樸生活。勤奮工作，創造財富，是為了增加上帝在世間的榮耀。因此，加爾文教鼓勵發財致富、資本增值、放貸取利，卻反對奢侈浪費、揮霍放縱和一切非生產性的消費。由此，產生了最極端的一支新教流派，就是清教徒。以信仰和勤勤懇懇地工作、勤儉節約地生活為交換，換取上帝的拯救。實質上就是人神「易利」的市商化。創造越多的財富，而且越是節儉地對待所創造的財富，就越有資格認定自己是被上帝所拯救的人。加爾文的宗教改革本著鼓勵信徒以勤奮工作、簡樸生活成為上帝選民的目的，卻無意中推動了西方市商化資本主導的工商業起步，這股清流影響了北歐諸國，而過去繁盛的南歐因為堅守更加虛無縹緲的傳統天主教信仰而逐漸沒落。但也應該看到，宗教改革完全是易利市商化經濟文明發展的要求使然。宗教改革只不過在人神關係上進行了現實世界的市商化。

不僅如此，新教還認為，人類存在的真正目的不僅僅是個人得救，而且要為上帝爭光。這樣，創造了越多的財富，而且越

信義宗或福音派；第二支是英國安立甘教，叫國教會或聖公會；第三支就是加爾文教，又叫歸正宗、改革宗。……物質上的貧困更多地被視為一種「不幸」，成為上帝責罰人的一種手段，不再是美德。既然貧困不再具有神聖的光環，與之相伴的乞討也不再是一種美德，而是遭到廣泛的批判，甚至被禁止，尤其是在新教地區。乞丐裏面充斥著流氓和欺騙行為，乞討是邪惡和災禍，它不僅擾亂了秩序，而且給人的靈魂和財產造成傷害，違背基督教教義，應予禁止。劉林海：《從互惠到利他──宗教改革時期基督教濟貧觀念的變化》，前線網，2012 年 11 月 12 日。

是節儉地對待你所創造的財富，就越有資格認定自己是為上帝爭光的人，這在客觀上鼓勵了易利競爭和自勵有為。在競爭中取得了成功、獲得了或增長了財富的人，最有資格相信自己是被上帝所拯救的，而且還是為上帝爭光的人。加爾文教的最重要的現實意義就在於，它使世俗的勞動獲得了神聖的意義，獲得了宗教的意義。加爾文教這一套觀念為市商化資本主導的易利提供了一種合理性根據。而在一個宗教氛圍濃鬱的時代，人們發財致富的經濟活動是需要一種合理性根據的，也就是說需要一種宗教上的根據。以往在天主教中，世俗的活動和神聖的活動是兩回事，世俗日常勞動與宗教活動沒有任何關係，勞不勞動、節不節約，絲毫也不影響靈魂得救問題。而在新教那裏，日常勞動被賦予了神聖的含義，既為工業化需要的職業勤奮工作，包括精益求精的工匠職業態度，提供了神聖動力；也為發財致富、經商取利等活動提供了一種宗教上的依據。在加爾文教當權的日內瓦，政教合一的神權共和國鼓勵人們努力工作，以任何正當的方式增值財富，包括放貸取利，但是卻禁止酗酒、淫樂和任何揮霍放縱的行為；鼓勵一切生產性的活動，限制一些消費性的活動。這當然有利於資本積累，完全符合滿足工業革命在資本積累方面的客觀需要。

　　加爾文教突出強調的這樣一個新觀點，也是推動人人自主、自為、自勵市商易利極為重要的理念，就是對勞動，以及被引申為對工作的看法，即它的「天職」觀。傳統基督教是反對營利性工作的，貶斥人們經營以獲得財富的意圖及活動。而加爾文教宣稱：上帝允准的唯一生存方式，不是要人們以苦修的禁欲主義超越世俗道德，而是要人完成個人在現世中所處地位所賦予他的責任與義務，這是他的天職。他主張人們必須把工作視為人生的目的，必須盡自己的一切努力，以履行自己的世俗責任。人們有責

任賺錢，因為這是在為上帝增加榮耀。同時，加爾文教對勤勞、節儉、守諾、誠信等給予了積極的道德肯定。新教認為，人只是財富的受託者，這些財富是經由上帝的榮耀才被給予人。人對於自己佔有的財富，有著向上帝承擔的責任。

　　物質財富日益豐富，並最終形成影響人生活的不可抗拒的巨大力量。而一旦物質財富在工商業的迅速發展中結出累累碩果時，宗教腸梗阻的根就慢慢死去，讓位於世俗的功利理念[15]。在英國興起的清教把勞動看作是抵禦不潔誘惑的手段，認為以勞動創造財富是榮耀上帝的一種方式，其主要代表人物為威廉·珀爾斯。新的宗教觀念的宣傳無疑為商業觀念、資本理念的滲透掃清了思想意識方面的障礙。經過「清教革命」與「光榮革命」洗禮，形成了英國人獨有的「合理謀利」理念。所謂「合理謀利」，就是促使人們依靠自身的努力去擴大生產、創造財富。它是與以前以非經濟的強制手段吞占財富為特徵的謀利手段相對而言的。在形成這種理念的過程中，英國的清教傳統起到了非常重要的作用。自亨利八世宗教改革以來，英國就形成了濃厚的清教氛圍。清教既鼓勵人們追求財富，又反對不講信義。因而，虔誠、商業和自主，以及追求個人目標、最大限度地發揮人們的創造能力，成為了市商易利主體公認的人生價值觀念，滲透到了英格蘭市商易利主體血液中，成為英格蘭市商易利主體所崇尚的市

15　這種責任感在他的生活中是一種很大的負擔。在這方面，他服務於上帝就像一個溫順的服務員甚至是上帝的賺錢機器。他佔有財富越多，他的責任就越大。這種責任一是為了上帝的榮耀而不能使財富減少，新教鼓勵用不懈的努力來增加財富。張曉群：《古羅馬：大一統專制集權國家形態的完美標本》，西方文化論，2003年10月16日。

商易利理念之一[16]。新教還有一些重要的思想，比如「預定論」，比如給予節儉和勤勞、乃至做生意、盈利等商業行為以道德肯定。在中世紀歐洲，對基督教的統一信仰是維繫歐洲人團結的一根紐帶，到了宗教改革之後，這根紐帶似乎斷裂了。但市商化易利的發展對其進行了及時而又必然的填補。加爾文教的重要性就在這裏，它為賺錢提供了一種合理性的根據。加爾文教很快就成為一種世界性的宗教，在最早崛起的市商化資本主導的易利國家荷蘭和英國，加爾文教都產生了重要的影響，美國文化的主流精神也是加爾文教或叫清教[17]。

　　此外，雖然路德和加爾文本人都主張統一思想，但宗教改革卻使得歐洲在事實上向著宗教寬容邁出了一大步。尤其是荷蘭，在當時的歐洲人還未接受宗教寬容理念的時候，商業發達的荷蘭已經在17世紀實行了宗教寬容。荷蘭歡迎任何信仰的人來荷蘭，這在那個將統一信仰等同於愛國的時代，是異乎尋常的。雖然荷蘭的大部分人信奉加爾文教，他們卻選出一位信奉正宗羅馬天主教的人做總督。結果，荷蘭的工商業吸引了大量的外國資本，荷蘭的銀行吸引著來自歐洲各地的客戶，而不同民族和信仰的商人則雲集阿姆斯特丹。第一批市商化資本主導的易利的國家出現荷蘭的名字，是毫不奇怪的。

16　苗延波：《第一次工業革命發生在英國的社會和思想淵源》，互聯網，2021年10月13日。

17　新教還提高了女性的地位。傳統基督教認為女性的本質是淫蕩的，所以中世紀充斥了大量歧視女性的文獻。新教則認為女性在家庭、在工作中都是男性平等的夥伴。趙林：《加爾文的「無心插柳」》，友朋說，2020年7月23日。

第二節　教俗複位

教俗複位，就是將宗教管理與世俗管理徹底分開，各自獨立，世俗歸世俗，宗教歸宗教。無疑，這對易利的市商化、易利自然人的市商化，尤其是治理政體的市商化來說都十分關鍵。教俗複位首先為世俗治理政體獨立並走向成熟，創造了非常重要的條件；同時，也使那些世俗專制治理政體的君權神授失去了法理，從而為其轉為君權民授奠定了法理基礎。「兩個國度」相互協同，共同促進了一個建立在契約關係──人與上帝的契約（聖約）和人與人的契約（憲約）──之上的市商易利新文明的建立和發展。

對西方來講，基督教一教獨大的過程，就是從眾神向一神主導宗教的過程，也是古希臘及諸文明向古羅馬世俗集合過程的天國反應。這也是人對神的需求形式變化的反應。基督教的壟斷形成了規模效應及集中統一效應，使其順利完成了羅馬崩潰後世俗政體治理真空彌補的使命，使人類文明在西方不至於完全崩潰，也是冥冥之中滿足了人類易利市商化經濟文明誕生的需要。而一旦易利市商化經濟文明誕生，基督教的這個重大使命便告完成，教俗複位及市商化也成為必然。

一、教俗角色錯位

西元1世紀中期，猶太教中有一個叫做拿撒勒的小派（宣稱救世主就是耶穌），逐步發展成為獨立的宗教，這就是基督教。誰也不會想到，這樣初始被殘酷打壓的小教派，竟然對人類產生如此大的影響。313年，君士坦丁頒佈《米蘭敕令（寬容敕令）》，承認基督教存在的合法性；392年，羅馬皇帝提奧多西一世頒佈法

令，關閉一切異教神廟，基督教正式被定為帝國國教。本來，宗教治理功能、角色的法理在天國。但對西歐特殊文明創立與復興史來說，基督教有一種與其他宗教差異非常大的責任，那就是對世俗治理真空的填補。易利文明告訴人們，世俗治理是與物理財富直接相關的。因而，一旦宗教涉足世俗事務，尤其是參與甚至主導世俗治理，那麼教俗功能角色錯位就在所難免。

■ 角色錯位源於財富。西元4世紀中前期，就在基督教剛剛在古羅馬興盛的時候，就已經很富有了。其巨額財富如何而來？這主要得益於當時宗教的捐獻文化。捐獻者認為，把自己的部分財產捐獻給教會，是一種表示虔誠的方式。這種想法不是早期基督教所獨有，西元4世紀至5世紀以後，猶太教也主要靠這樣的形式得到捐款，從而積累了相當數額的財富。而且，自君士坦丁一世後，基督教得到了一部分古羅馬的特權，比如免除個人部分稅負及勞役等。而通過捐獻，獲得教會的重視，甚至因此成為神職人員，則有機會享受這樣的特權。此時，積累起驚人財富的早期基督教教會，卻低調到幾乎無人知曉[18]。但財富的迅速積累過程，也是其迅速異化的過程，即教俗角色功能紊亂、異化的加速過程。作為西歐各國最大的封建主，羅馬教會在帝國末年，趁著混亂實際搶佔了不少地產。按照湯普遜的觀點，4世紀中期，是教會急劇轉變的時期。它不復是一個由窮人和中等階層的人組成的宗教團體了，而變成了階層式和官僚式組成的團體，崇尚奢靡、爭權奪利。為了獲得有財有勢的異教貴族支持，為了取得他們的財富，教會向世俗投降了。教會道德墮落的速度和其腐敗程度一樣[19]。

18　人文者也：《淺談古羅馬時期，早期基督教的「財富密碼」》，互聯網，2022年8月13日。

19　湯普遜著，耿淡如譯：《中世紀經濟社會史》（上），p.79，商務印

810年阿亨宗教會議，依據財產多少，教會和神職人員被劃分為三個等級，教會財富激增。教會和修道院控制了西歐大約1/3的地產和巨大的財富，是西歐最大領主。教會財富集聚通道主要有四：一是捐獻、賜贈等。主要是由世俗封建主封賜，信徒捐獻，對無主荒地開墾等。二是課稅，如十一稅等。什一稅原本是教會向世俗民眾徵收的一種非強制性宗教捐稅。三是教會內部的授職任命費，為斂財而向世俗民眾兜售贖罪券以及干預世俗司法活動的各種收入，彙聚成教會這個團體的巨額財源。四是作為個體的神職人員所佔有的財產。其數額之巨大也是令人震驚的。教會土地遍及西歐，其雄厚的經濟實力，甚至大大超過一個國家的年收入。教會財富的膨脹為其干預世俗事務提供了堅實財富基礎。

伴隨著庇護權制度的誕生，寺院和教區財產成了其創立者和建造者的私產。世俗地主階層為了個人私利紛紛染指，從而逐漸形成了地主佔有教區制，並在法蘭克王國時期得以承認並取得合法地位。一所私有教堂成為領主領地的一部分。僧侶會所或庵堂不是出於一種虔誠的純宗教動機，而是成為世俗界一種精明的「資本投資」活動，其利潤回報是驚人的，教堂周圍民眾的私產源源不斷流入投資者腰包[20]。自13世紀中葉起，教會的罪惡行徑就引起了接連不斷的抱怨，被怒斥為貪得無厭。據稱，在教廷，一切都可以出賣。教會成為易利的急先鋒和楷模。修道院團體或高級教士積累了大量的財富，有時幾乎相當於諸侯財產和各種利益的總和。教會對它從世俗治理政體所受到的員警保護是不付給屬民報酬的。可是教會的免稅土地佔有著中世紀歐洲全部地產的

書館，1997年版。

20　餘銀萍：《中世紀西歐教會世俗化及其歷史影響》，共識網，2011年9月27日。

1/3到1/2。「死手」即「永久管業」,可說明封建國家治理政體為什麼反對教會的理由。教會是一個永久存在的法團,永遠不死。凡是轉入教會手裏的土地,永遠不會變更它的產權,因而封建國家治理政體被剝奪了這方面的遺產稅[21]。為了掠奪財富,教會甚至反對解放手工業農奴,反對組織獨立的手工業團體。由此,在13世紀,手工業階層的態度最具反僧侶色彩的特徵。而且,自由工人行會業憎恨教會的不自由個人工廠的競爭。因為住持和主教特別是住持,照例是把他們的剩餘製造品在當地市場上出售,而在他們能夠以較低於自由個人的產品價格售出,因為他們所付給的工資既低,又可免繳稅款、市場捐等。從中,就可看出「宗教改革運動」的經濟根源了[22]。更有甚者,教會的迫害異端,往往成為勒索和致富的有效方式。為此,教會鼓勵告密,異端者的財富被約許給告密人。封建貴族和城市長官使用這種掠奪方法使自己發財,告密勾當成為一種職業,沒收財富和燒死異端者,成為貪婪的僧侶和愛財的貴族一種經濟擴展辦法。

■ 角色錯位形成壟斷。中世紀基督教是一個「超國家」,它是統一而有遍及各國的機構,其管轄權推及到了「基督教國家」的每個王國,超越了所有種族、語言的分界線而暢通無阻。在中世紀的歐洲,除猶太教徒以外,每個人都是教會的屬民,須對教會效忠,不管屬於哪個國家、不管誰是他的管理者,每個人都要屬於教會管轄[23]。作為那個時期最高度組織化了的行政中心,在角色錯位中,無論是治理領域還是經濟領域等,教會都處於絕對壟斷地位。教會行政組織與國家行政組織相同,但比封建王國組

21　同註19,p.295。

22　同註19,p.301。

23　同註19,p.261–262。

織更加鞏固並更加統一。可以說，在中世紀，羅馬天主教成了各國的無冕之王，教會不僅壟斷了《聖經》的解讀，還十分貪婪。特別是每年會從世俗榨取大量財富，典型案例是在分裂的德意志地區，教會的財富壓榨嚴重阻礙了德意志經濟發展。教皇是教廷巨額收入的直接分配者和最大佔有者。教廷收入除了維持各地教會基本收支平衡外，絕大部分成了教皇個人的私產。自查理曼歷代帝王以來，主教和修道院長不僅在教會領地上享有獨立行政權和司法權，而且在集市貿易中，還享有徵收交易稅，對過路行商徵收通行稅和過橋稅等特權。1517年，教皇以修建聖彼得大教堂為名在德國推銷贖罪券，憤怒的路德發表了著名的《九十五條論綱》，把它貼在維滕貝格教堂的大門上，揭開了宗教改革的序幕。這一宗教改革完全是教俗二元衝突的反應。

■ 角色錯位導致無序。長期錯位，功能紊亂，難以持續。歷史學家吉本就嚴厲批判了基督教的教義權威、先知權威和早期神學權威；基督教的迷信和所謂「神跡」顯現；基督教對現實生活的蔑視，對人的蔑視，認為基督教禁欲斷絕人生之樂是違反人性的，辦不到的，教士自身不守清規便是明證。禁欲主義閉塞了人的心智，阻止了人對知識的追求，造成了人的愚昧。吉本對基督教的批判歸結到一點，那就是蒙昧和基督教是歷史的障礙，對歷史發展造成了危害。他的結論是：福音的傳播，教義的勝利，是同羅馬帝國的衰敗不可分割地聯繫在一起的，宗教的勝利就是野蠻的勝利。基督教在取得官方宗教地位之後，其各地的主教到處排擠傳統異教，毀掉以往希臘羅馬諸神廟宇，引起了羅馬的極大混亂，加速了羅馬帝國晚期的無序化[24]。可見，那時的教俗錯位失

---

24 6世紀起，基督教會開始在法蘭克、義大利、英格蘭各地創設修道院。位於義大利中部的由本尼狄克特主持的修道院，招收了大批生

衡即初現端倪。

　　教俗錯位失衡，主要是教會的越位錯位引起的，重要的是財富佔有失衡。教會對財富的瘋狂佔有，以此為基礎，支撐其不斷向世俗事務管理滲透，甚至是獨佔。是的，教會教職人員本應保持純潔性和神聖性，這是維持世俗民眾虔誠宗教信仰和道德的基石。可是，自中世紀以來，隨著教會權勢的擴張，上至教會最高首腦羅馬教皇，下至普通教士，無一不捲入世俗化的洪流中，成為教強俗弱、教俗強弱失衡的直接操手。而失衡重要表像就是教俗二元角色衝突帶來的利益衝突並難以調和。隨著經濟的發展、文明的進步，尤其是市商化易利的工商業日趨強大，以及市商化資本主導的易利文明萌芽的出現，這種教俗角色錯位及強弱失衡，不可能長久持續下去。

二、教俗角色衝突

　　隨著易利的發展，尤其是世俗治理政體的規模化、成熟化，教俗在世俗管理上的衝突日趨明顯，教會世俗治理角色的邊緣化成為必然。因為治理政體「真空」已經不復存在，所以教俗角色衝突日趨加重。需要說明的是，所謂的「真空」並不是說世俗沒有政體治理，而是說世俗中央政體治理在弱化，難以形成統一的治理形態；地方治理政體分散，難以形成全面有效的公共產品供給。唯一有力和統一的治理組織是教會，也只有它的雙重治理觸覺能遍佈整個西歐。

活無著被迫依附教會的人，從事農業勞動，經營葡萄園等。《聖本尼狄克特法規》後來成了各地修道院的通用章程。除修道院外，更大量的是教會把土地分成小塊，給各類農民耕種，納租服役。劉景華：《基督教興起與腐化墮落西羅馬帝國的崩潰》，中國世界中世紀史研究網，2011 年 3 月 16 日。

■ 以教代俗、二元衝突。自羅馬帝國後期開始，基督教會就參照帝國官階體制形成了教會體制。教階制分主教、神父、助祭三個品位。主教品位又分作教皇、樞機主教、大主教和一般主教等級別。依照這些等級層次，自教皇起逐級對下行使管理權。這種按照等級制度組成的教職體系和教會管理體制，進入中世紀後逐步擴展定型。實際上，在羅馬帝國晚期滋生起來的龐大教會機構就是耗竭羅馬的寄生性過重負擔的主要原因之一，作為一個第二種添加上去的官僚階層、教會機構已與世俗國家很沉重的負擔如此這般地聯合起來。到6世紀，在剩下的帝國內，主教和教士的數量實際上要比國家的行政官員和職員多得多，並且得到的薪金也高得多[25]。在歐洲的天主教時代，早期的教權常常被人當成是神權，世俗普遍認為掌握教權的人們就能夠全權代表神；而那些掌握教權的人們自己也認為能夠代表神，自己就是在為神掌權，行使神權。實際上，當天主教的教職人員在行使神權時，很大程度行使的是他們自己的意志，有時與真正的神權毫無關係。此時他們不過是打著神權的旗號在行使自己掌握的教權而已。教皇格拉修斯在494年寫給皇帝的一封信中寫道——皇帝陛下：這個世界首先由兩種權力統治著：牧師神聖的權威和皇帝的權力。兩者中牧師的責任更重些，因為在末日審判時，他們要就國王的命運向上帝作出交代。您知道，最仁慈的兒子，儘管您的尊嚴高踞全人類之上，不過在負責神聖事務的那些人面前，您需虔誠地低下高貴的頭，並從他們那裏尋求得救之道。您明白，根據宗教制度，在神聖事務的接受和正確管理問題上，您應該服從而非統治[26]。10世

25　佩裏・安德森著，郭方等譯：《從古代到封建主義的過渡》，p.133，上海人民出版社，2001年版。

26　叢日雲：《格拉修斯原則：基督教二元政治觀的形成》，天益社區，

紀，教會已取得凌駕於世俗權力之上的獨尊地位。教會中的大主教和主教既是宗教貴族，同時又幾乎擁有同等地位的世俗頭銜。他們將自己所佔有的教會土地的一部分分封給低一級的貴族和騎士層，將封建世俗那分封采邑的慣例，透入了宗教機構和職能的整個體系內。出於對人和人生的這種二重性的理解，人類群體組織也分化為兩個，即教會和國家。早在羅馬帝國時代，基督教會就已經模仿帝國中央集權的體制建立了系統的組織。每個行省和城市，由帝國的官員主持行政、軍事等事務，由主教負責宗教事務。在中央最高層面上，皇帝既是政權的最高首腦，同時又是教會的主宰。中世紀伊始，基督教教會和基督教國家二者，只不過被當作統一秩序的兩種基本的職能機構而已，它們只有分工的差別。隨著教會的經濟力量的增大，教會內部興起了改革運動——克呂尼運動。改革者要求嚴格教會管理，反對世俗政權對教會的操縱。1073年，克呂尼修道院修士希爾得布蘭德當選為教皇，即教皇格裏戈利七世，以此，與神聖羅馬帝國皇帝的分庭抗禮更加明顯。皇帝作為世俗封建主的首領，教皇作為教會封建主的首領；一方主張教權至上，一方主張皇權至上，形成了二者對壘的局面[27]。各國「基督教化」並建立起統一的超國家或跨國家的教會組織，這一切都標誌著西歐實現了國家與教會在組織上的分化和政教二元化權力體系的形成。這是中世紀西歐最引人注目的特徵之一。教皇英諾森三世時期（1198–1216年），標榜教皇權力至上，提出教皇是基督的代表，有權掌握最高的宗教和世俗權力，是萬王之王、萬主之主，說教皇的權力好比太陽，國王的權力是月亮，正像月亮的光輝來自太陽一樣，國王的權力來自教皇。

2006年7月23日。

27　王之香：《中世紀西歐的政教之爭》，公法天地，2009年8月15日。

■ 教俗不分、二元爭權。中世紀的西歐經歷過前現代時期的兩種分權形式：它初步地分開了屬靈權力與世俗權力，也分開了君王權力與其他各階層的權力。圍繞著屬靈與世俗權力的劃分產生的，是 11 世紀下半葉和 12 世紀前 25 年發生的權力爭鬥。這場衝突的一方是意欲改革的羅馬天主教會，另一方是神聖羅馬帝國薩利安王朝的皇帝、法蘭西國王和英格蘭國王。表面上，雙方爭的是究竟誰有權任命主教和修道院院長，但實質上雙方爭的是：屬靈權力與世俗權力之間究竟是什麼關係[28]。1084 年，亨利佔領羅馬，格列高利七世請求義大利南部的諾曼人援助，亨利遂從羅馬撤退。然而，諾曼人撤回南部前把羅馬城洗劫一空。當宗教的靈魂之劍被物質力量取代時，總是避免不了失敗。1122 年，《沃姆斯宗教協定》終於結束爭端。沒有任何一方徹底壓倒另一方。一方面教會從此完全獨立於德意志的王權或皇權，另一方面世俗權力也借此宣示了自己的管轄範圍，並且有機會在今後的歲月裏尋機擴大。授職權之爭徹底結束，但中世紀雙方的衝突遠沒結束，因為教會不可能完全放棄世俗權力，帝國不可能聽任教會侵蝕自己權力。在這場衝突中，教會的威信大大增強，作為基督教最高統治者的地位再次得到有力的維護和普遍承認。從此，教會與國家之間的二元關係，互相牽制對方權力，影響了西方文明的發展方向。

教俗角色衝突比較典型的，當數德意志。其經濟的主要缺陷是發展不平衡和分散性，沒有形成統一的市場。在德意志境內，幾乎沒有什麼地方可以找到共同點。南部有另外的貿易聯繫和銷售市場，和北部完全不同；東部和西部幾乎沒有什麼往來。當時

28　弗朗索瓦·岡紹夫：《封建主義的起源》，勿食我黍，2019 年 11 月 22 日。

英法兩國工商業的成長促成整個國家治理政體的中央集權。在德意志，這個過程卻只是環繞著一些地方中心按照省區歸併成許多利益集團，因而只是促成治理上的分離。德國境內許多以對外貿易為主的地方性集團並不關心國家的統一集權，以致分裂割據局面長期保持下來。16世紀初，在德意志除7大選侯外，還有十幾個大諸侯，兩百多個小諸侯，上千個帝國騎士。諸侯各有自己的政權、軍隊、法律、貨幣，彼此獨立，處於典型的封建割據狀態。德意志境內關卡林立，從美因茲到科倫不足200公里，就有關卡13處之多，各地關稅互不統一；貨幣繁雜，達千種以上。長期的封建混戰和治理分裂，反過來又嚴重阻礙了易利經濟的進一步發展[29]。在中世紀晚期，天主教會不僅在德意志大肆財富搜括，而且極力維護德意志的封建割據，以利其全面壟斷教俗的延續。因為，教權得以強化的基礎，正是這種封建割據。從工商業發展的角度上看，這種割據惡果及原因互動的表像正是市場的分割，從而嚴重阻礙易利經濟的發展。要實現國家的治理政體統一，尤其是市場的統一，為易利市商化經濟文明萌芽的發展開闢道路，就必須將矛頭指向教會神權。所謂馬丁・路德（1483–1546）的德意志宗教改革開啟了被稱為「信仰革命」的序幕，就是對市商化資本主導的易利經濟發展需求迫切願望的及時回應。在此情況下，深受人文思潮影響的愛國神學家路德立志要通過改革，建立本國的民族教會。路德尖銳地抨擊教皇在德國銷售贖罪券的行徑，受到了市民與薩克森選侯的支持，激起了全民族的反教廷風潮。

　　■ 以教代俗、教必腐敗。教會的腐敗，暴露了其世俗真空補位者角色的真諦，也顯示出，教會世俗治理角色與其本來職能也

29　佚名：《宗教改革前夕的德國》，北方教育網，2007年2月9日。

是天然存在嚴重衝突。教俗本來就是必須要分開的。以教代俗只是西歐中世紀世俗治理政體真空期文明發展的權益之計，長期教俗合一是不行的，即使有崇高信仰的教會，其生命個體在處理財富關係中也必然產生腐敗。而宗教的存在就是為了預防世俗治理政體自然人腐敗墮落的。在以教代俗後，其腐敗程度竟然為世俗治理政體自然人所不及。很長一個時期，天主教幾乎壟斷了世俗所有的權利，鼎盛時期甚至教權能夠支配皇權，是非常專制集權的；教皇也自認為是代表神的，是說一不二的，皇帝甚至也要向他屈膝。當時的歐洲基本上就是天主教在實行統治。天主教內部已經相當腐敗，民眾嚴重不滿，希望改變。在教會內部也有教士希望變革。

　　H. 伯爾曼認為，11世紀末到13世紀末發生的「教皇革命」，是政教二元化權力體系正式形成的標誌。只是從這時起，教會與世俗國家各自形成獨立的權力實體，劃分出大體相互分離的管轄範圍。正是通過這場革命，使教皇能夠控制教會，使教會獲得所謂「自由」，即在教皇之下不受世俗權力的支配。這也使得教會形成為第一個近代「國家」，教會具備了近代國家絕大部分的特徵[30]。教會中最重要的職位幾乎完全是由貴族出身的人充任。政權與教權交織，教會經濟成為中世紀西歐封建自然經濟不可分割的一部分，教會教階制度的確立為世俗封建等級制度的形成提供了理論依據和規範。但教權與王權的雙重治理，兩個治理政體相互糾纏格鬥必定不會長久。隨著易利的發展，尤其是易利市商化經濟文明的需求所決定，教俗角色複位成為必然。這種角色複位主要是教會角色複位。

30　叢日雲：《中世紀西歐政教二元化權力體系及其影響》，中國世界中世紀史研究網，2009年8月15日。

　　雖然教俗二元體系給世俗治理帶來了複雜的權力與利益衝突。但是，不能否認宗教對世俗治理文明化、市商化的貢獻。這種貢獻不僅是對世俗治理政體再造與發展的示範，更重要的是在人們的心理鑄成對於治理政體的「現代性」觀念：基督教治理政體觀的第一個要素是國家並不神聖。事實上，有限國家的整個觀念與基督教傳統有著內在關聯。基督教破除了國家的神聖性，國家不再有神聖的性質。對基督教來說，國家（治理政體）領袖均不神聖，雖然他們值得尊重，但他們不能凌駕於自然法或神的律法之上。基督教提醒人們，國家的代理人和其他人一樣都是罪人。治理政體扮演著重要的角色，但只是有限的角色。基督徒認為治理政體在協調、司法、安全和防衛方面很重要，但治理政體並不是真理和法律的源泉。邁克爾·米勒指出：基督教的本質決定了它無法接受一個試圖將生活的方方面面都置於自身之下的極權國家。也就是說，在基督教信仰為主體的國家，基本上不會形成專制，形成了專制也不會長久。反之，凡是基督教缺失或不占主體的國家，專制乃至極端的專制都會出現。治理政體觀的第二個要素，也是一個相關因素，就是治理政體不是正義的最終仲裁者。國家（治理政體）和個人一樣，也受到同樣的道德法則約束。正如阿克頓勳爵的一句名言：絕對的權力導致絕對腐敗。基督教的治理政體觀，對任何烏托邦願景都深表懷疑。它認識到人們無法創造一種完全公正的秩序。治理政體發揮著重要作用，但它的作用一定有限[31]。儘管如此，但將宗教拔高、逾越其適當位置的誘惑，使基督徒也未能倖免。對基督徒來說，誘惑不在於將國家神聖化，而是將宗教治理化，並指望國家將他們的教義和其他

31　邁克爾·米勒：《基督教給政治帶來的五大洞見》，保守主義評論，
　　2019 年 5 月 31 日。

信仰原則作為政策來執行，甚至強迫信仰。

三、教俗角色複位

對天主教的批判和清算是確立教俗分離原則的起點和最初的任務。啟蒙思想家們對天主教十分反感，代表性人物就是伏爾泰。他稱天主教會為「臭名昭著者」，教士是「文明惡棍」，教皇是「兩足禽獸」，他畢生的事業就是要「粉碎這個邪惡勢力」。世上沒有無緣無故的恨，伏爾泰的尖刻與天主教本身的殘酷不無關係。自16世紀始，天主教與新教在法國展開了近一百年的衝突，處於弱勢地位的新教徒被大量屠殺。天主教不僅對新教冷酷無情，其享有的特權也激起了法國其他階層強烈的仇恨。教士作為法國的第一等級，享有司法、財產、稅收等方面的特權，這些特權成為「舊制度」的象徵。在托克維爾看來，天主教之所以成為被憎恨的對象，並非因為它是一種宗教教義，而是因為它是一種治理制度；並非因為教士們自命要治理來世的事務，而是因為他們是塵世的地主、領主、什一稅徵收者、行政官吏；並非因為教會不能在行將建立的新秩序或制度佔有位置，而是因為在正被粉碎的舊秩序或制度中，它佔據最享有特權、最有勢力的地位。於是在後來的法國大革命中，拒絕妥協的教會和教士慘遭清算，很多修道院和教堂被焚燒，教會的土地和財產被瓜分[32]。從易利經濟角度看，教俗角色複位，也是教會領地納入市商化資本主導的易利文明的需要和過程。占比近1/2土地，不可能長期遊離於市商化資本主導的易利文明之外。

總體看，歐洲教俗角色複位有兩條明晰主線：

32　盧雲峰：《為何是「宗教美國，世俗歐洲」》，讀書雜誌，2016年3月7日。

■ 理論主線：揭示教俗複位理性。在宗教改革運動中產生的加爾文教不僅以其「天職」觀念為資本主導經濟活動提供了一種合理性根據，而且也以其「兩個國度」的思想為市商化資本主導的易利文明新秩序奠定了重要的神學理論基礎。從而為教俗市商分立，教會退出世俗領域，回位宗教管理職能，提供了理論根據；同時也為世俗治理政體的市商化貢獻了宗教力量。教俗關係一直是加爾文關心的問題，在《基督教要義》以及他起草的一系列法律檔中，都在宣揚「兩個國度」主張。加爾文有感於新教信仰受到歐洲各國治理政體壓制的現實，以及路德教會過份地依附於世俗政體的弊端，明確地提出了政教分離主張，強調教會信仰自由和自主權利不應受到治理政體干預；同時，加爾文也反對再洗禮派的無政府化，認為世俗治理政體作為上帝設在人間的權力機構，有其存在的合法性。當然，其更強調治理政體的權力來自上帝，上帝通過民眾選舉出自己的治理政體官員。

1560年在蘇格蘭，國會委託約翰·諾克斯起草了一份信仰宣言，這份以國會第1號法律名義發佈的《蘇格蘭信條》明確宣佈廢除羅馬教皇對蘇格蘭教會的管轄權，禁止天主教禮儀，確立了加爾文教信仰的正統地位。在同年起草的教會憲章即《蘇格蘭第一誓約》中，諾克斯以加爾文的「兩個國度」思想為根據，提出了一種「政教分工協作」模式，即教會承擔起增進民眾福祉的職責，治理政體則行使公共管理的職能，二者彼此獨立而又相互扶持。梅爾維爾（1545–1623年）是一位大學學者，也是改革宗的牧師，成功地把蘇格蘭教會由主教制改變為長老制。更重要的是，他繼承和發揚了加爾文和諾克斯的「兩個國度」與政教分離的思想，既反對蘇格蘭王室和貴族對教會的控制，也抵制伊莉莎白一

世將國家權力置於教會之上的艾拉斯都學派[33]。

■ 實踐主線，確保教俗複位完成。自12世紀起，西歐城市發展迅速，易利經濟繁榮，到14世紀就出現了市商化資本主導的易利最初萌芽。經濟的迅猛發展，迫切需要消除封建割據，而實現這一目標的唯一途徑就是加強王權，構建世俗規模治理政體。本來，教會與國家的分化是功能性的，並不是教會與國家各自分離，成為兩個實體。同一個秩序實體，既是教會，又是國家。同一批人，從一個角度看，是構成教會的教民，即教士和信徒；從另一個角度上看，又是構成國家的臣民或公民。教會與國家如同靈魂與肉體，互相依存，相互補充，合為一體，難解難分。不過教權與王權的分離卻不同，由於「兩個國度」的確立，教權與王權在組織上和空間上都應該是分開的。教廷的世俗化，它對各國教會的控制、對國家司法的干涉，以及它苛重的稅收，都必然加深教皇與普通基督教徒之間的鴻溝，引起西歐各國王權的不滿，所以只有徹底擺脫教皇的控制，西歐國家易利文明才會得到真正的發展，並趨向市商化。從12世紀起，西歐各國國王便以宗教宗主權為武器來加強王權，結果是王權逐步加強，教權節節失利。教皇與國家的衝突加速了教俗分立。人們把民眾認同作為治理政體合法性的基礎，王權顯然不來自教皇，教皇無權干涉世俗生活。1347年至1350年黑死病肆掠歐洲，西歐總人口減少1/3，直到17世紀歐洲人口才恢復至1300年的水準。黑死病的爆發直接動搖了教會的絕對權威，面對大量的死亡，特別是神父染病身亡，人們不再信仰上帝，將目光從天國轉移到塵世。

33　趙林：《加爾文教的「兩個國度」思想對西方憲政民主的深遠影響》，友朋說，2020年2月18日。

　　中古後期，市民在王權與教廷的對抗中成為國王最有力的支持者並最終成為英國教會擺脫教廷控制的積極因素。因教皇過分干涉英國內部事務，加之其法國人的身份，導致了英國人特別是普通民眾對教廷的反感，進而引發了威克利夫學說的傳播和羅拉德派運動的興起，這甚至一定程度上導致了遍及西歐的宗教改革運動。而英國王權利用這一時機清除教廷在英國的影響並進一步加強對教會的控制，最終以1559年《信仰劃一案》標誌著英國安立甘國教的確立，同時也標誌著在同教會勢力的鬥爭中英國王權取得了最終的勝利[34]。教皇革命在西方世界產生了一種新的王權觀念。國王不再是教會的最高首腦了，最高治理權威的宗教職能和宗教特性被剔除，神聖王權的時代逐漸結束，在稱作「屬靈」的事物方面，教皇是最高權威。人們第一次感受到皇帝和國王是「世俗」的統治者，他們的主要任務首先是維持各王國內部安寧即制止暴力行為，其次是主持正義。至此，世俗領域與神聖領域的區分才明晰化。

　　18世紀，美國憲法第一修正案中有關宗教問題的表述，可以說是美國政教關係最主要、最根本的法律基石。這句話是：「國會不得制訂設立宗教或者限制其自由實踐的法律」。憲法第一修正案之所以如此重要，就在於它確立了處理教俗關係問題的基本原則，這就是教俗分離原則與宗教自由原則。該原則確立二百多年後的今天，美國各種情況遠比18世紀複雜的多，但憲法第一修正案確立的兩項原則仍然具有強大的生命力。美國的歷史無法與任何歐洲國家相比，但在政教分離（教俗複位）的徹底性方面，卻遠遠超過了歐洲各國。按照憲法第一修正案的規定，無論

34　劉斌：《中古後期影響英德王權發展不同路徑之因素》，公法天地，
　　2009年8月15日。

是聯邦還是州，都不能設立官方教會，這一條深入人心。這就保
證了治理政體對各教派、教會的中立地位，保證了各派宗教團體
的平等地位，從根本上消除了曾給歐洲人民帶來巨大痛苦的宗教
衝突和宗教迫害，避免了因宗教原因造成的分裂，使任何勢力強
大的宗教或教派干預治理政體、參與治理政體決策的合法性都不
存在；使世俗治理政體的更迭和宗教組織內部的變化不致相互影
響，從而大大減少了國家動盪的可能性[35]。

第三節　教俗重構

　　研究教俗供需關係，包括教、俗兩個方面的財富關係，至少
會得出這樣的結論：人類易利市商化經濟文明的孕育、分娩與發
展，離不開宗教的幫助及宗教的市商化。宗教與世俗的準確定位
與交互市商化「易利」，對易利市商化經濟文明來說尤為重要。
這裏的宗教，當然要特指基督教，尤其是其中的新教。經過羅馬
末期基督教一教獨尊及中世紀教俗角色、功能的錯位，以及引發
的不可調和的衝突，教俗重構就成為必然。教俗重構就是教會與
世俗角色、功能重構，主要是教會從世俗事務中退出、教俗信仰
救贖關係回歸，實現天國與世俗兩個國度和諧共存、互為補充，
共同推進基督教世界易利市商化經濟文明的發展與完善。

一、教俗交互本源

　　教（非基督教）俗交互當然不是源於基督教，它比基督教誕
生都要遙遠的多。基督教定位一尊後，教俗交互只不過是對古老

35　劉澎：《基督教文明與美國強盛之基》，《人民論壇‧學術前沿》，
　　2012 年 9 月。

教俗關係的複製和發展而已。

　　■ 多神教的教俗交互。古羅馬信奉多神教，宗教在治理上的地位很高。宗教可以抑制平民的無懼無畏。是時，古羅馬人的輕信已深入到各個階層，這也是宗教備受重視的原因之一。占卜師在古羅馬的地位很高，被賦予神的含義，所有有關神的旨意都要從他們口中說出。譬如，公民大會的舉行就要受占卜控制，倘若公民大會選舉沒有按照他們的意思進行，那麼大會將會被公然中斷。在軍事上，占卜師也有很大權力。若是某座城市被奪走，或是戰爭失敗的話，會被認為是某位公民褻瀆神靈導致神靈發怒。而在民眾的日常生活中，宗教在各方各面都有涉及，神無處不在，所有大事小事都要在神的准許下開展。當人們收成好時，他們會感謝太陽神的饋贈。宗教支配著他們的祭祀、禮儀、公民權利等等，若是突然沒有宗教存在，那麼他們的生活將得不到正常運轉。古羅馬法律從西元前6世紀開始，到西元7世紀，包括很多種類：公民法、萬民法，《十二銅表法》以及《民法大全》，不管是哪一種羅馬法，他們都是宗教的一部分[36]。

　　■ 一神教的教俗交互。中世紀，宗教領域與世俗領域的區分僅僅是理論上的，在現實中，兩者互相纏結，在很大程度上也是互相交叉和重合，難以分得清、理得開。從教會一方來說，任何世俗事物都可以說與人的靈魂有關，一項純粹的經濟活動或治理活動都可被賦予宗教意義。教會承認或否定一椿婚姻，往往會影響到信徒子女的合法性，影響到繼承權。如果涉及國王或諸侯，可能會導致領地、爵位或王位的轉移，從而帶來巨大世俗影響。

36　甬說歷史：《世界上第一次立憲主義的實驗：古希臘羅馬沒有「憲政」》，互聯網，2022年8月3日。

所以，教會事實上可以通過宗教權力干涉任何世俗事務。這使天主教會的權力深深地滲入了信徒生活的廣泛領域。在中世紀歐洲的生活中，宗教一直佔有核心地位。人們的誕生、受洗、結婚、死亡及安葬，都是宗教性的並因此而神聖化，大家渴望獲得來世的拯救。而宗教事務都是由現存的教會掌握（即西歐的羅馬天主教和東歐的希臘東正教掌握）。在宗教的「異端」消亡後，正統教會缺乏對手，因此羅馬天主教教會變得目空一切、自滿自大，僧侶們腐敗墮落、愚昧無知，而教職人員中曠職的人日益增多，因而教會聲譽掃地[37]。

■ 教俗交互難以為繼。早在10世紀初，為了防止教會的墮落，維護宗教的純潔性，一批教士開始了修道院改革，在法國建立了克呂尼修道院。所有給修道院的饋贈是無條件的和自願的，脫離以封建勞役為交換的土地，克呂尼僅以做彌撒和祈禱回饋施主。脫離世俗，回歸信仰領域，修道院保持了很高的教規水準，逐漸遍佈全西歐，達到數百家。但隨著封建領主的捐贈越來越多，克呂尼修道院積累的財富又一次引發了宗教生活的墮落。12世紀，聖伯爾納掀起西多會發展的浪潮，對抗克呂尼修道院的腐化。西多會拒絕一切經濟來源，選擇在無人的荒山野嶺建立修道院，自己進行墾荒勞作，保持嚴格的戒律。而且，西多會首次向廣大未受教育的農民開放。西多會發展迅速，到12世紀末，數量達到500家。隨著積累土地的越來越多，西多會最後與克呂尼修道院一樣腐化墮落了。牛津大學神學教授威克利夫（1324–1383）譴責教皇貪欲，主張王權高於教權，支持英國國王沒收教會財產，是布拉格大學校長胡斯（1369–1415）以及更晚的馬丁‧路德宗教

37　陳奎德：《近代憲政的演化》，凱迪社區，2003年9月20日。

改革的先聲。14世紀以降，隨著中央集權國家的建立和民眾反教會反封建的蓬勃發展，教權逐漸衰落。最明顯的表現是教皇蔔尼法斯八世與法王菲力浦四世爭鬥的失敗，然後是「阿維農之囚」（1308–1378年），教廷被搬到阿維農，成為法王的御用工具。經過多次的改革與動盪，最終，世俗非教會化。信仰歸教權，世俗歸王權。由此，就會很容易理解，聖殿騎士團為何被世俗政權所鎮壓。多數學者認為，奪取財產是法國國王鎮壓聖殿騎士團的動機或主要動機。但動機的背後，正是教俗分立。即世俗的歸世俗，天國的歸天國。因為維繫安全是治理政體很重要的職責，所以世俗不會容許維護安全體系的雙重性。聖殿騎士團於1120年成立，其宗旨是捍衛基督教信仰，其職能是保衛十字軍國家。但是，它竟以異端罪名遭到鎮壓。表面看，聖殿騎士團沒有任何世俗目的，其存在的唯一理由就是為基督教聖戰而獻身。然而，力量強大、軍事上獨立且直屬於教皇的聖殿騎士團，使法國世俗治理政體感受到了威脅。所以，其必然要成為教俗分開的犧牲品或祭品。有了教俗重塑和教俗分工這個市商化歷史必然，其他目的與手段都有了存在的理由和基礎。

二、教俗重塑主因

　　教俗重塑有諸多原因，但主因就一個，那就是財富關係變了，尤其是財富的創造與積累有了根本性轉變。

　　■ 財富關係開啟了市商化趨向的根本轉變。羅馬帝國崩潰後，西歐商業易利趨於凋零。按照湯普遜的觀點，從5世紀到10世紀，西歐商業不振，公共和私人經濟兩者幾乎都是屬於農業性的；在主要的大宗生產方面，還存在自給自足狀態。中世紀後期，易利的市商化，使人類財富關係出現了歷史性根本轉變，主

要體現為工商業易利在西歐城市悄然崛起做大，給人類文明的方方面面都帶來了驚喜。在 11 世紀，城市的興起，商業團體的組織和市場的設立，引導了人們的面對面地易利。從 12 世紀開始的歐洲商業易利復興和經濟擴張算得上是一場「商業革命」，或叫「經濟革命」，實際上是一場「易利革命」，開始出現一種新的主導財富經濟形式，這就是商品和製造品的易利勃起。當時，價格已處於波動狀態，證明具有近代市商特點的市場業已建立，構成了初步的市場體系，組織起城市間的聯繫。而城市新的財富經濟形式吞沒了一切。這種新的主導財富經濟形式與舊的主導財富經濟形式相競爭，並把農民吸引到城市。鄉村集市數量已很少，不值一提，古老的易利形式逐步走向滅亡[38]。結果，教會在找尋田間勞動力方面越來越困難。教會變為長於不生利的土地而短於勞動力，其開始變為「土地窮」。由此，從中就能很好理解為什麼教會反對競爭、遏制易利。然而，易利的力量幾乎是無法抗拒的。教民的易利經濟實踐開始拒絕教會的教訓和宣導，教會的命令不是被置之不理，就是被陽奉陰違。這一時期的義大利乃至整個歐洲都出現了經濟復甦和飛躍，商業化和城市化水準不斷提高。在商業易利復興中，城市以市場為導向，進行大規模生產，價格水準持續升高，貨幣供給量和鑄幣量也都相應增加。隨著市場和集市的擴展，交通方式日益專業化，商業易利模式日趨複雜化，城市也隨之成為商業易利中心和常年開放的集市。商業易利的發達推動了金融業的發展，貨幣兌換、銀行和信貸都隨之迅速發展起來。到 13 世紀，義大利人不僅在商業上，而且在金融業方面成為歐洲的主導力量。義大利商人在國內推動使用銀行儲蓄、

38　費爾南‧布羅代爾著，顧良譯：《15 至 18 世紀的物質文明、經濟和資本主義》第二卷，p.4，生活‧讀書‧新知三聯書店，1993 年版。

信貸，在國外則使用匯票。歐洲西北部的香檳集市在義大利的參與和推動下，從13世紀中葉起發展成為一個國際性的貨幣市場。義大利商人也向教皇、國王、貴族乃至十字軍提供信貸服務。

15世紀末，尼德蘭的安特衛普集市首先開始向交易所轉變，成為西歐集市向交易所轉變的標誌。16世紀末，阿姆斯特丹交易所的建立成為西歐商業易利向近代轉變的重要標誌之一。1200－1349年，英格蘭國王允許設立的集市就超過了1500個，大多集市設在大城市周圍。中世紀末，隨著商業易利的復興，集市的性質逐漸發生改變，其不再是短暫的商人聚會的場所，一些大型集市開始向長期的、固定的、綜合的交易所轉變，尤其是大型集市。舊式的集市與新興的交易所相比已沒有優勢。比如，交易所也是保險、匯票結算和多種信用業務集中辦理的地方，為商貿發展提供了近似現代式的服務。法國香檳集市在14世紀走向衰落，雖然其原因是多方面的，但其中最重要的一個原因是義大利商人開始在靠近法國北部邊界的勃艮第公爵領地下的布魯日建立起固定的交易場所。雖然當時的交易所還處於初級階段，但其較集市在交易方式和管理等方面有了較大優勢。16世紀末至17世紀初，除了安特衛普和阿姆斯特丹，歐洲其他主要商業城市，如威尼斯、熱那亞、倫敦等也陸續建起了多功能的商品交易所。文藝復興時期的義大利，易利經濟異常活躍，手工業、商業和金融業全面發展，威尼斯、佛羅倫斯、米蘭等城市成了工商業和金融業中心，周圍的中小城鎮及廣大鄉村均捲入巨大的商業貿易網，隨著商品經濟的發展，其影響可以說是無處不在，即使是僻處山區小鎮也不例外，地處佛羅倫斯西北山區的小鎮佩西亞在易利經濟的衝擊下，由一個落後的農業區變成為一個經營糧食、絲線、酒類和橄欖油的繁榮集鎮。集市的繁榮和轉變是中世紀歐洲經濟史上重要

歷史事件，也表明歐洲經濟從此開始重大轉折。它代表著經濟向近代化方向發展的趨勢，即工農業以交易所為紐帶結成緊密關係和以城市為中心的易利經濟格局形成。從此，城市成為工商業中心和資本交易中心。15世紀地理大發現帶來了金銀湧入、新航路開闢，促進了西歐商業易利繁榮和人口大量、快速且廣泛地增長，使西歐商人進行更多的商品易利，工廠、銀行和商業易利都在蓬勃發展，各類商品產量和銷量都比之前增加了2到5倍。這一切深深改變了西歐。而最深刻的變化，則是開啟了工業從手工業生產向資本主導的易利經濟生產轉型，即開啟了財富關係的根本性轉變。也可以說，財富關係的市商化轉變帶來了財富創造新形式——資本主導的工業化產生。

　　西歐的工業化轉型，走的是「農村包圍城市」路線。因其影響了城市手工業者的利益，所以受到了城市行會的抵制。於是，資本將生產轉移到農村，這裏長期疏於管理，剩餘勞動力多，不受城市和法規的約束，他們想雇傭誰就雇傭誰，工資和售價也能自主決定。早在13世紀，在英國就發生了被學者命名的「手工業革命」。英格蘭的毛紡織業遍及鄉村各地，而不是集中在城市。這一革命也影響深遠。所以，到了16世紀，如果說西歐的城市是手工業生產主導的話，那麼農村則是工業從手工業生產向資本主導的易利經濟轉型的先導。這種新型工業沒有圍牆，放棄城市，低價雇傭農民、牧民和婦女的閒暇時間，通過生產質優價廉的手工產品，挑戰城市手工業的傳統壟斷地位，並逐漸擴散到城市。到16世紀中葉，企業規模依然很小，很少有雇傭人數超過10人的，但是資本與勞動力的分割在西歐基本確立，以手工業生產為主導的工業經濟即將成為過去式[39]。

39　拿破崙小炒：《衝破中世紀的三駕馬車》，小炒記，2019年6月21日。

■ 教俗關係開啟了市商化趨向的根本轉變。隨著城市的普遍興起和擴張，教會從自身組織到教俗關係，從思想到行為都發生根本性轉變。其中最主要的表現是信仰弱化，教會價值觀影響普遍衰落。在市商化趨向易利異常活躍的大環境之下，教會所奉行的傳統基督教的價值觀念已經無法堅持下去。在13世紀，法蘭西斯派尚主張禁欲與安貧；到了15世紀，被奉為聖徒的該派修士聖伯爾納迪諾已改變了態度，他對工商業大為推崇，提倡通過商業使金錢和珠寶轉作生產性用途，指出：有節制地享有繁榮是好事而不是罪惡；工商業有益於公眾幸福。在如何賺錢上，教會走得更遠，手段也極其繁多。如教會就利用俗人的宗教熱忱，盡可能多地獲取財富。很多教會組織都通過接受捐贈而變得非常富有。教士個人為了多賺點錢想出了各種辦法，甚至不惜違背教會的法規。庇斯托亞的很多教士都身兼數職，即一人主持若干教區教堂，多得幾份俸祿，這本是教會所禁止的。有的教士甚至越出教會的範圍到世俗中兼職賺錢。可以說，整個教、俗兩個世界都在圍繞著做生意和最大限度地謀取利益而運轉。

在教會追求塵世物質利益的同時，教士和修道士在宗教信仰上普遍性式微。基督教自西元394年成為羅馬帝國國教之後，信仰危機一直都伴隨著教會的發展而週期性地產生。修道院制度的建立即是為了在整個教會中樹立篤信的榜樣，但安貧禁欲的篤信狀況也只維持了一段時期，修道士在與世俗世界交往中受到來自各方面的影響，其信仰總是不斷地發生著變化。到了文藝復興時期，在工商業轉型帶來的各種世俗思潮衝擊之下，無論是法蘭西斯派和多明尼克派修士，還是在普通教區教士中，信仰的危機再次出現。只不過這次危機徹底終止了信仰的週期性。教會在各方面的紀律較之於以前大大鬆弛，教士的素質下降，一些由教士主

持的神聖儀式都草率從事。不少的教區由不合常規的僧侶主持聖事，他們並沒有得到授權，有的教士完全不識字。一些教士不能分辨七種大罪，有的甚至不能讀祈禱書。隨著教會紀律的鬆弛，教士和修道士在道德上的敗壞和生活上的腐化愈加公開化。相當多的教士和修道士已不能堅守信仰和誓約，紛紛轉而追求塵世的享樂。教士有情婦和孩子的遠不在少數。這是教士和修道士信仰衰落表現最為突出的一個方面，也是教會受到包括俗人攻訐和嘲諷的主要原因之一。有的城市為了制止這類醜聞發生，專門設立一個委員會來監管女修道院，儘管如此，破壞清規的事情仍然時有發生。由於謀取教職有利可圖，很多俗人主要是為了逐利而擔任教職，動機已不完全是為了信仰[40]。

三、教俗職責重構

　　市商化易利對教俗關係的衝擊前所未有，就職責而言，世俗已經改變，教會也必須改變。

　　■ 職責重構應世俗文明急需而為。市商化的易利文明對世俗的個人提出了越來越高的要求，主要就是提升素質，增強個體和群體賺錢本領；同時對教俗職責重構提出了迫切要求，其中，重中之重的是教育的世俗化。中世紀城市工商業的興起，對世俗教育有了強烈的需求。而教育的世俗化又進一步促進了工商業易利經濟的發展。

　　商業以及商品經濟的本質是牟利，追求利潤的最大化，因此在價格被行會控制的城市工商業活動中，怎樣計算成本、擴大利潤，逐漸成為工商業者的基本技能，這就是理性計值。反映市民

40　王挺之：《義大利文藝復興時期的城市宗教生活》，前線網，2012年11月23日。

理性計值意識增強的最典型現像是借貸（收支）複式記賬法的出現和流行。最早使用複式簿記的是佛羅倫斯，至今保存最早的復試簿記樣本是 13 世紀末的帳本。早期工商業活動中的賬目是流水賬，即在一本賬上按時間順序記錄每天的收支，只查看最後餘額。而在複式記賬法裏，每筆賬目借貸兩記，收支兩條線非常清晰，有借必有貸、借貸必平衡，這就極其方便於成本核算，促進合理的生產或經營，最終達到單位產值成本最小化、利潤最大化之目的。以複式記賬法為代表的系統記賬，還有利於記清每一筆交易，特別是賒賬交易，從而發展出一定信用關係；也有利於向客戶展示誠實和坦蕩，有利於發展合夥關係；還有利於雇請代理人，發展和擴大業務範圍[41]。顯然，這些都需要專門的財務知識，需要專門的相關人才，尤其是人才的培養教育機構。同時，在諸項實業中，農業的企業化經營也是不能忽略的。以英國為例，農業進步對英國工業化、市商化所做的貢獻開始於中世紀，始於農奴的超前解放以及種植業和銷售業兩者的市商化易利轉型。16 世紀，市場園林業（水果和蔬菜）在倫敦周圍的普及以及農牧業的結合，有助於使膳食更加豐富和多樣化，使其含有特別高的動物蛋白比例。在這個金錢和市場意識濃重的時代，「進步的」農民相聚並且互相學習，農學文獻激增，更便於宣傳最佳的實踐經驗。顯然，農民對學習的迫切要求說明，教育對農業和工商業的發展，都十分重要。但教育長期為教會所壟斷。為了培養僧職人員，教會在地方興辦僧院學校，在教區設立主教學校。城市學校和大學興起以前，天主教會完全壟斷了教育。當時的學校都設在教堂和修道院裏，學生主要是教士。初級學校主要講授拉丁語和

41　劉景華：《中世紀城市對近代文明因素的孕育》，前線網，2012 年 12 月 1 日。

宗教儀式，中等學校則講授文法、修辭、邏輯、算術、幾何、天文和音樂，被稱為「七藝」。「七藝」完全是根據宗教的需要而設置的，如文法是為了明確聖經的語法，修辭是為了訓練傳經佈道的辯才等。顯然，教會的壟斷已經嚴重背離農業和工商業易利經濟發展的需要，教俗分工重構成為必然。

早在 11 世紀西歐城市興起以後，城市裏的工商業者逐漸形成為一個新階層，即市民階層。市民階層為發展工商業，需要金錢計算、簽訂契約、商業及法律等方面的知識，因此他們強烈要求擺脫教會對文化教育的壟斷，紛紛創辦私立城市學校。這是中世紀第一批世俗學校，包括為兒童創立的學校。有了這些學校，教育不再為修道院的初學修士和將來的堂區神甫所獨享。西歐學業體系的世俗化、市商化，是起始於城市的興起。由於手工業和商業的發展，迫切需要能讀會寫、具有各方面知識的人才。原有的僧院學校遠不能滿足世俗的需要。於是從 11 世紀起，一些城市的手工業行會和商人公會，以及市政當局，打破教會幾百年來對教育的壟斷，自發地創辦了世俗學校。[42] 也就是說，教俗職責重構早在教會滲透治理政體領域的鼎盛期即已啟動。學校開始根據城市工商業易利的需要，開設文法和計算方面的課程，培養各方面的人才。城市學校主要有兩類，一是為工商業者上層市民子弟開辦的學校，如拉丁學校、文法學校、公眾學校等，其目的主要是提高人文素質，增強文化修養；二是為手工業者子弟設立的「基爾特」學校，即行會學校，是手工業行會創辦並監督管理的職業技術學校。還有專門為下層市民設立的學校，由市政當局管理，學習讀、寫、算等基礎知識和技能。城市學校的教育內容和方法雖

42　佚名：《歐洲中世紀大學發展歷史》，貓眼看人，2014 年 11 月 13 日。

然脫離不了宗教,但它們已成為有較大獨立性的世俗教育機構。城市學校的普遍興起,促進了城市文化教育水準的提高,引起人們對古典藝術、古典哲學和研究羅馬法的興趣。這種新型學校不依靠教會,而是靠學生交納學費維持學校的經費開支。校長和教師統由行會和市政當局共同聘任。這種新型學校在中世紀得到普遍的發展和擴大。11 世紀,義大利首先創辦了博洛尼亞法律學校。在城市學校的基礎上,創辦了西歐的大學。博洛尼亞法律學校後來發展為博洛尼亞大學,是西歐第一所大學[43]。1575 年後,荷蘭人創辦了 5 所大學,從 1575 年到 1700 年,先後有 16557 名外國留學生在萊頓大學學習,同時期從這個學校畢業的荷蘭學生則達到 21528 名,而那時的荷蘭總人口才 150 萬左右。正是有了這樣的國民素質,才使荷蘭擁有了被同時代英國人稱為「歐洲受教育最好、做最富有生氣的工作」的商人、技師、工匠、海員、農民[44]。12 世紀以後,由於大學的迅速擴展(到 15 世紀時西歐幾乎所有較大的城鎮都建立了大學),以及教師與學生的自由流動,知識的傳播和學術的發展完全打破了封建制度所形成的壁壘,使得整個西歐,無論是拉丁語世界還是日爾曼語世界,在智性因素方面聯結成為一個整體。1231 年教皇明確認可大學具有自我管理

43　12 世紀時,法國和英國先後創辦了巴黎大學和牛津大學,13 世紀時又建立了奧爾良大學和劍橋大學。到 14 世紀末,歐洲已有 40 餘所大學,到 1500 年達到 65 所。1508 年,英國文藝復興的代表人物約翰‧柯列特繼承其父遺產,就用其資金創辦了一所新式學校,名為「聖保羅中等學校」,這是一所完全不受教會控制、接受倫敦商會和紡織工廠主資助的學校,也是傳播人文思想、主張宗教改革的學校。中世紀的全盛時期(12、13 世紀),在義大利、法國、英國的一些中心城市都建立了大學。三人行:《5 至 15 世紀的西歐文化》,三人行,2012 年 6 月 30 日。

44　陳晉:《漫論近代早期歐洲三雄之「軟實力」》,北京日報,2007 年 9 月 4 日。

的權力，並授予大學更多的特許權利。這些權利包括學生的司法
豁免權，教師和學生有權「制定章程和條例，規範講座和研討的
方式與時間、著裝」等等。從 13 世紀開始，世俗治理政體也極力
扶持大學，利用大學的知識來加強王權。由於大學最突出的特點
就是知識和自由，這二者不僅都要求獨立性，而且加在一起很容
易導致思想上的「異端」。這樣一來，大學就逐漸成長為獨立於
教會和王權之外的第三種勢力。

　　啟蒙運動的開啟，進一步加快了教俗在教育體系的分工重
塑。在啟蒙思想家眼中，天主教阻礙了法國現代化的進程，而且
與現代價值體系格格不入。培養下一代世界觀的學校系統從中世
紀以來就控制在天主教會手中，於是教育系統的控制權就成為雙
方爭奪的焦點，最後天主教會敗下陣來。1882 年法國的教會與學
校正式分離，文化教育事業轉而由國家治理政體主導，公共的世
俗學校系統建立起來。教學科目的設置由教育部決定，教育工作
者被稱為「教師軍團」，他們集中受訓，然後分配到全國，按照
世俗性原則教化學生。宗教課程被剔除，教學和日常事務管理也
沒有為特定的宗教信徒提供任何職位[45]。

　　■ 職責重構促人類文明加速轉型。教俗分工重構不僅僅在教
育。此時，教俗市商化改革者已從聖經獲取教俗職責全面重構的
改革法理。根據福音傳播者馬太和馬可的記載，有一天，法利賽
人的追隨者和依附於羅馬的統治者希律・安提帕斯的追隨者一起
向耶穌這個實實在在傳神之道的人，提出了一個暗藏陷阱的問
題：是否認為人們向凱撒（即羅馬皇帝）納稅是應該的。如果耶

穌說不應該，那就意味著鼓動叛亂；如果說應該，則意味著支持羅馬人的外來統治——這必讓他人心喪盡。所以無論耶穌怎麼回答，都意味著在治理上亮明立場，也意味著一個識別敵我關係的決斷。由於耶穌並不想這樣作答，他選擇了一個辯證的答案。他要來一枚羅馬錢幣，在確認那上面印的是皇帝提比略的頭像之後，他回答說：這樣，凱撒的物當歸給凱撒，神的物當歸給神。這句話的直接含義是關於納稅的訓喻，但它卻揭示了基督教對待世俗與教會之間關係的根本態度。在這裏，耶穌首次在「凱撒的物」與「神的物」之間作出了二元分割。也可以理解為，他承認了世俗的職責，但也確認宗教的職責。二者完全應該有明確的分工。阿克頓勳爵指出，古典國家（古希臘、古羅馬）的弊端在於它集教會和國家於一體。道德與宗教無關，政體治理與道德無關；在宗教、道德和政體治理中，只有一個立法者和一個權威。鑒於天主教會的種種歷史作為，啟蒙思想家開始反思教會與國家治理政體的關係。他們認為世俗權力應該高於宗教權力，國家應免受宗教的影響，教會無權干預政體治理和世俗生活。從而全面推進易利經濟、政體治理、文化教育、世俗生活等全方位的教俗分工重構。1905 年，法國頒佈《政教分離法案》，規定教會與國家分離，人民享有教育自主和信仰自主。這就是法國版的政教分離：宗教屬於私人領域，信仰是個人的選擇，公權力無權干涉；與此同時，屬於公共領域的政體治理應該免受宗教的影響，治理政體不能用公共權力資助宗教活動，而是應該信守世俗性的原則。今天，政教分離的世俗原則，或者簡稱世俗性，成為法國的核心價值觀之一，與著名的「自由、平等、博愛」合稱為法蘭西共和國四大信條。新入籍法國的移民都被要求接受這四個法國的核心價值觀。

　　經過幾百年的不懈努力，今天的西方世界已經完全實現了教俗分工重構。英格蘭國家實力的迅猛發展就是在教俗分工重構的宗教改革運動中實現的。1532年，亨利八世由於離婚案與羅馬教皇克萊門七世反目，憤而在英國採取了一系列宗教改革措施，其中最重要的兩項措施就是1534年國會通過的《至尊法案》和1536–1540年間對天主教寺院財產的剝奪。前者以法律名義將英格蘭國王及其繼承者確定為安立甘教會的最高首腦，從而建立了本國教會和加強了王權；後者則將大量田產從修道院轉移到國王和土地貴族手裏，促進了英國的資本原始積累。亨利八世、伊莉莎白一世等國王推行的宗教改革，使得英國本國教會（安立甘宗或聖公會）得以擺脫羅馬教會的羈絆，從而加強了君主權力和國家實力[46]。教俗供需關係的市商化，對於促進西歐文明轉型產生了重要影響，從歷史上看，那些最先並且最典型地實現了市商化資本主導的易利轉型的地方，幾乎都是深受加爾文教影響的國家和地區，尤其是荷蘭、不列顛（包括1707年合併之前的英格蘭和蘇格蘭），以及曾經作為英國殖民地的北美等。

　　以1303年羅馬教權垮臺為標誌所進行的教俗關係的複位、回歸、重構的一系列改革，實質上是在易利市商化經濟文明財富欲望報酬遞增自發秩序演進過程中，對教會的約束，對世俗的解放，尤其是對人的解放，也是人的自主可為、自為、有為的確立，及其複位、回歸與重構。這對易利市商化經濟文明的孕育與發展，對人類文明的迭代發展，具有重大的歷史意義。特別是1517年馬丁·路德提出的信仰就能得救理論，迅速席捲了歐洲，解放了人們的思想。20世紀60年代，德國學者奧伯曼認為，路

46　趙林：《宗教改革與大國興衰》，友朋文化，友朋說，2020年4月8日。

德的思想是中世紀長期存在和發展的奧古斯丁神學演進的結果。麥考萊（1800–1859）也認為，宗教改革是啟蒙運動前人們爭取思想自由的重要鬥爭，而且為啟蒙運動進行了思想上的準備。英國著名詩人約翰‧彌爾頓（1608–1674）早在1641年就提出，宗教改革是人們追求自由的歷史進程中的一個階段。後來的基佐（1787–1874）則認為，由於打破了天主教神職人員在宗教和思想領域的特權，宗教改革成為一場解放人類心智的運動[47]。

正是得益於教俗重構，美國沒有實行教俗一體。美國是一個典型的宗教大國，曾有30多萬個基督教教堂、猶太教會堂、清真寺以及其他宗教活動場所。20世紀90年代初期進行的一項調查顯示，有82%的美國人信仰宗教，而同期的英國、德國和法國卻分別只有55%、54%和48%[48]。有人說，沒有新教就沒有美國[49]。但是不如說，沒有教俗供需關係複位、回歸、重構的一系列改革，沒有易利市商化經濟文明財富欲望報酬遞增自發秩序演進，就沒有當今領導世界文明發展、維護世界和平穩定的美國。在美國獨立之前，美洲殖民實行的是政教合一，以基督教立法，任何有違基督教教義的言論都是嚴重的犯罪。這類法律之殘酷，讓人聯想到中世紀的歐洲。比如，在被美國人稱為母州的佛吉尼亞，1612年由總督德爾發佈的法律規定：凡是對三位一體或三神聖之一出

47　彭小瑜：《法律革命、宗教改革與修道生活》，共識網，2010年1月
　　20日。

48　文軍：《感受美國的基督教文化》，凱迪社區，2004年3月13日。

49　在1776年，每一位歐洲裔美國人，除了2500名猶太人，都自視為基
　　督徒。而且，大約98%的殖民者是新教徒，剩下的1.9%是羅馬天主
　　教徒。2011年11月1日，美國眾議院以396：9的比例通過決議，再
　　次確定「我們信仰上帝」為美國國訓。基督郵報記者：《美國議院
　　重申「我們信仰上帝」為美國國訓》，基督郵報，2011年12月8日。

言不敬者，或者反對基督教信仰者，處以死刑；未守安息日者（指在星期天工作），初犯扣津貼，再犯當眾鞭打，三犯處以死刑；殖民地的每個居民以及任何到殖民地來的人，都必須由教士檢查其宗教信仰，如果不合格，要接受教士的教育。如果拒絕去見教士，將被鞭打；再次拒絕，將被鞭打兩次並當眾認錯；如果還拒絕，將每天被鞭打，直到服從。在這種背景之下，美國在他們決定脫離英國獨立時，採取了政教分離的原則。《美國獨立》宣言是由傑菲遜起草，富蘭克林和約翰‧亞當斯修改的，這三人都是自然神論者。自然神論者認為人類事務是完全屬於世俗的事務，不受神的干預[50]。這的確值得慶幸，美國獨立後沒有以宗教立國，而是率先直接實行教俗功能重構——分離、分立、分工。

幾組數據：美國獨立戰爭時人口300萬，其中60萬是清教徒，40萬是德國與荷蘭的改革宗。此外，聖公會的《三十九條》中信仰告白的部份也與加爾文教義相合，法國的胡格諾派也有許多人一同前來。這樣看來，其人口約有2/3受過加爾文教義的薰陶。世界歷史中從來沒有一個國家與美國一樣，是由這樣一批人創建的。

幾點事實：清教徒是新英格蘭移民的主力，他們不但把抗議宗帶到美洲大陸，而且是把奉行加爾文主義的抗議宗帶到美洲大陸；清教徒真心跟從改教領袖的教義；無論在教會、在國家，他們都同樣厭惡繁瑣形式與高壓手段；美洲大陸獨立之前，加爾文教義的神學在新英格蘭一直是主流[51]。

50　方舟子：《美國不以基督教立國》，貓眼看人，2000年6月8日。

51　佚名：《自由民主之美國的建立與加爾文主義》，貓眼看人，2003年12月13日。

　　可以說，美國的教俗分離、分立、分工代表了整個西方的教俗市商化重塑，這是對人類易利市商化經濟文明發展做出的重大貢獻和偉大選擇。

第八章

財富正和遞增

　　易利市商化經濟文明，是人類現有智慧、資源和能力所能運用到的最好經濟秩序與制度。近現代，世界經濟發展、財富積累的背後，是易利市商化經濟文明的發展與進步；國家間經濟發展水準與品質的差距，實際上就是易利市商化時序與品質的差距。因為，作為一種新型的財富關係，市商化易利是自主、平等、協商、自願、多元、共藩的易利行為集合，是財富欲望報酬能夠遞增的易利文明。誰先踏入易利市商化經濟文明的快車道，誰當然會率先受益。

　　市商化是易利發展的產物或必然結果，也是人類智慧的結晶。在經歷痛苦甚至是巨大傷害的零和與霸凌財富關係的慘痛教訓後，終於孕育出了易利市商化經濟文明。不然，人類會像螞蟻世界一樣，永遠地困在它們定型的罩門世界，或陷於無休止的零和週期律中難以自拔。至少到16世紀，伴隨市商化人人、市商化治理政體、市商化教俗重塑，一種全新的易利市商化經濟文明——體現財富欲望報酬遞增的自發文明終於破繭而出，市商化資本主導的易利經濟踏上人類文明舞臺。諾斯認為，有效率的經濟組織是增長的關鍵要素，西方世界興起的原因就在於發展了一種有效率的經濟組織[1]。這一觀點不能說是錯，但只是表象而已。表象的背後，是在西歐發展出一種使全人類受益的易利市商化經濟文明，包括其初始狀態的市商化資本主導的易利經濟。拜這套易利經濟制度所賜，彼得・德魯克指出：商品生產量愈來愈高，價格愈來愈低，工作時數不斷減少[2]。到了18世紀、19世紀，人類財

1　道格拉斯・c・諾斯著，張炳九譯：《西方世界的興起》，p.1，學苑出版社，1988年版。

2　彼得・德魯克著，洪世民等譯：《經濟人的末日》，p.18，上海譯文出版社，2015年版。

富，包括物理的、非物理的財富有了爆發式增長。此景象看似突然，實則必然。之所以現代人類有如此的幸運，完全是人類易利文明自身發展的結果。這種爆發式增長，實質是財富關係變了。

中世紀後期工商業易利文明創始於荷蘭和英格蘭，但這僅僅是商人逐利的手段，是人類尋求財富和改善生活的自然秉性延伸；而易利市商化經濟文明則是在工商業易利文明推動下自發產生的人類財富欲望報酬遞增新秩序文明，也是人類進步不斷昇華的階梯。技術、投資和人口被稱為易利增長的三駕馬車，這只是物理層面的考量；而從文明的角度，則應歸因於易利市商化經濟文明的出現與發展，其中市商欲和（欲望正和）、市商契和（契約正和）與市商競和（競爭正和），是易利增長的根本。如果在市商欲和、市商契和與市商競和某一方面出現偏差，輕則導致易利衰退，重則引起戰亂，對易利市商化經濟文明發展造成危害。從財富角度看，易利市商化經濟文明，主要表現為制度，是制度文明。諾斯認為，制度是規則和約束。但更準確地講，還要加上激勵和增加易利行為的確定性，是一種非人格易利的規則、約束和激勵、持續增加的確定性，從而使人類尤其是生命個體財富欲望，在這種制度文明中實現報酬遞增。

按照趙曉的觀點，市商化資本主導的易利有兩個重要特點：一是它具有非常公平的交易，二是有持續不斷擴張人類生命個體或群體事業的動力。利己就要獲利，就要關注資訊、成本、管理、經營、交易、機遇、風險、均衡、信貸、金本位、債券、股票等一系列數百年來易利，尤其是市商化資本主導的易利所衍生出來的一系列易利經濟行為的名稱術語所指的即時現狀及預期。但研究者還要關注更深層次的東西，也就是最為主要的方面——市商正和，即市商欲望正和（欲和）、市商契約正和（契和）與

市商競爭正和（競和）──這是市商化易利運行機制重要的三個基礎概念，體現的是易利市商化經濟文明的底層邏輯。市商欲望正和、市商契約正和與市商競爭正和三大機理，是易利市商化經濟文明運行、（財富）欲望報酬遞增的核心機理所在。

第一節　欲和遞增

欲和，即欲望正和。簡單說，就是人與人建立起的財富欲望關係，及其正向報酬回報的集和。它通過激發易利參與者欲望的正向張力，有效促進各方欲望報酬在和諧與協調中變現，從而推動人類欲望報酬遞增可持續發展。這裏的欲和不僅包括供應方，同時也包括消費方。消費方是以消費的形式實現了自己的欲望。何正斌在《經濟學300年》中談到：

馬歇爾在討論需求時，發現了「消費者剩餘」的概念。所謂消費者剩餘，是指超過消費者期望的多餘效用，即，消費者購買的貨物的實際效用，超過其願以貨幣支付的邊際效用[3]。

當然從欲望報酬遞增的角度看，欲和主要還是指供應方的易利行為及結果。

按照托斯丹・凡勃倫在《有閑階級論》一書表達的觀點，制度是由人們的習慣性思維形成的，而習慣性思維又是從人類本能、本性產生的，所以制度歸根結底是受本能、本性支配的。本能、本性確立了人類行為的最終目的，推動了人類為達到這種目的而做的努力。個人和群體行動都擺脫不了本能、本性支配和指

3　何正斌譯著：《經濟學300年》，p.119–120，湖南科學技術出版社，2010年版。

導。這些行動逐漸形成思想和習慣，進而形成制度。制度產生之後，就對人類的易利活動形成約束與激勵，本能、本性所產生的目的就會在已經形成的制度中得到實現。攀比和出人頭地是人類的本能、本性。人類的歷史就是人們互相攀比，不斷追逐財富，進而實現財富自由，並由此贏得尊敬、榮譽和地位的進化史[4]。

　　由本能、本性到馬斯洛五個需求層次，都可概況為是人的欲望集和。卡爾‧門格爾（1840–1921）認為，交易是人們有意圖改善其福祉的結果。這與亞當‧斯密所說的是一種天生的「買賣、易貨和交換的傾向」並不矛盾。因為意圖就是欲望的反映，而欲望每個人都有，並且是本能、本性。亞當斯密在其1776年的經典著作《國富論》指出，我們能期待的宴餐，並不是屠夫、釀酒商和麵包商的仁慈，而是來自於他們對自我利益的追求。農夫在早晨5點醒來就去照看他們的莊稼，卡車司機把貨物運往超市交貨，業主冒著投資風險來建造超市，他們中的每個人都在為自己的利益努力。這些努力當然與欲和緊密相連。通常認為，易利是一種理性行為。理性被看作是一種服務於情感，特別是欲望的工具。由於人類的理智最終需要以服務於欲望等情感為目的，因而人在理智指導下進行行動抉擇的根據是欲望。甚至包括信念、信仰等也是欲望表達的手段而已。在沒有欲望的支持下，信念、信仰等不能單獨激發任何意志活動。因為欲望是由基因決定的，是基因指揮下生物細胞一系列複雜的系統行為產生的結果。作為基因的宿主，人類及其各類群體離不開欲望的驅動。欲望是生命個體行為的支配性動機之源。

　　概況起來，欲和遞增的根本就是：有回報，可預期，要選

4　佚名：《攀比和炫富》，羅慰年的博客，2013年5月6日。

擇。

一、私利回報遞增

市商化易利是一種交易惠利，是生命個體財富欲望報酬遞增，從而為易利個體提供了不竭的易利動力，這也說明瞭市商易利文明為什麼具有強大生命力。交易惠利理論的隱喻，正是欲和遞增的根本所在，即利己回報。在易利市商化經濟文明中，擁有、創造更多財富的欲望是持久性、頑固性和建設性、有益性的。在市商化易利語境中，欲望有兩種含義：從獲利的角度看，欲望就是獲取財富的欲望。從消費的角度看，欲望就是需要，也是需求。按照著名學者費孝通的觀點，從欲望到需要（需求）是易利文明變遷中一個很重要的里程碑。人類在取捨之間有所根據，這根據就是欲望。欲望規定了人類行為的方向。欲望—緊張—動作—滿足—愉快，那是人類行為的過程。欲望是什麼呢？食色性也，那是深入生物基礎的特性。顯然，這都是從消費角度而言的。但是，人類依欲望而行，他們的行為是否必然有利於個體健全發展和有利於群體間各個人融洽配合，以及人類群體宿主的完整和持續？這個問題類似於費孝通之問。[5] 此問的核心就是市商化報酬遞增最基本的欲和問題，也就是利己回報。

■ 基本原理：利己回報正和。這是欲望報酬遞增的重要原理。這一基本原理，展現的是個人財富利益的相互制約和相互促進機制，而這種相互制約和促進機制是易利文明進步的根本動力。門格爾認為，人類活動由兩個因素構成，即人類的欲望及其欲望的滿足。欲望如同思想，只要能夠滿足或基本得到滿足，它會不斷地產生，無窮無盡。在確定了產權排他、進行了私利鎖定

5　費孝通：《從欲望到需要》，友朋說，2023年5月5日。

之後，個人採取行動就能夠盡可能地增加回報，這是最為重要的激勵機制。從根本上說，市商化易利的欲望報酬遞增原理就在於此。欲望正和集中體現於利益。利益向來是激發個人行為的主要動機之一。但利益動機只有在易利市商化資本主導的經濟文明才首次獲得正面評價。之前所有的信條都認為，個人利益動機都是有害的。因此，之前的不少治理政體都刻意將體制外國民的易利活動限制在狹隘的範圍。亞伯特・奧・郝希曼提出過這樣的疑問：商業、銀行業和諸如此類的賺錢職業，在遭受幾個世紀的譴責或被貶為貪心、愛財和貪得無厭之後，怎麼到了現代在某種程度上變得受人尊敬起來了？實際上這個問題的描述就揭示了現代文明的巨大轉變，即人類已經邁進了實現欲望正和的易利市商化經濟文明。也就是由零和掠奪、霸凌的財富關係，轉變為正和的市商化財富關係；由破壞性欲望在財富關係中起主導作用，轉變為以建設性欲望在財富關係中起主導作用。

　　亞當・斯密在《國富論》中，把人性本惡作為前提假設，把個人利己的財富利益追求當做人類經濟行為的基本動機。在《道德情操論》中，斯密基於人性本善的假設，把源於人的同情的利他情操視為人類道德行為的普遍基礎和動機。實際上二者相輔相成，利己是利他的基礎，利他是利己的無心插柳柳成蔭的結果。斯密的人性預設，是基於個人利益的思考，是指現實生活中每一個人都是「經濟人」，都存在著對個人利益的追求。這種人性預設來自英國的大衛・休謨。他認為，人的本性是利己的，由於這種利己本性，所以人們都要追求個人利益，而要實現這個追求就需要別人的幫助。因此，利己的人們在相互依存的基礎上相互幫助，因此產生交換、分工等易利活動。19世紀英國功利思想代表人物邊沁更是強調只有個人利益才是唯一現實的利益。斯密的看

不見的手實際上就是人的利己欲望之手，也是市商化欲和之手。人的欲望是隨著財富的擴展不斷進化的，是外界感知思考整理加工後呈現的結果。實現欲望報酬遞增是人類個體及群體一直努力的方向。從對宗教、治理政體、文化的關注，轉移到對經濟的關注；從對經濟的關注，轉移到對人的關注；從對人的關注轉移到對個人的關注及對個人欲望的關注，是對易利市商化經濟文明研究的一條不可偏離的主線。

　■ 基本動力：利己回報激勵。這是欲望報酬遞增的核心動力。喬治‧何夢思提出的行為學五項基本原理，概況地說就是回報激勵理論：一是動物的任何行為，其後果越被行為主體認作是「獎勵」，其行為就越可能在將來被重複。這一原理也叫做「回報原則」。該原理不能讓預測特定行為在何種場合下出現，但它告訴人們，動物行為具有強烈的路徑依賴，即過去的行為通過回報原則影響著未來的行為，是回報引發了路徑依賴。二是如果行為的激勵在過去曾經出現過並且誘發了帶來回報的行為，那麼，眼下的場合與激勵越是與過去發生過的回報行為相似，這些場合與激勵就越可能誘發類似的行為。這一原理也叫做「激勵原則」，即回報激勵原則。三是任何行為，對行為主體而言，其後果所具有的價值越高，其行為就越可能發生。此原理，表面上與上面列出的兩項原理不同，它不依賴於外在場合提供的行為激勵，而是從內部產生行為的理由。但依然是回報起作用，在主體對回報價值的評估，也就是回報的價值決定激勵效用的大小。價值原則適用於較高級的生物，與低等生物不同，高級動物常在沒有任何外部激勵的情況下，完全依靠自己欲望報酬回報評價引起的衝動，執著地要去做某些事情。四是對行為的任何一種回報，在最近的過去發生的次數越多，它對行為主體的價值也就越低。

這一原理，叫做「邊際遞減原則」。行為學和經濟學的這一基本原理，來自19世紀中葉德國神經生理學家韋伯和費希納的實驗結果——神經元對新的刺激的反應強度隨單位時間內受到的同類刺激的強度而降低，這被稱為「韋伯（1834）—費希納（1850）」定律。正是從這一心理學傳統中，產生了埃奇沃斯的《數學心理學》（1881年發表），奠定了經濟學效用分析的基礎。五是當行為主體沒有從特定行為中獲得預期的回報甚或受到了出乎意料的懲罰時，行為主體會被激怒，會實施報復行為，會賦予報復行為更高的價值；當行為主體從特定行為中得到了出乎意料的回報或受到低於預期的懲罰時，行為主體會感到高興，會更傾向於重複該行為，並且相應地調高對該行為的評價[6]。五項基本原理說明，習慣和實踐引發了欲望和新的欲望，而欲望報酬回報反過來又刺激人們的行為。從而形成欲望與回報的和諧互動，也就是欲和。

在市商化易利行為中，經濟學中的「卡爾多—希克斯效率」，從一個側面對欲望報酬遞增進行了很好地解釋。其意思是：如果甲將自己的某種商品認定為值5美元，而乙將甲的商品認定為值12美元，在此情況下，如果兩人以10美元的價格（事實上可以是5美元到12美元之間任何價格）進行交易，就會創造7美元的易利總收益（福利）。因為，在10美元的價位上，甲認為他獲得了5美元的境況改善（利潤），乙則認為他獲得了2美元的境況改善（消費者剩餘）。買方的2美元預期收益和賣方5美元的預期收益，就是易利行為中欲望報酬遞增的總收益，也是易利創造財富的奧秘所在。這就是典型的欲望正和。因為在市商化易利行為中，只有雙方都有易利的意願才能達成交易，所以無論是從易利

6　汪丁丁：《經濟學視角下的行為與意義》，四川大學哲學研究所，
　　2009年12月30日。

行為雙方個體，還是易利行為中雙方總體，都實現了欲望報酬遞增。從而使人類進行易利行為的個體之和實現了財富增長。

二、預期回報遞增

1787年，英國政府曾經雇用一些船長把一些被判了重刑的罪犯航運到澳大利亞。航運船隻上的條件惡劣、恐怖，有一次在航運過程中，超過1/3的男人都死了。易利經濟學家建議，不應該在大不列顛上船時就為所有的囚犯都付清費用，而應該在達到澳大利亞時，為那些能離開船隻的囚犯們向船長們支付運費。1793年，當新的措施付諸實施後，存活率立即躍升為99％。這一航運囚犯的故事說明了一個易利經濟學的重大啟示：收益回報激勵至關重要[7]。這一激勵，就是欲望報酬預期的激勵。

外在的易利行為，是通過個體的內在主觀評價、判斷，才對他的易利行動產生影響的。易利經濟學家認為，人們會按照一種可預測的方式來對待各種激勵。名望、權力、聲譽和愛好等欲望回報，都是重要的激勵。但是，欲望只有在預期吻合或基本吻合的狀態，才有激勵作用。這是報酬遞增重要的源動力，是財富創造與發展的重要力量源泉。不同的預期是對欲望報酬回報的不同判斷；不同的判斷形成不同的努力投入。當著名經濟學家米爾頓·弗裏德曼，在被問及通貨膨脹中最大的挑戰時，曾經回答兩個字：預期。預期好像是看不見摸不著的一個概念，卻又真真切切、實實在在對微觀層面每一個人的易利行為決策，與宏觀層面生產和消費的加總，起到潛移默化但又深遠持久的影響。

易利參與者的預期，其作用有正反兩個方面。作為反方面例

7　泰勒·考恩：《7個最重要的經濟學理念》，新少數派，2019年11月19日。

子是通貨膨脹。曾有貨幣學派的專家指出，通貨膨脹本身並不可怕，無非是財富從經濟中的一個部門向另一個部門轉移，從一個人群向另外一個人群轉移。真正可怕的是對於通貨膨脹所形成的預期，以及消費者、生產者乃至政策制定者自身的行為和判斷在通脹預期下所發生的變化和扭曲[8]。應該說，反方面預期不可能達到市商欲和。當然，預期對財富創造的正面意義則是主流，是更為積極的主要方面。無需過多舉例與論證。市商化易利週期與經濟參與者的預期有非常大的關係。凱恩斯認為，在經濟繁榮時期，一般人對資本未來收益有樂觀預期，同時成本和利率也隨著上升，這時投資擴張必然導致資本邊際效率下降，從而投資吸引力減弱，加上人們對未來不確定性的預期而增加了對持有貨幣財富的需求，這些因素綜合起作用又會導致利率上升，從而加劇股票未來收益跌落。由傳統易利轉向現代市商化易利，其核心機制正是易利過程和結果由隨機的擲骰子預期向科學的可預期轉變。這一機制非常重要，至今仍然是易利經濟學家研究的重點。該機制的核心主要體現在兩大系統轉變。正是這兩大系統轉變，不斷增強易利參與者的可預期性，從而推進欲和的持續提升。

■ 規則系統，從身份規則轉向非個人化規則。身份規則是指，在治理政體自然人的權力限制秩序下，依附於組織而獲得控制財富權力的治理精英，為了避免其控制的財富在爭鬥中貶值，精英之間承認彼此控制的財富，這樣就形成了因個人的組織身份不同而不同的規則。相對的，非個人化規則指的是平等地對待所有人的規則。身份規則的實質是權力經濟、是強者經濟，其外在表像就是霸凌易利，是一種不平等、不協商，從而是弱者的一方

8　朱寧：《金融危機十周年：泡沫中最難管的事》，FT中文網，2017年9月19日。

不自主、不自願的易利。從斯密的視角看，身份規則通過兩種可能的機製造成經濟零增長或衰退。一是規則實際上無法約束制定規則的人。這意味著，要求更強大的精英受規則約束的契約是不可行的，這樣，契約拓展的範圍就會受到限制，從而在長期中限制了市場規模。二是由於個人的組織身份可能會發生變化，因此，規則的適用對處於某個位置、具有某種權力的職位是穩定的，但對於某個具體的人卻是不穩定的。精英身份的不穩定會導致基於身份建立的精英關係不可靠，這使得契約難以達成。而當精英身份發生實際變化時，原本的精英關係會破裂，會影響勞動分工和專業化，造成短期的經濟衰退。權利開放秩序可以解決以上兩個問題。由於規則對所有人「一視同仁」（即無關個人的組織身份），規則的適用在短期內不隨個人的組織身份變化而變化，且有在長期能夠支撐更大範圍的契約，從而可以減少短期經濟衰退的頻率，並改善長期經濟績效[9]。而不受制約的權力正是華夏清朝及以前與西歐的根本區別，讓華夏清朝及以前這樣的治理政體提供產權保護，無疑是與虎謀皮。比如，迫使自貢鹽商自19世紀末逐步走向衰敗就是很好的案例。1877年丁寶楨任四川總督，將井鹽產出全部改由官府統一收購、統一運輸、統一銷售；到1880年，官運壟斷川鹽在雲貴、湖廣的全部市場，奪走大量鹽商的業務，小鹽場尤其難以為繼。相比之下，英國自1688年光榮革命後，商人不再面對這類權力威脅。滿清統治下的華夏商人，需要子孫科舉成功或者買官，為「宗族堂」的身家財產和契約權益提供人格化身份規則保護。道光時期，王朗雲始創「王三畏堂」，鼎盛時資產過百萬銀兩，為鹽場首富。在丁寶楨任總督期

9　曾虹雲：《告別衰退：制度變遷、權力開放與長期增長績效》，政治經濟學新時空，2022年6月27日。

間，王朗雲因反對川鹽官運而入牢。坐牢期間，王只好捐款七萬兩，清廷隨即給他加封按察使二品官。他不僅出獄，且買得身家安全。李四友堂、胡慎怡堂、顏桂馨堂等都靠捐官，為獲得財產與契約權益的預期回報加持保護傘[10]。

■ 誠信系統，由人格易利轉向非人格化易利。陳志武指出，至少在過去一千多年裏，華夏族裔主要靠宗族來實現人際跨期合作。而歐洲人在市商化資本主導的易利文明中，則以「法人公司」實現人際跨期合作，包括教會、市政、公司、行會等，這些都是註冊的法人，不是血緣宗族組織，但可以促使沒有血緣關係的人們進行跨期合作。華夏族裔把注意力、把解決風險挑戰與財富配置的依賴都集中在靠禮制支持的宗族網路上，把精力都放在強化以血緣為本的倫理道德上。這就是美國富商、世界首富埃隆·馬斯克所言，華夏的精英把寶貴的精力用在了人情世故上了的重要原因。而西方人在血緣體系之外，還有很多其他可供選擇的解決人與人之間跨期合作的辦法。華夏族裔早在周朝就選擇了靠血緣宗族實現人際互助、跨期合作，接下來的精力都集中於發展禮制，通過擴充並完善禮制來保證宗族解決風險挑戰的效率，同時抑制商業、宗教等。自從周朝選擇基於家秩序組建制度結構之後，禮制與宗族建設佔據了過去近3000年華夏人的大部分精力，讓他們無暇他顧，導致華夏人幾乎無法信任族親之外的人，連上門女婿都難以接受。而正是有瞭解決跨血緣的治理制度建設，到西元1世紀至2世紀，古羅馬類資本主導的易利中的人壽保險、資本市場和其他金融就有了發展所需的制度基礎，而這些發生在陌生人之間的非人格化市場交易，又反過來推動合同法則、

10　陳志武：《從資本化差異看中西「大分流」》，財經雜誌，2022年5月8日。

商業秩序等市場制度的發展，促使超越血緣的廣義倫理道德和法治制度的演變。特別是在基督教於西元4世紀成為羅馬帝國的國教後，超越血緣的廣義倫理道德得到進一步發展，讓西方人的誠信網路不只局限於血親。於是，西方人之間的跨期互助合作可以走出族親，依賴法人公司和一般性組織。由於西方從古希臘、古羅馬就開始推進血緣之外的機制建設，這些機制是非人格化的市場交易所需要的，所以，他們後來更多基於「公司」實體進行人際合作，11世紀開始商業革命，13世紀重新發展大眾金融市場，等等[11]。這也是西歐之所以率先步入易利市商化資本主導的經濟文明的重要原因之一。

顯然，依靠血緣的身份規則的人格化易利，不可能實現欲望報酬遞增；因為其規範化的易利範圍相對狹小，不可能實現易利的規模化。而依靠非血緣非身份規則的非人格易利，其範圍與規模將隨人口規模、市場規模無限擴展，如今天的易利全球化。這樣，欲望報酬遞增易利不僅成為可能，而且成為現實。

三、選擇回報遞增

市商化資本主導的易利本質上是選擇，是一個人選擇自己手中財富的使用方式。這種選擇只有在市商化易利中才能實現雙方受益，增進欲和。因為人在使用自然無主資源的時候，不需要向「大自然」請示，獲得它的同意，但是跟人不行，雙方需要都能獲益才能互相得到對方的財富。雖然人們不容易知道易利對方的主觀偏好，幸好行動可以體現其偏好。他願意跟你這樣易利，說明這樣的選擇對他也是有益的。同樣，這也體現了雙方的價值選

11　陳志武：《儒家排斥市場嗎？——中西金融大分流的歷史根源》，勿食我黍，2019年10月16日。

擇與價值判斷[12]。所以，價值觀相同相近，是易利選擇回報遞增的重要條件。

　　當代易利經濟學的重要概念——人類行動、手段和目的、主觀價值、邊際分析、生產的時間結構等等，以及構成其分析核心的價值和價格理論，都與門格爾理論緊密相連。門格爾的一個重要理論揭示了財富易利的發生，即門格爾試圖將價格解釋為買家和賣家有目的、自願互動的結果：每個人都以自己心目中對各種商品和服務滿足其目標有用性的主觀評價為指導（人們現在稱之為邊際效用，這個術語由後來的弗裏德裏希·馮·維塞爾所創造）。換句話說，商品易利的確切數量——價格——取決於個人賦予這些商品邊際單位的價值。在單一買家和賣家的情況下，只要參與者能達成某一個易利比例，讓各方處境都勝於以往，就會發生易利行為[13]。而正是這種市商化選擇，使得易利實現欲和。

　■ 易利選擇：遵重主體意願。斯密理論以強調個人利己選擇而聞名，提倡尊重他人自主選擇這一道德原則。所謂的個人利己選擇包括利己和個人選擇兩個關鍵字。他假設世界各地的人都有能力為自己的利益做出選擇，他們的選擇實際上有益於整個人類。個人選擇糾正了資源流向誤差，在勞動力流向方面，如果「有任何就業明顯比其他就業有利或不利，那麼在一種情況下會有很多人湧入，而在另一種情況下會有很多人放棄，其優勢很快就會回到其他就業的水準。」選擇再次起作用：「每個人的利益都會促使他尋求有利的工作，避免不利的工作。」個人選擇也糾

12　切茄且郤：《關於貨幣的10個基本常識》，新少數派，2020年5月12日。

13　雲起和春天：《經濟學觀念的革命者門格爾》，奧地利學派經濟學評論，2022年9月22日。

正了資本的流向誤差，個人在「其產品可能具有最大價值」的地方使用其資本，因為這是對個人激勵的回應：「他只打算獲得自己的利益」。斯密所有的分析都是基於個人自主選擇這一概念，他假定個人擁有自己的勞動支配權和財產支配權。只有當個人的權利得到尊重，不偷盜也不脅迫對方時，經濟才能從易利中獲得收益。選擇等同於沒有強迫——每個人都有自主選擇的權利。只有當你承認其他人的利益並尊重他們的權利時，那只看不見的手才會起作用[14]。按照米塞斯的觀點，市商化易利是一種人人都有機會獲得財富的制度，它給予每個人不受限制的機會。機會是無限的，但人的選擇是有限的。為了更重要的選擇，不得不捨棄次重要的選擇，後者就是前者的成本。機會成本——成本，就是放棄的最大代價。1848年，奧地利學派主要代表人物維塞爾，首次提出「機會成本」的概念。如果說邊際效用是現代易利經濟學大廈的基石，那成本概念就是這座大廈拔地而起的支柱。而在現代易利經濟學的語境中，一切成本，都是機會成本。如果你不理解選擇過程中你正在失去的機會，你就不可能清楚地認識到你所面臨的實際抉擇。認清你所面臨的抉擇，這是進行明智選擇的第一步。大多數情況下，人們都會對機會成本的變化做出反應——即使所花費的貨幣成本沒有改變。

　　■ 易利選擇：遵循邊際效用。現代易利經濟學是建立在邊際效用之上的。人們生活中的絕大多數決策都是某物再多一點或者再少一點的選擇，這種理性科學的邊際選擇，已成為實現欲和的有效方式。用邊際思考就是通過計算邊際收益和邊際成本——再多一點（或者再少一點）的收益（成本）來進行選擇。直到1871

14　NHPE研究小組：《基於共識的進步：作為發展經濟學家的斯密》，政治經濟學新時空，2021年9月15日。

年以前，用邊際思考這一重要的思想在經濟學中都不常見。也就是在這一年，威廉姆‧斯坦利‧傑文斯、卡爾‧門格爾和里昂‧瓦爾拉斯這三位經濟學家同時發現了用邊際思考這一思想。經濟學家把經濟學思想的這一轉變稱為「邊際革命」。其中重要的「邊際效用」概念，就是指對於一種財貨（商品），一個人擁有它的數量越多，這個人對它（包括已有的和更多的）的評價和欲望也就越低。這裏主要涉及量的序列問題和時的序列問題。兩個序列問題也是市商化資本主導的易利週期跌宕的根源所在。兩個序列決定了個人欲望滿足及對滿足欲望的財富易利選擇的決策；從而使整個市商化易利中的欲和帶來週期性影響。市商化易利有趨於均衡或者說趨於協調的能力。這也是市商化易利得以存在的基礎。如果人們厭惡這種週期，並千方百計要逆轉這個週期，則是與市商化易利自然規律向背離的。即使依靠市商化易利以外的力量進行干預取得了一定的效果，對整個市商化選擇欲和也會造成很大的傷害。追求人為的所謂完全均衡或協調（指供與求之間能夠趨於一致，沒有供大於求，也沒有供不應求），幾乎是不可能的。應該堅信，市商化易利中的生產者，能夠充分利用既有的資源和技術，來滿足購買者的需求。在趨於均衡或協調的市場中，消費者的需求能夠得到給定客觀條件（約束條件）下的最大滿足。如果是一般均衡，則消費者的各種需求都能得到可能的最大滿足。要求是外部條件不變。這也是市商化資本主導的易利經濟得以存在的基礎。如果外部條件不變，那麼市商化易利遲早會從不均衡達到均衡，這是市商化資本主導的易利本身的特性所決定的。只有市商化易利才有這種趨於均衡或趨於協調的能力。米塞斯最先提出了這種觀點。主觀價值論，是和邊際效用理論一起被門格爾正式提出的。而在之前，古典經濟學困於客觀價值論，

即認為任何物品都有客觀的、不以人的意志為轉移的價值，而價格只是圍繞這個價值上下波動的一個現象。主觀價值論，則認為任何物品本身並無所謂的內在價值，只有人對它的判斷，人覺得它有價值，它就有價值。如果一件產品無人問津，那麼無論為此付出了多少勞動，它都是無價值的。主觀價值論可以更好地指導生產者，提醒他們應該更關注消費者的具體欲望與需求，而不是閉門造車[15]。市商化資本主導的易利以主觀價值為基礎，只有真正認識價值的主觀性，易利才有可能，否則就是空中樓閣。門格爾從欲望，一個基本的主觀概念出發，說明滿足欲望需要財富，財富滿足欲望的屬性要被認識。對欲望來說具有不同重要性的財富之間產生交換，在交換基礎上產生價格，同時也揭示了「自發的，必然是主觀的」這一原理。門格爾的主觀價值思想是對古典經濟學價值理論的重要糾正。也就是說，當收入的來源是消費者時，才滿足「主觀價值」的要求。當然，主觀評價必須是以私有產權為基礎的評價。在這個基礎上產生的價格才是市場價格，也只有如此產生的價格才具有協調不同個體行動、促進公眾利益的功能[16]。

■ 選擇易利：遵照價格指引。在易利中如何交互財富，全看易利主體面對這些選擇如何判斷哪一個對其來說獲益最大，而這個獲益判斷是主觀的。因而，價值觀無論從哪個角度來說都是十分重要的。而且易利主體即時瞬間價值判斷的能力也非常重要，它決定了易利生命個體的獲益能力和獲益結果。因為「價值排

15　換盅鹽：《奧地利學派對人類思想的五大貢獻》，新少數派，2020年2月26日。

16　朱海就：《市場經濟以主觀價值為基礎》，想像力與批判性思維，2022年5月11日。

序」的概念雖然有一定的作用，但對易利瞬間價值判斷並不總是起決定性作用，它應該是平時的素質提升的結果。一個人不會時時刻刻給自己的價值做一個排序表，但是他的實際行動也就是選擇，顯然能夠體現他此時的主觀偏好。而左右此時主觀偏好的決定性力量是價格，是價格與其價值判斷的吻合度。因而，從一定意義上講，所有易利行為的產生，基本都是依據價格所作出的選擇。易利參與者的所有易利行為基本上都由價格說了算，由價格來指引和選擇。市商化資本主導的易利是以價格為唯一信號進行分工易利的。當然，其中有價格，還有資本、利潤、成本等等信號，在這些信號的幫助下，個體通過易利，使相互間的財富需求都能得到滿足。價格在引導易利供求雙方協調中發揮著關鍵作用。市商化資本主導的易利最重要作用是解決分散知識利用問題，各種易利資訊，即與供求相關的客觀參數並不是預先給定的，而需要易利中的人去探索、去發現。價格形成的過程其實是知識發現和運用過程，而只有市商化資本主導的易利才能完成這一任務。柯茲納以「企業家精神」來描述這種發現行為的本質。可以說，這是從米塞斯「人的行為」中抽取出來的一個概念。人的行為是有目的的行為，這既包括發現行為也包括財富流向優化行為[17]。根據擇優流向選擇原理，均衡價格能夠導致財富的最優流向選擇。因為價格衡量商品邊際效用，在收益遞減條件下邊際效用能導致財富最優流向選擇。而且公平競爭就能出現均衡價格，所以財富的流向不需要經濟體以外的干預。自然科學中沒有「是」和「非」的價值判斷，只有「對」和「錯」的邏輯判斷。茅於軾發現普遍的最優化原理是一個擇優選擇的過程，約束條件

17　風靈之聲：《奧地利學派支持市場經濟的理由是什麼》，新少數派，2022 年 4 月 12 日。

下非線性最優化的一般方法，拉氏乘數法就可以從擇優選擇的概念直接推出來[18]。按照哈耶克的觀點，價格作為協調千萬人的工具，為易利雙方提供了選擇工具及選擇價值判斷的座標。即：傳遞資訊；給財富使用者提供激勵其接受資訊的引導；給財富所有者提供激勵其遵循這些資訊。價格體系所解決的是一種極端複雜的問題，它涉及整個地球億萬人易利活動的合作和他們對瞬息萬變的情況做出的及時調整。價格體系自古有之，是易利的必然現象。價格體系正是一種人類偶然發現的，未經理解而學會利用的體系[19]。但只有在市商化資本主導的易利中，才開始真正發揮其應有作用。通過價格體系的作用，不但勞動分工成為可能，而且也有可能在均衡利用知識的基礎之上協調地利用財富。

　　2007年諾貝爾經濟學獎授予美國經濟學家赫維茨、馬斯金、羅傑·B·邁爾森，以表彰他們為機制設計理論奠定基礎。亞當·斯密曾用見不到的手來比喻市場如何在理想狀態下保證稀缺資源的有效流向優化，但是現實情況經常是不理想的，例如，競爭具有不完全性，消費者沒有得到全部的資訊，私人所要的生產和消費可能會導致外部性開支和福利。此外，許多生意是在公司之間進行的，個人或者利益集團在其他機構的安排下進行討價還價。由赫維茨開創並由馬斯金、羅傑·B·邁爾森進一步發展的機制設計理論極大地加深人們對在這種情況下優化流向機制屬性、個人動機的解釋、私人資訊的理解。這種理論使人們能區分運作良好的市場和運作不良好的市場。

18　茅於軾：《從數理經濟學到人文經濟學》，四川大學哲學研究所，2013年3月19日。

19　王福重：《關於市場機制最深刻的論述》，新少數派，2020年6月5日。

第二節　契和遞增

契和是市商化易利的重要機理，契約是市商化易利的制度
化、秩序性保障，是契約保障了欲望報酬遞增。整個易利市商化
經濟文明是建立在「約」字之上，嚴謹的說是「契約」至上。有
契約的易利不一定是市商化易利，但無契約肯定不是市商化易
利。所謂契和，就是「約」之集和，即契約正和。它是易利市商
化經濟文明機理的重要概念，就是在自主、平等、協商、自願基
礎上，通過建立有效的易利契約，來規範易利參與者在追求財富
欲望報酬中的思想、觀念和行為，以此保障易利雙方（財富）欲
望報酬遞增變現與正向集和，從而促進人類報酬遞增及可持續發
展。易利市商化經濟文明是契約文明、信用文明，市商化資本主
導的易利絕無馬基雅維利思維一寸之地，要求易利參與者必須尊
重契約、遵守契約。

按照湯普遜的觀點，西歐的封建是人類的偉大發明。其偉大
所在，是在宗教的加持下，為後來的易利市商化經濟文明注入了
契約的基因。實際上，法律和約的含義在古羅馬就有所體現，古
羅馬的法律在易利中發揮不容忽視的作用。基督教在古羅馬末期
的興起，使約的含義體現在人們的宗教生活中，並向世俗蔓延。
封建的建立，其核心就是君主與領主建立起來的契約關係，並向
各層級覆蓋。在契約的作用下，中世紀所謂的國家是一個鬆散的
領土集合體，它的財產權和主權到處相互轉化；同時強調個人權
利。領主與附庸形成契約關係，包括國王。國家不是一個緊密的
治理政體，而是一個鬆懈的契約式的有機體。按誓約，國王的責
任是執行正義而自己也要服從法律。如果國王沒有做到這一點，
契約就可作廢；他的臣民也有權撤銷該契約。這與東方專制極權

有根本上的區別，也是東西方分流、東方不可能產生易利市商化經濟文明的治理政體原因所在。

至少從13世紀起，商業契約開始取代封建契約，最終從商業契約發展起來的市商化易利契約完全取代了封建自然經濟契約。契約在《民法通則》中叫合同。英國學者梅因曾將法制進程概括為「從身份到契約」。契約原則首要的一條是平等；自願同樣重要，自主就是意思自治，是民法的核心，也是契約的核心原則。契約必然體現公平，在民法中體現得也最為明顯。合同雙方都同意的就是公平。契約建立在誠信基礎之上，也是為了保證誠信。誠信即信用，是使得別人與你訂立合同的前提條件。實際上，這些都是市商化契和的重要內容。

契約是以道德為背景、以法律為保障、以理性為思維的規範易利參與者行為的內外在約束機制。可分為習慣契約、文字契約、口頭契約等等。契約，意味著個體雙方在平等地位上協商、自願達成易利時共同遵守的原則與條款。首先，契約確定了易利參與個體自主、獨立、平等的主體地位。個體可以認知自主、選擇自主和行為自主。其次，契約強調了行為雙方的權利和義務。再次，契約需要雙方信守承諾。因為誠信有了保障，人們之間才彼此進行易利，個體責任的付出才有了一份穩定的欲望報酬預期。契約需要評判工具，當易利無法進行時，需要一種機制的介入來協調雙方關係。契和（契約正和）就是契約關係及其正向結果的集和，可分為依聖契和、依人契和、依法契和三個基本類型。它完全摒棄了各種霸凌式易利，使每個易利參與者自主、平等、協商、自願地進行可預期易利，從而盡情地放飛自己的欲望，在同一平臺、同一賽道，以及統一規則、統一標準上，進行公平、公開、公正競爭，憑藉自己的能力創造和擁有財富，讓財

富選擇宿主,從而使人類欲望報酬遞增的易利市商化經濟文明持續不斷地發展進步。

西歐文明注重事物內在規律研究,早在15世紀,一位死於1475年名叫若安內斯孔佐布裏努斯的葡萄牙人,留下一本34頁的論文小冊子,專門論述了貿易,也就是交換、商品交易或叫易利;並探討了讓渡契約的本質,即把財產從一個人或一些人手中轉移到另外一個人或另外一些人手中的那種契約;還探討了雇傭契約、租約、出租貨物或金錢的契約的本質[20]。前牛津大學三一學院研究員約翰・莫裏斯・凱利指出,儘管希臘—羅馬世界也發揮了某些影響,但「契約」最顯然的根源或許存在於古老的日爾曼傳統。治理政體是宏觀市商化易利當然主體,在憲制衝突中,契約論就扮演了核心角色。把秩序起源歸因於其成員之間所締結的某種契約的學說在16世紀已是司空見慣。其中,治理政體與民眾的易利關係必須履行契約已形成共識,即民眾與其易利,雙方都要履行相關承諾:治理政體承諾的是維護正義和對民眾的保護,反過來民眾承諾的是繳稅與服從[21]。

中世紀的采邑制和封地制,將不同的等級、團體和個人以契約為紐帶連結為一個共同體,它那極其多元化的權利秩序,使不同等級、團體和個人在多種法律與管轄的並存和競爭中有較多的選擇空間。對法律的敬畏使西歐人在權利博弈中習慣於採取合法的形式,並以權利的形式表達其要求。日爾曼人的多元權利體系,靠契約粘合在一起,並形成封建秩序下的總體均衡、和諧。

20 詹姆斯・W・湯普遜著,徐家玲等譯:《中世紀晚期歐洲經濟社會史》,p.599,商務印書館,1998年。

21 J・M・凱利:《17世紀的遺產:塑造國家與政府的基礎觀念》,勿食我黍,2020年12月6日。

這是市商契和的法理來源，並使市商契和得到滋養而進一步發育成長。封建採地分封制從國王到最低等級的騎士，形成了層層疊疊的領主與附庸的關係，但所有這些關係都是契約關係。並且，這種契約關係受到習慣法的保護。所有的層層疊疊的領主與附庸的關係，都是以包含雙方互相忠誠和層級保護的雙重承諾的契約為基礎，其本質是雙方相互的權利義務關係。這種契約關係滲入封建秩序的每個細節，由此產生的契約觀念和相互的權利義務觀念，對西歐城市工商業利益關係、權力關係、責任關係、義務關係的協調均衡和工商業的契和理念的形成與變現具有重要影響。

契約關係起源於戰友間的誓約，其根基是平等。它將契約雙方的權利和義務明晰化、規範化，否定了在上者對在下者的專斷任性。在上者無權任意索取，在下者的利益也不是他的恩惠，而是法定的權利。它雖然承認了貴族的等級特權，但它以雙方的合意為前提，承認了契約雙方的某種平等。一方毀約，另一方也不再有履行契約的義務。雙方還可以據契約訴諸於法律，求得公正的裁判。如果領主違背忠誠的義務，那麼封臣就得以免除服務的義務。撤回忠誠是從 11 世紀開始的西方封建關係法律特性的關鍵。領主與農民之間的關係雖有較大的任意性和專斷性，但它仍帶有契約關係的特點。隨時間的推移，契約在領主與農民之間的作用越來越大。歷史發展表明，這種契約關係是農民地位不斷改善並最終獲得自主的重要條件。最典型的成文契約稱「特許狀」。它把農民對領主承擔的各種義務固定下來，約束領主不再向農民要求索取。它甚至還會把每種犯罪的罰金數目開列出來，對應受財產沒收處分的罪行也作出了規定。特許狀第一次使領主的任意專斷的權力受到了限制，使農民的權利得到了保障，這被視為農民獲得自主的開始。獲得特許狀的農民就變成了自主的

人[22]。而且，在中世紀的權利體系裏，沒有逆來順受的消極怠惰，每個人，每種團體和其他力量，都積極地維護和爭取自己的權利。各種勢力之間進行著無休止的較量。商人群體在這種權利體系的較量中脫穎而出，並在維護與調整自身權利體系運行中，將中世紀權利體系的保障機理——契約進行有效的移植，形成工商業發展的市商契和。

一、依聖契約遞增

源於宗教信仰的神約契和，對易利市商化經濟文明孕育與發展之初來說，極其重要，不可或缺。依聖契約即聖約、神約，是人類創造的獨立於人類之外的協力易利力量，對易利雙方進行的規範與約束。它是以宗教的名義對易利信用背書，體現外部上帝與信徒之間的自古約定。因為是所有易利參與者與神的約定，因而具有至高無上的神聖性。美國《獨立宣言》就是一個「聖約」，是向上帝宣誓締約，其意義在於其絕對性。它不是人與人的契約，而是一群人與上帝立約。其約束力是絕對的，由於這個立約行動，作為立約的人所受到的約束是絕對的，不因為其中某個成員的放棄而失效。而美國的《聯邦憲法》則是一個人與人之間的「契約」，在此類人與人的契約中，一方毀約，另一方就不需要繼續遵守約定。

■「約」之法理。相對於世俗生活，宗教生活在中世紀處於優先地位，由此，幾乎每個民眾都是信徒。1215 年的第四屆拉托蘭公會議規定：「所有不依信的事情都是罪」，如此，誠信就成了「無罪的狀態」。什麼是罪？這裏的「罪」不是世俗法意義上

22　叢日雲：《歐洲中世紀的契約社會與權利鬥爭傳統》，共識網，2015年 12 月 14 日。

的罪，是不以宗教信仰行事的狀態。教會法還把誠信與良心等同
起來。教會法中的誠信理論對英國衡平法產生了重大影響，衡平
法官在破毀不合理的普通法制度的時候，第一求諸良心，第二求
諸誠信。在運用這第二個武器時，作為僧侶的這種法官對教會法
中的誠信理論是不乏熟悉的。義大利貝魯加的法學家巴爾多說，
依據教會法，所有的合同都是誠信合同。在中世紀，對商人的誠
信要求高於對普通人的要求，這一原則至今由美國學者遵循，認
為：「對出售貨物的商人來說，誠信不僅意味著事實上的誠實，
而且意味著遵守行業的合理的公平交易標準。」中世紀的客觀誠
信意味著三項行為標準。第一，說話算數，這是基於「信」的本
義得出的說明。第二，不以誤導他人或以粗暴的交易條件犧牲他
人；第三，按誠實人的行為標準履行義務，即使未明示承擔的也
不例外[23]。

　　契約法的理論起點是：由允諾而產生了對神的義務，神為人
類靈魂救贖設立了教會和世俗法庭，給它們的任務是在契約義務
正當的範圍內強制執行這些義務。現代易利市商化經濟文明的契
約法起源於11世紀末12世紀初的西歐。是時，發生了商業易利
的大繁榮，包括教會團體之間的易利發展。教會法庭設法獲得世
俗易利契約案件的廣泛管轄，只要雙方在協議中寫入了「信義保
證」的條款，就可以說，（比如信用的抵押）不僅僅產生了對神
的義務，而且也產生了對教會的義務。16世紀和17世紀早期，英
國關於契約的法律得到了空前發展。到了英王至尊法（1534）頒
佈之後，教會法庭被置於王權之下，才喪失了大部分財產案件和
商業案件的管轄權[24]。

23　徐國棟：《中世紀法學家對誠信問題的研究》，法學，2004年第6期。
24　哈羅德‧伯爾曼文，郭銳譯《契約法一般原則的宗教淵源：一個歷

　　■「約」之神聖。契約的「約」是基督教和猶太教重要的概念。新教是基督教宗教改革的產物。新教否定羅馬教廷的至高無上權威，以《聖經》取而代之。「約」最初講的都是與上帝的約。包括「恩典之約」，即信仰之約，是信徒與上帝的約，信奉上帝，因信稱義。比如，「教會之約」，即信徒彼此自願立約來建立獨立的教會，共同禮拜上帝，過基督徒的生活。「治理政體之約」，就是將約的做法延伸到塵世，通過立約來組建治理政體，管理世俗生活。近現代易利市商化經濟文明以來所有的公約、合約、盟約都能夠從這裏找到源泉。凡是涉及到多人的行為和組織都是通過立約產生，立字為據，來達到其合法性合理性。基督教和猶太教虔誠的教徒非常認真地按照他們理解的上帝的話來做，唯恐違了約，受到上帝嚴懲。人類需要自律，也需要他律。除了大自然物理、化學等力量對人類的約束外，上帝的約束對人類來說，是來自思想最底層的約束。雖然宗教是人類創造的，但所創造的神則是自然的反映，而且其具有高於大自然所有物理、化學等力量。因為在信徒看來，神創造了宇宙。清教徒在對神的秩序的信仰和契約嚴格責任之間建立了引導及約束聯繫。而且神自己也受到嚴格的規則之約的限制，他也要求他的選民用良善的和有益的律法來管理自己。在人類對大自然及自身的認知還處於十分低級的階段，神的約束是相對有力的。聖經類似唐僧的「緊箍咒」，信徒就是孫悟空。在古羅馬，誠實信用是程式法治基礎，阻止採納誠實信用的根由在於道德論據的不足。教會法學家格拉蒂安通過《聖經》與神學相關論述找到了融入教會法的辦法。《聖經》與神學相關論述主張諾言須信守，食言失信是一種罪。就此方面，在教會法中，契約之違反就成了一種可懲罰的

違法行為。契約必須信守履行作為教會法的一項原則滲透進入了世俗法。舊約是律法之約，人們通過服從神的律法，來得到拯救的允諾；新約是恩典之約，人們通過信仰道成肉身的上帝的復活和救贖，得到永生的允諾。聖約信條在早年只是關於神、人和拯救的重要信條的注腳。哈羅德・伯爾曼指出，16世紀末和17世紀，英國清教徒神學家以兩個創見大大發展了這個信條。一是將恩典之約由神的單方恩賜轉換為雙方自願協商達成的完全約束雙方的交易契約。加爾文和他的早期信徒經常談論的神對人信實的遵守聖約，到清教徒神學家那裏變成了神對人絕對的契約義務；他們所言的神對其選民的恩賜，變成了人與神自願協商對聖約達成一致。二是清教徒神學家們增加了聖約的締約方。他們把神和許多聖經人物之間的關係都看作聖約關係，聖約的條款都經過自願協商一致，故而完全約束雙方。他們把神與先知之間的關係解釋為交易契約，把上帝與人的關係看成是上帝按照三位一體的結構與人訂立的三重聖約：善工之約、救贖之約和恩典之約[25]。

約是當事人主動自覺的行為，只要不是城下之盟，約就應該是雙方或多方自願簽訂的，不受外界強制干預。約是民眾自己管理自己的一種方式，是自治的基礎。在市商化資本主導的易利中，立約各方是相對平等的。市商化資本主導的易利最初是在清教徒聚集的地方出現的。為什麼在清教徒出現的地方會出現市商

25　17世紀清教徒神學有三個基本信條：一是上帝對於大自然包括人類秩序的主權，這一點要求信徒在永罰的痛苦中服從並謹守。二是人的完全墮落和對上帝救恩的完全依賴，其要害是指定人本身就是犯了罪的，是要懲罰的，需要努力救贖，何況違約，那不是要罪加一等。三是神與人之間的契約（「聖約」）關係，內容是只要人自願服從神的意願，神就按照約定拯救他的選民。因為選民的命運掌握在上帝的手中，是否守約，將決定上帝降罪與否的選擇。同上。

化資本主導的易利，而不是生產力發達就會出現市商化資本主導的易利？原因就在於新教徒對生命的認識。他們確信，他們的生命是上帝創造的，上帝也給他們安排了一切，包括他們的婚姻和職業。如果你是一個清教徒，你必定相信，上帝會給你安排一個職業，或者你可以通過禱告求上帝給你安排這樣一個可以榮耀上帝的職業。這個職業就有了神聖的意義，叫做召喚，即神的召喚；也是人與神的約定。對於上帝安排的職業，人要做好，以榮耀上帝。但他必定不可以採取任何坑蒙拐騙的方式，因為這既與《聖經》的教導不符，也與榮耀神的目的相悖，所以市商化資本主導的易利經濟的第一點要求——「公平交易」，就內在地產生於清教徒之中。既然是上帝安排的任務，就應終生去做，全力去做，理性最大化地去做。這就是約，是契約要達到的契和。市商化資本主導的易利中存在著大量的委託代理關係，而只要存在著委託代理必然造成資訊不對稱、激勵不相容、責任不對等，這樣就會出現坑蒙拐騙。同時，在市商化資本主導的易利中有大量的一次性易利。易利經濟學認為，如果是重複易利，就比較會遵守協議，重複易利主要是利益考慮，使得交易雙方來遵守協議。但是易利經濟中很多都是一次性易利。這種一次性易利，就不能用利益來維持。因而，如果完全沒有人心的自律，沒有心靈的「上帝之約」，要健康運作是相當困難的[26]。

二、依人契約遞增

經過對市商化易利契和的不斷探索，易利參與者自發興起並形成、確立了對自身形成有力約束的內部之約，主要是易利相關

---

26 趙曉：《從市場倫理角度理解西方文明》，南方週末，2004年4月22日。

方即人與人的契約，即依人契約及相關機制。這種依人內部契約
對財富欲望報酬遞增而言，其重要意義不容忽視。

　　■ 契約為先。依人契約比較古老。比如古巴比倫人在進行房
產買賣活動時就簽訂了完備的契約。通過近現代考古發掘，泥板
契約檔得以重見天日——重現了3500多年前古巴比倫人進行房產
買賣時的場景。當時的房產買賣契約記載了房產買賣時的眾多細
節內容，比如房產的面積、價格、買賣雙方的身份、證人、交易
的時間等等，形成了比較固定的契約模式。一個典型的房產買賣
契約條款主要包括：對房產的描述（面積、位置、周圍鄰接的房
屋或大街）；買方和賣方：從A手中，B買下了它；房產的價格；
對交易完成儀式的描述：「木杵被傳遞了，交易完成」；聲明對
交易滿意，將來任何一方不得對交易提出爭議、訴訟；誓言、證
人、時間（年名、月名、日期）等[27]。這種契約包括地契在自然經
濟狀態下的東西方皆有，但這種契約為先的易利行為規範，卻是
易利市商化經濟文明契約及其作用發揮的源頭。中世紀後期的歐
洲，商人們的貿易成本非常高昂。劫匪與海盜橫行；運輸工具極
為落後；一般的農民的支付能力極為有限，商人們手頭的資金也
同樣不多。他們必須找到適合當時運輸條件、有足夠的市場並且
其收益足以支付巨額成本的商品。單個商人是沒有能力進行這一
易利活動的，他們組成了商隊，只有武力保證才有他們的安全。
商隊由人格化很強的「兄弟們」組成，忠誠盟誓把彼此約束在一
起。完全靠的是契約（誓約）約束。新興城市商人共同體的建立
也是依靠契約（誓約）約束。11世紀到13世紀，商人們通過公社
運動完成了同封建領地的徹底決裂，恢復和改造了城市。如同建

27　李海峰：《古巴比倫時期房產買賣活動論析》，前線網，2012年11
　　月13日。

立在誓約和人與人之間互相承擔義務基礎上的封建莊園，新興的城市公社也通過契約聯繫在一起。在當時的自治證書上都能找到這樣的話：「確認並保證所有宣誓者在正義需要時，互相信賴、互相支持、互相幫助和互相協商」；「這是一個約束所有人的公社……使每個人都能在必要時像保全自己兄弟一樣保全他人」。這些誓約並不是空話，它對所有宣過誓的人都具有強大的約束力，所有宣誓者都要認真承擔義務。《萬曆十五年》一書作者黃仁宇對西方市商化資本主導的易利有深入的研究。具體而言，在稅收方面，有計畫地編制預算、管理貨幣、釐定稅則，以使財政商業化；在商業易利方面，金融信貸、資金流通、生產銷售、人事經營等都有一套科學的、包含契約精神在內的規章制度可循；在財產權方面，重視對私人財產的保護，強調權利和義務均等，公平合法；在商業管理方面，強調法制管理，不帶個人色彩，避免私人關係干擾等等[28]。

　　■ 多元監審。依人契約，其執行需要第三方監審。湯普遜指出，中世紀，為了加強市集行政監督管理，發展了一種精細的職員制度。在這些職員中，「市集監督」似乎是最早的一批，早在1174年就在文獻中提及，之後出現在整個香檳市集歷史中。監督人數不多，2–3人。他們領取固定工資，其職責是多方面的，包括司法、警務和公佈管理的法令。除此之外，還有「市集書記」，常常被稱為監督助理，開始作為有名望的人，臨時替代監督的職務，後來逐漸成為集市的真正指導者。另外還有「秘書」，即市

28　其中「數目字上的管理」，是其一個核心觀點。「數目字管理」是指整個財富都可以如實計算，整合進一個簿記系統（其核心是正規的產權制度），可以自主流動和交換。他認為，這是西方富國強兵和市商化資本主導的易利成功發展的一個秘訣。蔡清而：《黃仁宇「數目字管理」理論探討》，互聯網，2011 年 7 月 15 日。

集的「監印官」，其重要職務是：把伯爵的印章加蓋在市集期間所訂的一切契約上，這印章保證契約的有效性，並確告訂約的當事人，伯爵將使用他的權力來實行這契約。其他的還有警衛力量100多人，代書契約人40多人[29]。從11世紀起，歐洲律師、公證人等成倍增加，比如公證人，在1288年米蘭的6萬居民中有1500名公證人；在1500年波洛尼亞4萬居民中，有1059名公證人[30]。1870年，德國正值經濟繁榮期，頒佈了《自由公司法》。該法規定，合股公司內必須有職責分明的管理董事會和監管董事會雙層管理體制。1884年修改該法後，監管董事會擁有了任免管理董事會成員的權力[31]。1920年，德國《工廠議會法》生效，它允許工人代表參加公司監管董事會會議。審計是市商化易利條件下對現代企業生產經營活動進行監督的重要手段。現代企業審計大體上經歷了三個發展階段：一是弊端審計。目的是檢查企業有無舞弊的情況，只具保護性質，審計報告的使用人主要是公司股東。二是公證審計。審計的使用人由股東擴大到所有與公司經營活動有關的外部人員。三是管理審計。從20世紀50年代至今。由於現代科技日新月異，從而大大推動了市商化易利生產力的發展和生產外部化程度的提高。在這種條件下，企業的發展，競爭的成敗，進一步取決於包括利用資訊在內的經營管理水準的高低。與此相適

29　湯普遜著，耿淡如譯：《中世紀經濟社會史》（下），p.201，商務印書館，1997年版。

30　費爾南·布羅代爾著，顧良譯：《15至18世紀的物質文明、經濟和資本主義》，第三卷，p.633，生活·讀書·新知三聯書店，1993年版。

31　托馬斯·k·麥格勞著，趙文書等譯《現代資本主義——三次工業革命中的成功者》，p.15，8江蘇人民出版社，2000年版。

應，企業的審計便由公證審計向管理審計發展[32]。

■　商人內法。在歐洲，商業內部商人內法的興起至少可追溯至10、11世紀。城市的興起、生產力增長和城市人口增加的結果之一，是職業商人的出現。隨著集市間的相互競爭、城市的興起以及商人的爭取，商人開始擁有自己的法院，創造了自己的法律。從而避免了錯綜複雜的司法管轄體系與混亂不堪相互矛盾的實體規則。在中世紀，所謂的商事法院包括市場法院和集市法院、商人行會法院和城市法院。所有這些商事法院在12、13世紀開始取得了對所有商事案件的管轄權，並且，所有這些法院堅持由商人首領或臨時性選舉產生的商人擔任法官。另外，尤其值得一提的是，在這些法院中，常有混合法庭的設立，在混合法庭中，由外國商人與本地商人會同審判。這一方式一方面保證了外來商人免受歧視，更為重要的是，它使得各地的商業習慣法趨於統一[33]。這些商人想拓展國際貿易，但高度地方化的法律制度阻擋了他們的道路。為解決這一問題，一種國際化的商法制度——中世紀商人法便開始發展和演化。在11世紀以後，商人法實際上

32　從1844年英國通過有關股份公司審計法案到20世紀20年代。這個時期，特別是工業革命以後，隨著股份公司的發展，資本所有權和經營權日益分離。在這種情況下，為了維護股本所有者的利益，便出現了早期的弊端審計。從20世紀20年代至50年代，由於金融資本的形成和發展，公司的生產活動和經營活動，不僅涉及到股東的利益，還涉及到企業外易利許多階層和方方面面的利害關係相關方，如銀行家、債務人、稅務部門等。由於這對公司的利害關係具有廣泛外部性，客觀上要求通過審計向企業外有關各界證明，企業的經營活動的狀況和公司財產財務情況活動的真實性和可靠性。於是企業的審計便由弊端審計發展到公證審計。張員啟：《西方企業管理制度「大揭秘」》，財商網，2020年3月30日。

33　陳頤：《從中世紀商人法到近代民商法典——1000–1807年歐陸貿易史中的法律變遷》，中國法律資訊網，2005年6月24日。

規制了整個歐洲（並且經常擴展到歐洲以外）商業交易的每個方面。商人法的「統治」無需訴諸國家強制力。它是自發產生、自願接受裁判、且自願執行的。事實上，不得不如此。商人法的合法性基於一個複雜的由聲譽所支撐的互惠、自願的關係網絡。在每一個城市中心、市場和貿易集市，商人們組建了自己的法庭，並根據他們自己不斷演化的法律來裁決糾紛。商人的司法是一個參與型的過程。法官們總是從相關的商人團體中推選出來的商人。他們是商業事務專家，並在該團體中受到廣泛的尊重[34]。

在任何自主市場中，商人們皆進行自願易利。商人的聲譽通常便是唯一的保證。市場決定了不同商品的價值，因此「等價」交換方才可能。商人們在買方與賣方之間頻繁地進行角色轉換，故此，易利所產生的義務是可逆的。這種可逆性非常重要，商人可以對買與賣的權利與義務都有共識性期待。這為商人法的實施奠定了角色基礎。當商人階層開始在不同的城市中心發展時，地方性商業慣例也開始發展。伴隨著國際貿易的拓展，源於統一規則及其統一適用而產生的利益，替代了可能有利於少數本地人的歧視性規則及裁決所帶來的利益。不遲於12世紀，商法便已演化到了這樣一種水準，外國商人在與本地商人的糾紛中已經獲得了實質性的保護，並且可以應對地方性法律和習慣的變化莫測。互惠是市商化易利的實質所在。雙方當事人進行交易是因為每一方都預期獲得比投入具有更高價值的東西。然而，發展於11世紀晚期和12世紀早期、今天仍為人們所理解的權利互惠之法律原則，涉及的還不只是相互交換。它包括了一種公平交換的因素。因此，商法要求交換必須公平地達成。公平是商人法必備特徵。商

34　布魯斯・本森，徐昕、徐昀譯《沒有政府的正義：中世紀歐洲商人法庭及其現代版本》，3edu，教育網。

人們組建自己的法庭並根據他們自己的法律裁判糾紛。勝訴方和敗訴方同樣都接受法庭的裁決，因為他們認可如此行為的彼此利益。[35]

■ 行業制裁。依託作為共同體的城市，中世紀報復制度得以有效的施行，從而保障了債權的實現；領事制度得以盛行，從而有效地保護了外籍商人的權利。一集市如果有某城市和地方的商人欠債不還，集市就以驅逐該城市或地方的所有商人作為威脅，直至欠債者結清債務為止。這就是報復制度。由於城市的社團性質，作為社團成員的商人們必須服從城市的管理，否則即有可能被城市驅逐，故而，報復制度能夠得到有效的實施。

商人法強調商人之間的信任因素，以及爭議發生之後他們對迅捷、非正式的程式需求和對根據商人的合理性判斷做出判決的需求，即，行業制裁。各類商事法院的裁決之所以被糾紛的勝負兩方同樣接受，乃是因為有商人共同體普遍抵制（行業制裁）的威脅作為後盾。一個破壞契約或拒絕商事法院裁決的商人將不會再是一個商人，其他商人從根本上控制了他的商品，沒有其他的商人願意接受他的商品。在中世紀，商人同樣是一種身份，這種身份是商人共同體的成員才擁有的，嚴格意義上的易利只有在共同體成員中才能產生。而一旦被商人共同體放逐，就意味著對商人身份的剝奪、對從事貿易活動的可能性的剝奪。通過對商人共同體的嚴格控制，中世紀商人法得以有效的自我實施[36]。俄羅斯侵略烏克蘭後，美歐國家對俄羅斯進行了嚴厲的經濟制裁，其中一項制裁措施被稱為金融核彈，這就是將俄羅斯踢出SWIFT系統，

35　露西‧P‧馬庫斯：《眾人的公司》，聯合早報網，2014年10月17日。
36　陳頤：《從中世紀商人法到近代民商法典——1000－1807年歐陸貿易史中的法律變遷》，中國法律資訊網，2005年6月24日。

禁止俄使用「環球銀行金融電信協會」支付系統（SWIFT）。
「環球銀行金融電信協會」系統擁有約 1.1 萬成員，其中包括近
300 家俄羅斯銀行。將這些俄羅斯銀行移除出這一系統，意味著占
俄羅斯財政總收入 40% 以上的石油和天然氣出口收益將被切斷，
經濟會立即受到重大影響[37]。

　　■ 信用背書。隨著易利市商化資本主導的經濟文明誕生及發
展，人類非人格易利行為成為主流，由此，信用變得越來越重
要；為信用背書就成為一種必須。為此，各種信用背書手段應運
而生。1720 年「南海泡沫」事件爆發後，現代金融保險出現了。
漢斯曼和克拉克曼認為，現代保險市場使有限責任制變得不必要
了。此外，還有金融業對工商業的監督制約，商業對製造業的監
督制約等，都是內部之間的監督制約，對市商化易利行為的良性
運作、防止道德風險，起到了積極作用。可是，僅靠內在契和市
商，還不足以為易利市商化經濟文明及財富欲望報酬遞增提供完
全性保障。

三、依法契約遞增

　　依靠法治保障對契約的不折不扣履行，對易利發展的意義不
言而喻。古希臘長期享受著前所未有的經濟增長。這種增長根本
上來源於一種原始城邦制度。法治確定了契約上的平等性，也在
議會中確立了公民之間的平等性。這反過來也觸發了相對有效率
的國內外市場。威廉・瓊格曼認為，如果羅馬帝國成就當中有一
個永恆的遺產，那一定是羅馬民法。它成功地解決了許多可能損
害經濟的緊迫問題。它保障了私有財產，阻止了商業中的不誠信

37　普朗克在找貓：《金融核彈！美歐宣佈將俄踢出 SWIFT 系統！》，
　　互聯網，2022 年 2 月 27 日。

行為，同時它使得契約執行起來更容易。11 世紀後，越來越依賴於委託人和代理人之間、商人與雇員之間或者委託人多個代理商或客戶之間明確的契約。契約履行是由執法機構監督的，而不僅僅是非正式制裁和同儕壓力[38]。

在以國家為單元推進經濟發展的易利市商化經濟文明進程中，國家治理政體的信用問題——信守契約能夠得到法治的保障尤為重要。道格拉斯·諾斯和巴裏·溫加斯特認為，英國是第一個解決可信承諾問題的國家，之前具有主權和不受約束的國家（治理政體）無法對其國民做出不沒收他們財產的可信承諾：

1688 年的光榮革命是憲政改革的縮影，頒佈了《權利法案》，議會在稅收和支出、英格蘭銀行的成立問題上具有至高無上的地位，並創造了一個投資者可以信賴國家會履行其財政承諾的環境。可信承諾問題的解決使一個得以增加政府的借貸，降低政府對其債務支出的利息成為可能。這一問題的解決標誌著持續一個半世紀的、前所未有的經濟增長的開始。同時代的法國等未能解決這個問題的國家，則舉步維艱[39]。

市商化易利機制的良性運行，尤其是有效保障欲望報酬遞增正向集合，僅僅靠聖約、人約還是不夠的，因為總有人並不站在神的一邊，也可以無視易利群體內部約束，必須要有強有力的外力予以保障，這就是依法契約的契和。一旦文明把締約的權利從自然人擴及公司和與此類似的機構，那麼人們據以確定責任人的方法以及據以確定如何決定和保障公司財產（亦即限制該公司

38　拉裏·尼爾等主編，李酺譯：《劍橋資本主義史》，第一卷，p.34，108，308，中國人民大學出版社，2022 年版。

39　拉裏·尼爾等主編，李酺譯：《劍橋資本主義史》，第三卷，p.152，中國人民大學出版社，2022 年版。

責任範圍的財產）的方法也就不再可能是合同，而必定是法律了[40]。從根本上講，財富是由每一個誠實勞動、公平交易的人，在市場中創造出來的。但並不是每個人都甘願以「誠實勞動和公平交易」的手段獲取財富，存在各種各樣的道德風險。欺騙、說假話或隱瞞真相，這些馬基雅維利所宣導的治理政體道德，都是不道德的。防範道德風險、杜絕道德風險，才能達到市商契和。因此，依法契約對財富欲望報酬遞增的易利市商化經濟文明來講，不可替代。

■ 依法契約保護。根據阿奎那的觀點，法律是理性的秩序，是引導人作某種行為或限制人作某種行為的準則或尺度，人的行為的準則或尺度是理性，這種理性是人的行為的第一原理。這裏的理性，阿奎那認為是一種「實踐理性」，也就是指引人應該作什麼，不應該作什麼的理性[41]。易利市商化經濟文明，需要的是法律非人格保護，不需要的是治理政體自然人權力的人格保護，即

40　弗裏德裏希‧奧古斯特‧馮‧哈耶克著，鄧正來翻譯：《個人主義與經濟秩序》，p.126，復旦大學出版社，2012年版。

41　在集市開市期間，每天早上用搖鈴來通知店鋪開門，在晚上搖鈴後所有的店鋪須一律關門，非在規定時間之內，任何東西不得出售。當時的歐洲，由大大小小無數個封建領主和上千個城市構成。這就為商人們提供了「用腳投票」抗衡伯爵們的機會。伯爵們為了留住財源，不得不提供相應的公共服務。比如，伯爵們開始修復破敗不堪的道路，對於前往集市的商人給予特別安全狀。安全狀中規定：對侵犯商人的人身和貨物的罪行，處以特重刑罰。而且，給予商人種種優待條件，如減低關稅和通行稅、售貨的便利、設立特種法院來解決爭執並協助收集債款等等。通過城市與城市之間的雙邊條約，商人們獲得了作為特權的通商權利，獲得了財產和自主易利的保障，以及商業糾紛得以公正而迅速的裁決的權利。徐繼強：《阿奎那的自然法理論及其在當代的意義》，法律思想網，2007年6月8日。

使權力受到嚴格制約也是如此。中世紀早期雖然已經不存在專門的法律學校，但卻存在著為數不多的「語法學校」和教會學校。在這些學校中，拉丁語和所謂的「三藝」——語法、修辭和邏輯——是基本的教學內容，而法律訓練則是教授拉丁語和以上三種技能的有效手段。法律學習正是以這樣的輔助形式在中世紀的學校中延續著。這種延續雖然總體上停留在一種低層次、低效率的簡單重複之上，但它卻保證了羅馬法知識和羅馬法人才的薪火相傳。這恰恰是未來羅馬法復興的基本前提。到11世紀末，羅馬法「奇跡」般地復興了，並且逐漸發展為歐洲世俗生活的「共同法」。在中世紀後期，一所集市的建立，被作為一種確定的和法律的行為。市場是按照法律來建立的，法律禁止人們在合法組成的市場之外做買賣交易；而任何人在別處購貨，則要冒著被作為竊賊論罪的危險。中世紀最初盛行於義大利各城市領事制度，隨後傳播到了法國、西班牙以及地中海各城市，為異地經營的商人們提供了有效的保護。由於諸如此類的依法契約保護因素，貿易的成本得以大幅度下降，從而使得早期的奢侈品貿易開始讓位於大宗的日用品貿易，使得貿易不再被視為毫無確定性可言的純粹冒險事業。

■ 依法契約激勵。作為外力的依法契約，同樣具有激勵作用。作為激勵的依法契約可能更為重要。按照馬克斯·韋伯的觀點，近代市商化資本主導的易利興起基於多種原因聚合，其中，形式理性化的法律不可或缺。這種法律提供了一種秩序模式，正好滿足了市商化資本主導的易利所涉及的高度複雜的經濟活動對於可預測性的要求，使得市場的參與者能夠放手規劃其未來。諾斯通過其比較經濟史研究發現，產權保護與合約執行的完備程度，是解釋歷史上不同國家經濟增長的核心變數。這裏，重點是

法律執行的可預見性，而不是法律的形式理性特徵。按照諾斯的觀點，一套具有高度可預測性的制度安排，主要是法治，是市商化資本主導的易利得以繁盛發達的前提條件，也是易利市商化經濟文明建立的基礎條件之一。12世紀末和整個13世紀，西歐在法約激勵上做出了一些大膽試驗，以取得易利潛在利益。比如，為了從事海外易利，城市的商人發明瞭通常叫作賒賣和合夥的契約制度。兩種契約制度都涉及被稱為行商的生意合夥人或叫做駐商的、待在本地的投資合夥人之間的合作。這些契約形式的創立是為了給單程航運提供資本，並以自願結合方式提供合作者，以分散和減少風險並改進資訊管道，賒賣和合夥因此而增加了從國外冒險獲利的機會。這個時期保險業也有了開端，已知最早的保險款項的實例是1287年在羅勒莫一項由公證人草簽的訂立契約的證書。為此，大量的商法從商人的行為慣例中產生出來。為了實施易利協議而制定的含義明確的成文法首次產生了。它是出現在易利已經繁榮起來的城市和集市[42]。1450年至1750年間，貿易額大幅增長，西歐從中受益尤多。貿易增長很大程度上歸功於有用知識的增加：船舶設計和航海技術得到發展，地理知識得到擴充，人們找到了新的貿易路線和貿易夥伴。此外，還有一條非常重要的是，各種制度得到完善，從而強化了「法治」，進而推動貿易的發展。依法契約制度致力於剿滅海盜，完善合同和產權的執行，減少風險，提供信貸、保險和資訊，並提供合理的擔保，確保貿易夥伴兌現承諾[43]。

42　道格拉斯·c·諾斯著，張炳九譯：《西方世界的興起》，p.73，76–77，學苑出版社，1988年版。

43　喬爾·莫克爾：《從思想啟蒙到工業革命》，中國產業史研究，2020年9月7日。

　　17世紀末和18世紀，隨著市商化資本主導的易利經濟發展，普通法上的契約法的基本前提發生了變化。表現為兩個「更為關鍵」：一是契約責任的基礎理論由違背允諾變成了破壞交易。重點不再是不履行者的罪或者過錯，而是協議有法律約束力的特徵和受諾人期望的落空。雙方做出的允諾究竟是相互獨立還是相互關聯的問題變得更為關鍵。1660到1760年間，法院判決的趨勢是越來越認為雙方的允諾相互關聯。二是強調易利是由新約因概念顯明出來的。契約目的、動機或者合理性的舊約因概念，讓位於作為受諾人為允諾而支付允諾人的買價的新約因概念。約因充分與否的問題由此也變得比從前更為關鍵。清教徒革命後的一個世紀，法院判決越來越傾向於無論約因是否充分協議都可強制執行。此外，責任的基礎則由過錯變為絕對義務。受諾人有權根據交易本身獲得因契約未履行的損害賠償，不履行的免責事由一般限定在契約條款約定的事項[44]。1720年，英國議會通過了著名的「泡沫法案」。之後，股份銀行被允許成立。1844年，一項被稱為「1844年股份公司註冊和管制法案」的一般的公司法生效。它標誌著「英國公司法歷史上的一個新時代」，因為它第一次將公司作為一個獨立的註冊範疇。英國的法律明確地對合夥企業以及非公司企業中的投資者（而非貸款者）施以無限責任的法律義務：在著名的沃・卡弗（1793）的法庭案例中，這一點被表述成誰要是從企業的經營中分得一份利潤，誰就要參與分擔償還債權人的債務。

　　利率作為資本的價格，是資本供給與需求關係的反映，也是資本調動能力的總結：利率低，說明資本調動能力強，資本供給

44　哈羅德・伯爾曼文，郭銳譯《契約法一般原則的宗教淵源：一個歷史的視角》，天益，2005年3月23日。

相對於需求更加豐富。而之所以英國、荷蘭的利率在18世紀比華夏低那麼多，原因在於彼此在軸心時代（是指西元前800年至前200年之間，尤其是西元前600年至前300年間這段時期。軸心時代發生的地區是在北緯30度左右。這段時期是人類文明的重大突破時期。比較公認的，這一時期在世界不同區域形成了三大軸心文明，即華夏先秦文明、古希臘文明、古印度文明。）的不同選擇。西方文明在工業革命之前更遠的時代（古希臘文明時期）就開始探索增強陌生人之間跨期信用的依法契約的制度體系，之後西歐國家通過不同金融工具實現大範圍內的資源互助合作；而華夏因為對禮制宗族的過度專注，忽視了民商法等資本化所要求的體制發展。也就是說，彼此在體制上的大分流早在軸心時代就開始了，只是在農業文明時期基於血緣宗族的人際合作基本夠用，體制大分流的影響還不顯而易見，但到了技術變革改變資本的重要性之過程中，超血緣的人際合作體制對生活水準的後果才得到凸顯，於是有了19世紀以來的人均收人大分流。彭凱翔與林展的統計表明，華夏《大清律例》的2354條律例中，只有120條涉及民事、31條涉及商事，兩類加總只占6.4%，足見華夏清代民商法還不到能支持各類財富與未來收入流資本化的程度，更何況到19世紀還不存在專門法院和專職法官，民商訴訟也由肩負多項職能的知縣判案。華夏明清官府判案的公允性和可信度，也多受爭議。邱澎生談道，至少自16世紀以來，有些商業書籍即勸商人避免興訟，甚至還勸商人出門在外要減少自己的好奇心，儘量別旁觀衙門審案，以免遭受無妄之災。華夏時人如此擔心官府（治理政體機構）對私人身家財產和契約權益的威脅，以至於如此：「是官當敬，凡長宜尊」。成書於16世紀的《買賣機關》解釋道，「官無大小，皆受朝廷一命，權可制人，不可因其秩卑，放

肆慢侮。苟或觸犯，雖不能榮人，亦足以辱人」。從商業書中的告誡，可見商人對華夏明清司法所可能給予契約權益的可靠保護度，鮮有信心。從而，華夏產權的易利流動以及人際跨期交易範圍就難以超出血緣網路，資本化無法在廣泛範圍實現。

再看看知識產權保護，也是對科技創新、組織創新的保護。知識產權是影響產業競爭力的核心要素。《專利法》出臺後的兩個世紀裏，英國進入了發明創造的高峰期。1680–1689年，登記了53項發明專利。1690–1699年則達到了102項。1700–1759年，發明專利總數達379項。1783年，亨利・考特等發明了 攪鋼法，並於1784年登記了專利，由此實現了專業化生產。由於專利制度的保障，很多富人投資於各種發明創造。韋伯認為，若無1624年的《專利法》，那麼對18世紀紡織工業中市商化資本主導的易利發展具有決定性的那些發明就未必有可能。諾斯認為，《專利法》確立的專利制度與以往的鼓勵方法的不同之處在於，它確立了「一套有系統鼓勵技術變動並且提高創新的私人報酬率使之接近社會報酬率的誘因機制」[45]。林肯總統有句名言：「專利制度就是將利益的燃料添加到天才之火上」。19世紀70年代末，著名的發明家愛迪生開啟了第二次工業革命的閘門。19世紀後半葉，各

45　1630年，英國最先獲得了蒸汽機的專利。1663年，愛德華・薩默塞特獲得了一種蒸汽泵的專利。1764年，哈格裏夫斯發明瞭珍妮紡紗機，並於1770年登記了專利，該專利在英國得到了廣泛推廣。在英國這部《專利法》出臺之前，世界上其他地方也存在對發明創造進行獎勵的制度。早在1474年，威尼斯共和國法律規定「在10年期限內，未經發明人同意與許可，禁止其他任何人製造與該發明相同或者相似的裝置。若其他人貿然仿制，將賠償專利人金幣百枚，仿製品也將立即銷毀」。威尼斯憑此吸引了周邊國家的大量工匠，著名科學家伽利略就在1494年獲得了「揚水灌溉機」的專利權。西坡：《私有產權促發工業革命》，共識網，2012年9月7日。

種各樣的發明如雨後春筍般出現在美國。僅 1865 年至 1900 年，被正式批准登記的發明專利就達到了 64 萬多種。依靠強大的科技實力，美國很快在第二次工業革命中獨佔鰲頭。在以電氣化為標誌的第二次工業革命中，這個新興的工業國家以重大科技發明為基礎，在 19 世紀末迅速趕上並超過了在過去兩個世紀裏一直走在前面的歐洲強國。1894 年，美國的工業總產值躍居各大國之首，成為世界第一經濟強國。對於專利的保護，在 16 世紀的英國就已經開始，但是，美國人第一次把專利權寫入了憲法。1787 年，在剛獨立的美國制定的《聯邦憲法》中，第 1 條第 8 款寫到：「為推動科學和實用技藝的進步，對作家和發明家各自的著作和發明，在一定期限內保障其享有排他的專有權」。美國用專利制度保護了發明人的權益，就像保衛國家主權一樣，同時也保護和激發了整個國家的創造熱情。而且，美國憲法對權力的約束主要就是為了保護有財產的人，使其免受公眾或者獨裁者的侵害，也使美國人深信他們能夠保留自己賺得的財產。同時，這種保護也讓國外投資者願意將錢投資到美國，因為他們相信自己的資本在這裏不會被盜竊，他們的合法權益不會被忽視 [46]。

美國以市商化易利最發達國家聞名，也以法治最健全國家聞名。二者之間是有必然聯繫的，而且需要良性互動。對市商化易利來說，法治不可或缺。法治也在市商化易利發展中不斷健全。美國市商化易利之所以如此發達、法治之所以如此健全，這得益於其建制前後便植入了重視專業人員從事和維護法治的基因。英國的地主和商人慣常選舉本階層的人作為他們的議會代表；但在北美各殖民地則經常挑選律師代表他們在地方機構中發言。不僅

---

46 艾倫·格林斯潘：《繁榮與衰退：美國經濟發展的歷史與經驗》，勿食我黍，2020 年 4 月 13 日。

如此，1690年在紐約舉行的第一次殖民地會議上，7名成員中有2名是律師；在出席1754年奧爾巴尼代表大會的24個代表中，有13個屬於法律專業；在發動革命的第一次大陸會議的45名代表中，有24名是律師；在宣佈美國獨立的第二次大陸會議的56名代表中，有26名屬於那一類人；在制定聯邦憲法的會議上，55名成員中有33名是律師[47]。

　　英國之所以能夠在18世紀率先開啟和完成工業革命，實現易利的歷史性巨大擴展，一個重要的方面，是因為到18世紀60年代起，皇家法院在銷售合同、合夥協議、保險、匯票、包租船隻、專利和其他事業交易方面積累了足夠的對糾紛進行裁決的經驗，也就是英國法院和法律成為了促進英國易利發展的積極因素。而且英國法院同等對待外國商人的做法贏得了聲響。是時，人們知道，在英國法律管轄的事業範圍內，交易、保險單和信用票據似乎更可靠，對它們產生的後果也更能預測，而較少受到君主的朝三暮四和交易各方改變主意的影響[48]。

第三節　競和遞增

　　財富報酬遞增的前提是市場與競和的發展；而市場與競和的發展，前提是分工和專業化。也可以說，財富報酬遞增得益於分工和專業化，只要存在分工和專業化就一定會有競和。理論上講，只要存在易利，就必然存在競爭。作為競爭的對立面，壟斷

47　查爾斯・A・比爾德、瑪麗・R・比爾德著，許亞芬翻譯：《美國文明的興起》，p.119–120，商務印書館，2009年版。

48　羅森堡・小伯澤爾著，周興寶等譯：《西方致富之路》，p.130，131，生活讀書新知三聯書店，1989年版。

只存在非市商化易利中，一旦市商化易利確立，壟斷只能是曇花一現。只不過古今競爭的規模與程度有差異，性質也有根本上的不同。在市商化易利之前的競爭是叢林法則式的強權、強力和強智競爭。強權叢林法則競爭是專制性的治理政體壟斷易利競爭，強力叢林法則競爭是黑社會性質的易利競爭，強智叢林法則競爭是欺詐性質的易利競爭，這三種競爭方式基本上都是零和遊戲。市商易利之前的易利競爭，之所以不可能達到競和，其重要的原因就在於此：不存在自主、平等、協商、自願基礎上的易利競爭，不能實現易利雙方財富欲望報酬遞增。中世紀所有的行會壟斷行為，大都是強力式的叢林法則性的競爭，就是採取各種非經濟手段限制潛在的競爭對手，是非市商化易利競爭的特殊形態。比如貴族狡猾地篡改了行會規章，以便排斥較低等級的工人或商人，保證它們自己對行會控制權的壟斷。比如建立工商業壟斷的行會，會根據市場的需要而限制工商業、排斥外來競爭者。但壟斷不會長久，競爭依然存在，包括壟斷者和限制競爭的制度——封建行會都會被消除掉。

　　競和是易利市商化經濟的關鍵性機制概念，簡單說就是競爭與合作及其正向結果的集和，即競爭正和。它通過有效的競爭合作，保障各方財富欲望報酬在和諧與協調中變現，從而促進人類財富報酬遞增的可持續發展。有人認為，工業革命就是以競爭替代了中世紀封建行會的遊戲規則。更廣泛地看，應該說是，市商化資本主導的易利——帶動了一個充滿活力的、靈活的、邁向未來的思維方式，把永不停息的競爭注入到了生活的每一個方面，政體治理、軍事甚至宗教也緊緊跟隨在經濟體系之後變得更有競

爭性[49]。從易利市商化經濟文明角度來看，由於存在自主、平等、協商、自願的條件限制，從而使競爭變得規範、可控，並進入報酬遞增文明易利軌道，持續提速運行。

一、競爭優化遞增

易利市商化經濟文明的競爭是個動態過程，優者勝；競爭為了利潤，勝者優。沒有永遠的勝者，也沒有永遠的優者，更沒有不變的超額利潤、壟斷利潤。這正是市商化易利的魅力所在。在這種動態的永恆競爭下，只有不斷地強化自我，才能產品變優、行業變優，達到市商競和狀態，實現動態的競爭和諧、競爭收益的最大集和，並持續提升財富的利用效率與效益，形成競爭—創新—新的競爭—新的創新，達到市商擇優持續競和。此外，市商化競爭還有一個重要的功能，就是自然地淘汰落後，使易利發展不斷反覆迭代升級。

■ 供應鏈創新擇優競和。市商化易利競爭，實質是易利發展的擇優過程；作為供應鏈競爭的擇優成果與魅力，就是通過持續不斷的創新，實現競和。在市商化資本主導的易利經濟的幾百年裏，人們看到擇優競爭帶來的一次次工業革命。而每次工業革命都是科技創新的大爆炸，並由企業家創造出新的行業，從而擴大了供需規模，創造和積累了能夠創造財富的財富。英國的ARM公司，是全球領先的半導體知識產權（IP）提供商，全世界超過95%的智慧手機和平板電腦都採用ARM架構。雖然英國人已經退出了手機製造領域，但他們卻牢牢掌握著手機製造頂端技術。生產智

49　托馬斯‧k‧麥格勞著，趙文書等譯《現代資本主義——三次工業革命中的成功者》，p.7，江蘇人民出版社，2000年版。

能手機或智能電視就必須向英國人交納專利費[50]。當然，壟斷企業在賺取超額利潤同時，也造就了自己的對手；而且利潤越厚，對手越強，對其壟斷地位的破壞力也越大。蘋果曾經壟斷了智能手機市場，但是好景不長，三星、華為、聯想等公司很快殺了進來，吸引後者的正是蘋果的壟斷利潤。在這種形勢下，蘋果必須用新一代的產品和技術，形成新的壟斷以保障超額利潤，然而這只不過吹響了下一輪創新競賽的集結號。消費者的確付了高價，但換來持續不斷的升級產品及消費體驗的不斷提升[51]。

　　企業是這樣，由企業主導的國家經濟也是如此。為什麼有些國家富有，有的國家卻很貧窮；為什麼陷入貧窮的國家很難趕上富裕國家？威廉·劉易斯的回答是：堅決、普遍、公平和公開的競爭[52]。在17世紀黃金年代，荷蘭成為富國，這部分歸功於該國的航運業和商業；另外一個原因是其能夠通過創新提高生產力和開展競爭。喬爾·莫克爾指出，工業革命年代是英國技術霸權和它所造就的一切的黃金年代；但和其他經濟領袖一樣，英國的黃金年代也只是曇花一現。因為人類在試錯和機緣巧合中發現了新

50　一部智慧手機僅直接與諾貝爾獎相關的創新研究成果就有諸多項：製作手機機身所用的高分子材料，1963年諾貝爾化學獎；液晶顯示幕，1991年物理學獎；積體電路，2000年物理學獎；手機存儲，即利用了巨磁阻效應，2007年物理學獎；攝像頭後面的CCD，2009年的物理學獎；OLED顯示幕的原材料（導電聚合物），2000年諾貝爾化學獎；散熱新材料石墨烯，2010年諾貝爾物理學獎；液晶屏背光源LED，2014年物理學獎；鋰電池，2019年諾貝爾化學獎。寂寞的紅酒：《盤點英國那些著名的企業巨頭，才知道英國被嚴重低估了》，一點資訊網，2020年8月14日。

51　許小年：《競爭、創新與經濟週期：經濟學的另一種視角》，勿食我黍，2019–06–14。

52　馬丁·沃爾夫：《競爭：國家致富的硬道理》，FT中文網，2006年01月19日。

技術，新技術又帶來了非同尋常的進步。一個國家只要在科技上能夠領先，就可以成為經濟領袖國家；一但不能保持這種科技領先，顯然經濟就會被他國超越[53]。20世紀80–90年代，美國緊緊抓住資訊技術和全球化帶來的機遇，重新成為全球範圍內最有活力的經濟體。在那些以創新引領未來的產業——智能機器人、無人駕駛汽車、延壽藥物等，美國也佔據了主導地位。1980年，羅納德·雷根當選美國總統時，美國的專利數量占全球專利總數的10%，此後，這一比例已經提升到了20%[54]。克魯格曼於1994年發表的《亞洲奇跡的神話》一文中，認為亞洲的繁榮來自於勞動和資本的增加，並不是技術進步、生產率提高的結果，這種投入型增長的經濟增長在短期內可以創造奇跡，但「建立在浮沙之上」，是一隻「紙老虎」，遲早會破滅。他預言亞洲會出現一場危機，這受到亞洲政要和學者的口誅筆伐，但不幸的是危機在1997年真的發生了[55]。

還有經濟組織創新。其最大的創新是企業的產生。從美國歷史上看，市場與企業兩者經常是共同演化，市場塑造企業，企業也塑造市場。美國的大企業革命始自資本密集的部門，如鋼鐵、石油、化工與化學等產業。美國企業的管理革命是由這些資本密集的產業開始，逐漸擴散到其他產業的。大企業必須建立有效率的層級組織，才能夠攫取技術進步所帶來的機會，取得市場活動內部化的利益。而在1790——1840年，美國還處於對西歐企業的

---

53 喬爾·莫克爾：《從思想啟蒙到工業革命》，中國產業史研究，2020年9月7日。

54 艾倫·格林斯潘：《繁榮與衰退：美國經濟發展的歷史與經驗》，勿食我黍，2020年4月13日。

55 轂加超：《克魯格曼的聲音》，聯合早報，2009年10月17日。

模仿複製階段。這時期市場上充滿了許多的小型商販與企業，多數的企業不過是企業主外加一、兩位助手的規模。一個1790年的美國企業和1390年的義大利企業之間的相似程度，遠大於和1860年美國企業的相似程度[56]。第二次世界大戰後，現代跨國公司首先在美國——這個引領世界易利市商化經濟文明發展的國家獲得空前的發展，對美國乃至世界經濟的發展起到了舉足輕重的影響。

　　■ 消費者投票擇優競和。供應鏈的競爭主要是爭奪消費者。消費者成為了上帝，因為是消費者（廣義的）為易利劃上了完滿句號。商業行為的核心就是服務於他人。因為在易利市商化經濟文明中，所有的商業，均是指基於自主選擇的交換，而非權力干涉下的壟斷或強買強賣。顯然，在眾多相競爭的選擇中，要讓消費者選擇某一商家，高高興興地掏出錢來，唯一的辦法就是盡其所能滿足消費者最迫切需求，唯有最能滿足消費者的人才是最賺錢的人。這就是米塞斯反復強調的「消費者主權」。商品供應方既然是以營利為目的，必然會以滿足消費者為其最大的追求，調動他所能採用的一切手段，時時刻刻關注消費者千奇百怪變化多端的需求，並據之調整行為，提供相應的產品和服務。「生產」和「易利」根本就不可能分割開來。消費者的價值和需求決定著消費者所購買的商品——消費品——的最終價格，正是消費者決定著生產活動的方向，因而也決定著彼此合作的生產要素的價

56　1880–1920年，出現了「並購潮」和組織創新。經理人利用合併的大企業來完成之前所無法想像的生產力飛躍，例如杜邦公司的內部資料顯示，他們對同業的並購鮮少是為了壟斷力量，而是為了大規模生產以達成競爭對手所無法企及的低成本。美國大企業之所以取得快速成長，不僅僅是卡內基、福特等企業家運籌帷帳的結果，更是為數眾多的中階經理人員透過組織創新，執行生產、運銷、財務等決策，以及協調各部門之間的活動，比市場更有效率的結果。沈榮欽：《管理資本主義的興起》，互聯網，2017年9月2日。

格：每個人的工資水準，資本設備的價格，等等。收入不過是每種要素價格的結果而已[57]。「巧克力大王」、「棉花大王」或者「汽車大王」，並不統治，而是服務。他並沒有統治一個獨立於市場獨立於消費者的被征服領地。他們當中，或者任何其他現代行業大王，完全依賴於他經營的行業和他所服務的消費者。「大王」可能深受他的消費者的垂青；但是一旦他不再能夠比他的競爭者以更低的成本向消費者提供更好的服務，他就失去了他的「王國」[58]。市商化資本主導的易利，其起源是創新者──不是生產只適合高等階層的昂貴物品，所生產的是滿足大眾需求的廉價產品。這也是資本主導下工業的大規模生產的起源。這些企業開始生產普通人能夠買得起的東西，就是進行滿足大眾需求的大規模生產。消費群體的擴大，供應方的競爭力度也會隨之加大，因為新的供應者總能找到消費者，並參與競爭。現代市商化易利經濟，已經沒有所謂的行業壁壘，有的具有顛覆能力的競爭者恰恰來自於本行業之外。創新與改善生產、服務，就成為必然要求。這就是競合，競爭合利的力量。

消費者的重要性不僅相對於單個企業或所有企業而言，對整個市商化資本主導的易利也是如此。作為市商化易利初期的資本主導的易利，其核心特徵主要是消費者變了，不僅僅是供應側有了新氣象；關鍵是需求側打開了局面。作為市場的主要組成部分的消費者群體，形成幾何型增長。按照米塞斯的觀點，市商化資本主導的易利不僅僅是大規模生產，而是以大規模生產來滿足大眾的需要。從前的手工業商品幾乎僅僅是為了專門滿足富人們

57　穆雷‧羅斯巴德：《米塞斯的精髓》，勿食我黍，2019 年 9 月 23 日。

58　路德維希‧馮‧米塞斯，彭定鼎譯：《被人們誤解的資本主義》，哲學園知識產權辯論會，2022 年 3 月 18 日。

的需要，但是工廠為大眾生產便宜商品。早期工廠的所有產品都是為服務大眾消費者而設計的。顧客與工廠中的工人處於同一階層。所有員工自身是所有產出商品最大的可能性主顧。他們是至高無上的消費者，他們「永遠正確」。他們買或不買，決定了應該生產什麼，以及生產的數量和品質。消費者購買最適合他們的商品，使一些企業賺錢而擴張，而其他企業虧本而萎縮。企業家、資本家和地主，可以說是消費者的代理人，而他們的代理權也可被撤銷。想要變得富有，不能僅靠過去儲蓄而積累的資金。必須一次又一次地投資，投入最能滿足消費者需求的行業。市場的過程是日復一日的消費者全民公決，若經營其財產時不服從公眾命令，這種廠商不可避免地被逐出盈利者行列。而得知和理解消費者的命令也並不是一件很輕鬆的事情。大眾前所未有的富裕僅是工業革命的一個副產品。工業革命的主要成就是將經濟主權轉交給了全體消費者[59]。也就是說，在供給側，員工是被管理者；在需求側，員工是主人。

企業是商品生產者，也是商品消費者。其中最有特色的消費，不是物質的，包括生產設備等；而是人力產品的供應者——員工的智力、體力及奉獻、精益求精的美德。尤其是在有效人力資本商品緊缺的時候，同樣要競價、競爭。米塞斯指出，新的行業或者已有的行業的新的工廠必須從其他行業或者工廠、其他地區甚至外國吸收工人。唯一的辦法就是提供更高的工資。英國的生產商最早開始生產棉製品時，他們付給了工人比從前更高的工資。結果就是英國人口的史無前例的增長。而且所有的西方國家，群眾的生存狀況都有了史無前例的改善。所謂的「工資鐵

---

59 米塞斯：《資本主義的興起》，共識網，2014年6月16日。

律」——工人的工資不會超過維持基本生活所需的數量，只是個偽命題。真實工資的增長不僅導致人口的增長，它還首先導致平均生活水準的上升。即，資本擁有者更要遵循欲望報酬遞增秩序規則，因為他們也是市商化易利的參與者，而且是主要參與者。

在市場化資本主導的易利中，員工的身份實現轉型。這是文明狀態的轉型，實現了由封建、專制狀態，向易利市商化經濟文明狀態轉型。隨著工業革命的掀起，市商化資本主導的易利文明經過幾百年的進化，正向日趨完善並不斷發展。

二、共藩競爭遞增

基因複製顯示，製造生命個體是一個相互配合、錯綜複雜的冒險過程，為了共同的複製事業，某一個基因做出的貢獻和另外一個基因做出的貢獻幾乎是分不開的。一個基因在以後歷代的個體中將會與其他基因，即基因庫裏的其他基因相遇，如果他能和這些基因中的大多數配合得很好，它往往會從中得到好處。與此相類似，以價值共藩競爭贏得競和，是易利競和的高級階段，是市商化資本主導的易利發展為市商化易利的必然結果。（也許最終由這一基因複製規律所決定）價值共藩已貫穿於市商化易利的全過程，當今的全球化已經從商品服務的全球化，向價值（包括價值觀）共藩的全球化逐步轉型。價值共藩的全球化當然也包括易利市商化經濟文明價值觀的全球化。

■ 價值共藩：由財富分配思維競爭向流向優化競爭的質變。市商化易利各方的競爭，已經是價值共藩的競爭。由擇優競爭向共藩競爭，是競爭的一大飛躍，也是易利市商化經濟文明的重要標誌。如果一方的某個易利參與者沒有做到價值共藩，那麼即使其價值實現了增值，也一定被定義為無益於他人的外部性。哈耶

克指出，新古典經濟學講的完全競爭，就是或相當於沒有競爭；新古典經濟學講的壟斷，事實上是現實中的競爭手段。因為，它考慮或納入觀察的因素並不完善。至少它沒有考慮到，無論是供給方一方還是需求方一方，雖然同為一方，競爭是必然的，但競爭的一個前提，是彼此在價值上是共藩的。關於共藩，拙作《逆熵：市場常青樹思維與抉擇》已有專門論述。不僅共處一方價值是共藩的，供求雙方也是價值共藩的。也就是說，在規模經濟、報酬遞增及價值共藩等的剛性約束下，競爭一定會處於一個合理的區間。這樣才能達成共藩競和，促進人類文明、易利市商化經濟文明健康可持續發展。所謂的帕累托最優，也稱為帕累托效率，就是你死我活，最終活著的企業就會形成絕對壟斷，從而使競爭為零，反而不利於市商化易利經濟的發展。帕累托最優有一個關鍵字就是「分配」，而在市商化資本主導的易利經濟中，分配是不存在的，存在的只有財富「流向優化」。如果說完全競爭是指無數個小企業用相同的技術、以相同的成本生產完全相同的產品，因而每個企業面臨的都是具有無彈性的水準需求曲線。這樣就不是易利市商化經濟文明，連市商化資本主導的易利都不是。只能算是中世紀行會限制下的手工業作坊，一方面商品短缺，一方面消費者沒有購買力，更沒有選擇。而這種狀態也是被市商化資本主導易利替代的主要原因。這實際上也是中世紀某個時期，某個莊園經濟上的熱寂狀態。在易利市商化經濟文明中，創新是市場競爭的基本手段，創新意味著做與眾不同的事情，用新的組織形式新的生產方式高效率高效益生產差異化的商品。按照正統經濟學的邏輯，創新一定導致壟斷，帶來財富流向優化方面的效率損失，市場的有效性和創新不可兼得。這顯然與文明的發展不相符合。創新也不可能是靜態的，一個企業的創新完全也

可以被另外一個企業更優的創新所替代。而且，隨著經濟的發展，文明的進步，陳舊的行業不斷被新的行業所替代。所以，價值共藩很重要，是競和的一種較為理想的狀態。既有適度競爭，又有價值共藩。在價值共藩競爭中促進文明的進步。

價值共藩之所以能夠達到競和，主要在於外部性和市場參與者的知識、資訊、能力等有限性。現實世界裏的人如何才能達到「完全理性的經濟人」的高度，始終一貫地極大化其自利追求？其答案為，在市商化易利的競賽中，人們既沒有充分資訊，亦無足夠欲望來謀取「自利」的「最大化」。經濟行為人遠不止受限於治理政體和相關規制，他們的自利追求活動還受制於大腦神經的構造和文化習俗的強烈塑造。所謂「全然理性選擇的最優結果」，往往是各類約束下的「適可而止」。說到底，人類的漫長演化，經過生存和文化的雙重選擇一至於今，生命個體始終存在「抱團」共藩競爭[60]。按照外部性「市場失靈」理論，如果存在負的外部性（如生產時排汙），私人利潤最大化的決策將導致群體集合受損。而如果存在負的外部性（實際上是客觀存在的），當然也會存在正的外部性。所謂正的外部性正是價值共藩存在的客觀依據，也就是說，一個企業或市場參與者的存在，是以其對另外企業或市場參與者有價值，才會存在。如果存在正的外部性（如對其他市場參與者價值增值有利），情況則相反。這樣，既有利於企業或市場參與者的創新，也有利於易利市商化經濟文明的發展。

市場參與者的知識、資訊、能力等有限性，決定了市場參與

60　孫滌：《市場理性選擇和道德同理心》，金融時報中文網，2014 年 05 月 22 日。

者在分工的情況下，彼此相互依存，價值共藩。市商化易利的參與者在實施易利過程中至少要受到方方面面的限制，諸如：理性的限制——人的理性是有限的。有限理性決定了人在追求效用最大化的過程中，財富的流向優化並不能處處保證最優。由於有限理性的限制，一個人可以實現存在的局部最優，但未必能實現存在的總體最優。資訊的限制——在現實世界，資訊總是有限的。資訊的不對稱和資訊的不完善等都是資訊有限的具體表現。資訊的有限性要求人們在決策時有時只能以次優為追求目標，而不是最優。效用偏好的限制——每個人都有自己的效用偏好結構。每個人都是追求在特定效用偏好結構下的效用最大化。一個人在一生中，其效用偏好結構是不斷變化的。還有產品的限制——稀缺性與可替代性，等等[61]。

　　奧地利學派經濟學就假定所有人都是無知的，每個人只有有限的局部資訊，不僅計算能力和判斷能力是有限的，而且人與人是有差別的；它把市場理解為一個過程，認為市場的基本特徵是持續不斷的競爭，市場的基本功能是發現資訊和知識，協調人的行動，推動合作。所以，價值共藩的競爭對市場參與者提出了更高的要求，每個市場參與者要戰勝別人，必須戰勝自己，就是要不斷提升自己，提升對別人價值增值貢獻的能力。因為只有別人認為你對他有價值，他才會與你合作，你作為市場的參與者才能夠轉換化為價值共藩的參與者，才能實現自己的價值增值。這是易利市商化經濟文明使然。

　　■ 競和魔力：由特立獨行致勝向價值共藩致勝的轉型。現代

61　宋圭武：《經濟學視角下人的本質及其實現路徑探討》，共識網，2010 年 12 月 23 日。

市商化資本主導的易利實踐證明，現實性的價值共藩正走向深入。20世紀80年代以來，伴隨著全球經濟一體化和市場競爭的國際化，跨國公司迫於強大的競爭壓力，陸續調整自身的經營戰略以追求合作的利益。個中緣由不難理解，對企業來說，合作只是競爭的不同方式，任何公司要單靠自己的力量在國際市場上獨來獨往、天馬行空顯然已越來越困難，一種新型的「合作競爭」或「競爭性合作」戰略風靡全球。企業間網路化合作的各種商業形態不斷湧現，與此同時，企業間的競爭在許多方面卻比以往任何時候都表現得更加激烈，這種合作和競爭並存的現象即所謂的「競爭和合作之謎」。哈梅爾、多斯和普拉哈拉德曾經花了5年多的時間研究了15家戰略合作企業的運營情況，結果顯示，在日本和韓國取得全球性經濟成功的過程中，企業間著眼於長遠的穩定的戰略合作關係發揮了至關重要的作用。合作創造優勢，合作戰略成為企業現階段制勝的法寶。面對全球化日趨激烈的競爭環境和技術變革，任何企業都難以踽踽獨行、獨善其身[62]。第二次世界大戰後，大企業之間的聯合與協作，大企業與中小企業之間的聯合攻關與協作，形成行業及跨行業、跨國家協作體系。在這種協作體系中，大企業一般只承擔某種產品的關鍵部件的生產和組裝，大量的零件部件、毛坯和工藝加工，以至後勤服務，則由中小企業完成。例如，美國波音公司B–747巨型客機的研製和生產，就是在1100家大企業和15000家中小企業之間分工協作基礎上共同完成的。大企業之間以及大企業和小企業之間的聯繫表現為直接合作或間接合作，各企業按照大企業的生產決策和對產品的關鍵部件、零部件和工藝過程的要求進行生產和加工。這樣，

62　馮科：《合作的革命：企業競爭的戰略轉型》，百度學術，2006年7月13日。

在生產協作的基礎上企業內部的生產管理日益超出自身範圍。

　　自20世紀60年代以來，隨著企業生產外部化的進一步發展，企業管理價值共藩的外部化也在提速，形成外部化的專業管理機構網路，卓有成效地為企業管理服務。一是原企業管理工作的許多職能逐漸從企業分離出去，成為獨立的專業化的企業管理機構，如專業會計事務所、專業資料公司、諮詢公司等管理機構，為各企業提供相應的管理服務。二是為適應現代生產發展的需要，一些新的專門化的管理機構大量湧現，彌補企業內部管理的不足。如20世紀70年代以來湧現出的資訊公司、律師服務所、管理資訊系統等管理機構。它們為各行各業順應經濟潮流、為改善企業經營管理提供各種各樣的管理服務[63]。

　　市商化易利經濟是一個雙贏、多贏、共贏的價值共藩經濟，因此它具有非凡的財富創造能力。在市商化易利出現之前漫長的人類易利歷史中，充滿著掠奪、欺詐、威脅等零和型活動，所以人類財富文明的進步非常慢。而市商化易利活動的目的不是戰勝敵人，是要尋找最優的共藩競爭創富組合。

　　經濟增長、人們生活品質和幸福指數的提高，已完全證明人類對易利市商化經濟文明的選擇是完全正確的。這種不靠主觀意向、不靠烏托邦幻想的自我發展，形成了人類欲望報酬遞增的市商化文明形態，實在是人類之大幸，也證明人類自身完善自我、

63　日本有家專門提供專利技術資訊的服務公司，名叫「情報發展株式會社」。這家公司掌握了自明治維新時代有發明專利以來最全面最系統的專利技術資料，擁有世界第一流的資訊存儲、檢索和服務的電子計算機系統。當某企業需要得到有關小轎車外形的設計資料，只要向發明協會提出申請，發明協會就會根據客戶要求，通過電子電腦，輸出自日本有汽車以來數千張完整的汽車外形資料。張員啟：《西方企業管理制度「大揭秘」》，財商網，2020年3月30日。

完善財富關係，向宇宙持續融合的能力。相信宇宙規律一定會被
人類所逐步認知，並保佑人類的發展。但前提是保障人類基因即
人類個體的發展。任何對人類基因個體的威脅或限制，都是對人
類的威脅或限制。

　　短短幾百年，包括市商化資本主導的易利在內的市商化易利
競和遞增就取得了非凡的成就，最集中的體現是「兩次革命」與
「兩個爆發」。而點燃「革命」、引爆「爆發」的，則是易利市
商化資本主導的經濟文明。也就是說，沒有500年來市商化資本
主導的擇優競爭與近百年來市商化易利的共藩競爭，沒有市商化
易利競和，也就沒有今天的財富創造的現代化。隨著15世紀的地
理大發現帶來的新航路開闢，16世紀在市商化資本主導的易利推
動下，引起了歐洲商業易利和世界市場的一系列新變化。其中，
主要的變化是：流通中的商品種類與數量的增多；商路及商業中
心的轉移；商業經營方式的轉變；世界市場的雛形開始形成，這
就是所謂的商業革命。伴隨商業革命的還有價格革命，價格革命
主要含義為金銀貶值、價格上漲。在市商易利中價格非常重要，
它實際上是市商易利的指揮棒，既決定供應者印票又決定消費者
投票。即：依據價格，決定易利是否達成及易利是否繼續重複進
行。商業革命，使世界上原本相互隔絕的地區溝通起來，歐洲國
際貿易日益拓展，出現了全球性的市商化易利經濟關係，世界市
場逐漸形成，易利規模近乎幾何型增長。價格革命，攪亂了中世
紀傳統的易利關係，依賴固定地租收入的地主經濟地位下降，按
傳統方式收取貨幣地租的封建主，因貨幣貶值而實際收入減少，
日益衰落。製造商品和銷售商品的新興的工商業資產階層一方面
付出貶值的貨幣工資，另一方面高價售出商品，形成快速而巨大
的財富積累。

　　相對於傳統易利，市商化資本主導的易利創造財富及財富增長速度是爆發式的。在1870～1998年期間，作為新型工業化國家的日本，勞動生產率提高了48倍，老牌的工業化國家的英國也提高了10倍。過去300年裏，作為最發達的美國等3個國家人均GDP增長了約50倍，比較落後的尼日利亞等3個國家人均GDP也增長了近5倍。在國民生產毛額（GDP）的人均成長停滯了千年之後，接著在1800年左右以驚人的方式起飛。在不過兩百年前，人類開始富裕了起來，而且愈來愈富庶。至少在西方，人均所得開始以前所未有的速度，每年大約成長0.75%。英語許多辭彙皆見證了1750年後的世紀變化：工廠、鐵路、蒸汽機、工業在那段時期首度出現[64]。易利在市商化資本的主導下，生產者即是消費者，因

64　1553年，英國最早的合股公司——俄羅斯公司和非洲公司誕生。俄羅斯公司的產生與卡波特的航海探險活動有關，其所需的3000英鎊資本，被分成每股25英鎊籌資。1720年，英國所有合股公司積聚的資本達5000萬英鎊之巨。在1750～1950年的200年裏，世界平均人均GNP增長了160%，發達國家增長了479%，第三世界平均也增長了8%。在1860～1960年的100年裏，世界平均人均GNP增長了188%，發達國家增長了348%，第三世界平均也增長了44%。尤其令人驚異的是，人類生產與消費人群不斷擴展，規模不斷擴大，層次不斷提升，區域已為立體。其中，科學技術的貢獻絕不應該被忽略。技術一定會在犧牲少數人的同時造福了多數人。昔日的工匠技術因為機械化的進展變得無用武之地，使得成年男性勞工處於劣勢；童工的比率激增，1830年代童工約占紡織廠雇用的五成勞動力。在20世紀，絕大多數的西方民眾視技術為生財工具，並認為技術改善了工作條件，最危險、最低賤的工作也因此消失。民眾發現自己的工資與機械力量的利用有關。此外，民眾除了可以使用持續湧進的新商品與新服務，也從中受惠不少。汽車、冰箱、收音機、電話等數不清的革命性技術，即便是文藝復興時代的歐洲君主也無福體驗，但在1950年，這些技術在西方的生活周遭隨處可見。卡爾·弗雷：《進步的代價：技術變遷、資本力量與權力分佈》，勿食我黍，2021年4月3日。

　　為生產者有了工資就意味著佔有了一定的財富，就可以用於易利用於消費。今天人類已經達到80億人，這些人口有的是過去的生產者、今天的消費者，有的既是生產者又是消費者，有的不是生產者但是未來的生產者、現在的消費者。今天人們的消費與生產已擴大到太空與海洋，可以說幾乎沒有任何力量能夠阻止人類生產與消費人群的擴展、規模的擴大、層次的提升[65]。人人既是消費者又是生產者，每個人都捲入了競爭，都參與了易利。而且要在自主、平等、協商、自願、多元、共藩基礎上的易利競爭。這就是市商易利競和的魅力。「兩個革命」、「兩個爆發」性增長，加劇了正向競爭。所謂正向競爭，就是在自主、平等、協商、自願、多元、共藩易利基礎上以價格為尺規的競爭，使財富快速高質量增長，從而形成競爭與合作正向結果集和，促使人類總體財富欲望報酬遞增。

　　總體看，欲和是激發人與財富建立緊密相擁的關係，契和是規範人與人在財富交換中的關係，競和是重塑人與人的財富創造關係。三種關係的持續優化，實現了財富欲望報酬遞增的持續改

65　從蒸汽機的發明到IT技術革命，新技術的應用與大規模就業破壞密不可分。任何一次工業革命都是對勞動力的解放，與此同時又提高了對勞動力素質的要求。第一次工業革命要求勞動力掌握機器操作，第二次工業革命要求勞動力高效率生產。而在第三次工業革命中，除了某些生產任務因太過精巧而機器人無法操作需轉包給擁有廉價勞動力的國家外，大部分生產工作將由機器人承擔完成。可以預見，從事製造行業的勞動力人數將大幅減少，而剩餘的勞動力則需要成為機器維護員、軟體設計者，通過操縱智慧軟體管理機器人完成生產任務。這種生產方式下，生產人員需要很高的知識水準和技能。對客戶需求的快速回應，也要求勞動力有良好的設計能力與創意。故此，知識型員工將成為企業核心的的競爭資源。徐夢周、賀俊：《第三次工業革命的特徵及影響》，貓眼看人，2012年8月11日。

進，在消除了個人霸凌、治理政體霸凌易利及掠奪零和，以及消除了神權霸凌零和之後，創造出燦爛的人類新文明——易利市商化經濟文明。從19世紀早期以來，今天的高收入國家的長期增長表現就比低收入國家更好，但它們並不是增長更快。低收入國家的增長和衰退的幅度都更大，但衰退得更加頻繁。而高收入國家恰恰是易利市商化經濟文明程度較高的國家，而低收入國家恰恰是易利市商化經濟文明程度較低的國家。美國是當今世界公認的文明強國。美國從英國身上繼承了很多優良傳統，如限制治理政體權力、執行民抉立法、尊重個人產權等。根據知名歷史學家艾倫・麥克法蘭的說法，這些優良傳統自13世紀起就已經存在。也就是說，經過800多年的進化，易利市商化經濟文明才演變成為以美國為代表的樣子。美國誕生於一個做生意的年代。美國可以稱得上第一個賦予「商人」一詞現代意義的國家。自從美國獨立以來，美國人對商人非常尊重，商人的地位相當於英國的紳士、法國的知識份子和德國的學者。正如托克維爾所說，美國人「在交易的過程中樂於展現出英雄氣概」，這種現象使經商成為美國的一種信仰[66]。應該說，易利市商化經濟文明也是以美國為代表的所有文明國家的信仰；相信也是未來人類共有的信仰。

易利市商化經濟文明如同宇宙，也如同生命，蘊藏著無數個秘密，尤其是其何以能夠像永動機一樣，使人類的財富欲望報酬實現遞增，實現正和。至今，易利市商化經濟文明仍然在不斷地複雜演化之中。相信這種複雜演化一定會給人類每個生命個體以持續的驚喜和驕傲，因為每個生命體都置身之中，既是參與者又是受益者。這種驚喜和驕傲將使人類真正地融入宇宙之中。

66　艾倫・格林斯潘：《繁榮與衰退：美國經濟發展的歷史與經驗》，勿食我黍，2020年4月13日。

　　仰望天空，易利市商化經濟文明一定會給每個人類生命個體帶來無盡地遐想。

第九章

多元間性守衡

易利市商化經濟文明之所以能夠實現財富報酬遞增，除其擁有獨特的內在運行機制及秩序、制度保障，還得益於易利相關方力量的均衡，如同太陽系、銀河系乃至宇宙一樣。這就是多元間性守衡。

中世紀擁有的多元性是人類歷史上最壯觀的。多元性具有極其重要性，只有多元性才能孕育出一切偉大的可能性。現代議會制度、大學制度及現代國家的起源，都與中世紀息息相關。與西方中世紀大體近似的是華夏的春秋戰國時期，傑出的思想家、政體治理家及大商人都是那個時期孕育的，後來再也沒有出現過，民國初年只是曇花一現，難以比肩。而多元性對易利市商化經濟文明當然更為重要，多元性是易利市商化經濟文明之因，多元間性守衡是市商化的本質特徵，也是其由中世紀留下的多元性種子盛開的花朵和結出的豐碩果實。

所謂多元間性守衡，就是易利行為各方不可能一力獨大，使其他各方臣服於己，而是在各群聯間性的作用下，形成力量均衡和價值共藩，並使之處於守衡狀態。多元間性守衡也是易利市商化經濟文明與非易利經濟文明的根本區別。

非易利市商化經濟文明之所以必然導致易利失衡，就是因為存在一力獨大的易利間性。因為，在前易利市商化經濟文明階段，雖然易利間性並不必然造成易利失衡（概率也非常大），但在沒有易利市商化經濟文明的運行機制及秩序、制度等等，易利失衡的道德風險行為肯定存在，加上一力獨大（往往是政聯主體間性獨大）易利風險就是必然。所以，在非易利市商化經濟文明中都是如此，一力獨大的易利間性是易利失衡的主因。而且在缺少規範、規則、信譽等情況下，間性主體誰在易利中更佔優勢，

誰就是易利失衡的製造者。家庭、團體、組織、城市、國家等群體是生命個體（人類生命個體）的宿主，在易利中，體現明顯的群體易利間性。群（主）體易利間性與生命個體易利間性雖然有所區別，但沒有本質上的區別，只不過決策和享有財富主體不同而已。群體決策需要集中，財富享有需要再分配；而個體的決策權、享有權都屬於個人一人。

第一節　主體間性

間性原指第三性別，主要來源於主體間性。主體間性是拉康提出來的，又譯主體交互性，是認知語言學——身體現象學對主觀語用的研究模型。與生物學的間性意義不同，主體＋間性組成的詞主體間性，是指人對他人意圖的推測與判定，是胡塞爾精神現象學的主題之一[1]。在現代市商化易利中，幾乎每個成年人都是既是生產者，也是消費者。無論是參與生產，還是參與消費，每個人的行為都體現出胡塞爾精神現象學意義的主體間性。借用主體間性概念，在易利中可以將易利間性定義為：作為易利主體的人與人或群體與群體、群體與個人之間的彼此分別同體、相互預判

1　「間性」這一術語來自於生物學，據廈門大學教授黃鳴奮考證，「間性」亦稱為「雌雄同體性」，指的是某些雌雄異體生物兼有兩性特徵的現象。主體間性強調主體與客體的共在和主體間對話溝通、作用融合及不斷生成的動態過程；不是把自我看作原子式的個體，而是看作與其他主體的共在。主體間性有不同的級別，一級主體間性即人對另一個人意圖的判斷與推測；二級主體間性即人對另一人關於其他人意圖的判斷與推測的認知的認識。通常人們最能進行五級主體間性的判斷，五級以上就容易做出錯誤的判斷。胡塞爾認為主體性是指個體性，主體間性是指群體性。也可以說，「存在」不是主體性的，也不是客體性的，而是主體間的共在。Dialectic：《胡塞爾：主體間性》，互聯網，2022年6月24日。

的易利關係，即，共處易利關係之中，都要對對方及相關方他人意圖進行判斷和預測；易利關係各方均自成易利主體同體，對自己的易利行為負責，享有易利成果。易利間性關涉到易利關係以及易利觀念統一性問題。

沒有易利主體間性就體現不出理性易利，而易利主體間性所附著的互動交往行為，則更主要的取決於各易利主體的行為主體意識傾向。人類與動物的本質區別之一，就是主體間性及主體之間的易利。易利是生命個體互動的基本行為方式，但在生命個體所依賴的易利方式中，最初只有商業是人類使用的主要易利方式。因此，易利主體間性所依賴的互動行為，在最基本的層面上是由商業易利行為展現的。在沒有易利市商化經濟文明相關規範、制度、契約、秩序等的約束下，易利間性往往就是易利主體間的博弈，是資訊不對稱狀態中經過對他人意圖的判斷和預測後的相關決策、行動及其結果。多數決策和行為體現出對對方不信任情況下的自身群體或個人的保護。

由於自我保護的需要，易利主體傾向於自組織，即更多地存在於群聯主體間性，在群聯主體間性中保護自身利益。因此，直至今天，群聯主體間性在易利間性中依然十分重要。在群聯主體間性中有兩個突出的特點，一是政聯（治理政體群聯）主體間性有一力獨大的天然優勢，容易形成壟斷；二是家聯（家庭群聯）主體間性式微，更多地傾向於向個體間性演變。因而，易利市商化經濟文明，就是順應家聯間性個體趨勢、形成新的團體力量，以有效管控政聯主體間性排他的壟斷（一力獨大）風險，實現經濟文明的多元間性守衡。

一、群聯主體間性

原始部落是典型的群聯主體間性。所謂群聯主體間性，就是在易利中，群體是一個利益單元，以群體成員共同體為主進行的易利間性行為，以群體的智慧對易利關係對方的意圖進行判斷和預測，以群體的力量對群體自身利益進行保護並應對相關的風險。

■ 共同體：利益統一的意志。易利興起之初，易利主要發生在生產門類、自然條件不同而擁有不同產品的氏族、部落之間，由氏族、部落首領為代表，對外進行易利。華夏有虞氏部落的首領舜就是擅長於從事易利活動的一位有名歷史人物。傳說舜曾「作什器於壽丘（今山東曲阜），就時於負夏（今河南濮陽附近）」（《史記·五帝本紀》）。「就時」即乘時逐利進行交易的意思。又說舜「販於頓丘」；「頓丘買貴，於是販於頓丘；傳虛賣賤，於是債於傳虛。」（《尚書·大傳》、《屍子》、《帝王世紀》）頓丘在今河南浚縣，傳虛在今山西運城。舜利用兩地東西的貴賤，從中獲利。為了掌握河東池鹽，舜在當上堯的繼承人後，把治理中心遷於靠近鹽池（名解池）的蒲阪之地。今蒲阪城中尚有舜廟，鹽池所在地的解虞縣（現為運城）帶有「虞」字，也都與舜有關。舜在位時更花力氣發展食鹽生產。相傳舜作五弦琴，曾彈琴，歌南風之詩：「南風之薰兮，可以解吾民之慍兮；南風之時兮，可以阜吾民之財兮。」（見《古今圖書集成·食貨典·鹽法》）夏季薰風及時南來，池鹽就自然結晶，部落的財富就可增多，素稔食鹽易利之利的舜，對池鹽生產的好壞當然甚為關心[2]。

2　佚名：《遠古的物物交換》，中國古代商業，2017 年 12 月 21 日。

　　古希臘城邦也是群體易利間性的典型代表。據估計：一般的典型希臘國家的面積在50–100平方公里之間，公民人數在625–1250人之間，能夠提供戰士的人數為225–625左右。總人口超過數千人，達到數萬人的並不多。城邦追求的是公民間的整體至上。所謂整體至上，就是在對待個人與城邦之間的關係上，城邦第一位，個人第二位，個人只有融入城邦，為城邦獻身，才真正實現了其價值。希臘人把城邦看作是一個有機的整體，公民集體是其中的組成部分。亞裏士多德指出：城邦雖在發生程式上後於個人和家庭，在本性上則先於個人和家庭。就本性來說，全體必然先於部分；自然生成的城邦先於個人，就因為個人只是城邦的組織部分，每一個隔離的個人都不足以自給其生活，必須共同集合於城邦這個整體。在希臘人看來，有了城邦，就有了公民個人的一切。城邦的繁榮和強大，也就意味著公民個人的自由和獨立；城邦的毀滅，則意味著公民權利的失落和個人自由的喪失。因此，希臘城邦中的公民都把城邦的整體利益視為神聖，公民的集體意志視為法律。因而，希臘城邦不僅是土地與人民，而是一種空間。城邦空間不是無限世界的一個片斷，而是一個「界限」，通過這個「界限」，個人從他的勞動、家事與日常生活中分離出來，進入一個共同生活的空間。起初公民並不雜居在城內，城並非居住之所，而是神廟和公眾聚會的廣場之所在。按照亞裏士多德所說，城市就是公民集體，「公民」的本意是「受徵召者」。公民參與城邦活動，實際就是城邦的股東，就像狩獵和戰爭中獲得戰利品一樣，城邦會將收入盈餘在公民們中分配，因此公民們通常在盛大節日時聚在一起，共同享用祭祀動物的肉。在希臘人看來，維繫共同體不是官方代表的職責，而是組成共同

體的群體的任務[3]。

　　■ 群體性：利益抱團的凝聚。在一些非完整性資本主導的易利經濟國家和地區，利益抱團的群聯間性非常普遍。經濟領域各方面都有根深蒂固、幾乎沒有制約的「群聯間性易利」現象，這與現代化、市商化是不相容的。一些「企業」壟斷嚴重而形成了「群聯間性易利」的固化結構。如，治理政體所有的銀行，表面上是頂層領導，實際上頂層也領導不住。它們各自佔領一個領地，各有各的政策。領地好的賺錢多，不好的賺錢少。各個群聯主體間性易利單位圈出一個個經營板塊，有強大力量保護支持，別人侵襲不進這個板塊，所以它能夠保證賺錢贏利，賺多了就自分，如果賠了錢就由治理政體拿納稅人的錢去補貼。群聯主體間性的易利與壟斷，二者相輔相成。由個人和集團的利益本能驅動，在一個大的權力中心下形成群聯主體間性易利割據或者占山為王，就成為常態或普遍現象。幾乎全部治理政體所有的企業和單位都加入了這個群聯主體間性易利行列。在各事業單位中，如教育、文化、醫療等單位，皆是如此。大學校內的結構的群聯主體間性易利也固化了，每一個院系就是一個群聯主體間性易利領地，各自為政搞創收，導致一些學科教授的收入是另一些學科的5倍以上。電視臺、報紙、醫療等部門也同樣群聯主體間性易利化了。同一電臺的各個頻道之間，每個頻道的各個室之間，工資差別都非常巨大。在成熟的易利市商化經濟文明國家，群聯主體間性易利領地被充分的競爭所打破，形成統一的市場價格，同行業之間不會出現很大的工資差距。在美國、日本、韓國都不會出現這樣的情況，因為這些國家的市場發展充分，企業之間進行較為

3　克裏斯蒂安‧邁耶《城邦結構：自由文化與公共領域的相互塑造》，勿食我黍，2020年5月28日。

充分地競爭。它們的大型私營企業的壟斷主要是靠技術與努力支撐。美國的大學裏經濟學教授的平均收入高於文、史、哲教授不超過20%，韓國首爾大學不同學科教授的收入相差甚微[4]。

　　在易利向易利市商化經濟文明發展過程中，具有代表性的群聯主體間性易利組織，是歐洲中世紀的行會。從西元9世紀起，在歐洲自治城市與海濱等地，民間逐漸產生了一種自發的聯合組織，也就是行會。這種行會是由城市裏經濟實力最強、互相聯繫最緊密的商人成立的互助組織。進入13世紀後，隨著手工業生產的擴大，他們開始模仿商人行會的組織和條規，組織自己的互助組織，即手工業行會。手工業行會是為了手工業者互相幫助、排斥競爭而成立的，其首要功能就是對行會成員提供一定程度的救助和福利。這類行會具有治理政體職能性質，所以具有壟斷性、排他性特點，是易利的需要，但提供公共產品的特色也非常清晰。中世紀歐洲沒有明確的刑法和員警制度，在封建領主沒有管轄權的城市裏，主要是靠各個行會組織自行維護會員的人身和財產權利。當會員的利益被別人侵犯的時候，首先出面維護他的權益的就是行會。1316年，博洛尼亞鐵匠行會的一個會員被某貴族家庭成員謀殺，行會遂召集會員為被害人復仇，搗毀了兇手家的住宅。中世紀的自治城市的管理由各個行會共同進行。擁有市民資格的必須是某個行會的會員，有的時候甚至只能是比較主要行會的會員。所以城市居民的治理權力也和行會緊密相關。從個人的角度來看，在外地經商和做工也離不開本城市行會的支持和保護。例如中世紀的商業共和國，一般都以國家的名義在主要經商地點開設商業代辦處，由商人行會進行經營，負責與外國交涉並

4　尹保雲：《走出「封建」社會，迎接現代文明》，北京大學教學促進通訊，第十六期，2011年6月。

處理貿易糾紛，維護本國商人行會會員的利益。中世紀行會會員甚至還享有「帶薪病假」這種現代福利。比如巴黎的毛皮工行會規定：在工人生病期間，行會會付給工人每週3蘇的基本工資，保障工人的基本生活和治病花費，並在病好之後繼續付他一周的工資讓他恢復身體再投入工作。如果工人不幸病死，行會會替他送葬並打理一切後事。並將他的遺孤撫養成人，將他的遺孀遞補為會員[5]。

二、政聯間性排他

在所有群聯中，政聯是多元守衡的最大風險。其一，政聯有利己的間性；其二，政聯有使用強力的權力。非易利市商化經濟文明之所以必然失衡，根源就在政聯及其間性。所謂政聯主體間性，就是在易利中，以作為利益單元的治理政體為主進行的易利間性行為。以治理政體自然人的智慧對易利關係相關方的意圖進行判斷和預測，以治理政體的力量對治理政體自然人自身利益進行保護並應對相關的風險。

■ 專權：排他性治理政體利益同體。權力核心價值，就是治理政體自然人整體把獲得對別人的「統治」權力當作謀取利益以及實現自我的主要手段和最高的人生目標。從3世紀末起，治理政體越來越專制化的羅馬帝國，其人口下降、力量衰退，蠻族威脅日益嚴重。此時的治理政體為了自己的生存而竭力奮鬥，開支增加、稅收加碼，使國民越來越受到治理政體的奴役。

以治理政體統領經濟及一切，是華夏歷代所有治理政體的共同特性。尤其是在經濟領域，以治理政體為中軸進行主體間性

5　玖零同學：《自由主義未必是封建主義，但一定是共同體主義》，漢之聲，2021年3月10日。

易利，成為華夏一貫的傳統。為了確保治理政體的經濟間性易利，對經濟領域的異己力量也本來應該是主體間性易利主導力量的商人，進行堅決打壓。古往今來，華夏輕視的是商人，而從來不輕視商業。打壓商人由政聯主體間性易利性質所決定，毫不手軟。歷代史書中的所謂「大帝」，從秦始皇、漢武帝、成吉思汗到康熙、乾隆，無一不是王朝至上的實踐者，在其統治期內，商人階層從來就是被打壓的群體。因為治理政體的利益永遠在臣民的利益之上，這也是政聯主體間性易利的本質，而執行這一政策的官僚，因為要與民爭利，所以又必定多為嚴厲的酷吏，先是以鐵腕手段對付商人及中產階層，然後又私下作法敲詐，結成權貴利益集團[6]。所謂的與民爭利，是治理政體自然人，也就是官吏以治理政體或王朝的名義為自身的利益與民爭利。政聯主體間性易利，主要信奉的就是權力核心價值。在世界各文明當中，古代華夏對商人的歧視是最直接最徹底的，很少有文明如同華夏這樣，用「士農工商」的排位，將商人列為最低等，並且在生活享受標準、子孫讀書就業等方面進行公開性歧視。在古代華夏，「治理政體地位、權力高於一切，治理政體力量可以向一切生活領域擴張。」如果說西方不成熟的市商化資本主導的易利是金錢萬能，那麼華夏則是治理政體權力萬能。有了官權，你就有了一切；沒有官權，你就失去一切。官權力的來源主要依靠赤裸裸暴力，而非和平狀態下國民同意。華夏是一個「官權決定一切」的「超經濟強制」的族裔群體。明代朱元璋竟組織了數千萬人的大移民；甚至到了清朝康熙時代，尚可一道遷海令下，沿海三十裏內，民眾搬遷一空。如此巨大的治理政體動員能力，讓西方人驚歎不已。這種治理政體獨大說一不二的惡政，竟然被治理政體自

6　吳曉波：《古人真的「輕商」》，財識網，2012 年 9 月 6 日。

然人視為一種優勢，甚至是獨特的治理政體優勢。因為權力的獨佔性，所以歷代君主都對商人階層抱有戒備和歧視心理。戰國時期，治理政體主導者們就十分銳敏地認識到，經濟力量會威脅治理政體的穩定。歷代君主都奉行「利出一孔」政策，即天下所有的好處，天底下所有的利益，都要從治理政體權力這個一「孔」出來，由君主來賜予[7]。這樣，商人要生存與發展，必須依附治理政體，做「紅頂商人」，即：利用各種手段混進官場，謀個一官半職，或找官員做靠山，利用政聯主體間性易利牟利。自秦以降，莫不如此。

　　與華夏文明比較接近的是拜占庭帝國。湯普遜指出：

> 在第6個世紀的開端，東羅馬帝國的工業機構包括在政府管理下的一大批排他性的貿易和工業的團體。這些團體起初為了它們的成員的經濟利益自願結合起來，後來發展成為國家的工具，按照它的利益來管理商業了。早在第四世紀初，國家已使一個團體中的成員資格成為世襲的和強制性的。拜占庭帝國的經濟組織，是一個高度社會主義的組織，但卻是一個自私自利的組織，因為它的管理方法是受統治者和他政府的利益所支配[8]。

　　在拜占庭，治理政體干涉一切，控制一切，隨意進入店鋪並核查賬目。它規定工人的工資、每一種貨品出售的日子、地點和價格；購買本行業所需要的原料，是製造者所屬的組織的事情。一般人只准經營一種行業，不得兼做其他行業。不僅不同行業間的通路為法律嚴密封閉著，而且任何一個團體都須受千百條款的

7　張宏傑：《古代中國為什麼要防範商人》，友朋說，2021年11月2日。

8　湯普遜著，耿淡如譯：《中世紀經濟社會史》（上），p.210–211，商務印書館，1997年版。

限制[9]。《市政官手冊》一書出現在912年，書中明確規定，治理政體要對重要商品和服務的生產銷售進行監督管理，並設定了最大的利潤幅度。治理政體在拜占庭經濟中發揮了決定性作用。既然起決定性作用，就需要一套體系和官員。這些官員當然就形成了自己的政聯主體間性，以至於賣官鬻爵。而且不可避免地要形成權利的集中，帝國中央政府就收回了不少本應該屬於地方的資源和權利。當義大利城市開始引進選舉制度、英格蘭開始採用陪審團進行司法審判的時候，拜占庭帝國裏的一切事務還只是處於一個人的絕對統治之下[10]。層層如此，權職不對等，致使治理政體效率難以保障，地方在政聯主體間性的作用下離心離德。如此，拜占庭不亡也難。

　　■ 極權：專屬性治理政體間性利益。在華夏，所有治理政體的花言巧語、冠冕堂皇，其背後都是政聯主體間性易利的骯髒交易。至少自春秋戰國以來，治理政體收入是由稅賦和專營收入兩項構成的。後者的實現，是通過控制戰略性、民生必需之物資，以壟斷專賣方式來完成的。這一治國理念之形成及傳承，始於西元前7世紀，在當時，齊國的管仲將鹽鐵收歸國有專賣，此後兩千多年以來，被相繼收歸國有專營的有：酒、漕運、礦山、鐵路、外貿、銀行、企業，以及土地等等。在這種體制內，治理政體其實變成了一個有贏利任務的「經濟組織」。但在私有私營經濟組織來看，它缺乏公平性。當它們從各自的利益訴求出發，成為微觀經濟領域中的逐利集團時，真正的產權清晰的私有私營經濟組

9　湯普遜著，耿淡如譯：《中世紀經濟社會史》（上），p.423，商務印書館，1997年版。

10　狄奧尼修斯·史塔克普洛斯著，陳友勳譯：《拜占庭一千年》，p.293，化學工業出版社，2020年版。

織則被夾在其中，進退失措[11]。華夏的民營企業家與王朝始終保持著密切的合作關係。一個根本性的解釋在於華夏治理政體主導的易利模式。民營企業家不得不高度依附於治理政體，以尋求可能的庇護和尋租機會。儘管歷代朝廷高舉反腐大旗，但政聯主體間性、政商一體的主導模式從未改變，也從未想到去改變。至今改變政聯主體間性雖然成為必然，但仍然任重道遠。[12]由此看出，政聯主體間性的韌性十分頑強。

實際上，世界上其他落後文明國家也是如此。其政聯主體間性易利也都是為治理政體，尤其是為治理政體自然人服務的。德國之聲記者曾撰文披露「（埃及前總統）穆巴拉克是怎麼獲得其170億美元財產的」：當年埃及政府需要資金，不得不在國際金融市場上出售其國家債券。由於埃及的國家信用和償還債務能力受到普遍的質疑，這種國家債券在當時不得不以其票面價值35%的價格出售。賈邁勒趁機大量買下了這些債券，因為他得到保證，將在埃及國內獲得票面價值的百分之百。這個保證自然是在他的父親穆巴拉克的影響下做出的[13]。16世紀的西班牙治理政體由大

11　吳曉波：《當政府成為「經濟組織」》英國《金融時報》，中文網，2010年07月01日。

12　黃傑：《被中斷的體制化：當代中國商業家庭的代際職業傳承》，治理研究，2022年第2期。

13　2001年埃及政府曾通過了一項法律，要求所有的汽車都必須安裝座椅帶，而進口座椅帶的特許證就掌握在穆巴拉克的大兒子阿萊手中。賈邁勒的密友艾哈邁德・伊茲是埃及民族民主黨書記、埃及議會國家財政委員會的主席，他利用這種得天獨厚的關係，壟斷了埃及進口鋼材市場，而埃及的鋼材進口數量，自2009年起一直居阿拉伯世界首位，超過所有阿拉伯國家進口鋼鐵總量的1/5。趙剛：《國家變成了為家族利益服務的機器》，中國經濟時報，2011年4月29日。

量集權的官僚機構組成。經濟和治理的每一個細節都是為了促進
王室的利益以建成自羅馬以來最強大的帝國這個目的來安排。於
是，教會，以及管理複雜的官僚系統是主要的穩定性就業機會，
而且在軍隊、教會及司法界任職就有不錯的報酬[14]。直到11世紀
末，中東地區都是世界上最具活力的經濟體之一。那是因為國
家治理政體的精英們認為商人和私營部門對經濟運行不可或缺。
然而，當他們發現這種支持會改變現有的秩序，從而使他們失去
治理權力以及所帶來的特權時，治理政體精英就會反對原來的做
法。因為，他們自己的利益才是優先選項[15]。

　　由此，政聯主體間性是必須時刻關注和警惕的特殊群聯間
性。把權力關進籠子，就是要有效管控政聯主體間性，防止其利
用獨特的控制強力優勢形成一力獨大，壟斷一切。這既是邁向易
利市商化經濟文明的充分必要條件，也是易利市商化經濟文明守
衡的充分必要條件。

三、家聯間性式微

　　考察人類世界，會很容易發現一個有趣的現象：人類生存
越原始，生命個體對群體的依賴性越大。一旦生命個體擺脫生存
的威脅與恐怖，個體間形成的價值關係日趨重要，並逐漸演變成
為群體與個體價值關係中的主體。群體不再作為生命個體生存的
決定性力量，而是個體之間價值關係的集合與整體。這種價值關
係的維繫，即人與人之間的交換關係（意指沒有明顯的價值升值

14　道格拉斯・C・諾斯著，杭行譯：《制度、制度變遷與經濟績效》，
　　p.135–136，格致出版社，2014年版。

15　拉裏・尼爾等主編，李酣譯：《劍橋資本主義史》，第一卷，p.269，
　　108，中國人民大學出版社，2022年版。

意圖），尤其是以價值升值為目的的易利關係，成為易利經濟哲學的命題。而維繫個體間及個體與群體間、群體之間永恆價值關係，也成為經濟哲學或叫易利經濟文明哲學的中心命題。正是家聯主體間性易利，使易利的激勵作用開始向個體進一步貼近。在家聯主體間性易利中，個體生命的作用在整個間性單元整體經濟中所占比重進一步加大，作用十分突出。

在華夏，自古皆是家的文明。家即是國，國即是家。從來都沒有進行類似西歐的複雜性演變，基本停留在原始部落氏族文明層面。以一家治理眾家，以眾家服務服從於一家，是氏族部落文明的活化石。但在家聯主體間性上也表現出由大家向小家的必然演化。早期，華夏經濟制度就是王權所有與控制的大家聯主體間性易利制度。最終，這種格局還是被堅決打破。在周朝，沒有自耕農、沒有獨立的手工業者和商人，一切生產要素、生產過程和分配過程，都在國王、貴族和貴族官吏的直接計畫控制之下。從土地所有權上看，「普天之下，莫非王土」，周王是全國土地的唯一所有者。從農業生產管理來看，西周實行井田制，相當於集體公社。社員們集中到田頭開始幹活前，要由農官分發工具。土地屬於國家，以周王為代表，絕對不准買賣，所謂「田裏不粥」。從手工業來看，沒有私營工商業主，只有官營手工業。物品的易利，也由貴族和官吏統一控制，這就是歷史上所說的「工商食官」，即工商業者吃的是官家的飯。從教育來看，沒有私立學校，教育由貴族控制，只有官府才能開辦學校，只有貴族子弟才能入學。就算是貴族們想開辦學校，沒有周王批准也是不行的。周朝這種以國為家的「大家聯」制度，在春秋戰國時期開始崩潰，小家聯主體間性易利開始出現。原因是什麼？歷史學家們較普遍的結論是：鐵器開始普及。春秋以前，仍屬於青銅時代，

那時的青銅仍然貴重，只是用於製造貴重的祭器或武器。農業生產所用的工具，仍主要是木制工具。個人能掌握的生產工具太落後，生產率太低，抵禦、開發自然的力量太弱，只有集體勞動才可能生存。單個人或單個家族離開了公社（大家聯）集體，很難活下去。但鐵器一普及，個體生產力直線提高，單個小家庭就是離開了大家聯群體，也能活下來。大家聯主體間性易利的現實必要性減弱了，其低效率的一面反而體現現了出來。人口多了，生活緊張了，能幹的人就不願意在集體公社中受貴族和農官們剝削，不願再和懶漢們一起混日子了。他們為更好的收入而逃走，為更高的效率而逃走，為自主生產而逃走，大家聯公田荒蕪了，自耕農漸漸產生了，大家聯易利主體間性當然要讓位於小家聯易利主體間性。私營小家聯主體間性易利隨之脫穎而出[16]。在鐵器的刺激下，「民逃國（大家聯）退」引出了「國（大家聯）退民（小家聯）進」，華夏大地出現了文明史以來的一次壯觀的私有化和小家聯主體間性易利化運動，易利經濟文化因此而了大的發展，成批的大軍事家、大商人、大思想家從平民（小家聯）中湧現了出來。獨立的自耕農（小家聯）出現了，獨立的工商業群體（小家聯）出現了，財富剩餘大量增加了。同時，由於傳統貴族衰敗了，過去依靠王公貴族們吃治理政體飯的知識份子開始從民間找飯吃，私學（小家聯）開始了。「學在官府（大家聯）」的時代結束了。土地的所有權經營權、工商資產的所有權和經營權、知識份子們從事教育事業的權力，逐步由王（大家聯）權轉向了民（小家聯）間。

　　與家聯主體間性易利有關的論述，最早可在亞裏士多德在

16　艾倫・麥克法蘭著，管可穠譯：《英國個人主義的起源》，p.34，商務印書館，2020年版。

《政治學》卷一中找到。其論證城邦的自然性的邏輯，是先從家庭的自然性開始的，然後論證家庭如何產生村落，而村落又如何自然生出城邦。但亞裏士多德不同意那種家國同構的思想。家庭產生村落是因為多個家庭需要比生活必需品更多的東西，城邦的產生則是因為人們不僅要生活，還需要好生活。村落、城邦的產生，無疑是因為有易利目的的家聯主體間性。所謂家聯主體間性，就是在易利中，以作為利益單元的家庭或家族為主進行的易利間性行為。以家庭或家族的智慧對易利關係對方的意圖進行判斷和預測，以家庭或家族的力量對家庭或家族自身利益進行保護並應對相關的風險。

　　從易利角度看，家聯間性易利更具優越性。隨著易利的發展，由主要發生在不同氏族部落之間的易利，引發出同一氏族部落的內部易利。因為制陶器、銅器、玉器需要比較專門的生產技術，當然需要長期固定的操作人員，這樣部落中的某些氏族、家族以至家庭，逐漸成為分工專門從事某項手工業的氏族、家族和家庭。由此，易利不但對外，而且對內展開。在易利中佔有利地位以至握有權力的家族和氏族首領不斷富裕起來；同時易利促進家庭經濟的發展，成為它們積累財富的重要手段。這些就為私有制的逐漸擴大打開了缺口。可以說易利實在是推動私有化、瓦解公產制的催化劑。耕地仍然是部落的財產，最初是交給氏族使用，後來由氏族交給家庭公社使用，最後便交給個人使用；他們對耕地或許有一定的佔有權，但是更多的權利是沒有的。

　　■ 家聯：易利間性清晰化。無論東方還是西方，家聯之易利間性都非常清晰，既有很大的差異性，也有相似之處。東西差異明顯：中世紀所有權並不是個人化。獨自而排他地擁有生產性資源的單位不是單獨的個人，而是家戶。比如農場世代相傳，所有

權不僅是當前的具體家戶，而是世世代代的家庭成員。也就是說，家戶不僅是生產及消費基本單元，也是所有權基本單元[17]。一般來說，中世紀城鎮家庭，其生活的三種必需品——糧食、衣物和住房，大部分通過易利獲得。與農戶相比，城鎮家庭的產品供自己消費的部分較小，而出售的部分較多。由於商人易利意味著其是商品的所有者，因而，城市生活不可避免地賦予財產權和契約以中心地位。城鎮商人或工匠對既當住宅又當商店的房屋擁有財產權益。這種權益與莊園主的財產權有相似之處，而與農民暫時的所有權卻大不相同。而且，鑒於領主可能是通過封建君主授予的證書擁有他的莊園，在封建制度以外的城鎮，財產擁有者的權益比莊園主在其莊園內的權益更接近現代的私有財產概念。商人和工匠家庭提供的另外一個例子，在他們被看作一個經濟單位時，他們的家庭有一定的自主性[18]。迄今為止，家庭或家族一直是幾乎所有人類群體的主要細胞和核心單位。在中世紀，一家之主對居住在一起的全體成員行使公認的權力和保護權。國王和他的機構都不能限制家主的權力。家是一個自治的、有合約的、有法律的管轄區。一家之主也履行了今天稱之為國家的職能[19]。中世紀的工商企業也是一種家庭企業，與農戶一樣，是以家庭的財產為資本建立起來的。重要的管理職能和技術技能都限於家庭和血緣紐帶範圍之內。甚至以重商和商業發達聞名的威尼斯，商業企業也是以家庭合夥和合營企業的特別形式組織起來的。家庭手工業

17　羅森堡・小伯澤爾著，周興寶等譯：《西方致富之路》，p.51，52，生活讀書新知三聯書店，1989年版。

18　漢斯－維爾納・格茨著，王亞平譯：《歐洲中世紀生活》，p.26，東方出版社，2002年版。

19　自由化：《梭倫讓雅典人不再淪為債務奴隸，孔子使中國人自我奴役》，貓眼看人，2007年2月2日。

的成功使佛羅倫斯成為當時世界上第一個工業城市而興起。湯普遜認為，這是近代市商化資本主導的易利根植於其上的沃土。

華夏歷代王朝都是家天下，因此對家聯間性尤其重視和保護。從這一點也可看出當代家族式腐敗的根由。自獨尊儒術以來，對家聯間性的維繫是別具特色的。儒教規定，父母在，子女的經濟不能獨立，子女必須將個人的所得悉數交給父母，由父母支配，否則，是不孝的行為。父母在，…不敢私其財；父母在，不敢私其身，不敢有其財；子為無私貨，無私蓄，無私器，不敢假私，不敢私與。宋代司馬光的《涑水家議》中說：「凡為人子者，毋得蓄私財。俸祿及田宅收入，盡歸之父母，當用者請而用之，不敢私假，不敢私與。」唐朝的法律規定：「諸同居卑幼私輒用財產者，十匹笞十，十匹加一等，罪止杖一百。」祖父母、父母、甚至曾高祖在，子孫別立戶籍，徒刑三年。清朝的《清律輯注》規定：「一戶之內，所有田糧，家長主之；所有錢財，家長專之」[20]。

在家聯主體間性方面，西歐與華夏存在的差異，也許這是東西易利文明發展分野或分流的一個重大原因。西元6世紀的《倫巴第法》已經出現對無限共用財富的限制：某一成員的某些特定收入不屬於家族共同體；某些特定的消費支出也由他個人負擔。馬克斯・韋伯指出，這種由個人負擔的消費意義重大。到了19世紀，家族共同體必須為生活其中的個人設立一個帳戶，以便把支出記在他的名下[21]。在家族中，操持家務的僕人也被看作家庭的成

---

20 馬克斯・韋伯著，陶永新譯：《中世紀商業合夥史》，p.37，東方出版中心，2010年版。

21 馬克斯・韋伯著，陶永新譯：《中世紀商業合夥史》，p.89，東方出版中心，2010年版。

員，家僕享有與兒子同等的地位，包括約束他主人的權威。根據西元12世紀的比薩法律，父親有義務從共有財產中分出兒子在其遺產中應得的份額，以防其子萬一犯罪而無以接受經濟處罰。因此，兒子在共有財產中佔有的份額被視為個人財產。家族成員具有共有權益，但在共同掌控的財產中各佔有一定的份額，這種形式在某種程度上賦予家族以合夥的特徵。此外，這樣一種理解家族的觀念只能——事實上，也只有在此情況下才能發展起來；家族資產通過代際關係與商業聯繫在了一起[22]。

　　但東西方家聯也有近似的一面：可能由於人類易利規律所決定，在易利中家聯間性東西方表現出清晰的一致性。比如，日本、英國的「長子繼承制」有利於財產的代際積累，從而避免家族企業的解體。一些研究華夏家族企業的學者習慣於認為，在財產繼承上普遍採用的「諸子均分制」，是導致家族企業難以長久維持的主要原因。因為產業經過三兩代人的瓜分，必然被攤薄。但全面考察華夏的商業史，會發現傳承數百年的老字號企業並不鮮見——同樣實行「諸子均分制」的華夏家族企業也有不少躲過瞭解體陷阱。即「諸子均分制」的缺陷並沒有難倒富有企業家智慧的傳統商人，如清代徽商胡天注創立著名的「胡開文」墨店，他去世前將家產平均分為八股，分給八房子孫，這是「諸子均分制」。但同時，胡天注又規定，胡家墨業由單子執業，換言之，這叫做「分家不分店」，所有權拆成股份由諸子均分，經營權則歸其中一房。這就是「胡開文」墨店能維持二百年的秘密之一。再比如，蘇州的孫春陽南貨鋪。「孫春陽家」乃是當時蘇州城最出名的百貨鋪（類似於現在的百貨超市），創辦人孫春陽生活於

22　吳鈞：《百年老字型大小的商業智慧》，財識網，2012 年 8 月 29 日。

明代萬曆年間。200多年，歷經了明清之際的改朝換代，從最初的「一小鋪」，發展成為「天下聞名，鋪中之物亦貢上用」的大品牌。孫家能夠將家族企業經營了這麼長的時間，應歸功於他們建立了一套完備的企業制度。孫春陽南貨鋪似乎是採取分門別類的開架擺貨形式，並且有非常嚴格的財務制度（一日一小結，一年一大結）與品質監管程式（選制之精，合郡所未有也）。更為引人注目的是其財產傳承制度。「孫春陽」能夠綿延數百年，其家業繼承，正是採用了所有權與經營權相分離的方式，與「胡開文」墨店做法幾乎相同，所以才有「子孫尚食其利」的記錄。令人深為惋惜的是，這家久負盛名的「孫春陽」最後亡於太平天國戰火[23]。對華夏商人來說，最大的悲哀就是，他們的企業並不是在市場上自由興滅，而是被此一時彼一時的政體治理局勢所洗牌。

伴隨市商化資本主導的易利的興起，商人日趨活躍。由於市場體系尚不完備，在非人格易利沒有得到保證的條件下，人格易利仍很重要。商業交易往往優先考慮親屬關係，商人依靠自己熟悉的親屬關係建立貿易網路。倫敦一名麥芽商人採購的大麥來自家鄉埃塞克斯郡，提供原料的全部是當地同輩或下輩的農民。這種做法在倫敦、波士頓等商業中心十分流行。親屬的忠誠守職增強了商業活動中彼此的信任感；親屬網的支持促進了商業網的擴大，成為聯繫城鄉和溝通地方與商業都市的積極因素。近代早期正值英國擴大海外貿易時期，大批商人組建各類貿易公司。與國內貿易相比，海外貿易無疑具有更大的風險性，政體治理、經濟、宗教、外交甚至氣象因素的變動都會極大地影響到貿易的成敗。為降低風險，許多商人願意使用親戚作為代理人或合夥人，

---

23 陳勇：《近代早期英國家庭關係研究的新取向》，中國世界中世紀史研究網，2011年4月26日。

以防止內部欺詐行為和離心傾向的發生。與貿易擴張同步，英國本土人口也大量移民海外，尤其是移往北美。在移民過程中，親屬支持網的作用也是十分突出的。新移民往往首先通過書信聯繫親屬中的老移民，打聽有關資訊和爭取幫助。當他們來到新大陸後，先期移居的親屬又提供更多的具體支援[24]。家族組織是典型的共同體組織，它以先賦的血親關係凝聚著家族成員之間的聯繫，維護家族利益是家族組織的核心意義。在義大利，99%都是家族企業[25]。有研究報告稱，家族企業是德國的成功模式。與屬於投資商的企業相比，所有權留在家族內的、或由某家庭控制的企業常常更為成功。有調查報告指出，「企業中的家族影響越大，企業的績效便越高。」從2009至2018年，家族企業從股值和紅利中獲得的年均盈利率為23.2%；非家族企業年均盈利率僅15.2%；受調查的家族企業在這一時間段的經營額提升了122%，非家族企業經營額增幅僅50%[26]。14世紀中葉，黑死病被認為是家族史，尤其是經濟組織的分水嶺。疫前，大型家族企業占主導地位；疫後發生重大變化，家族在企業組織中的核心作用逐漸消失。但家族的作用不可低估，它至少支持了商業革命的第一主要階段。家族環

24　王境涵：《千年家族30代傳人的匠心文化》，家族企業雜誌，2015年12月14日。

25　一項研究報告指出，從1998至2008年，家族企業在CDax綜指掛牌的上市企業中占將近一半，市值占比為1\3。2008年，尚有618個企業在CDax綜指掛牌，至2018年，數量降至426個。但是，根據該項研究所應用的「創業家族定義」，CDax綜指裏的非金融企業中，家族企業仍占約40%。經濟學家們在其研究報告中指出，上市企業裏，與不受家族影響的企業相比較，有家族參與或所有人家族有著實質性影響力的企業績效更高。Dirk Kaufmann：《家族企業：德國的成功模式》，德國之聲中文網，2019年9月8日。

26　拉裏·尼爾等主編，李酣譯：《劍橋資本主義史》，第一卷，p.334，336，339，中國人民大學出版社，2022年版。

境使價值觀和信任得以傳遞，並使技能和知識的代際轉移成為可能。家族關係給市場帶來的巨大好處是家庭責任原則。佛羅倫斯的規定和做法是，當丈夫破產的時候，妻子也會被監禁，同時嫁妝會被控制。[27]

　　■ 共用：易利保障家族化。家庭是易利單元，也是消費單元，更是人力資本投資單元。自農業文明以降，華夏皆是如此。春秋戰國富商大賈的家聯間性易利費用包括的範圍很廣，主要有家務勞動，養老育幼，文化娛樂等多方面的消費支出。從《商君書‧墾令》「以商之口數使商，令之斯，輿、徒、重（僮）者必當名」的記載來看，他們的家務勞動大概是有一定分工的奴僕們去幹的。這些奴婢的生活費用和勞務開支，也成為家庭經營費用中的一部分[28]。20世紀30年代，華夏國立大學的學費占平民百姓家庭生活費份額大約5%–10%，或者相當於一個工人一兩個月的平均工資。而貴族化的「教會大學」的學費占平民家庭生活費的份額為35%。進入大學校園讀書，成了每一個平民子弟的夢想。有多少貧寒的家長，甚至是幾代文盲的家長，為了讓他們的孩子可以佩戴大學校徽而節衣縮食，含辛茹苦，作出今人難以想像的努力和犧牲[29]。

　　20世紀下半葉以來，西方家庭史研究的重心經歷了從家庭結構到家庭關係的轉變，並一度形成了近代早期家庭親屬關係的「鬆散」說和「淡漠」說。晚近有關英國近代早期家庭關係研究

27　佚名：《春秋戰國時期商人資本的發展及其歷史作用》，學說連線，2003年7月20日。

28　陳明遠：《30年代大學學費平民家庭生活費10%》，網易，2009年5月23日。

29　楊鵬：《二千年前的「國退民進」》，燕南網，2005年1月15日。

的新成果對此做出了重要修正，重新肯定家庭親情關愛和親屬支持網在近代文明轉型中的地位和作用。認為，家聯主體間性親密與合作也同樣存在，而且還很重要。斯坦福大學博士、以色列女史學家本・阿莫斯用豐富的史料，生動敘述了近代早期轉型階段英國父母與子女之間的雙向照應和相互幫助，特別是父母對子女在青少年階段外出服傭和學徒期間的深情關愛以及成年子女對老年父母的照料回報。1944年英籍匈牙利猶太學者卡爾・波拉尼出版《大轉變》一書，正式奠定了互惠理論的學術基礎和分析框架。所謂「互惠」，是一種與「再分配」和「市場易利」相對應的經濟易利形式。這種個體化的易利發生於以血緣和夥伴關係結成的共同體中。它多表現為以「禮物」為媒介的義務性「贈予」關係。本・阿莫斯認為，16至18世紀英國家庭的親子關係並不冷漠，這種關係「更多依靠延伸到人生全過程的互惠性聯繫和易利來維持」。親子間的相互支持既有物質形式的「禮物」贈予和回報，如食品、衣物和錢款；也包括非物質性的情感交流、聲譽、資訊提供、人際關係等。

中世紀晚期至近代早期，西歐流行一種讓子女從少年起到他人家庭擔任僕傭和學徒的做法。16世紀至19世紀中葉，英國1/3的家庭擁有僕人，近一半的農民家庭和大約1/4的商人、手工匠人的家裏有同住的家僕和學徒。西方史家對於這種讓子女少小離家的做法歷來有各種評價，有的認為利於培養青少年獨立謀生能力，有的則認為是緩解家庭經濟困難的一種策略。本・阿莫斯認為，「立身期服務顯然是對父母家庭的補充而不是替代。……與父母的關係仍然超過所有其他聯繫。」儘管子女少小離家，父母卻高度關注他們的成長過程和生活狀況，給予各種幫助和安慰。父母親情非但沒有因此而被割斷，反而因親子生活空間的分隔而

變得更為深厚。在送子女外出學藝的過程中，父母一般儘量考慮子女本人的願望和意見，並對學徒服傭期的子女提供各種物質幫助。在子女遭遇疾病、師傅的不公正待遇等困難時，父母及時給予照料幫助，有時甚至為此訴諸法律，以保護子女應有的利益。互惠關係在學徒期子女一方也體現得比較充分。學徒的工資自然是微薄的，但他們中不少人仍盡力貼補家用。

但是，市商化、商業化發展已經在改變「家」作為生產單位的功能，「家」已越來越脫離財富的主體計量單位地位。英格蘭與華夏一個很大的不同是，沒有什麼證據表明，13世紀的英格蘭村莊的居民們自認為是一個親屬團體。也沒有什麼跡象表明村莊形成了氏族。15世紀後期的英國，作為生產、消費與所有權基本單元的家戶開始解體。其中個人所有權的確立非常重要，它宣告了中世紀徹底消亡，市商化資本主導的易利文明即將興起。工業化、城市化、公司化之後，「家」作為生產單位的功能在淡化，生產單位意義上的「家」已經在解體。在易利市商化經濟文明架構下，家的經濟交易功能在淡出，可以由市場完成的人際易利，就留給市場去做，市場正在取代「家」的許多傳統經濟功能，從而為易利市商化經濟文明的不斷發展奠定了重要的生命個體基礎。

在家聯間性式微的必然趨勢下，形成新的易利間性力量，以實現與政聯主體間性力量相抗衡的多元間性守衡，就是易利市商化經濟文明的必然選項。由此，在先進的易利市商化國家會看到雨後春筍般出現的眾多社團組織。

第二節　多元守衡

　　易利市商化經濟文明的魅力所在，就是在擁有自發動力推動財富報酬遞增的同時，能夠實現多元間性守衡，使財富報酬遞增在守衡的狀態中安全地翱翔。其守衡取決於兩個關鍵因素，一個是多元主體獨立；二是多元主體間性共藩與制衡。

　　多元守衡原理也比較簡單。市商化易利經濟具有三大基本特點：一是每個易利主體因分工只控制了部分經濟資源而不能單獨從事經濟活動。二是每個易利主體必須運用自己的資源與他人的資源進行連續不斷的交易，才能有效地開展經濟活動並以此實現自己的經濟目的。三是每個易利主體運用自己的資源參與經濟活動，都力圖最小投入實現最大利益。三大特點體現市商化易利的二維性結構：在易利經濟活動中，每個易利主體都獨立地扮演著一個經濟角色，又不能單獨各自實現自己的利益，只有通過與他人進行易利才能實現自己的目的，他們必然形成相互合作與依賴的經濟關係；每個易利主體各自都追求易利中的最小投入實現最大利益，他們之間存在著明確的利益對抗與衝突的經濟關係。易利經濟中二維關係的有機統一決定了市商化易利的經濟關係本質，是一種蘊含著支配市商化易利經濟運行的關係機制，可稱之為易利經濟制約的關係機制，即易利經濟中的合作與對抗、依賴與衝突，在各易利主體之間客觀地建構成為利益上相互制約、共藩的經濟關係，從而達到多元間性守衡。

一、多元主體獨立

　　由自主、自勵、自為的易利市商法理所決定，易利經濟的各相關方的多元主體必然獨立，這是多元間性守衡的根基所在，

也是自主、平等、自願、協商、共藩的市商化經濟文明的根本要求。任何群聯都不能以強凌弱、恃強凌弱，都不能對其他群聯在易利中採取強制措施。因此，「多元、獨立」是市商化經濟文明多元間性守衡十分重要的關鍵字。

■ 多元：維權制權的基礎。一方面，面對強大的一力獨大的治理政體，捍衛權利需要聯合行動，因為在治理政體已經存在並擁有巨大權力的時候，單獨的公民個人難以有效地防止治理政體權力的侵犯，只有實行公民的各種聯合，以一個個公民團體的力量去監督制約治理政體權力，才能實現公民權利與治理政體權力的基本平衡。「多種利益集團的存在，最重要的是多種自治組織的存在」，只有這樣才能對專橫地行使權力的有效限制。當治理政體權力侵犯公民權利時，群聯社團可以幫助公民抵制治理政體權力；當治理政體權力不被公民信任和接受時，群聯社團可以在其中交涉斡旋。社團既不像個人那麼軟弱，也沒有治理政體那麼強大，它可以適當地削弱治理政體權力和增強公民權利。另一方面，個人的弱小與無助也使人需要求助於他人才能更好地維護自己的利益。僅憑個人的能力往往無法充分保障自己的權利，也很難實現自己的某些願望，必須把利益相關的人聯合起來共同行動才能達到目的。結社作為個人的需要，不僅是利己的，而且是利他的。當每一個社團為保護自己這個小團體的公民的利益而鬥爭的時候，獲利的卻不侷限於僅僅是該團體和該團體的成員，易利市商化國家的群聯社團像是一個不能隨意限制或暗中加以迫害的既有知識又有力量的公民，他們在維護自己的權益而反對治理政體的無理要求的時候，也保護了公民全體的自由[30]。

30　馬嶺：《結社自由與社團權》，愛思想，2012 年 4 月 8。

　　1971年，加拿大成為全球第一個將多元文化作為官方政策的國家。加拿大文化遺產部網站宣稱：「加拿大確認了所有加拿大公民的價值和尊嚴，而不論其膚色、種族、語言或宗教信仰。」不久後，歐盟（EU）多數成員國也將多元文化納入官方政策，而英國在這場聲勢壯大的運動中發揮了帶頭作用。當然，這裏的多元文化只是多元主體一個方面的體現，也說明多元間性已經體現在市商化易利經濟文明國家的方方面面。「Pluralism」一詞在英語中有兩重含義，一個是多元性現象，一個是多元論主張。多元體制是以多元利益、平衡秩序和公民意識為條件的易利市商化秩序與制度。

　　以權力制約權力，這是思想家洛克和孟德斯鳩為人類留下的思想遺產。多元主體論者高度重視利益團體在治理中的作用，其理論依據是，權力的安排不是等級式的，而是競爭的。權力是眾多代表不同利益的集團——例如商業組織、工會、政黨、婦女機構、宗教組織等——之間「無休止的討價還價過程」的一個不可分割的組成部分。治理決策則是治理政體行政部門試圖調和這些集團之需要的結果。在多元競爭的體系下，治理政體精英階層形成共識，就是為了控制民眾情緒要在政體治理上掌握分寸。東亞威權體制後形成的多元體制有兩種類型：協商型多元體制和競爭型多元體制。縱觀西方多元治理發展的歷史，其含義最基本的無非是兩個方面：一是資源的開放以及逐步擴大保障國民的權利；二是治理權力產生和運行採取「多數決定」的原則[31]。

　　多恩斯（美國經濟學家和政治學家）對易利市商化制度中政

31　房寧：《發現東亞：從自由到威權再到多元》，南方都市報，2011
　　年1月30日。

黨行為做了出色的分析，他在《民主的經濟學理論》一書中提出了著名的治理市場學說。他認為，「政黨相似於追逐經濟利益中的企業家。為了達到最後目的，他們制定他們認為能得到最多選票的政策，正如企業家為了同樣的理由生產他們認為能得到最多利潤的產品一樣」。換言之，在經濟市場中，企業家追求利潤最大化；在政體治理市場上，政黨追求選票數量最大化。自然，這種理論的前提是反壟斷，是自由競爭。《經濟民主理論的前言》一書作者羅伯特・達爾指出，公民在治理中不可能直接參與治理，而是通過成為這些集團的一員來參與。在這些集團中，往往是少數積極分子成為領袖，他們成為活躍在政體治理舞臺中的精英。達爾為他所謂的「組織多元論」的合意性提出了辯護。多重獨立的群聯組織的存在，提供了一種相互控制的機制，從而能有效地抑制等級體系和支配。理性的治理政體者在政體治理成本高於政體治理收益時，有可能會放棄對某些事務的控制。一個弱小群聯團體的成員，或者諸多弱小群聯團體，可以把他們擁有的資源結合起來，從而加大治理政體者進行控制的成本，推進政體治理市商化。達爾特別提到，這種相互控制的機制以及從單向支配向相互控制的轉型，對於權威論政體治理下的國家更有意義。同樣，有了這種多元的群聯組織，任何精英群體也難以壓制他們[32]。

　　結社自由是各國憲法規定的公民權利，在世界上142個國家的成文憲法中，有119部涉及了結社的權利，占83.8%。美國根深蒂固的結社傳統為美國利益集團政體治理的發展提供了滋生的土壤。19世紀30年代，法國學者托克維爾在其著名的《論美國的民主》當中寫道：「美國人不論年齡多大，不論處於什麼地位，不

32　顧昕：《以社會制約權力——達爾的多元主義民主理論與公民社會》，共識網，2012年5月7日。

論志趣是什麼，無不時時在組織社團。」美國的社團五花八門，
「美國人幹一點小事也要成立一個社團……美國人似乎把結社視
為採取行動的唯一手段。」美國人對多數無限權威——包括功能
完備、組織嚴密的政黨——的懷疑和不信任，在這種政體治理文
化背景下，美國功能完備的政黨體制的缺乏成為必然，其組織及
聯繫民眾的功能實際上由各種各樣的利益集團來填補。美國憲法
保障人們進行結社的無限自由，美國人已經把結社自由當作反對
多數專制的一項必要保障。不同於世界上大部分國家，美國的政
黨並沒有系統的治理綱領，也沒有嚴密的組織和紀律，也沒有
「入黨」一說，政黨平時較少活動，一般人在選舉前登記為什麼
黨就是什麼黨人，而且投票時很自由，登記為民主黨也可以投票
給共和黨，反之亦然。政黨在美國只是一個選舉的工具，選舉時
聯繫和發動群眾進行政策溝通很大程度依靠各種有組織的社會團
體[33]。托克維爾曾對美國社團和群眾會議的數量之多感到詫異，正
是那些各種各樣的非正式組織起到了指導、勸告、告誡、恐嚇、
阻礙和協助政府及選民的作用。在某些情況下，他們實際上也成
了政府。這些團體所以產生，是由於政府的種種劣跡引起了公
憤，往往採取治安維持會或應急組織的形式來重新建立民眾對治
理政體的控制。……幾乎每個市的市政歷史上都有不少公民鬧事
的例子。……除了原有的商業、農業、勞工、互助和其他類似的
團體之外，又成立了許多聯合會、俱樂部、聯盟，連續不斷地向
政體治理事務提出批評和建設性意見。……公民聯盟、紐約市政
研究會以及芝加哥市選民同盟是這類公民組織的明顯例子。它們
可以直接參與治理政體的結構或者某種職權。他們的目的可以是
治理政體機構的改革，例如選舉、某種形式的比例代表制、動議

33　何興強《遊說利益集團美國大選》，愛思想，2008 年 11 月 20 日。

權和公民投票權、為「立憲治理政體」辯護；涉及的問題有行政效率、候選人資格以及諸如婦孺保護、罪犯教育、娛樂、教育等方面的改革。這些團體的數目非常多，往往不僅有組織，而且還有反組織[34]。

　　從易利市商化經濟文明的角度來看，以市場化為導向的工業化，到了其後期，必然要由威權體制向多元體制轉化，以日本、韓國為代表的東亞國家基本上如此。最根本的是：經濟資源、市場對國民的開放，這為國民權利保障奠定了基礎。也就是說，威權體制下通向易利市商化經濟文明的工業化引發了利益結構的變化，出現了新的利益集團。經濟權利的保障與資源的開放產生了動力，國民的生產積極性被釋放出來，為工業化提供動力，形成了新的易利經濟良性迴圈機制。比如韓國出現了財閥集團、新工人集團。韓國的企業家和工人作為階層，它們是新的。在韓國工業化時代，企業家成長為權力巨大的財閥集團，傳統的工人階層之外有了一批地位更低，反抗精神更強的新工人集團。這兩大集團的出現給韓國帶來了巨大變化。

　　■ 獨立：間性守衡的基石。多元間性的核心是各組織或團體或利益集團的獨立。年輕的托克維爾在遍訪美國後看到：獨立的報紙、作為一種獨立職業的律師、以及參與公民生活的其他團體，不僅包括商業公司和製造公司，也包括成千上萬的其他種類的社團──不管是宗教還是道德的、嚴肅的還是輕浮的、涉及面廣泛的還是有限的、大型的還是小型的。正是這些獨立的群聯組織，成為易利市商化經濟文明多元間性守衡的基石。達爾認為，多重獨立組織的存在，提供了一種相互控制的機制，從而能有效

34　馬嶺：《結社自由與社團權》，愛思想，2012 年 4 月 8。

地抑制等級體系和支配。其中的關鍵在於，多元的群聯組織的存在，使得對各種治理資源的擁有呈現分散化的狀態，從而使得治理政體主導者進行垂直治理（或者說「大一統治理」）的成本增大。組織固然有米榭爾斯鐵律所斷定的走向寡頭的趨勢，但是所有的精英主義者都忽視了另外一個趨勢，即「任何組織都有發展其獨立性的趨勢」[35]。在群聯組織的獨立性方面，有三大「獨立」尤為重要：

社團獨立。結社的權利是美國憲法規定的公民基本權利之一。結社自由使得美國人在擁有得天獨厚的自然空間以後，又獲得了令全世界羨慕的另一項資源：秩序與制度空間。國民在這樣寬暢的空間裏，可以實現很多不須佔有和消耗其他資源的有益活動。托克維爾訪問美國的時候，就敏感地注意到美國人的結社活動特別發達。在別的國家要通過治理政體才能做的事情，在美國往往是國民自己結社即可完成。國民對治理政體的監督和制約也是如此。單個國民是很難來監督治理政體的，治理政體作為一力獨大的群聯組織令人生畏，相比之下，單個國民則十分渺小。但是群聯社團則不同，比如，「司法觀察」這樣的非黨派、非贏利的民間群聯社團，專門致力於對治理政體的監督。因此，國民必須通過一定的結社，成立群聯組織，才能夠有力量制約同樣作為群聯組織的治理政體的權力[36]。結社自由是公民自願組建、加入社會團體的自由。結社的「結」是一種行為，是組織、結合、創建；結社的「社」是一結果，是由公民結合後形成的一個群聯組織。此外，結社還包括群聯社團成立後其他公民的加入。「加

35　顧昕：《以社會制約權力——達爾的多元主義民主理論與公民社會》，共識網，2012年5月7日。

36　丁林：《誰來制約美國政府》，貓眼看人，2003年7月11日。

入」群聯社團與「組建」群聯社團不同，「組建」是群聯社團成
立前的行為，組建群聯社團之權是為籌備建立一個團體而活動的
權利，包括醞釀計畫、聯絡人員、籌備資金、尋找活動場所、起
草章程等等，是群聯社團成立「前」的活動，公民行使這一權利
時，該群聯社團還沒有產生，還不存在群聯社團的權利與權力。
「加入」群聯社團是群聯社團已經成立並可能已經存在了相當長
的時間後，群聯社團外的人員加入該群聯社團的行為。在他行使
這一權利時，群聯社團已經存在，群聯社團的權利和權力已經在
運作，但他在該群聯社團之「外」。「加入」群聯社團一般不會
改變該群聯社團的權利與權力，法人作為「超個人的團體，不因
其成員之有變動，而影響於法人之法律上地位」。結社一旦被賦
予自由的特徵便有了一種權利的屬性，一種別人不能侵犯的神
聖。公民有結社自由，意味著他們的結社行為是天經地義的，是
治理政體及他人都不能剝奪、相反只能予以尊重和保障的。群聯
社團一經成立便產生了一種新的法律關係，在這一新的法律關係
中群聯社團是主體而不再是客體，群聯社團並不屬於組建它的那
些自然人，也不是那些組建者的簡單相加，而是一個獨立的法
人，具有一種獨立性，擁有自己獨立的權利和權力。群聯社團的
權利主要包括：其一，獨立權。即不受其他團體或個人的干涉，
不受治理政體的非法干預等。其二，平等待遇權。即治理政體不
得歧視某些群聯社團，偏袒另一些群聯社團。其三，活動權。如
對內的團體活動，對外的聯絡活動，向外部發表意見的活動（宣
傳、遊行、義賣等）。其四，財產權。群聯社團有自己獨立的財
產，主要來源於捐贈、會員費等，這些合法財產受法律保護，他
人不得侵犯，治理政體不得任意處罰（如罰款、沒收），在有的
國家非贏利性群聯社團還可免交所得稅。其五，名譽權。群聯社

團與自然人一樣享有名譽權，任何組織或個人不得損害其名譽。其六，訴權。當群聯社團的權利受到治理政體、其他群聯社團或個人的侵犯時有權向法院起訴，要求司法救濟，等等。而群聯社團的權力不同於群聯社團的權利，群聯社團權力則與治理政體權力有某些類似之處（但不是治理政體權力的延伸）。群聯社團的權利主要是對外而言，即要求群聯社團外部的治理政體、其他組織、公民要尊重自己的權利；而群聯社團的權力卻主要是對內而言的，即要求群聯社團自己的成員要服從指揮和安排。從各國法律的規定來看，群聯社團的權力大致有制定規章權、內部管理權、組織活動權、獎懲權、是否吸收新成員的決定權等等[37]。

　　媒體獨立。在易利市商化經濟文明中，可執行的合同和有效的治理需要可靠和可核實的資訊。極端的資訊不對稱會導致市場、合同、法律和潛在的信譽問題的道德崩潰。因此，一個關鍵的治理問題需要資訊提供，保證市場和合同的良好運作，並允許有效控制和問責。而且，對經濟和政體治理權力制衡的一個有效間性利益集團，就是媒體，就是要把包括治理政體及媒體自身在內的群聯組織放在媒體的監控之下。任何權力要想謀私利，必須黑箱操作，而能監控權力黑箱操作最有效的就是媒體。當然，媒體也會行使它的權力為自己謀福利。所以，用媒體來監督，必須有個前提，那就是媒體開放，而不是媒體被壟斷。也就是說，任何人都有辦媒體的權利。當媒體人人可辦，它們之間就相互監督，就很難再產生道德風險。同時，媒體還必須以傳遞資訊監督他人為自己的根本利益所在。1732 年，紐約殖民地總督科斯比驕橫貪婪，以權謀私，賣官鬻爵。美國第一份黨派刊物《紐約

37　馬嶺：《結社自由與社團權》，愛思想，2012 年 4 月 8。

週報》，其出版目的就是為了批評科斯比。當時治理政體是神聖的，所有詆毀其言論無論真假都構成誹謗罪。經過激烈的較量，《紐約週報》獲勝。以此為標誌，國民主權開始凌駕在了治理政體的權威之上。對於報刊的重要性，托克維爾說過：「報刊是保護自由的最佳民主手段」。在英國，有的騷亂由於主流媒體有能力塑造公眾對騷亂的看法，因而騷亂迅速平息。在美國，媒體對佔領華爾街運動的報導多元而理性，因而這一運動不會對美國的體制產生任何衝擊。美國的新聞媒體被稱為獨立於總統、國會和最高法院之外的「第四權」，是美國各行各業中受憲法第1修正案保護的特別行業，其獨立性不言而喻。對於獨立媒體的做法，包括警察局在內的政府機構，除了氣憤和抱怨之外，別無它法。美國最高法院大法官布萊克（Hugo L. Black，1937—1971任職）有句名言：言論自由與公正審判是我們文明中兩種最為珍貴的東西，實在難以在二者之間取捨。

　　媒體獨立的力量是巨大的。19、20世紀之交的美國，經濟發展與治理政體發展的失衡導致了兩極分化、治理政體腐敗、公共道德衰落等一系列嚴峻的發展問題。然而，就在這樣的大背景下，美國憲法所規定的言論與出版自由權卻得到了前所未有的發揮。輿論開放最典型的表現就是由新聞媒體唱主角的「黑幕揭發運動」興起。隨著獨立報紙和大眾流行雜誌的普及，美國新聞媒體的影響力日益擴大，對壟斷資本的不正當競爭行為、各級治理政體的腐敗內幕，以及各種不合理的現象進行了深度調查和徹底曝光，引起了廣泛而強烈的反響。在經濟領域，受媒體影響和鼓舞的中產民眾積極推動限制壟斷、保護消費者權益的立法，要求超越自由放任的傳統，通過治理政體管制、拆分托拉斯等形式限制壟斷資本，增進經濟平等。僅在1903年，國會就在其推動下通

過了《加速審理法》、《商務和勞工法》以及《埃爾金斯法》等法規來加強對托拉斯的管理。在治理領域，他們主張在現行治理政體框架內擴大民主基礎，規範和強化治理政體職能，並積極推動修憲，發展出黨內總統預選制、參議員直選制、婦女選舉權和創制權、複決權、罷免權等州內直接民主制[38]。今天，媒體力量依舊，這在美國大選中的輿論戰中可見一斑。反之，非易利市商化經濟文明國家無不對輿論進行控制和利用。如義大利法西斯墨索裏尼就善於利用輿論愚弄民眾，納粹德國的希特勒更是在控制輿論上無所不為。

　　司法獨立。在易利市商化經濟文明中，財產、自由和生命必須靠獨立法官予以確保，司法獨立非常重要。司法獨立意味著法官不受其他權力的干涉，可以獨立地審判、裁判。1608年，發生了英國大法官寇克拒絕國王詹姆士一世干預審判的著名事件，自此，司法獨立原則進一步鞏固。寇克給出的理由是：陛下沒有學習過英國法律，……法律是一門經過長期研究和實踐才能掌握的技藝，只有經過長時間學習和具有實踐經驗的人，才可以行使司法審判權；著名的英國法律學者布萊克頓有名言，國王雖然高於所有人，但卻在上帝和法律之下。

　　表面看，在分權的治理政體中，司法部門對憲法授予的治理權力危害最寡，其具備的干擾與為害能力最小。因為，行政部門不僅具有榮譽、地位的分配權，而且執掌武力；立法機關不僅掌握財權，且制定公民權利義務的準則。但是，獨立的司法部門卻是易利市商化經濟文明存在與發展的關鍵。如果司法與立法、行

38　安然：《美國進步主義時代的輿論開放與政治穩定》，學習時報，2013年4月22日。

政不分離，則無易利市商化經濟文明之可言。漢密爾頓指出，法院的完全獨立在限權憲法中尤為重要。所謂限權憲法系指為立法機關規定一定限制的憲法。如規定：立法機關不得制定剝奪公民權利的法案；不得制定有追溯力的法律等等。在實際執行中，此類限制須通過法院執行，因而法院必須有宣佈違反憲法明文規定的立法為無效之權[39]。

　　1891年4月（明治24年），俄國皇太子尼古拉（即俄國末代沙皇尼古拉二世），奉父命率艦隊訪日。負責警衛的一名員警津田三藏，在尼古拉經過時突然拔劍砍其太陽穴兩刀，致其輕傷，津田立即被捕。「大津事件」的審判以謀殺未遂判決被告無期徒刑。在「大津事件」中，大審院的法官最終排除行政干預，堅持獨立審判，這開啟了日本「司法獨立」的新篇章，對日本易利文明的市商化具有十分重大的意義。致力於堅持司法獨立、維護憲法尊嚴的大審院長兒島惟謙留下驚世名言：如果司法不能獨立，日本亡國就讓它亡國好了，至少世人將記得它曾是一個司法獨立的國家！日本國憲法規定的司法獨立包括三個部分：一是法官職權行使的獨立，日本國憲法第76條第3款規定「所有法官依良心獨立行使職權，只受本憲法及法律的拘束」。這是司法權獨立的核心。二是保障法官的身份。為了確保法官個人職權行使獨立，日本國憲法還規定法官的身份保障，比如第78條「法官除因身心故障經法院決定為不適於執行職務者外，非經正式彈劾不得罷免。法官的懲戒處分不得由行政機關行使之」。第79條第6款「最高法院法官均定期接受相當數額之報酬。此報酬在任期中不得減額」。日本國憲法規定法官在任期中的工資不得減額，而對

39　程逢如等譯《漢密爾頓論司法》，保守主義評論，2019年2月14日。

於其他治理政體機關，比如國會議員和內閣大臣沒有這個規定。三是法院的獨立。第76條第1款「一切司法權屬於最高法院及由法律規定設置的下級法院」。「一切」這樣的詞語在國會、內閣的部分和其他部分都沒有，只是司法權規定明確說「一切」這詞[40]。

　　實際上，司法獨立是所有易利市商化經濟文明國家的共同特徵。

二、多元間性守衡

　　易利市商化經濟文明國家，其穩定機制不僅存在於靜態的易利結構中，更依賴於一種動態的多元化易利競爭格局的維護。在易利市商化多元體制下，各種利益集團之間的分化與競爭、不同權力主體之間的分權與制衡，增強了文明秩序、制度體系的包容性和靈活性，使各種衝突在體制的框架內被削弱甚至化解掉。

　　在多元間性守衡中，有兩大要素非常重要。一個是經濟守衡，即公司利益關聯方的多元間性守衡；一個是政體治理守衡，即治理政體群聯組織之間的多元間性守衡。英國治理哲學家邁克爾‧奧克肖特發現人類有兩種截然不同的結社。一種是公民結社，另一種是企業結社。有哲學理念認為，一個以追求某種明確的長遠治理理想為使命的治理政體一定會垮臺，一個沒有長遠目標的企業則一定會破產。公民結社是一種超越於具體利益、具體目標的結社。這種結社沒有總體的目的，以便讓每個公民有自己的目的；沒有共同的追求，以便讓公民有自己的追求。企業結社

40　石塚迅：《日本國憲法與司法實踐》，周永坤教授的法律博客，2013
　　年11月23日。

則不同，人們成立公司、結成企業是為了追求特定的目的[41]。由此
展開的兩種類型的多元主體間性守衡，呈現不同的特點：

　　■ 公司：直接利益的守衡。公司至少有500年以上的歷史，
在易利組織形式方面，人類歷史上最重大的發明之一就是公司。
原始公司有四種主要形式：其一，基本是家族企業。其二，康枚
達組織。這種企業組織主要從事海上貿易，是一種以契約為基礎
的企業群聯組織。契約的一方把金錢或商品委託給另一方，後者
以委託的財產從事海上貿易，經營所得利潤由雙方按契約的規定
分享。在康枚達組織中，資本或財物所有者以分享企業利潤為條
件，將資本或購物預付委託給船舶所有者、獨立商人或其他人。
受託方用集中起來的資本或連同自有資本從事經營，所得利潤根
據契約規定由出資者分配。一般每次航行幕集一次資本，每資航
行結束後，資本退還原主。其三，索賽特組織。與康枚達類似。
在索塞特中，合夥各方共同經營，經營風險由合夥方共同承擔。
並以其全部財產對債務負無限責任。所不同的是，企業的存續期
由契約規定，契約期內合夥人的資本不能隨便抽回。契約期滿企
業自行解散，合夥各方取回各自本利。其四，海上協會。12世紀
熱那亞經營貿易活動的商業公司。它發售股票，分配利潤並共同
分擔風險，是一種股份公司。每只商船帶有管貨員或代表人，代
表投資者的利益。為區別於經營內地城市貿易的類似商行，故稱
「海上協會」。這些公司沒有明確的公司法律規範，組織上合夥
性不穩定性，其特點有三：投資的短期性，責任的無限性，規模
的有限性。今天，經濟活動的主體當然為公司莫屬，公司管理者
與股東的利益一致性越來越受到關注。公司是將法律權利與責任

41　劉軍寧：《保守主義是如何看待公司的》，共識網，2011年3月9日。

集於一身的抽象法律實體，並享有充分的靈活性。公司與股東等
利益相關者的法律分割，對公司長期管理與大規模生產的成功至
關重要，而其有限的責任與股票的可交易性使公司能夠從大範圍
的投資者中獲取資產。然而，該法律分割也加劇了公司控制者與
其他利益相關者（如股東、債權人、員工、供應商、消費者、公
共機構及大眾）間的利益衝突。管理層的薪酬通常依賴於利潤、
股票價格和股本回報率等財務標準來實現這種統一。有效的管理
需要公司的控制者對其行為負責。如何使這些機構中的個人更難
逃脫則成為了有效治理私營和公共部門機構的關鍵。解決這一衝
突的主要方法是通過將管理者的薪酬與每股收益、收入、股票價
格和股本回報率等財務指標掛鉤，從而激勵「股東價值」的最大
化。起源於美英兩國，金融化強調企業要注重股東的利益。今天
大多數上市公司的股東不是個人，而是機構投資者，如共同基
金、養老基金、對沖基金或捐贈基金，它們通常是公司本身，有
自己的治理挑戰。公司可能會設立和投資於公司的子公司，從而
形成複雜的公司結構。在這種環境下，股票價格並不能正確衡量
管理者是否使大多數的最終股東受益[42]。

由此，公司相關方的間性守衡就更加重要。對此，各國根
據本國的實際進行了有益地探索。如，德國在公司的控制和管理
——通常所說的公司治理的幾個方面都採取了獨特的方法。在德
國公司內部，重大決策的形成機制與安排與其它國家存在著重大
的差別。首先，德國公司法的一個獨特之處在於把股份公司的監
事會和管理委員會分離。第二，銀行在公司控制中起著關鍵性的
作用，因為銀行對中間產品具有主導地位並在監事會中有相應的

42　Anat R. Admati：《公司治理金融化的質疑》，NHPE研究小組，政
　　治經濟學新時空，2021年10月25日。

職位。如「駐廠銀行」這個詞所顯示的，非正式的或私人的關係是重要的因素，因為對這些配置機制缺乏其他可選擇的方案，即市場產品。第三，與英國和美國等更多以股票市場為基礎的經濟現行的體制相反，德國體制中，監事會中的分類代表更加普遍。第四，在雇員人數超過2000的大公司中，雇員和工會在監事會中有一半的投票權；在員工人數為500–2000之間的較小公司，則上述投票權為三分之一。第五，根據公司法，許多重要的管理決策必須徵得工人委員會的正式同意。根據1976年頒佈的共同決策法，雇員以在監事會中獲得席位的形式合法地分配到所有的公司決策的控制權。他們與股票所有者一樣，擁有相同的權利。主要理念就是資本和勞動的供給者合作執掌公司。根據商業組織法，工人委員會有一套決策權，法律強制要求這些決策必須經過工人委員會同意。這些共同決策制的權利有效的限制了管理層的自由權力，或者要求工人委員會的同意，或者通過成功的調解使決策生效。除此之外，法律還建立了決策的協作權利，即要求工人委員會必須被告知相關的重大決策，否則將導致管理層所採取的決策之無效。而且，所有的工人委員會擁有知情權、諮詢權及自治管理權。工人委員會的決策事關所有雇員。加入公司時，雇員自動宣佈放棄一些個人權利，接受工人委員會的規定。在公共部門中，職工委員會也擁有類似的權利，包括大學和研究機構。工人委員會代表著一個機構，其協助規範公司規則，允許討論衝突，尋求解決問題的辦法。同時，機構的設立將單個的雇員、管理者和所有者的決策權或權力拿走，賦予一個選舉實體。它允許雇員和工會的參與，但是對公司的管理層施加了約束。當然，如果事情進展順利，這種制度安排減少了交易成本；然而，如果事情激化導致雙方關係緊張，交易成本實際會上升。程式非常耗時。更

重要的是工人委員會需要投入很多精力和努力。對工人委員會的關注也會佔用企業家的部分精力，從而減少了其進行公司創新、行銷和戰略行為的精力[43]。

　　■ 政聯：利益背後的守衡。治理政體主體之間的間性守衡是易利市商化經濟文明最為重要的多元間性守衡，其背後是利益的守衡。比如，1801年是美國聯邦黨與民主共和黨黨爭激烈的年代，當時，聯邦黨人統領著商業、金融領域，屬於上層富人的「貴族治理」，他們奉行漢密爾頓有利於有產者的經濟政策。而民主共和黨則是由中小資產階層和下層窮人組成的，反對有利於少數富豪的經濟政策，是所謂「民主治理」。有人形象地指出，美國治理很像是運行一家大的公司，其實際運作是由選舉的或者任命的官員來管理。（在理論上講，一個公司是由廣大的持股人擁有，公司的決策是由股東大會投票來決定的；一個股東如果擁有51%的股份，那麼另外那49%股份的股民——他們在人數上可能占到99%——就不用投票了。儘管他們實際上也是公司的主人，但是由於股民的股權太分散，再加上很多股民根本就不投票，所以實際控制一家公司，完全不用51%的股權。有時候20%就非常地高了。而公司的日常管理，是由董事會雇傭的執行官員來經理的。他們可以雇傭那些職業經理人，擔任CEO，CFO，CTO，等等。）這個管理執行部門，相當於公司化的治理政體。與公司裏面的大股東一樣，美國治理政體也可叫作美國企業、美國公司、美利堅公司，也有許多「大股東」。這些大股東，就是那些利益集團，即所謂利益相關者。美國的幾大利益集團，除意

43　德國 Kiel 世界經濟研究所前所長 Horst Siebert，文 / 成福蕊譯，崔之元校《工人委員會和工會並舉：德國公司治理中的共同決策》，北京大軍經濟觀察研究中心，2006 年 2 月 8 日。

識形態的區別（如人工流產與否，禁不禁槍，等等）外，主要包含幾大類：賭博業，商業銀行業，電腦設備與服務，教育，醫療衛生服務專業，對沖基金業，保險業，律師業，院外遊說集團，油氣業，製藥業，電話通信業，煙草業，媒體娛樂業等。在美國利益集團200多年的興起和發展過程中，遊說從形式到手段、策略都在經歷著與時俱進的發展變化，已經由最初的民眾向治理政體請願的簡單形式發展成為形式多樣化、直接從業人員達幾萬人、影響幾乎涉及所有美國人的一個龐大的「影響力工業」，其目標是獲取政體治理影響力。這也是政體治理多元主體間性守衡的重要工具或手段。如今華盛頓有大約1萬4千個特殊利益集團，註冊在案的說客是2萬5千多人，這個數字還不包括許多沒有登記但也時常進行遊說的說客。高度組織起來的利益集團在華盛頓和各州府通過遊說者，並利用新聞機構、專業人員和積極的利益集團成員，極力尋求影響立法者和治理政體官員的途徑。遊說問題的範圍也急劇擴大，無論是在農業、環境保護還是工業、貿易問題上，或是在國際還是國內問題上，都有利益集團在活動。在一個開放競爭的利益集團政治當中，通過遊說活動，各種不同的、相對立的集團互相競爭、相互抵消，最終會產生一個均衡的結果。按照羅伯特·達爾的理論，利益集團的遊說提供了一個將市場資源轉變為政體治理活動的機制，這對於利益集團和遊說合理性是一個很好的解釋。利益集團和遊說的另外一個合理性在於通過相關行動，為治理政體決策者提供至關重要的資訊，有了這樣的資訊，治理政體就能夠有更為明達和品質更高的決策[44]。

　　奧爾森在其《國家的興起和衰落》一書（1982年版）中指

44　何興強《遊說利益集團美國大選》，愛思想，2008年11月20日。

出：任何一個國家，只要有足夠長時間的治理穩定，就會出現特殊利益集團，而且，它們會變得越來越明白、成熟、有技巧。然後它們就會對這個國家最重要的公共政策，國家的行政和法律，會越來越知道該怎樣操縱，懂得在操縱時怎樣找到好的理由。由於他們的技巧越來越嫻熟，因而獲得的利益也就越來越持續、越多。最終慢慢導致這個國家的體制、政策、組織，變成最符合特殊利益集團的安排，使得該國發展的新動力越來越被抑制，各個部門越來越僵化，這必然導致國家的衰落。在美國，一個大特殊利益集團是律師，該群體雖然沒有軍產集團顯眼，但對美國潛移默化的影響更大。因為美國是法律至上的社會，所以吸引了很多聰明人進入這個領域。當律師的也可以從政、從商，都有非常明顯的優勢。但是，在美歐的體制下，那些利益集團雖然可以影響法規政策，卻沒法一手遮天。第一，沒有哪個特殊利益集團可以長期操縱選舉行政首腦的全過程，儘管會影響它。第二，特殊利益集團也無法一手操縱全國議員的選舉，儘管當中確有一部分是它們的遊說者，但它們不可能把國會的兩院操縱在手。第三，特殊利益集團也不可能一手操縱全國的媒體，儘管會影響其中的一部分。沒有一個利益集團能在美歐的體制下，控制全國所有的重要媒體——公共政策辯論的平臺和揭發官商勾結的戰場[45]。

　　嚴格講，「三權分立」這個表述並不準確，因為行政、立法和司法三個機構是相互獨立，但這三個權力機構相互制約，共同行使治理政體權力。在美國，具體到司法機構，聯邦法官由總統提名，但是必須經過參議院的確認才能正式任命。此外，聯邦司法系統的具體結構（如各級法院的數量以及各個法院的法官人

45　丁學良：《利益集團綁架國家政策》，2014 年 5 月 7 日，鳳凰博客。

數）、法官薪酬、司法管轄、行政管理等等，都由國會決定。但任期終身、薪酬保障和司法審查最大限度地減少了總統、國會、選民或者利益集團對法官的影響，從而保障和促進了司法獨立，形成一個具有高度責任感和專業知識的職業群體。在一個法律至上的國家，代表並維護憲法和法律尊嚴的司法機構更受人敬畏。在美國，有兩本書最受推崇，一本是《聖經》，另一本是《美國憲法》；有兩種穿長袍的人最受尊重，一是牧師，二是法官。而且，多元間性守衡靠的也是多元制約（當然也靠共藩），沒有法外之地。比如，隨著互聯網的出現，媒體的自由度在擴展，工具手段不斷更新，當然對其的制約力度隨之必然加大。制約背後的力量當然是大眾國民的利益。在2014年，推特、臉書和YouTube曾是ISIS進行宣傳和招募激進追隨者戰略的關鍵。該組織及其支持者運營著46000多個推特帳戶，在臉書上發佈了數百萬條內容，並運營著YouTube頻道，所有這些都有助於該組織從120個國家招募約42000名外國戰鬥人員前往敘利亞和伊拉克作戰。儘管這些公司最初行動緩慢，但在2015年8月至2017年12月期間，推特因恐怖主義內容而關閉了120多萬個帳戶。臉書緊隨其後，僅在2018年前三個季度就刪除了1430萬「與（ISIS）、基地組織及其附屬機構相關的內容」[46]。

　　從1644年英國詩人彌爾頓發表《論出版自由》一文抨擊新聞審查制度開始，英國逐步制定了言論自由與新聞自由的法律法規。儘管沒有成文憲法，1951年，英國簽署並實施《歐洲人權公約》，其中就包括賦予民眾言論自由的合法權利。今天，卻要面對通過法律或其他途徑對黑莓和臉譜（facebook）進行限制的問

46　龔思量翻譯：《被中止的得州限制社交媒體審核法案與「受保護」極端主義思想》，澎湃思想市場，2022年6月7日。

題。對此，傳媒巨頭也明白，新聞自由並非絕對自由。沒有人能凌駕於法律之上：自由越大，責任就越大。

曾經的拉美，不管是右翼的軍人獨裁，還是左翼的民粹主義，治理政體的權力都是不受制約的，兩者都滋生出獨裁者。南美獨立運動領袖西蒙·玻利瓦爾曾經宣稱：完完全全的代議制機構同我們的特點、習慣和目前的文化水準是不相稱的。這樣的說法則被很多後發國家的立國者所重複，他們不能像美國制憲者探究憲政的基本原理那樣，而是匆忙地以國情為藉口，拒絕進行更深入的探究。在美國的憲政制度中，更重要的是源於羅馬共和國和英國的治理政體機構各個分支之間的制衡。以總統為例，美國制憲者其實是傾向於強化全國性治理政體權力的，也希望有一種力量來約束眾議院，因而，他們確實希望擁有一位強勢總統。當代美國總統大概也確實是全球最有權勢的人物之一。但是，美國憲法又使立法和司法部門能夠強有力地約束總統的權力。總統的人事任命權、對外締約權、宣佈戰爭與和平的權力，都受到參議院的制約；總統的財政權要受到眾議院的制約。總統的政令則需要接受法院的審查。然而，在南美，各國模仿美國設立了權力強大的總統，但其他兩個分支卻沒有制約這個總統權力的有效手段，竟然還發生總統解散議會的咄咄怪事。美國軍隊不可能對國內政體治理、也不可能對國家的對外戰略產生任何顯著影響，在拉美，情況恰恰相反。軍隊頻繁地干預政體治理，甚至頻繁地建立軍人主導的治理政體。其根源在於，從一開始，立憲者就在憲法上給軍隊干預、參與政體治理提供了便利。拉美各國憲法普遍把保衛國家、維護國內秩序、防止內部動亂這樣的權力交給軍隊。從憲法上說，軍隊實際上是跟行政、立法、司法機構平行的第四個治理政體分支。由於其擁有壟斷性暴力，它在現實中卻總

是成為國家至高無上的權力主體。實際上，這種權力結構不可能形成多元體系，只能是暴力主導下的獨裁體制，與易利市商化經濟文明的要求背道而馳。這也是拉美陷阱的主要成因之一。

學者早已得出結論，前蘇聯的垮臺是整個系統的失敗，不是哪一個局部更不是哪一兩位個人，而是政聯主體間性缺失制約，治理政體一力獨大，造成長期多元易利間性失衡。截至1990年，蘇共差不多有近2000萬名黨員，蘇共壟斷了新聞併發行上千份報紙和雜誌，它還擁有幾十萬名宣傳工作者，蘇共還控制著國家所有的電臺和電視臺。此外，蘇共手中握有巨大的財政和經濟資源，並統治著世界上最強大的國家安全機構和軍隊。這樣一個強大的國家突然間由於並不猛烈的衝擊而開始削弱和瓦解，只能說明一個問題，即蘇聯這座大廈建立在不堅固和不穩定的基礎之上，其內部結構有許多缺陷。其系統失敗的原點，有人將之歸因於政體治理極端化，也是「一力獨大的治理政體形成不受制約的政聯主體間性」的主要成因。政體治理極端化是從1917年到1990年代末的一個基調，只在極少數時候才有微偏這個基調的做法和政策。其基本點就是：放眼望去，到處看到的都是敵人，都是危險，都是陰謀，都是破壞。面對各種各樣的敵人、陰謀、危險、破壞，只能把所有能動員起來的資源，統統用來對付它們。布爾什維克上臺後推行的激進政策，使中產和上層原來的生活方式過不下去。當權者把一些貴族家族成員全部處死，包括兒童。蘇共越來越保持高壓，一直到1980年代中期為止，發展到黨內不可能對最基本的政策提出批評，否則就會被定性為叛徒、奸細，西方帝國派來的顛覆者。最低的懲罰是開除黨籍，然後是自己坐牢、

家人坐牢，很多人最後從肉體上被消滅。[47]顯然，這是與市商化易利經濟文明格格不入的，不能不規律性地出現危機。蘇維埃政權的第一次危機出現在 1921 年，如果當時不實行「新經濟政策」，不對意識形態進行相應的修改，那麼任何專政制度都無法挽救布爾什維克的失敗和滅亡。第二次危機始於 1928 年末，並持續了五年之久。克服這次危機不是依靠國家經濟和政體治理生活中新的政策，而是依靠大規模的恐怖鎮壓行動。農民中的富農「作為一個階級被徹底消滅了」，而其餘的農民則被強制性地組建集體農莊，農民的生活和活動處在黨和政府的嚴密控制之下。第三次危機發生在史達林死後的 1953 年，這次危機同樣持續了將近五年。戰勝這次危機依靠的是治理政體對農民、工人、軍人和知識份子作出的大量讓步。第四次危機始於 70 年代末和 80 年代初，這是一次在經濟、意識形態和道德領域的全面危機。此次危機是由於政體精英階層的腐化和老化而產生的[48]。

縱觀整個經濟文明史，也可以說，任何國家都不可能出現長期的群體間性失衡，不管其治理政體多麼強大。今天的拉美及 20世紀的前蘇聯就是很好的例證。2024 年，阿根廷新當選總統哈維·爾米萊正在以革命性措施，帶領國家跨越「拉美陷阱」，可能距市商化易利經濟文明只有一步之遙。但這一步對一些國家來說，卻是非常遙遠。令人振奮的是，從多元間性守衡的角度看，治理政體一力獨大、政聯主體間性不受制約都不可能持久，更不可能永遠失衡。這是人們看到非易利市商化經濟文明時期專制王

47　丁學良：《政治極端主義和利益集團綁架──蘇聯為何遭遇體系性失敗》，愛思想，2011 年 12 月 23 日。

48　溫情：《蘇聯的四次危機官僚利益集團階級立場轉變》，中年研究所，2022 年 5 月 24 日。

朝必然覆亡的原因。在沒有易利市商化經濟文明參照的情況下，專制王朝的覆滅會形成周而復始的華夏非血緣王朝週期律；而在人類整體進入易利市商化經濟文明的今天，一旦一個一力獨大的治理政體倒下，易利市商化經濟文明就成為必然選項，所謂的東歐巨變就是如此。繼承前蘇聯遺產的俄羅斯也會如此，只不過路徑不同而已。

　　非常幸運的是，人類整體已經跨越非易利市商化經濟文明「大峽谷」，正在不以人們意志為轉移地向著宇宙文明進發。其浩浩湯湯之大勢，是任何力量都難以阻擋的。

　　在此，借美國人常說的「上帝保佑美利堅」──

願上帝保佑人類。

參考書目

（1）斯蒂芬・霍金著，鄭亦明等譯：《萬有理論》，海南出版社，2004年版。

（2）弗裏德裏希・奧古斯特・馮・哈耶克著，鄧正來翻譯：《個人主義與經濟秩序》，復旦大學出版社，2012年版。

（3）拉裏・尼爾等主編，李酣譯：《劍橋資本主義史》，第一卷，中國人民大學出版社，2022年版。

（4）羅森堡・小伯澤爾著，周興寶等譯：《西方致富之路》生活讀書新知三聯書店1989年版。

（5）賈雷德・戴蒙德著，王道還、廖月娟譯：《槍炮、病菌與鋼鐵》，中信出版集團，2022年版。

（6）瑪格麗特・米德著，宋賤譯《三個原始部落的性別與氣質》，浙江人民出版社，1988年版。

（7）查爾斯・A・比爾德、瑪麗・R・比爾德著，許亞芬翻譯：《美國文明的興起》，商務印書館，2009年版。

（8）詹姆斯・C・斯科特，田震翻譯：《作繭自縛——人類早期國家的深層歷史》，中國政法大學出版社，2022年版。

（9）理查・道金斯著，盧允中等譯：《自私的基因「30周年版簡介」》，中信出版集團，2018年版。

（10）亨德裏克・威廉・房龍著，沈性仁譯：《人類簡史》，萬卷出版公司，2018年版。

（11）馬克・布洛赫著，張緒山等譯：《封建社會》，商務印書館，2019年版。

（12）羅伯特・E・勒納等著，王覺非等譯：《西方文明史

（一）》，中國青年出版社，2003年版。

（13）湯因比著，曹末風等譯：《歷史研究》，中冊，上海人民出版社，1986年版。

（14）納撒尼爾·哈裏斯著，盧佩媛翻譯：《古羅馬生活》，希望出版社，2007年版。

（15）R·H·托尼著，趙月琴、夏鎮平譯：《宗教與資本主義的興起》，上海譯文出版社，2013版。

（16）湯普遜著，耿淡如譯：《中世紀經濟社會史》（上），商務印書館，1997年版。

（17）斯塔夫裏阿諾斯著，吳象嬰等譯《全球通史——1500年以前的世界》，上海社會科學院出版社，1999年版。

（18）亨利·皮雷納著，陳國梁譯：《中世紀的城市》，商務印書館，1985年版。

（19）J·H·佈雷斯特德著，李靜新譯：《文明的征程》，陝西師範大學出版社，2007年版。

（20）詹姆斯·w·湯普遜著，徐家玲等譯：《中世紀晚期歐洲經濟社會史》，商務印書館，1998年版。

（21）費爾南·布羅代爾著，顧良譯：《15至18世紀的物質文明、經濟和資本主義》，第二卷，生活·讀書·新知三聯書店，1993年版。

（22）西耶斯著，馮棠譯：《論特權 第三等級是什麼》，商務印書館，1990年版。

（23）狄奧尼修斯·史塔克普洛斯著，陳友勳譯：《拜占庭一千

年》，化學工業出版社，2020年版。

（24）道格拉斯・C・諾斯著，杭行譯：《制度、制度變遷與經濟績效》，格致出版社，2014年版。

（25）拉裏・尼爾等主編，李酣譯：《劍橋資本主義史》，第二卷，中國人民大學出版社，2022年版。

（26）艾倫・麥克法蘭著，管可穠譯：《英國個人主義的起源》，商務印書館，2020年版。

（27）漢斯–維爾納・格茨著，王亞平譯：《歐洲中世紀生活》，東方出版社，2002年版。

（28）馬克斯・韋伯著，陶永新譯：《中世紀商業合夥史》，東方出版中心，2010年版。

（29）拉裏・尼爾等主編，李酣譯：《劍橋資本主義史》，第三卷，中國人民大學出版社，2022年版。

（30）茲・布熱津斯基著，軍事科學院外國軍事研究部譯：《大失敗》，軍事科學出版社，1989年版。

（31）艾倫・麥克法蘭著，管可穠譯：《英國個人主義的起源》，商務印書館，2020年版。

（32）約翰・麥克米蘭著，餘江譯：《市場演進的故事》，中信出版社，2006年版。

（33）賈雷德・戴蒙德著，王道還譯：《第三種黑猩猩》，上海譯文出版社，2012年版。

（34）馬克・布洛赫著，張緒山等譯：《封建社會》，商務印書館，2019年版。

（35）巴林頓・摩爾著，拓夫等譯：《民主和專制的社會起源》，華夏出版社，1987年版。

（36）洛克著，葉啟芳譯：《政府論》下冊，商務出版社，1983年版。

（37）亨利・皮朗著，樂文譯：《中世紀歐洲經濟社會史》，上海人民出版社，1964年版。

（38）阿薩・勃裏格斯著，陳叔平等譯：《英國社會史》，中國人民大學出版社，1991年版。

（39）道格拉斯・C・諾斯著，張炳九譯：《西方世界的興起》，學苑出版社，1988年版。

（40）彼得・德魯克著，洪世民等譯：《經濟人的末日》，上海譯文出版社，2015年版。

（41）何正斌譯著：《經濟學300年》，湖南科學技術出版社，2010年版。

（42）湯普遜著，耿淡如譯：《中世紀經濟社會史》（下），商務印書館，1997年版。

（43）托馬斯・K・麥格勞著，趙文書等譯《現代資本主義——三次工業革命中的成功者》，江蘇人民出版社，2000年版。

（44）路德維希・馮・米塞斯著，韓光明等譯：《自由與繁榮的國度》，中國社會科學出版社，1994年版。

（45）拉裏・尼爾等主編，李酣譯：《劍橋資本主義史》，第四卷，中國人民大學出版社，2022年版。

（46）湯因比著，曹末風等譯：《歷史研究》，上冊，上海人民

出版社，1986年版。

（47）戈爾巴喬夫：《「真相」與自白——戈爾巴喬夫回憶錄》，社科文獻出版社，2002年版。

（48）米·謝·戈爾巴喬夫著，蘇群譯：《改革與新思維》，新華出版社，1987年版。

（49）亞當·斯密著，郭大力、王亞南翻譯：《國民財富的性質和原因的究》，商務出版社，1983年版。

（50）錢乘旦：《第一個工業化社會》，四川人民出版社，1988年版。

（51）約瑟夫·E.斯蒂格利茨著，周立群等譯：《社會主義向何處去》，吉林人民出版社，1999年版。

（52）貝爾納·夏旺斯著，吳龍波譯：《東方的經濟改革》，社會科學文獻出版社，1999年版。

（53）卡爾·A.魏特夫著，徐式穀等譯：《東方專制主義》，中國社會科學出版社，1989年版。

（54）卡爾·馬克思著，王亞楠譯：《資本論》，人民出版社，1990年版。

（55）米歇爾·博多著，吳愛美等譯：《資本主義史》，東方出版社，1987年版。

（56）埃岡·約伯格、威廉·達菲等著，榮敬本、吳敬璉翻譯：《比較經濟體制》，商務印書館，1986年版。

（57）伊保雲：《現代化通病》，天津人民出版社，1999年版。

（58）托馬斯·K·麥格勞著，趙文書、肖鎖章譯：《現代資本主

義》，江蘇人民出版社，2000年版。

（59）厄爾斯特・羅德爾著，孟婕譯：《權力與貨幣》，中央翻譯出版社，2002年版。

（60）詹森著，安佳、肖遙譯：《政府到底該幹什麼》，雲南教育出版社，1990年版。

（61）杜恂誠：《民族資本主義與舊中國政府》，上海社會科學院出版社，1991年版。

（62）艾德蒙・惠特克著，徐崇士譯：《經濟思想流派》，上海人民出版社，1974年版。

（63）萬峰：《日本資本主義史研究》，湖南人民出版社，1984年版。

（64）保羅・A.薩姆爾森，威廉・D.諾德豪斯著，胡代興等譯：《經濟學》，北京經濟學院出版社，1996年版。

（65）亞瑟・劉易斯著，梁小民翻譯：《增長與波動》，華夏出版社，1987年版。

（66）尼爾弗格森著，顧錦生翻譯：《羅斯柴爾德家族》，中信出版社，2009年版。

（67）阪本光司著，蔡昭儀譯：《日本最了不起的公司》，寧夏人民出版社，2010年版。

（68）韓克慶：《經濟全球化、社會分層和社會保障》，中國勞動社會保障出版社，2005年版。

（69）保健雲：《知識資本》，西南財經大學出版社1999年版

（70）克洛德法爾馬著，鄭鹿年譯：《歐洲文明史》，上海人民

出版社，1988 年版。

（71）戶川豬佐武著，劉春蘭譯：《戰後日本紀實》，天津人民出版社，1984年版。

（72）傑爾斯·比爾法著，朱增文譯：《美國政府與政治》，商務印書館，1988年版。

（73）孟德斯鳩著，婉玲譯：《羅馬盛衰原因論》，商務印書館，1997年版。

（74）馬克斯·韋伯著，黃憲起、張曉玲譯：《文明的歷史腳步》，生活·讀書·新知三聯書店，1988年版。

（75）愛德華·克麥諾爾·伯恩斯、菲力浦·李·拉爾夫著，羅經國等 譯：《世界文明史》，商務印書館 ，1990年版。

（76）崔文華：《權力的祭壇》，工人出版社，1988年版。

（77）黃仁宇：《中國大歷史》，生活·讀書·新知三聯書店，2002年版。

（78）塞穆爾·亨廷頓著，張岱元譯：《變動社會中的政治秩序》，華夏出版社，1988年版。

（79）克拉潘著，姚增廙譯：《現代英國經濟史》，商務印書館，1974年版。

（80）約翰·肯尼士·加爾佈雷斯著，朱世軍譯：《權力的分析》，河北人民出版社，1988年版。

（81）彼得·布羅夫斯基著，薑志軍譯：《阿道夫希特勒》，群眾出版社 ，1983年版。

（82）求盛：《日本發展神話的崩潰》，經濟科學出版社，2000

年版。

（83）穆罕默德・禮薩・巴列維著，元文奇譯：《我對祖國的責任》，商務印書館 ，1977年版。

（84）艾倫・帕麥爾著，高年生譯：《俾斯麥傳》，商務印書館，1982年版。

（85）埃德文・哈特裏奇著，範益世譯：《第四帝國的崛起》，世界知識出版社，1982年版。

（86）何大隆著：《外國經濟體制概論》，新華出版社，1985年版。

（87）吳國盛著：《科學的歷程》，北京大學出版社，2013年版。

（88）安格斯・麥迪森著，伍曉鷹等譯：《世界千年經濟史》，北京大學出版社，2003年版。

（89）路德維希・馮・米塞斯著，夏道平譯：《人的行為》，上海社會科學院出版社，2015年版。

（90）斯蒂芬・霍金著，許明賢等譯：湖南科學技術出版社 。

（91）J・R・波爾著，張聚國譯：《美國平等的歷程》，商務印書館 ，2010年版。

（92）弗裏德裏希・奧古斯特・哈耶克著，楊玉生等譯：《自由憲章》，中國社會科學出版社 ，2012年版。

（93）弗裏德裏希・奧古斯特・哈耶克著，馮克利等譯：《致命的自負》，中國社會科學出版社， 2000年版。

（94）弗裏德裏希・奧古斯特・哈耶克著，王明毅等譯：《通往

奴役之路》，中國社會科學出版社， 1997年版。

（95）弗裏德裏希·奧古斯特·哈耶克著，肖君等譯：《道德的市場》，中國社會科學出版社，2003年版。

（96）格爾哈德·帕普克主編 黃冰源等譯：《知識、自由與秩序》，中國社會科學出版社 ，2000年版。

（97）傑佛瑞·布倫南、詹姆斯·M·布坎南著，馮克利等譯：《憲政經濟史》，中國社會科學出版社，2012年版。

（98）路德維希·馮·米塞斯著，王健民等譯：《社會主義——經濟與社會學的分析》，中國社會科學出版社 ，2012年版。

國家圖書館出版品預行編目資料

財富遞增：易利市商化自發經濟文明 / 王飆著, --初版-- 臺北
市：博客思出版事業網, 2024.09
面； 公分--（投資理財：15）
ISBN 978-986-0762-98-3（平裝）

1.CST: 理財 2.CST: 投資 3.CST: 經濟學

563   113011947

投資理財 15

財富遞增 <small>易利市商化自發經濟文明</small>

作　　者：王飆
編　　輯：楊容容
美　　編：凌玉琳
封面設計：塗宇樵
校　　對：楊容容　古佳雯
出 版 者：博客思出版事業網
地　　址：台北市中正區重慶南路1段121號8樓之14
電　　話：（02）2331-1675或（02）2331-1691
傳　　真：（02）2382-6225
E－MAIL：books5w@gmail.com或books5w@yahoo.com.tw
網路書店：http://bookstv.com.tw/
　　　　　https://www.pcstore.com.tw/yesbooks/
　　　　　https://shopee.tw/books5w
　　　　　博客來網路書店、博客思網路書店
　　　　　三民書局、金石堂書店
經　　銷：聯合發行股份有限公司
電　　話：（02）2917-8022　　傳真：（02）2915-7212
劃撥戶名：蘭臺出版社　　　　　帳號：18995335
香港代理：香港聯合零售有限公司
電　　話：（852）2150-2100　　傳真：（852）2356-0735
出版日期：2024年 9 月 初版
定　　價：新臺幣 520 元整（平裝）
ISBN：978-986-0762-98-3